项目支持：
河北农业大学现代农业发展研究中心
河北省"三农"问题研究中心
河北农业大学乡村振兴研究院

U0681473

河北省现代农业产业发展报告
（2021）

河北省现代农业产业技术体系创新团队 ◎ 著

HEBEISHENG XIANDAI NONGYE CHANYE FAZHANBAOGAO (2021)

经济管理出版社
ECONOMY & MANAGEMENT PUBLISHING HOUSE

图书在版编目（CIP）数据

河北省现代农业产业发展报告.2021/河北省现代农业产业技术体系创新团队著.—北京：经济管理出版社，2021.7

ISBN 978－7－5096－8125－1

Ⅰ.①河…　Ⅱ.①河…　Ⅲ.①现代农业—农业产业—产业发展—研究—河北—2021　Ⅳ.①F327.22

中国版本图书馆 CIP 数据核字（2021）第 136648 号

组稿编辑：曹　靖
责任编辑：曹　靖　郭　飞
责任印制：张馨予
责任校对：张晓燕

出版发行：经济管理出版社
　　　　　（北京市海淀区北蜂窝 8 号中雅大厦 A 座 11 层　100038）
网　　址：www.E－mp.com.cn
电　　话：（010）51915602
印　　刷：唐山昊达印刷有限公司
经　　销：新华书店
开　　本：787mm×1092mm/16
印　　张：18.25
字　　数：410 千字
版　　次：2021 年 8 月第 1 版　　2021 年 8 月第 1 次印刷
书　　号：ISBN 978－7－5096－8125－1
定　　价：98.00 元

《河北省现代农业产业发展报告（2021）》指导委员会

主　　任：左红江

副 主 任：郑红维　赵帮宏　师校军　杨宗华　郑福禄　吴　堃

成　　员：（以姓氏笔画为序）

马　恢　毛娅楠　王卉清　申书兴　田建中　刘晓梅

闫　龙　师志刚　乔　健　李　明　李　洁　李运起

李怡群　李树静　李洪波　张英杰　张建军　张瑞奇

吴　曼　苗玉涛　林永增　赵立红　郜欢欢　袁成芳

倪俊卿　郭　恒　曹　刚　崔彦宏　谢晓亮　雷　永

前　言

2020年，19个省级产业技术体系创新团队认真贯彻落实省委、省政府决策部署，紧紧围绕全省农业特色产业高质量发展，创新机制、破解瓶颈、补齐短板、助力扶贫，做了大量卓有成效的工作，为全省产业扶贫和农业高质量发展提供了强力支撑。

在推进机制方面，充分发挥产业处室掌握产业政策、了解产业大局、行政推动作用强的优势，创新团队成员主要依据各产业分管领导和产业处室意见产生，年度工作计划由产业处室牵头与创新团队论证后实施，全方位加强了创新团队与产业处室的沟通对接，集聚了强大合力，增强了服务产业、服务农业大局的针对性。

在科技创新方面，19个创新团队紧紧围绕特色产业高质量发展重大关键性难题和制约瓶颈进行集中攻关、试验示范和转化推广，共筛选引进新品系60个，培育引进新品种113个，研发集成绿色生态技术模式65套，集成示范推广先进适用技术155项。集中攻克农业废弃物综合利用等技术难题45项，研发引进集成食品加工新技术32项、新产品19个，有效促进了全产业链优化增值，提升了农产品供给层次。

在产业分析预测预警方面，围绕全省特色优势产业，每季度开展一次产业形势分析和预测预警，建立起常态化市场分析预警机制，指导各地把准产业发展脉搏，构建产业发展风险防范机制，提高了分析决策水平，增强了产业抗风险能力。

2021年是我国现代化建设进程中具有特殊重要性的一年，既是"十四五"规划开局之年，也是从脱贫攻坚转向全面推进乡村振兴的关键时点。面对国内外发展环境深刻复杂变化和风险挑战明显增多的严峻形势，稳住农业基本盘、发挥好"三农"的压舱石作用，确保粮食生产、粮棉油肉蛋奶供应、"菜篮子"丰裕充足、农业生产取得丰产丰收比任何时候、任何时期都显得尤为重要。为更好地发挥产业技术体系科技支撑作用，省农业农村厅、省财政厅组织19个创新团队撰写了2020年度各产业发展报告。报告紧紧围绕全省优势特色产业，从产业现状、存在问题、产业竞争力、发展趋势、发展战略、对策分析等方面进行深入分析，力求为全省特色优势产业发展提供有益帮助。本书由河北农业大学现代农业发展研究中心、河北省新型智库河北省"三农"问题研究中心组织专家对各章相关内容进行了论证，并负责各章的统稿、修改、总纂及项目资助，在此表示感谢。

由于时间仓促，受数据来源、调查时点、统计数据调整等因素影响，报告中不妥之处请多提宝贵意见和建议，以便更好地发挥报告的信息咨询和决策参考作用。

河北省现代农业产业技术体系领导小组办公室

2021 年 3 月

目　录

第一章　河北省小麦产业发展报告……………………………………… 1

　　一、河北省小麦产业发展现状…………………………………… 1

　　二、河北省小麦投入产出及全要素生产率分析………………… 8

　　三、河北省小麦产业综合竞争力分析…………………………… 16

　　四、河北省小麦产业发展形势分析……………………………… 18

　　五、河北省小麦产业发展对策与建议…………………………… 20

第二章　河北省玉米产业发展报告……………………………………… 22

　　一、河北省玉米产业发展现状及形势分析……………………… 22

　　二、河北省玉米价格波动情况…………………………………… 28

　　三、河北省玉米种植成本收益情况……………………………… 29

　　四、河北省玉米产业竞争力分析………………………………… 31

　　五、河北省玉米产业发展的问题与不足………………………… 34

　　六、河北省玉米产业发展对策建议……………………………… 35

第三章　河北省棉花产业发展报告……………………………………… 37

　　一、河北省棉花生产现状及形势分析…………………………… 37

　　二、河北省棉花市场状况及形势分析…………………………… 43

　　三、河北省棉花产业竞争力分析………………………………… 50

　　四、河北省棉花产业高质量发展面临问题……………………… 52

　　五、河北省棉花产业高质量绿色发展对策……………………… 53

第四章　河北省大豆产业发展报告……………………………………… 55

　　一、河北省大豆产业发展现状及形势分析……………………… 55

　　二、河北省大豆产业竞争力分析………………………………… 64

　　三、河北省大豆产业发展存在的主要问题及原因分析………… 66

四、河北省深入推进大豆振兴计划的对策和建议 ·············· 67

第五章　河北省杂粮杂豆产业发展报告 ························ 69
　　一、河北省杂粮杂豆产业发展现状及形势分析 ·············· 69
　　二、河北省杂粮杂豆产业发展竞争力分析 ·················· 79
　　三、河北省杂粮杂豆产业存在问题及原因分析 ·············· 82
　　四、河北省杂粮杂豆产业发展的对策建议 ·················· 83

第六章　河北省油料产业发展报告 ·························· 84
　　一、河北省油料产业发展现状及形势分析 ·················· 84
　　二、河北省油料经营主体分析 ···························· 89
　　三、河北省油料产业竞争力分析 ·························· 91
　　四、河北省油料存在问题及原因分析 ······················ 92
　　五、河北省油料产业发展对策建议 ························ 94

第七章　河北省蔬菜产业发展报告 ·························· 98
　　一、河北省蔬菜产业发展现状及形势分析 ·················· 98
　　二、河北省蔬菜产业竞争力分析 ························· 101
　　三、河北省蔬菜产业存在问题及原因分析 ················· 108
　　四、河北省蔬菜产业高质量发展对策建议 ················· 109

第八章　河北省食用菌产业报告 ·························· 112
　　一、河北省食用菌产业发展现状 ························· 112
　　二、河北省食用菌产业综合竞争力分析 ··················· 119
　　三、河北省食用菌产业发展形势分析 ····················· 121
　　四、河北省食用菌产业面临的问题及原因分析 ············· 123
　　五、河北省食用菌产业发展对策建议 ····················· 124

第九章　河北省甘薯产业发展报告 ························· 126
　　一、河北省甘薯产业发展现状 ··························· 126
　　二、河北省甘薯2020年度价格波动分析 ·················· 133
　　三、河北省甘薯产业竞争力分析 ························· 137
　　四、河北省甘薯产业发展存在问题及原因分析 ············· 138
　　五、河北省甘薯产业发展对策建议 ······················· 139

第十章　河北省马铃薯产业发展报告…………………………………………… 141

　　一、河北省马铃薯产业发展现状及趋势……………………………………… 141

　　二、河北省马铃薯市场价格年度波动分析…………………………………… 145

　　三、河北省马铃薯产业竞争力分析…………………………………………… 148

　　四、河北省马铃薯产业存在问题……………………………………………… 153

　　五、河北省马铃薯产业发展对策建议………………………………………… 154

第十一章　河北省水果产业发展报告………………………………………… 156

　　一、全国水果产业形势分析…………………………………………………… 156

　　二、河北省水果产业形势分析………………………………………………… 157

　　三、河北省水果产业竞争力分析……………………………………………… 161

　　四、河北省水果产业发展面临的主要问题…………………………………… 165

　　五、河北省水果产业发展思路与建议………………………………………… 166

第十二章　河北省中药材产业发展报告……………………………………… 169

　　一、河北省中药材产业发展现状及形势分析………………………………… 169

　　二、河北省中药材产业发展存在的问题及原因分析………………………… 171

　　三、河北省中药材产业发展竞争力分析……………………………………… 172

　　四、疫情影响下的中药材市场及主要品种价格走势………………………… 176

　　五、河北省中药材产业发展对策建议………………………………………… 187

第十三章　河北省奶牛产业发展报告………………………………………… 190

　　一、河北省奶牛产业发展现状及形势分析…………………………………… 190

　　二、河北省奶牛产业竞争力分析……………………………………………… 197

　　三、河北省奶业发展存在的问题及原因分析………………………………… 198

　　四、河北省奶业发展对策建议………………………………………………… 200

第十四章　河北省生猪产业发展报告………………………………………… 204

　　一、河北省生猪产业发展现状及形势分析…………………………………… 204

　　二、河北省生猪产业竞争力分析……………………………………………… 210

　　三、河北省生猪产业存在的问题及原因分析………………………………… 213

　　四、河北省生猪产业发展对策建议…………………………………………… 215

第十五章　河北省羊产业发展报告…………………………………………… 217

　　一、河北省羊产业发展现状及形势分析……………………………………… 217

二、河北省羊产业竞争力分析 ···································· 221

三、河北省羊产业发展中存在问题及原因分析 ············ 224

四、河北省羊产业发展对策建议 ································ 226

第十六章　河北省肉牛产业发展报告 ····················· 228

一、河北省肉牛产业发展现状及形势分析 ·················· 228

二、河北省肉牛产业竞争力分析 ······························ 234

三、河北省肉牛产业发展中存在问题及原因分析 ········· 238

四、促进河北省肉牛产业健康发展的对策建议 ············ 240

第十七章　河北省 2020 年蛋肉鸡产业发展报告 ········· 243

一、河北省蛋肉鸡产业发展现状及形势分析 ··············· 243

二、河北省蛋肉鸡产业竞争力分析 ··························· 248

三、河北省蛋肉鸡产业存在问题及原因分析 ··············· 249

四、河北省蛋肉鸡产业发展对策建议 ························ 251

第十八章　河北省渔产业发展报告 ······················· 254

一、河北省渔业生产形势 ······································ 254

二、河北省渔业主要品种养殖效益 ··························· 261

三、河北省渔业竞争力 ··· 263

四、河北省渔业助力产业扶贫 ································· 266

五、河北省渔业产业发展"瓶颈" ··························· 266

六、河北省渔业发展建议及展望 ······························ 268

第十九章　河北省草产业发展报告 ······················· 271

一、河北省草产业发展现状分析 ······························ 271

二、河北省主要饲草产品市场走势预测分析 ··············· 274

三、河北省草产业竞争力分析 ································· 275

四、河北省草产业发展存在的问题及对策建议 ············ 277

五、河北省草产业种养一体化经营模式现状及对策建议 ···· 279

第一章　河北省小麦产业发展报告

一、河北省小麦产业发展现状

（一）河北省小麦生产情况

1.2020 年河北省小麦生产总体情况

2020 年与 2019 年相比，小麦单产有所提升，受播种面积下降影响，总产有所下降。全省冬小麦收获面积 2203.5 千公顷，较上年减少 4.5%。小麦单产 6501 千克/公顷，较上年增加 3.1%，总产 1432.5 万吨，较上年减少 1.5%，连续 8 年稳定在 1400 万吨以上。全省推广优质专用小麦 270 千公顷。2020 年夏收小麦质量整体优良，据国家统计局河北调查总队数据显示，一等麦占比 86.5%，三等以上达 100%，是唯一没有三等以下麦的省份。

小麦全生育期管理技术到位。全省小麦规范化耕作播种技术质量高，进行测土配方施肥的麦田在 85% 以上，进行种子包衣或药剂拌种的麦田达 90%，播后镇压技术推广普及率达 74.2% 以上，麦田持水保墒效果突出，缺苗断垄现象显著减少。越冬期开展杂草秋治、镇压锄划、促弱控旺，返青期推迟春一水，适度干旱胁迫，促进春生新根生长和根系下扎，培育壮苗，构建适宜群体。中后期加强监测预警，重点抓好以节水灌溉、化肥减量增效为核心的肥水管理和以"一喷多防"为核心的农药减量控害绿色生产技术，有效控制了小麦病虫害重发流行态势，使虫害损失控制在 5% 以内，保障了夏粮的丰收。收获期积极组织农机服务，小麦机收率达 99.5% 以上。

2020 年全省秋播小麦面积 2262.7 千公顷，比 2019 年小麦播种面积多 59.2 千公顷，增加了 2.69%。全省品种布局以优质专用化为导向，突出品质和效益双提升目标，优质专用品种占比进一步增加，品种布局更为优化。根据 12 月下旬发布的农情调度和专家考察意见，在田小麦态势良好。一是土壤墒情较好。2020 年夏季全省降水虽然总量不多，但时空分布比较均匀，特别是小麦播种期间全省出现大范围降水过程，降水量达 20～40 毫米，改善了土壤墒情；对个别降水偏少、土壤缺墒麦田，播种后或越冬前进行了浇水，土壤墒情总体较好。二是播种基础好、质量高。全省适宜期播种面积占 81.7%，通过农机农艺结合，秸秆还田、播后镇压、精量半精量播种等关键技术落实到位，有利于小麦出苗，比上年提高了3.2个百分点。三是苗情状况好。由于播种质量好，苗期光温匹配好，抗寒锻炼充分，小麦出苗整体较好，苗全、苗匀、苗壮，一类苗面积占50%，二类苗面积占41%，三类苗仅占9%；亩总茎数70万~90万，群体较为适宜，为夺取2021年夏粮丰收打下了好的基础。

2. 2019年河北省各县市小麦发展情况

2019年河北省小麦播种面积在1~1000公顷的县市有22个，1001~5000公顷的县市有24个，5001~10000公顷的县市有17个，10001~20000公顷的县市有38个，20001~30000公顷的县市有26个，30001~40000公顷的县市有15个，40001~50000公顷的县市有2个，50001~60000公顷的县市有4个，60001~61807公顷的县市有1个。其中，面积前10位的县市有宁晋县（6.18万公顷）、定州市（5.95万公顷）、景县（5.76万公顷）、大名县（5.67万公顷）、深州市（5.11万公顷）、辛集市（4.78万公顷）、隆尧县（4.07万公顷）、魏县（3.99万公顷）、沧县（3.94万公顷）和赵县（3.86万公顷）。

小麦单产在2000千克/公顷以下的县市有54个（含53个无播种面积县市），2001~3000千克/公顷的县市有2个，3001~4000千克/公顷的县市有4个，4001~5000千克/公顷的县市有11个，5001~6000千克/公顷的县市有42个，6001~7000千克/公顷的县市有76个，7001~7331千克/公顷的县市有13个。其中，单产前10位的县市有赵县（7330.49千克/公顷）、宁晋县（7316.26千克/公顷）、临漳县（7313.99千克/公顷）、藁城市（7308.01千克/公顷）、柏乡县（7245.27千克/公顷）、吴桥县（7170.45千克/公顷）、任县（7167.35千克/公顷）、隆尧县（7145.86千克/公顷）、辛集市（7121.68千克/公顷）和栾城县（7074.21千克/公顷）。

小麦总产在1万~5万吨的县市有59个，5万~10万吨的县市有27个，10万~15万吨的县市有22个，15万~20万吨的县市有24个，20万~25万吨的县市有7个，25万~30万吨的县市有4个，30万~35万吨的县市有2个，35万~40万吨的县市有3个，40万~45万吨的县市有1个。其中，总产前10位的县市有宁晋县（45.22万吨）、定州市（39.58万吨）、大名县（38.47万吨）、景县（38.36万吨）、深州市（34.45万吨）、辛集市（34.05万吨）、隆尧县（29.09万吨）、赵县（28.3万吨）、临漳县（27.37万吨）和魏县（27.15万吨）。

3. "十三五"期间河北省小麦生产发展情况

小麦生产面积总体表现为"两减一增"，即总面积和普通小麦面积有所减少。如图1-1所示，总面积由"十二五"末（2015年）的2383.68千公顷下降到2020年的2262.67千公顷，下降了5.08%，"十三五"期间年平均面积为2311.64千公顷，较"十二五"期间年平均面积2417.31千公顷下降了4.37%。其中，普通小麦面积由2017年的2165.42千公顷下降到2019年的1933.47千公顷，减少了10.71%。优质强筋小麦面积呈快速增加趋势，由2017年的198.66千公顷增加到2019年的270千公顷，增加了35.91%。

（千公顷）

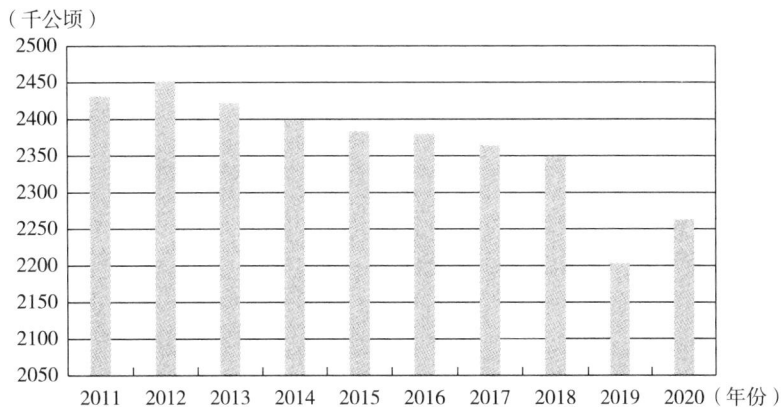

图 1 - 1　2011 ~ 2020 年河北省小麦面积变化趋势

资料来源：国家统计局网站。

河北省小麦单产总体呈增加趋势，但表现出不稳定的态势。如图 1 - 2 所示，全省小麦单产由"十二五"末（2015 年）的 6199. 26 千克/公顷增加到 2020 年的 6502. 2 千克/公顷，增长了 4.89%。但 2016 年和 2018 年两个年份的小麦单产都较上年有所下降，其中 2016 年较 2015 年下降了 0. 5 千克/公顷，2018 年较 2017 年下降了 183. 31 千克/公顷。2016 年主要受小麦生长期间降雨偏少原因造成，2018 年主要受冻害和低温影响以及中后期田间湿度增大，加之气温较高，病害较往年发生严重。"十三五"期间河北省小麦平均单产 6301. 66 千克/公顷，比"十二五"期间小麦平均单产 5788. 93 千克/公顷高出 8.86%。

（千克/公顷）

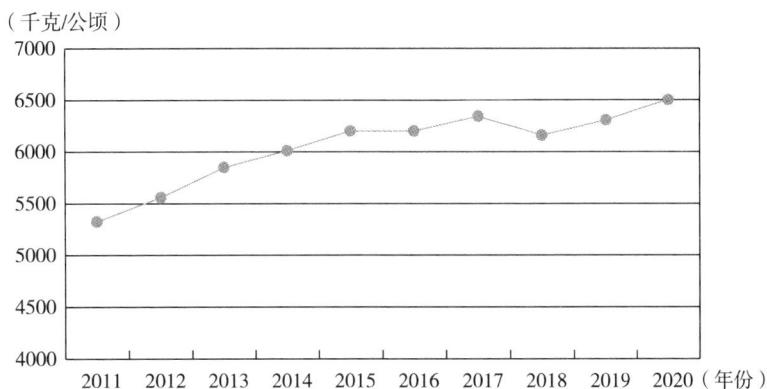

图 1 - 2　2011 ~ 2020 年河北省小麦单产变化趋势

资料来源：国家统计局网站。

河北省小麦总产经历了先升后降发展过程。如图 1 - 3 所示，2011 ~ 2017 年呈增加趋势，2018 ~ 2020 年受小麦播种面积下降和灾害性天气影响，略有降低。小麦总产由"十二五"期间年平均 1398. 72 万吨增加到"十三五"期间年平均 1461. 61 万吨，增长了 4.5%；从"十二五""十三五"连贯来看，年际间波动幅度大，后期持续下降趋势，波动率由 2012 年年增长 5.24% 发展到 2018 年年减少 3.55%，持续增长动力不足，出现小幅度负增长，小麦粮食生产压力加大。

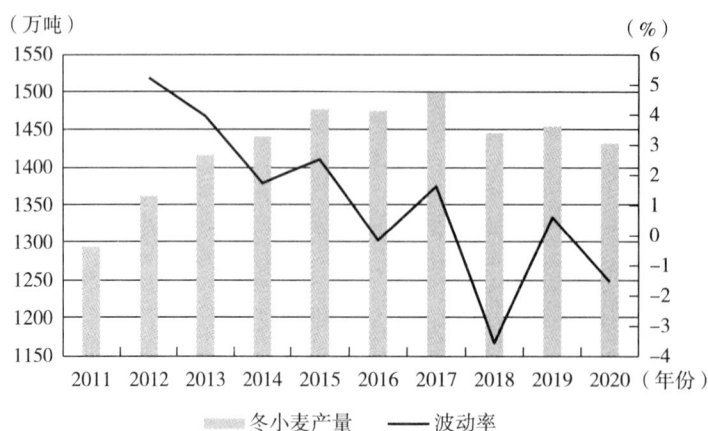

图 1-3　2011~2020 年河北省小麦总产变化趋势

资料来源：国家统计局网站。

小麦综合生产能力稳步提升。单产水平位居全国前列，2019 年河北省小麦单产 6306 千克/公顷，居全国第二位（见表 1-1）。2019 年总产量为 1454.8 万吨，占全国总产量的 11.2%，居全国第四位。2019 年夏收面积为 220.35 万公顷，居全国第五位，小麦面积占全国比重呈下降趋势。"十三五"期间，河北省小麦种植面积稳定在 220 万公顷以上，单产平均水平为 6251.5 千克/公顷，年均产量 1468.9 万吨，为"十四五"期间小麦高质量发展打下了良好的基础。

表 1-1　2011~2020 年河北省小麦种植面积、平均产量与位次

单位：万公顷，万吨，千克/公顷

时期	年份	播种面积		总产量		单位面积产量	
		面积	位次	数量	位次	单产	位次
"十二五"	2011	243.13	4	1294.9	3	5326.02	3
	2012	245.14	4	1362.8	4	5559.31	3
	2013	242.24	4	1416.8	4	5848.86	3
	2014	239.78	4	1441.4	4	6011.19	2
	2015	238.37	5	1477.7	4	6199.26	2
"十三五"	2016	238.00	5	1475.3	4	6198.76	2
	2017	236.41	5	1499.4	4	6342.32	2
	2018	234.79	5	1446.1	4	6159.01	2
	2019	220.35	5	1454.8	4	6306.00	2
	2020	226.27	—	1432.5	—	6502.20	—

资料来源：国家统计局网站。

（二）生产组织管理精准有力

特殊之年的夏粮丰收得来不易。2020 年，小麦春管关键时期遭遇了新冠肺炎疫情冲击，又先后经历了"倒春寒""干热风"和近几年程度较重的病虫害，为克服种种不利因素给农业生产带来的不利影响，河北省委、省政府高度重视，省农业农村厅积极安排部署，及时印发《关于加强春季农业生产工作的通知》，利用"互联网 +"、手机 App 等现代信息技术，加强春季生产技术指导，组织春耕春播服务队，开展田间管理、农资农技服务，打通乡村运输梗阻，保障农业生产资料及时供应。为加速推进小麦重大病虫害防控工作，河北省在及时下拨中央预拨 4800 万元农业生产救灾资金的基础上，省财政又下达资金共计 2995 万元，用于支持各地做好小麦等农作物重大病虫害防控工作。为 2020 年小麦收成好，单产、品质提高，提供了有力组织工作保障和资金支持。

（三）科技服务支撑及时到位

面对疫情，小麦产业体系积极行动，2020 年 3 月 25 日，小麦首席专家曹刚研究员依托单位河北省农业技术推广总站组织全省春耕春管技术网络培训班，并要求团队成员按照"奋战 100 天夺取夏粮丰收行动"安排，从分工岗位出发，高度重视，积极行动，全面做好技术指导和对接帮扶。

安排市县各级技术部门成立苗情调查小组 145 个，1517 人次落实麦田定点监测与大田普查，执行工作周报制，及时快速掌握全省苗情动态和春管生产进度。农技人员深入田间地头指导服务农户 9803 人次，通过办公平台、电话、微信、网络问卷等方式，对种植大户、合作社、肥料企业等服务主体进行跟踪调研，重点对田间管理、肥料生产、农资配送、产销动态、产业加工等情况进行了分析，向分管领导提交《关于此次较强降温对我省小麦生长影响及工作举措的情况报告》《疫情防控下河北省小麦春管调研总结》。

做好专家田间联查与会商座谈工作，联合省专家组先后发布《河北省 2020 年冬小麦春季田间管理技术建议》《2020 年河北省小麦中后期田间管理技术建议》《河北省 2020 年秋季种麦技术指导意见》《河北省 2020 年冬前小麦苗情分析及冬春季管理技术建议》等，要求抓好小麦田间管理，加强控旺促壮、防病治虫、防灾减灾等各项措施，搞好小麦定点苗情动态监测，分类做好田间肥水管理，抓好旺长麦田管理，做好小麦条锈病、赤霉病防治，重点防范"倒春寒""倒伏"等风险。

（四）产业经营主体健康发展

1. 规模化经营明显增加

2014 年，河北省人民政府出台了《关于加快农村土地经营权流转促进农业适度规模经营的意见》，土地流转速度加快，也出现了土地托管、合作社、家庭农场等新组织形式，促进了农业适度规模经营。到 2018 年全省土地流转面积达到 3033.73 万亩，其中，转包（出租）耕地面积占家庭承包耕地流转总面积比例达到 81.08%，其他占比较少。从年均增速看，转包（出租）耕地面积以年均21.49%的速度增长；另一个比较突出和发展速度比较快的为股份合作形式，年均增长速度达到30.39%，如图1-4和表1-2所示。

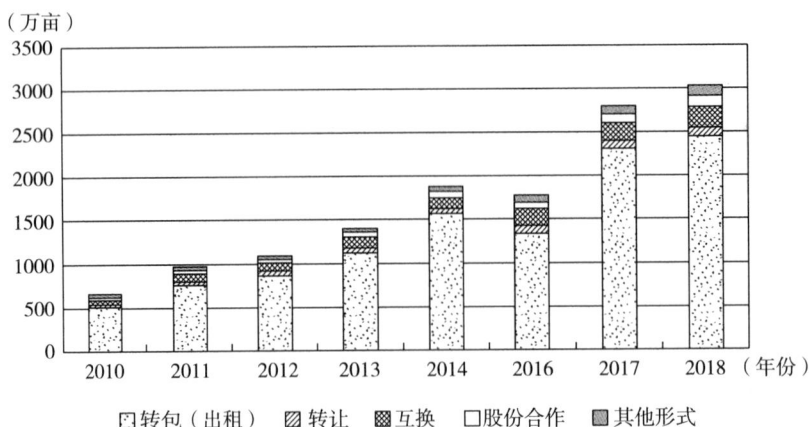

图1-4 2010~2018年河北省土地流转形式情况

资料来源：《中国农村经营管理统计年报》。

表1-2 土地流转形式年均增速　　　　　　　　　　　　　　单位：%

流转形式	转包（出租）	转让	互换	股份合作	其他形式
年均增速	21.49	18.31	15.46	30.39	17.84

资料来源：《中国农村经营管理统计年报》。

未经营耕地农户数呈增加趋势，由2016年的25.6万户增加到2018年的28.3万户，经营耕地10亩以下农户数依然占据较大比例，同时也看到经营耕地面积50亩以上农户数呈显著增加趋势，51~100亩、101~200亩、201亩及以上农户分别由2010年的4万户、0.4万户和0.1万户增加到2018年的10.1万户、4万户和1.9万户，年均分别增长12.27%、33.35%和44.49%，增加明显。经营耕地31~50亩的农户呈减少趋势。由2010年的43.4万户减少到2018年的26.7万户，如表1-3所示。

表1-3 农户经营耕地面积情况　　　　　　　　　　　　　　单位：万户

年份	未经营耕地农户数	经营耕地10亩以下的农户数	经营耕地11~30亩的农户数	经营耕地31~50亩的农户数	经营耕地51~100亩的农户数	经营耕地101~200亩的农户数	经营耕地201亩及以上的农户数
2010	—	1303.0	197.7	43.4	4.0	0.4	0.1
2011	—	1302.3	197.7	43.4	4.1	1.1	0.3
2012	—	1303.0	197.7	43.4	4.0	0.4	0.1
2013	—	1330.9	179.7	25.6	6.9	2.0	0.6
2014	—	1329.1	177.8	25.5	7.1	2.3	0.9

续表

年份	未经营耕地农户数	经营耕地10亩以下的农户数	经营耕地11~30亩的农户数	经营耕地31~50亩的农户数	经营耕地51~100亩的农户数	经营耕地101~200亩的农户数	经营耕地201亩及以上的农户数
2015	—	1331.8	192.1	26.8	8.9	3.5	1.6
2016	25.6	1342.1	193.2	26.8	9.3	3.7	1.8
2017	26.9	1338.2	195.6	27	9.9	4.1	1.9
2018	28.3	1370.6	187.2	26.7	10.1	4.0	1.9

资料来源:《中国农村经营管理统计年报》。

2. 组织化程度有序推进

随着劳动力的转移和农业劳动力老龄化加剧,新型农业社会化服务组织相应而生,在不流转土地经营权的条件下,将农业生产中的耕、种、防、收等全部或部分作业环节委托给农业生产性服务组织完成的农业生产托管得到全面发展。截止到2019年,河北省农业生产托管服务面积达2.1亿亩次,其中耕、种、防、收分别为4348.33万亩次、5764.03万亩次、5163.77万亩、4980.10万亩次,分别占农业生产托管服务总面积的20.68%、27.41%、24.56%、23.68%。小农户耕、种、防、收接受托管服务面积分别为2403.31万亩次、2313.75万亩次、2241.08万亩次、2387.28万亩次,分别占到耕、种、防、收托管面积的55.27%、40.14%、43.4%、47.94%。小农户占比较高。农村集体经济组织、农民专业合作社、企业、服务专业户和其他组织服务粮食作物的面积分别为498.87万亩次、6477.41万亩次、866.8万亩次、4468.19万亩次和220.9万亩次。

(五) 2020年度小麦价格走势分析

随着全球疫情的暴发和蔓延,全球粮食生产和贸易遇到重大挑战,但随着我国疫情得到控制,国内生产生活得到有序恢复,小麦生产和市场发展稳定。从河北省来看,2020年夏收小麦受疫情影响较小,在各方共同努力下,取得了夏收小麦丰产,为市场价格平稳发挥了压舱石作用。

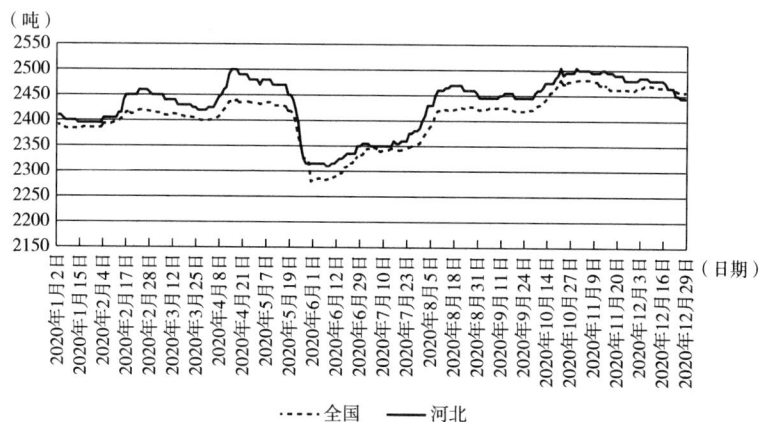

图1-5　2020年河北省小麦价格走势

资料来源:布瑞克。

通过图1－5可以看到，河北省小麦价格走势大致经历了四个阶段：第一阶段为平稳增长阶段（1月初到5月中下旬）；第二阶段为快速下跌阶段（5月中下旬到6月中旬）；第三阶段为企稳增长阶段（6月中旬到10月中下旬）；第四阶段为平稳回落阶段（10月中下旬到12月底）。

第一阶段：平稳增长阶段（1月初到5月中下旬）。此阶段价格受疫情影响较大。其中，1月小麦价格基本保持在2395～2410元/吨，元旦过后，随着传统春节临近，河北省大部分小麦加工企业为满足春节面粉供应，保持了充足的生产量和供应量，小麦价格相对较稳定；1月底至2月底小麦价格出现短暂反弹，由1月底的2395元/吨增长到2月底最高的2450元/吨，上涨了2.3%。2月底到3月中下旬的回落阶段，由最高的2450元/吨回落到3月底最低的2420元/吨，随着全国疫情的控制，国家刺激消费，大量投入政策粮以及疫情缓解后民众心态的恢复，小麦供应阶段偏紧的局面有效缓解，价格有所下降；4月初到5月中下旬，小麦价格出现短暂的"强劲"回升，由2420元/吨上涨到2500元/吨，上涨了3.31%，全国生产生活有序恢复，出售小麦寥寥无几，用粮企业均以政策性粮源为主。加上复工形势较好、大中院校陆续开学等利好消息提振面粉需求，制粉企业备货积极，而市场上流通粮源较为有限，主产区小麦价格上涨较快。

第二阶段：快速下跌阶段（5月中下旬到6月中旬）。此阶段价格主要受国内新麦上市及增产利好的影响。此阶段河北省小麦价格出现大幅度下跌，由最高的2500元/吨下降到最低的2310元/吨，降幅高达7.6%。主要原因为随着新小麦马上上市，企业及粮库等收购商为腾空粮库大量抛售旧粮，同时加上2020年河北省夏收小麦生产形势整体好于往年，品质普遍较好，有望获得丰产等利好消息，导致小麦价格出现明显的下跌。

第三阶段：企稳增长阶段（6月中旬到10月中下旬）。此阶段小麦价格主要受饲料玉米价格上涨的带动影响较大。新小麦上市后，价格持续反弹。6月初到7月上旬，小麦处于快速下跌后的修复阶段，价格维持在2320～2350元/吨；经历短暂的修复后，7月上旬到10月中下旬小麦价格呈快速增长趋势，由2350元/吨上涨到2500元/吨，上涨了6.38%，恢复到2020年小麦最高水平，本阶段主要受饲料玉米价格大幅度上涨，带动了小麦价格的增长，甚至出现小麦作为饲料粮使用的现象，出现叠加影响。

第四阶段：平稳回落阶段（10月中下旬到12月底）。此阶段小麦价格受国家政策调控影响较大。10月下旬后小麦价格保持在2450～2500元/吨，小麦市场价格较为稳定，略有下调。该段时间国家政策性小麦投放量稳定，政策性拍卖小麦陆续到厂，市场流通粮源增加，价格难以大幅波动。

二、河北省小麦投入产出及全要素生产率分析

（一）小麦生产投入情况

河北省小麦总投入呈持续增加趋势。采用《全国农产品成本收益资料汇编》数据进

行分析，单位生产总投入由 2004 年的 410.68 元/亩增加到 2019 年的 1102.23 元/亩（见图 1-6），15 年时间增长了 168.39%，年均增长 6.8%。

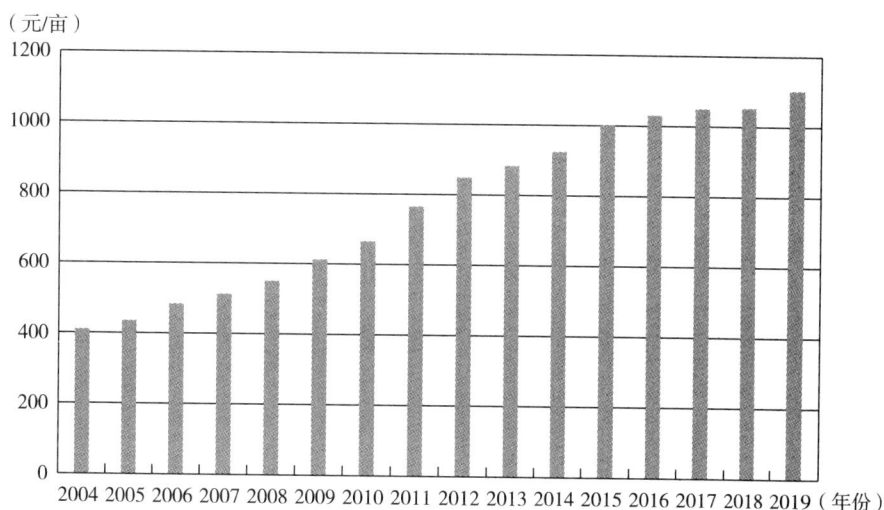

图 1-6 2004～2019 年河北省小麦总投入情况

资料来源：《全国农产品成本收益资料汇编》。

截止到 2019 年，河北省小麦生产成本中，物质与服务费用、人工费用、土地成本分别为 518.93 元/亩、398.32 元/亩、184.98 元/亩，近 15 年呈持续上升态势。其中，物质与服务费用所占总投入比重最高，2019 年为 47.08%，但在总成本的比重呈下降趋势，由 2004 年的 61.36% 下降到 2019 年的 47.08%；人工费用所占比例居高不下，2004 年到 2019 年年均增长 9.3%，比重从 2004 年的 25.57% 上升到 2019 年的 36.14%；土地成本最低，所占比重为 13%～19%，但近几年呈明显增加趋势，年均增长 8.6%。如图 1-7 所示。

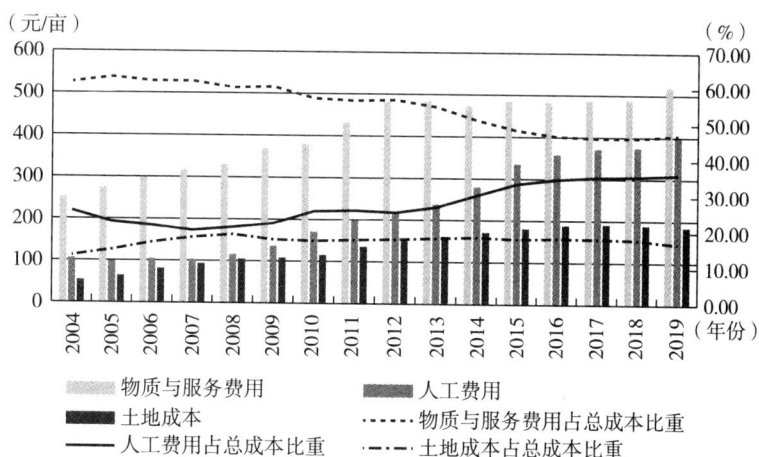

图 1-7 2004～2019 年各项成本投入及所占总投入的比重

资料来源：《全国农产品成本收益资料汇编》。

在物质与服务费用中，小麦种子费由 2004 年的 28.64 元/亩涨到 2019 年的 78.28 元/亩，15 年间增长 49.64 元/亩，年均增长 6.93%。种子量由 16.82 千克/亩增加到 17.56 千克/亩，15 年间种子量增加不明显，增加 0.74 千克/亩，年均增长仅为 0.43%；化肥费由 2004 年的 81.76 元/亩增加到 2019 年的 162.29 元/亩，年均增长 4.68%。从化肥使用量看，由 2004 年的 26.35 千克/亩增加到 2019 年的 31.14 千克/亩，年均增长 1.34%；农家肥费和农药费在小麦投入比重中占比较低，农家肥费由 2004 年的 7.67 元/亩增加到 2019 年的 30.97 元/亩，年均增长 9.75%，农家肥作用比较明显，农户也重视起对有机肥的使用。从农药投入来看，当农药投入达到一定比例后，产量呈现下降趋势，所以农药使用一定要合理控制；机械化作业和人工投入是小麦种植两大重要投入，随着人工费用涨价，对小麦过多的人工投入会使小麦面临着利润为零的局面，只有使用机械代替人工，提高机械作业水平，大大降低人工投入，小麦的生产效率才能提高。租赁作业费用由 2004 年的 102.01 元/亩增加到 2019 年的 214.7 元/亩，年均增长 5.09%；整体来看，人工费用增加程度远远大于机械费用，如图 1-8 所示。

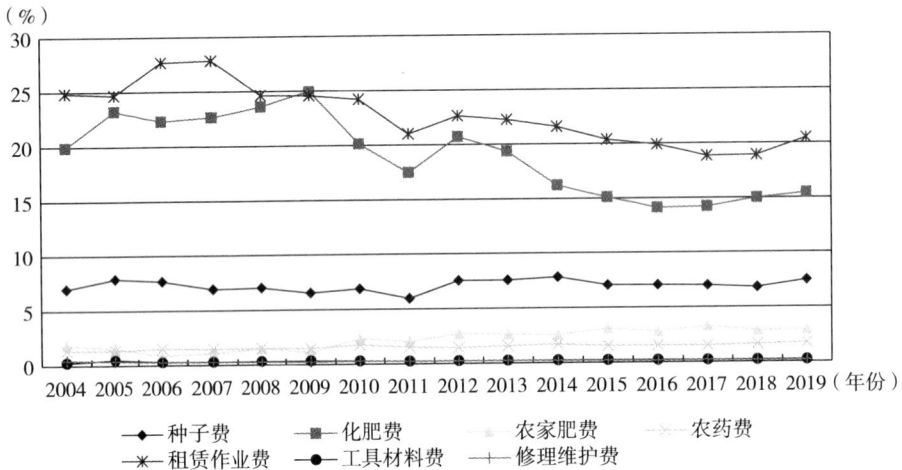

图 1-8　2004~2019 年河北省小麦物质与服务费用各项投入情况

资料来源：《全国农产品成本收益资料汇编》。

在物质与服务费用的具体构成中，化肥费和租赁作业费两者所占比重最大，由大到小依次是：租赁作业费、化肥费、种子费用、农家肥费、农药费、修理维护费、工具材料费。增长速度由大到小依次为：农家肥费、农药费、种子费用、工具材料费、租赁作业费、化肥费、修理维护费。

（二）产值和经济效益情况

河北省小麦产值由 2007 年的 641.85 元/亩增加到 2019 年的 1107 元/亩（见图 1-9），12 年时间增长了 465.15 元/亩，年均增长速度为 4.65%，产值虽然增加明显，但是总成本年均增长速度达到 6.59%，产值增速小于总成本增长速度，致使目前亩净利润呈明显下降趋势，由亩最高净利润 217.75 元/亩降到 2019 年的亩净利润 4.77 元/亩，2018 年出现亩净利润为负数的现象。如何控制成本投入，提高小麦单位产值，增加种植小麦的净利润成为一个重要问题。

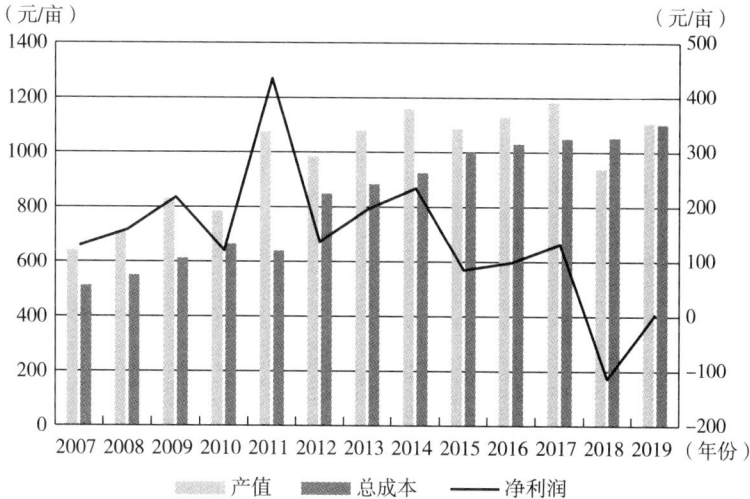

图 1-9　2007～2019 年河北省小麦产值和经济效益情况

资料来源：《全国农产品成本收益资料汇编》。

（三）河北省小麦全要素生产率分析

利用 2011～2019 年河北省小麦生产的成本收益数据，借鉴相关的研究方法，对河北小麦的生产效率及地区差异进行分析，探讨提高河北省小麦生产效益和效率的有效途径。

1. 研究方法及数据来源

（1）研究方法。

DEA 是一种非参数方法，特别在多投入多产出的情况下进行效益评价具有绝对优势。在分析效率时，现有学者普遍选取可变规模报酬模型首先计算纯技术效率，然而利用综合技术效率与纯技术效率的关系计算规模效率。

Malmquist 生产率指数方法。首先从产出角度计算出在相同时期的不同技术参照下的 Malmquist 指数。然后用两者的几何平均值来衡量技术效率变化和技术进步变化。本书在技术效率变化的基础上将其分解为纯技术效率和规模效率。

（2）数据来源。

本书所使用原始数据均来源于历年《河北省农村统计年鉴》《河北省农产品成本收益资料汇编》和农业部等官方网站公布的 2011～2019 年河北省小麦成本收益相关数据，选取河北省 34 个小麦主产县市数据；通过搜集研究内容所需要的数据，对河北省小麦生产发展概况以及成本收益进行分析。对小麦生产效率进行计算时采用的投入指标为：种子费、租赁作业费、化肥费、农药费等。产出变量为单产、总产量。投入产出之所以用费用而不是用数量，是因为加入价格因素能更好地测度要素组合效率，如表1-4所示。

表1-4 变量名称与变量计算方式

	变量名称	计算方式	单位
产出变量	总产量	当年小麦产量	万吨
	单产	当年小麦单位产量	千克/公顷
投入变量	种子费	每单位种子投入费用	元/公顷
	租赁作业费	每单位机械作业投入费用	元/公顷
	化肥费	每单位化肥投入费用	元/公顷
	农药费	每单位农药投入费用	元/公顷

注：租赁作业费包括机械作业费、排灌费等费用。

2. 结果与分析

（1）DEA模型下县市小麦综合效率分析。

2011～2019年河北省县市小麦综合技术效率、纯技术效率、规模效率平均值分别为0.845、0.873、0.965。

从纯技术效率来看，纯技术效率达到1.000的县市有灵寿县、辛集市、定州市、正定县、新乐市、乐亭县、临漳县、宁晋县、景县，这些县市农业机械化程度较好，均达到有效水平。成安县、沧县、泊头市、鸡泽县纯技术效率较低，分别为0.619、0.690、0.714、0.724，说明这4个县市的农业机械化程度较低，未达到有效水平，可以通过提升机械化水平进而提升纯技术效率，如表1-5所示。

表1-5 2011～2019年河北省县市小麦综合技术效率

县市	综合技术效率（crste）	纯技术效率（vrste）	规模效率（scal）	规模报酬
正定县	1.000	1.000	1.000	—
灵寿县	0.886	1.000	0.886	irs
无极县	0.855	0.925	0.924	drs
辛集市	0.988	1.000	0.988	drs
晋州市	0.880	0.890	0.989	irs
新乐市	1.000	1.000	1.000	—
丰润区	0.870	0.875	0.994	drs
乐亭县	1.000	1.000	1.000	—
玉田县	0.854	0.860	0.993	drs
临漳县	1.000	1.000	1.000	—
成安县	0.496	0.619	0.802	irs

县市	综合技术效率（crste）	纯技术效率（vrste）	规模效率（scal）	规模报酬
永年县	0.888	0.888	1.000	—
鸡泽县	0.706	0.724	0.976	drs
邢台县	0.858	0.901	0.953	irs
任县	0.692	0.782	0.884	irs
南和县	0.810	0.908	0.892	irs
宁晋县	1.000	1.000	1.000	—
临西县	0.961	0.961	1.000	—
安新县	0.844	0.853	0.990	irs
易县	0.905	0.906	0.999	irs
蠡县	0.872	0.875	0.997	drs
雄县	0.810	0.821	0.986	irs
定州市	0.992	1.000	0.992	irs
沧县	0.639	0.690	0.927	irs
盐山县	0.689	0.755	0.913	irs
吴桥县	0.743	0.789	0.942	drs
献县	0.751	0.818	0.918	irs
泊头市	0.691	0.714	0.967	irs
永清县	0.849	0.849	1.000	—
文安县	0.731	0.814	0.898	irs
三河市	0.782	0.782	1.000	—
景县	1.000	1.000	1.000	—
阜城县	0.756	0.763	0.991	irs
冀州市	0.918	0.919	0.999	irs
平均值	0.845	0.873	0.965	

景县等 10 个县市的规模报酬不变，说明产量增加的比例等于各种生产要素增加的比例。无极县、吴桥县、鸡泽县、辛集市、玉田县、丰润区、蠡县 7 个县市呈规模报酬递增，说明产量增加的比例大于生产要素增加的比例。成安县、任县、灵寿县、南和县、文安县等 17 个县市呈规模报酬递减，说明产量增加的比例小于生产要素增加的比例。

从综合技术效率来看，2011～2019 年，正定县、新乐市、乐亭县、临漳县、宁晋县、景县的小麦生产综合技术效率为 1.000，由此可见以上各县市要素之间配比均衡，均达到有效水平。成安县、沧县、盐山县、泊头市、任县的综合技术效率较低，分别为 0.496、0.639、0.689、0.691、0.692，综合技术效率低的原因主要在于纯技术效率比较低。

（2）Malmquist 指数下县市小麦全要素生产效率分析。

运用 Malmquist 指数计算 2011～2019 年河北省 34 个县市生产的全要素生产率指数，

技术效率变动指数和技术进步指数。全省技术效率、技术进步、全要素生产率平均值分别为 0.987、0.976、0.963。

从技术效率来看，11 个县市的技术效率改善，22 个县市的技术效率下降，1 个县市的技术效率不变，可以看出河北省更注重对现有技术和资源的整合利用。其中，宁晋县、临西县、定州市技术效率较高，分别为 1.040、1.048、1.094；文安县、阜城县、邢台县技术效率较低，分别为 0.868、0.897、0.899，如表 1-6 所示。

表 1-6 2011~2019 年各县市全要素生产率指数变化

县市	技术效率指数（effch）	技术进步指数（techch）	全要素生产率指数（tfpch）
正定县	1.000	1.063	1.063
灵寿县	1.033	0.974	1.006
无极县	1.040	0.925	0.962
辛集市	0.948	0.996	0.915
晋州市	1.020	0.971	0.991
新乐市	0.969	0.986	0.956
丰润区	0.966	0.991	0.957
乐亭县	0.954	0.954	0.910
玉田县	0.991	0.972	0.964
临漳县	0.988	0.946	0.934
成安县	0.975	0.925	0.902
永年县	1.007	0.925	0.932
鸡泽县	0.982	0.926	0.909
邢台县	0.899	1.021	0.917
任县	1.006	1.005	1.012
南和县	0.992	0.961	0.953
宁晋县	1.040	0.990	1.030
临西县	1.048	1.007	1.055
安新县	1.013	0.963	0.975
易县	0.988	0.898	0.887
蠡县	1.020	0.981	1.000
雄县	0.977	0.993	0.970
定州市	1.094	0.995	1.088
沧县	0.977	0.987	0.956
盐山县	1.007	0.954	0.961
吴桥县	0.993	0.982	0.975
献县	1.016	0.986	1.002
泊头市	0.965	0.992	0.957
永清县	0.986	0.983	0.969

续表

县市	技术效率指数（effch）	技术进步指数（techch）	全要素生产率指数（tfpch）
文安县	0.868	0.986	0.855
三河市	0.964	0.993	0.958
景县	0.958	0.987	0.946
阜城县	0.897	0.987	0.885
冀州市	0.978	0.996	0.983
平均值	0.987	0.976	0.963

从技术进步变化指数来看，大于1.000的县市有4个，其中，任县、临西县、邢台县、正定县技术进步的值较高，分别为1.005、1.007、1.021、1.063。易县、成安县、永年县、无极县技术进步的值较低、分别为0.898、0.925、0.925、0.925。

从全要素生产率来看，宁晋县、临西县、正定县、定州市全要素生产率指数较高，分别为1.030、1.055、1.063、1.088，文安县、阜城县、易县、成安县全要素生产率指数较低，分别为0.855、0.885、0.887、0.902。

（3）年际全要素生产率变化情况。

从2011~2019年全要素生产率变化来看，2011~2017年处于平稳发展阶段，2017~2018年全要素生产率较低，主要是当年小麦气象灾害较大。2017年小麦越冬期，河北省小麦主产区缺乏有效降水，2018年春季河北省小麦受到较强"倒春寒"天气影响，气温持续走低，加上后期连续的阴雨天气，是近几年来河北省小麦减产幅度最为显著的一年。2018~2019年技术进步和全要素生产率得到明显恢复和提升，如图1-10所示。

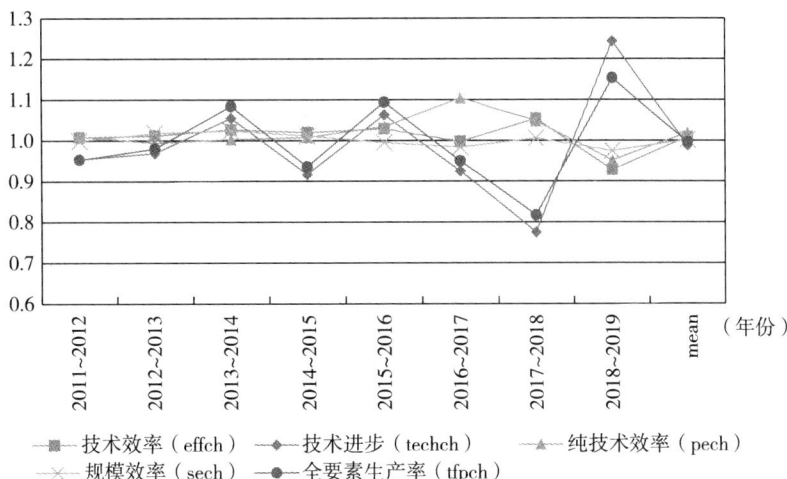

图1-10　2011~2019年河北省历年小麦全要素生产率变化

三、河北省小麦产业综合竞争力分析

运用综合比较优势指数法，对河北、河南和山东三个主产省进行比较优势分析。综合比较优势指数法（CCA$_{ij}$）适合于在一国范围内不同区域之间某种产品，或同一区域内不同产品之间比较优势的衡量和比较。通过计算规模优势指数、效率优势指数和综合优势指数来反映一个地区单产水平与种植规模相互作用所形成的作物生产的能力。

规模优势指数 SAI（Scale Advantage Indices）反映一个地区某一作物生产的规模和专业化程度。计算公式如下：

$$SAI_{ij} = (GS_{ij}/GS_i)/(GS_j/GS) \qquad (1-1)$$

其中，SAI$_{ij}$为 i 区 j 作物的规模优势指数；GS$_{ij}$和 GS$_j$分别为 i 区和全国 j 作物的播种面积；GS$_i$和 GS 分别为 i 区和全国粮食作物总播种面积。SAI$_{ij}$>1，表明与全国平均水平相比，i 区在 j 作物生产上有规模优势；SAI$_{ij}$<1，表明 i 区 j 作物生产规模处于劣势，GS$_{ij}$值越小，劣势越显著。

效率优势指数 EAI（Efficiency Advantage Indices）反映作物比较优势。计算公式如下：

$$EAI_{ij} = (AP_{ij}/AP_i)/(AP_j/AP) \qquad (1-2)$$

其中，EAI$_{ij}$为 i 区 j 作物的效率优势指数；AP$_{ij}$为 i 区 j 作物的单产；AP$_i$为 i 区粮食作物平均单产；AP$_j$为全国 j 种作物平均单产；AP 为全国粮食作物平均单产。EAI$_{ij}$>1，表明与全国平均水平相比，i 区 j 作物生产具有效率优势，EAI$_{ij}$值越大，生产效率优势越明显；反之，则缺乏效率优势。

综合优势指数 AAI（Aggregated Advantage Indices）是效率优势指数与规模优势指数的综合结果，能够更为全面地反映一个地区每种作物生产的优势度。综合优势指数计算公式如下：

$$AAI_{ij} = (EAI_{ij} \times SAI_{ij})^{1/2} \qquad (1-3)$$

AAI$_{ij}$>1，表明与全国平均水平相比，i 区 j 作物生产具有优势，其值越大则优势越强；AAI$_{ij}$<1，表明 i 区 j 作物生产不具优势；AAI$_{ij}$=1 则处于临界状态。

通过分析三省小麦生产的规模优势指数可以看出（见图 1-11），2000~2019 年河北小麦的规模优势最弱，规模优势指数均值为 1.72；规模优势最强的为河南，均值达到 2.45；山东规模优势指数均值为 2.25，居中间水平。从变化趋势看，2000~2004 年河南的规模优势指数增加明显，由 2000 年的 2.22 增加到 2005 年的 2.54，增长明显，2005~2016 年基本呈稳定发展走势，2017~2019 年规模指数又呈明显增加趋势，同时山东和河南的规模优势指数一直保持在 2 以上，河北规模优势指数维持在 1.58~1.78，从 2015 年开始，河北的小麦规模优势指数与河南和山东的差距有扩大趋势，其中，与河南的差距由 2015 年的 0.74 扩大到 2019 年的 0.84。

从小麦效率优势来看（见图 1-12），河北的效率优势指数有一定的优势，但优势在退化，2000~2019 年，河北、山东和河南的效率优势指数分别为 1.18、1.02、1.12，从变

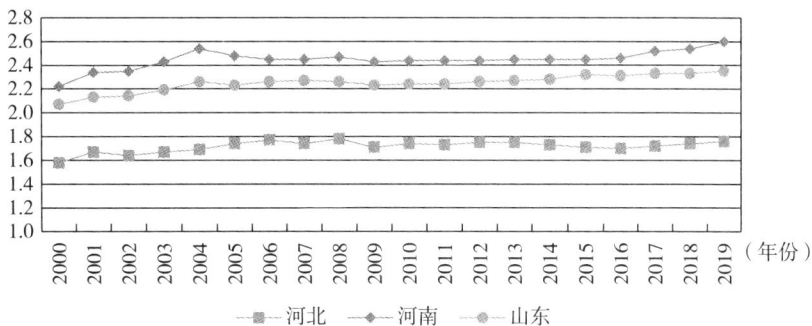

图 1 – 11　2000～2019 年主产省小麦生产规模优势指数

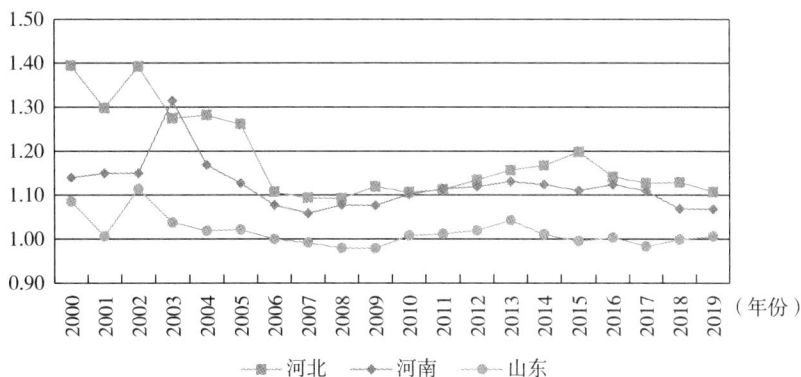

图 1 – 12　2000～2019 年主产省小麦生产效率优势指数

化过程看，2000 年河北小麦效率优势指数大大领先于河南和山东，但 2000～2006 年河北小麦生产效率优势指数下降明显，由 2000 年的 1.39 下降到 2006 年的 1.11，三省均在波动中呈下降趋势。从 2006 年开始，三省的生产效率优势指数基本处于稳定态势。

从综合优势指数来看（见图 1 – 13），河北与河南、山东小麦生产综合比较优势差距

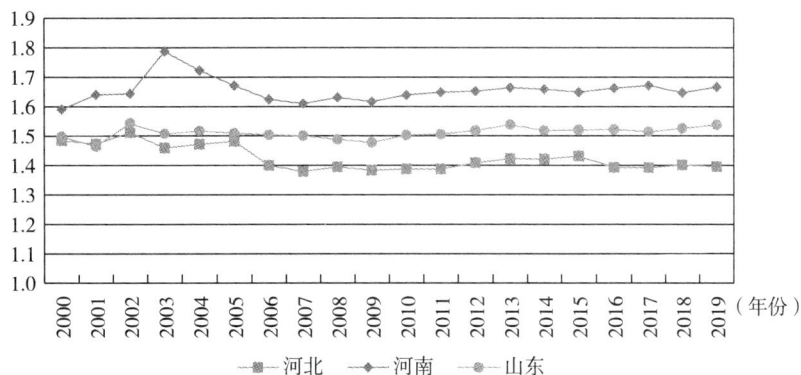

图 1 – 13　2000～2019 年主产省小麦生产综合优势指数

比较明显。其中河南小麦综合优势指数处于绝对领先的地位，2000～2005年，河北小麦综合优势指数与山东接近，但从2006年开始，河北小麦生产综合优势指数与山东的差距逐步拉大，到2019年，河北小麦生产综合优势指数分别比河南和山东低0.27和0.14。

整体来看，河北虽然在生产效率方面具有一定优势，但受规模优势指数低的影响，导致河北小麦综合效益低于山东和河南两个小麦生产大省，同时在小麦加工方面也低于河南和山东，并且有差距扩大的趋势。

四、河北省小麦产业发展形势分析

（一）产业政策形势分析

2020年，新冠肺炎疫情发生全球性蔓延，对世界经济发展带来重大打击。这一年是我国全面建成小康社会和"十三五"规划收官之年，抓好粮食等重要农产品稳产保供，对稳定经济社会大局具有特殊重要意义。党中央、国务院高度重视国家粮食安全，习近平总书记强调，越是面对风险挑战，越要稳住农业，越要确保粮食和重要副食品安全。李克强总理批示要求，稳定粮食播种面积，确保全年粮食产量稳定。在2020年12月先后召开的中央经济工作会议和中央农村工作会议上，粮食安全被高度重视，提出硬任务和具体要求。国务院出台了《关于2020年度认真落实粮食安全省长责任制的通知》。河北作为粮食生产大省，2020年研究出台制定了《2020年全省稳定粮食生产工作方案》，要求严格落实粮食安全责任制，强化各级政府确保粮食安全的主体责任，根据全省粮食生产目标指标，强化对稳定粮食生产的硬约束。政策"组合拳"为保障粮食安全提供了有力保障。

（二）产业生产形势分析

随着粮食生产支持和优惠政策的不断加强，政策绩效逐渐显现，粮食综合生产保障能力不断提升。粮食生产核心区建设稳步提升，高标准农田建设工作成效凸显，为粮食生产旱涝保收、高产稳产提供了基础条件保障。但也应该看到，河北省小麦生产发展也面临诸多约束，如耕地资源紧张、肥料利用效率偏低、小农生产规模受限等。近几年，河北省小麦种植受产业结构调整等影响，播种面积一直呈减少趋势，耕地非农化现象时有发生，作为粮食主产省，耕地"红线"必须严控，播种面积必须稳定。化肥投入居高不下，小麦投入量约为30千克/亩（化肥折纯量），造成利用效率低，对环境也存在不利影响。家户型经营在全省小麦生产中仍然占比较高，小麦种植成本居高不下，并且品种种植多而杂，对专麦、专收、专储、专加等造成一定困难，无形中增加了小麦加工成本。综合来看，河北省小麦生产形势总体稳定向好。

（三）市场价格形势分析

相较于1月小麦市场波澜起伏，2月市场购销明显放缓。虽然局部地区有小幅反弹，但整体来看波动并不明显，春节临近，国内小麦市场购销已逐步转淡。春节后小麦市场供应将主要依靠政策粮，受拍卖底价支撑，麦价很难出现明显回调。再加上玉米价格处于高位，饲料替代性价比较高，春节后复工复学的备货需求，使得市场价格将存在阶段性小幅上涨可能。3～6月价格将会回调，直到新麦上市之前，将以稳中窄幅振荡整理为主。6月随着新麦上市，正常年份会出现季节性下滑，而后随着托市收购启动，市场价格将逐步上升并向最低收购价靠拢。2021年最低收购价较上一年度增加了0.01元，增量虽小，但对提振市场信心作用较大。进入第四季度，随着大部分粮源进入国家收购和市场消费逐渐进入传统旺季，受供求关系影响，小麦价格将会出现温和上涨。当然，市场的变化还会受后期政策面、小麦国内收成、进口数量以及替代品价格影响，都会对价格走势带来不确定性，需要密切关注，及时调整相应预期。

（四）产业组织发展形势分析

产业化组织程度是衡量产业发展效率的重要指标，发展程度越高，越有利于促进劳动生产率、土地产出率、资源利用率的提高。近几年，河北省小麦专业合作社、家庭农场等新型经营主体不断发展壮大，涉及种子、化肥、农机、植保等领域，探索建立了多种合作形式，提高了河北省小麦产业组织化程度，产业链参与主体实现了共赢。社会化服务可以帮助规模经营主体实现规模效益，这是对不转变经营权而实现规模经营的一项重大管理方式的创新。河北省小麦生产在社会化服务方面取得了较好进展，但总体上服务覆盖面不足、服务质量不高。今后，随着无人机、智能农机等机械化、信息化技术和产品日益成熟和广泛应用，在国家政策支持引导下，专用化的农业服务公司会有一轮大的发展。随着产业组织化程度和质量的不断提升，技术替代所带来的产业规模效益提升将会逐渐显现。

（五）加工企业发展形势分析

大力发展小麦加工业，是延长产业链、提升价值链，增加产业效益的必由之路。河北省内小麦加工企业具备了较大规模，汇聚了中粮、金沙河、五得利等大型加工企业。其中，金沙河面业集团在中国挂面加工企业10强中排名首位，全国各地拥有1500余名经销商，销售网络覆盖全国，产品已进入沃尔玛、家乐福等国际卖场。五得利总部设在邯郸市大名县，是全球规模最大的制粉企业，系列面粉共有140多个品种，可广泛用于面包、饺子、拉面、面条、馒头、花卷、烙饼等面制品，2019年度销售收入达321亿元，品牌价值54.13亿元。北京市场的占有率达40%以上。为了占领高端市场，加工企业在技术创新上不断突破，开发出了一系列技术含量高、市场反映好的产品。但与河南等传统的食品大省相比，在品牌设计和营销上还显不足，今后需在提高产品质量水平的同时，加强绿色优质粮食品牌宣传和推介，提高品牌市场美誉度和竞争力。

五、河北省小麦产业发展对策与建议

（一）坚持规划引领，科学制定产业发展规划

对照"十三五"粮食产业发展规划，河北省全面完成了小麦生产目标任务。在此基础上，总结工作经验，科学制定"十四五"粮食产业发展规划，对今后河北省小麦产业发展具有重要指导意义。由省农业农村厅牵头，已对"十四五"粮食产业发展规划编制进行了研究调度，提出了包括小麦在内的粮食作物规划面积、布局与支持措施。建议下一步应加强河北省小麦产业发展的顶层设计，完善"十四五"规划内容、细化规划目标任务，为产业发展提供规划引领和工作指导。

（二）加大政策支持，增强粮食综合生产能力

认真贯彻落实好中央农村工作会议精神和省委、省政府最新工作部署，对接小麦产业生产和经营主体需求，精准施策，多点发力，形成体系。通过高标准农田建设等措施，加强基础设施建设，提高粮食生产条件保障。通过实施各项补贴政策降低小麦生产成本，通过价格支持政策稳定小麦种植基本收益。通过扩大完全成本和收入保险范围，降低小麦生产自然风险。通过支持专业合作社、农业企业等专业化服务组织，提高社会化服务水平。采取多种政策手段确保小麦种植收益不下降、有提高，持续保持和提高种粮主体积极性。

（三）强化科技支撑，提高产业发展质量

针对河北省小麦生产存在的重大技术需求，组织开展创新工作，提升产业发展质量。河北省处在优质小麦产业带上，但由于品种多乱杂，"全而不优，优而不强"现象突出。建议对接企业需求，培育专用特色优质麦品种，为优质麦产业提供品种支撑。近年来，"倒春寒"、高温、小麦中后期阴雨等灾害性天气对小麦生产影响很大，造成产量和品质下降。建议加强与气象部门合作，完善小麦灾害监测预警与应急防控技术。随着冬春季疫情的不确定性，建议提前做好小麦春耕春管技术服务方案，及时开展技术服务。

（四）实施品牌战略，提高产业市场影响力

大力发展"三品一标"粮食产品，鼓励企业通过质量提升、自主创新、品牌创建等，提高品牌产品质量水平，培育一批具有自主知识产权和较强市场竞争力的全国性粮食名牌产品。加强绿色优质小麦产品品牌宣传、发布和展示展销信息平台建设，开展丰富多彩的品牌创建和产销对接推介活动、品牌产品交易会等，提升品牌美誉度和社会影响力。加大对粮食企业优质产品专利权、商标权等知识产权保护力度，严厉打击非法制售假冒伪劣产品行为，为优质品牌提供良好的市场环境。

（五）增强企业活力，带动全产业链发展

积极推动和鼓励粮食企业发挥自身联系生产和市场的优势，带动全产业链均衡健康发展。粮食企业通过订单收购、专项服务、代储加工等方式，向上游与新型农业经营主体开展产销对接和协作，建设加工原料基地，带动规模化种植、标准化生产。向上游对接消费市场，推进产品优质化、服务多样化。同时扩展自身业务，延伸建设物流营销和服务网络，发展"产购储加销"一体化模式，构建"粮头食尾""农头工尾"，从田间到餐桌的全产业链，推动小麦产业创新发展、转型升级、提质增效。

撰稿人员：李英杰　张新仕　王亚楠

指　　导：曹　刚

参编人员：甄文超　李　辉　杨文香　史占良　李科江　孙彦玲
　　　　　张启星　李慧静　冯立辉　李　艳　潘秀芬　党红凯
　　　　　武月梅

第二章　河北省玉米产业发展报告

玉米是我国三大主粮之一，同时作为饲料和工业的关键原料，是诸多产业链的物质基础，在国家粮食安全战略中具有重要地位。河北省地处黄淮海玉米优势种植区，是全国玉米主产省之一，玉米是河北省第一大粮食作物，对保障国家粮食安全、促进社会经济稳定发展发挥着举足轻重的作用。2020 年，河北省在稳定玉米生产规模、推动产业优化布局、引导特色玉米产区建设、促进玉米产业绿色和高质量发展等方面取得了显著成效，为保障国家粮食安全做出了积极贡献。

一、河北省玉米产业发展现状及形势分析

据河北省农业统计数据，2020 年河北省粮食播种面积 6388.8 千公顷，总产量 3795.9万吨，已连续 8 年稳定在 3500 万吨（700 亿斤）以上，为保障全国粮食安全做出了积极贡献。2020 年全省粮食播种面积、总产量分别比本年度计划目标增加 69 千公顷和 5.7 亿千克，是全国 5 个总产量比上年增加超过 5 亿千克以上的省份之一。

（一）河北省玉米生产总体情况

1. 播种面积由降转增

2020 年河北省玉米种植面积为 3417.1 千公顷，比 2019 年增加 8.9 千公顷，是自2016 年连续 4 年玉米种植面积调减后首次增长，占全国玉米播种面积的比重也从 2019 年的 8.26% 上升到 2020 年的 8.28%，仍稳居第六位（见图 2-1）。

2. 总产量持续增长

2020 年河北省玉米总产量 2051.8 万吨，占河北省粮食总产量的 54.05%，占全国玉米总产量的 7.87%，与 2019 年相比，玉米总产量增加 65.16 万吨，涨了 3.28%，在全省粮食产量占比提高了 0.92%，在全国玉米产量占比提高了 0.25%，稳居全国第六位，如图 2-2 所示。

3. 单产与全国平均水平差距有所减小

2020 年河北省玉米平均单产 6004.51 千克/公顷，比 2019 年的 5828.88 千克/公顷提高 175.63 千克/公顷，但比全国玉米平均单产 6317.13 千克/公顷仍低 312.62 千克/公顷，

但差距在减小，如图2-3所示。

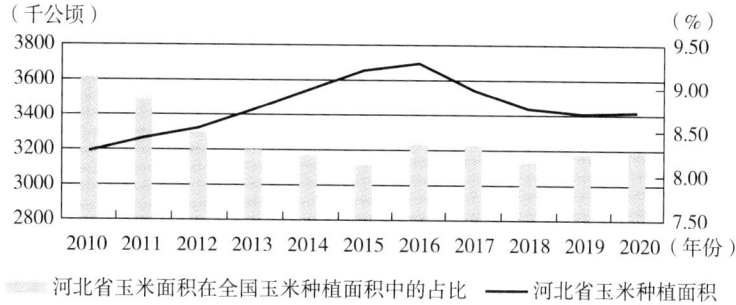

图2-1 2010~2020年河北省玉米种植面积变化趋势

资料来源：河北省统计局、河北省农业农村局。

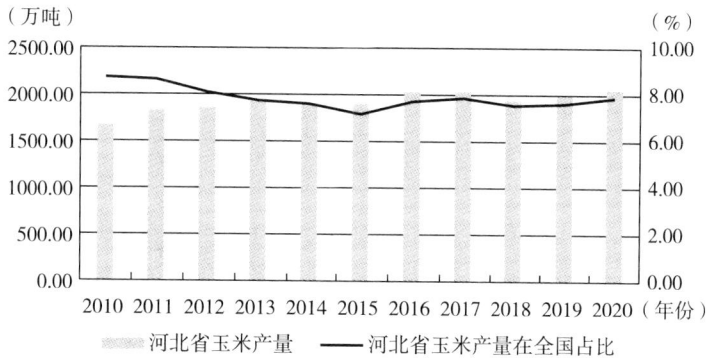

图2-2 2010~2020年河北省玉米产量变化趋势

资料来源：河北省统计局、河北省农业农村局。

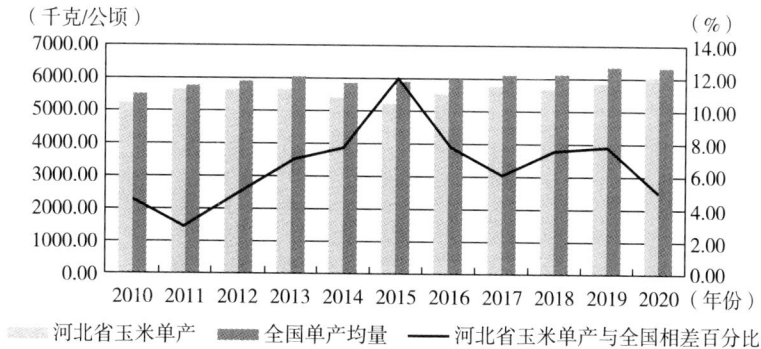

图2-3 2010~2020年河北省玉米单产趋势

资料来源：河北省统计局、河北省农业农村局。

（二）河北省玉米种业发展情况

1. 新品种研发增速较快

据农业农村部公告，2020 年河北省通过国家审定的玉米品种 38 个，涉及企业 28 家；通过省级审定的主要农作物品种 125 个，其中玉米 108 个，占省级审定品种的 85.04%。快速增长的玉米新品种为河北省玉米产业发展奠定了基础。

2. 推广种植品种较多

河北省有七大玉米生态类型区，适宜种植的玉米品种较多，据河北省农业部门初步统计，2019 年全省推广面积在 10 万亩以上的玉米品种有 71 个，其中面积较大品种有郑单958、先玉 335、登海 605、伟科 702、裕丰 303、沧玉 76、邢玉 11 号、沃玉 964、联创808、中科 11 号等。

3. 种子销量集中度较高

据河北省农业部门统计，2019 年河北省取得种子生产经营许可证企业 403 家，其中玉米种子企业最多，为 108 家，占种子企业的 27%，但销量较为集中，玉米市场销量的60% 集中在销量前十位的企业，该比例远高于其他种子销售企业，反映了河北省玉米销售主要集中在规模较大的企业。

4. 种子企业实力较强

据中国种子协会的评审，河北省有 4 家种子企业进入了全国种业 50 强，其中三北种业和河北巡天两家企业为生产经营玉米种子企业；具有在全国范围销售种子资质的企业有8 家，其中 5 家为经营玉米种子企业。河北华穗种业公司是全国首家专门从事鲜食玉米种子研究开发和生产经营的专业种子公司，通过国家和省级审（认）定的品种有 17 个，"华穗"是"河北省著名商标""河北省名牌产品"。河北德华种业公司是全国首家专门从事青贮玉米种子研发、生产、青贮玉米加工和服务的产业化发展龙头企业，是河北省农业创新驿站，在全国青贮玉米种业领域具有一定影响力。

（三）河北省鲜食玉米生产情况

1. 鲜食玉米种植规模不断扩大

河北省具有鲜食玉米种业、种植、加工优势，鲜食玉米产业在国内具有一定影响力。2020 年，河北省实施了鲜食玉米产业高质量发展推进方案等一系列产业发展政策，鲜食玉米产业发展迅速，种植规模逐年递增，种植面积约 30 千公顷，与 2019 年相比增幅为20%，其中张家口周边地区种植面积为 8 千公顷，保定、廊坊为 7 千公顷，唐山、秦皇岛为 7 千公顷，石家庄周边为 4 千公顷，邢台、邯郸为 4 千公顷。

2. 四大鲜食玉米种植区优势明显

目前，河北省已初步形成四大鲜食玉米优势区，冀西北糯玉米区以张家口市万全区为核心，辐射周边怀安县、宣化区等，该区域集鲜食玉米新品种选育、种植与产后加工于一体，主要以种植加工糯玉米为主，兼顾甜玉米。雄安新区糯玉米区以保定市徐水区和廊坊市固安县为核心，辐射带动周边清苑区、满城区、顺平县、安新县、定兴县、高碑店市、永清县、文安县等，种植主要以糯玉米为主，兼顾甜玉米。冀东甜玉米区以秦皇岛市昌黎县和唐山市玉田县为核心，辐射带动周边乐亭县、丰润区、路北区、开平区、滦南县等，种植重点以甜玉米为主，兼顾糯玉米。冀中南甜糯玉米区以石家庄正定县为核心，辐射带动周边定州市、行唐县等，种植重点为甜玉米，兼顾糯玉米。

3. 鲜食玉米全程机械化取得突破

依托河北省玉米体系创新团队的技术支持，2020 年重点在张家口万全区禾久集团种植基地推广了鲜食玉米播种、绿色防控、收获和加工的全程机械化，特别是鲜食玉米机械化收获的推进，解决了规模化种植鲜食玉米的人工收获难题，为在全省推进鲜食玉米种植全程机械化起到了示范引领作用。

4. 龙头企业品牌影响力逐步增强

河北省在全国具有一定影响力的鲜食玉米加工企业和品牌主要有：张家口禾久农业开发集团有限公司及其"禾久"商标、河北德力食品有限公司及其"帝王宴"商标、唐山鼎晨食品有限公司及其"鼎晨"商标、河北鹏达食品有限公司及其"魏征"商标等，以上商标均为河北省著名商标，在国内市场具有一定影响力。

（四）河北省玉米加工情况

河北省以玉米为原料的加工主要有饲料加工、玉米淀粉和酒精等工业加工，主要特点如下：

1. 玉米饲料加工占比较大

据统计，2019 年河北省玉米消费总量将近 1600 万吨，其中饲料用粮近 800 万吨，占省内玉米消费总量的一半以上。饲用玉米中猪料消费约占河北省饲用玉米的 56%，牛、羊等饲料消费玉米约占全省饲用玉米的 25%，禽类饲料消费约占全省饲用玉米的 15%。河北省主要饲料加工企业有河北兴达集团、河北凯特饲料等。

2. 深加工产能增长迅速

2019 年河北省工业用玉米近 700 万吨，约占省内玉米消费总量的 40%，加工能力仅次于山东、黑龙江、吉林和内蒙古四省份，居全国第五位，产品以淀粉加工为主。据天下粮仓网调查，2020 年河北 19 家重点淀粉加工企业玉米消耗量一直保持在约 450 万吨，淀粉加工企业相对比较集中。

3. 龙头加工企业影响力逐步增强

河北省龙头加工企业主要有河北玉锋实业、秦皇岛骊骅淀粉和河北德瑞淀粉等公司。据调研，河北玉锋实业集团年加工玉米 360 万吨，生产玉米淀粉 200 万吨，居全国第二，其产品远销欧美国、日本、澳大利亚、东南亚等 50 多个国家和地区，其中维生素 B12 的生产能力居世界第一。秦皇岛骊骅淀粉公司年加工玉米 135 万吨，生产淀粉 90 万吨，产能居河北省第二，其产品远销日本、韩国、澳大利亚、美国等 100 多个国家和地区，是雀巢、联合利华等 30 多家跨国公司的供应商，其淀粉、葡萄糖出口量位列全国同行业前三位，麦芽糊精出口量居全国首位。河北德瑞淀粉公司年加工玉米100万吨，生产玉米淀粉80万吨，是河北省重点产业化龙头企业。

（五）河北省玉米生产技术推广及应用情况

1. 玉米品种筛选与评价取得新成果

河北省玉米体系团队2020年度在河北省北部春玉米区筛选出京农科828、正成018、中玉9号、张粒178、先玉696、郑单958共6个适宜机收籽粒品种；在南部夏播区筛选出京农科728、MC812、兆育11等适宜机收籽粒品种；筛选出裕丰310、金农738等建议在承德市中南部推广种植的品种；综合抗性、产量、品质结果，筛选出农科糯336等糯玉米品种12个。

2. 玉米节本增效技术取得新进展

在河北寒旱区，研发了春玉米籽粒直收全程机械化高产栽培技术、春玉米秸秆还田技术、春玉米高产潜力挖掘与高产高效栽培技术、北部寒旱区春玉米水资源利用技术、鲜食玉米一年两熟栽培等技术，解决了制约寒旱区春玉米生产效率的问题。在夏玉米区，重点研发和实施了精量播种、一播全苗、合理密植技术，抢时早播、适时晚收与机械化直收籽粒技术，水肥耦合和平衡施肥等技术，解决了两熟区玉米生产中肥水投入时空数量供需相对不平衡、肥水利用效率低下等问题；通过建立并大面积推广"两熟区玉米简化生产节本增效绿色关键技术体系"，有效融合农机、农资、农艺三大主流技术，实现管理过程的农机替代、简化生产程序，连续两年在邯郸实现了夏玉米大面积亩产900千克以上的产量突破，亩节本增效200元以上。

3. 地力提升与精准施肥技术取得新突破

2020年度玉米体系研发的"玉米秸秆切段还田技术"列入了河北省农业厅农作物秸秆综合利用年度主推技术。重点开展了基于UAN的新型液体肥料复合肥的中试生产，研发了两种适于河北省玉米主产区应用的新型UAN液体复合肥，提出了适于北方春玉米区应用的基于新型磷肥原料的复合肥配方，开展了以绿色生产养分管理技术、化肥减施增效为核心的高效缓控释肥技术示范、玉米氮肥总量控制基础上的有机替代化肥的"一替一代"技术示范和全程液体肥技术示范等。在新型液体复合肥料和新型春玉米专用复合肥研发、夏玉米生产有机替代下的养分综合调控技术、水肥一体化技术、玉米农田绿色生产技术等方面都取得了良好进展。研发的新型液体肥料和春玉米区专用复合肥配方，对推动中南部夏玉米区水肥一体化技术应用和张家口承德等地春玉米生产具有积极贡献。化肥减施增效技术模式和有机替代比例与方式、基于新型液体复合肥的夏玉米全程水肥一体化技术模式、新型缓控释肥高效施用技术在生产中得到示范应用，增效显著。

4. 绿色防控与质量控制技术成效显著

重点开展了以农药减施增效为核心的玉米全程绿色防控技术研究，在较为系统研究各种病虫草防治技术基础上，集成了"基于全程机械化的夏玉米绿色防控技术体系"，该技术核心为："一拌、一除、一控、一喷"全程机械化农药减施增效技术。"一拌"是采用集杀虫、杀菌、调节于一体的多功能种衣剂进行拌种；"一除"是在出苗前和苗后分别采用异噁唑草酮和甲酰胺基嘧磺隆或烟嘧·莠去津进行喷雾处理；"一控"是在玉米拔节期采用玉米矮丰控制玉米旺长，防治倒伏，"一喷"是在玉米吐丝期对中后期多种病虫害进行药剂飞防，药剂为：氯虫苯甲酰胺悬浮剂＋吡唑醚菌酯·苯醚甲环唑悬浮剂＋药必加组合或甲氨基阿维菌素苯甲酸盐＋高效氯氰菊酯＋70％吡虫啉乳嘧菌酯·苯醚甲环唑＋氨基寡糖素等，该技术每亩增产 67～103 千克。

5. 鲜食玉米种植技术取得新进展

在鲜食玉米主产区开展了鲜食玉米地膜覆盖一年两熟全程机械化技术集成、鲜食玉米减药控肥缓控施肥技术，明确了硝基缓释尿素处理可提高鲜食玉米产量和品质，为节本增效提供了理论指导；同时，开展了甜糯玉米新品种、鲜食玉米全程机械化高产栽培、鲜食玉米一年两季栽培等技术示范，创新一批新种质，通过探索影响甜玉米种子活力的因素，为培育优质、抗逆、高产新品种奠定了基础。

6. 全程机械化技术取得突破

玉米体系研发的"高效节水型夏玉米全程机械化技术"被河北省农业农村厅遴选为2020 年河北省 50 项成熟适用农业主推技术。其中，旋耕起垄覆膜镇压玉米膜侧播种复式机，实现了旋耕整地、起垄、覆膜、覆土、施肥、玉米单粒播种、覆土、镇压 8 项作业一次完成的玉米播种复式作业，大大提高了工作效率；六行智能玉米清垄免耕施肥播种机，提高了排种器高速作业时的可靠性，保证了玉米种植均匀度和驾驶的可操控性，实现玉米苗期节水 60％；土壤墒情检测智能灌溉控制系统，提高了灌溉精准度和节水效果；水肥一体化自动控制系统，实现了水肥效率提升；智慧农场施肥装置智能化运行管理系统和智慧农场机械设备智能化运行管理系统，对提高玉米种植经营管理水平起到了推动作用。

（六）河北省玉米产业扶贫情况

1. 立足区域抓培训，针对需求推技术

2020 年，玉米产业创新团队重点在雨养旱作贫困地区示范与推广全程机械化全膜覆盖双垄沟播等技术，使贫困户掌握了规范化、易操作、见效快的"傻瓜"生产技术，玉米单位面积产量提高了 25％以上，贫困户亩均增收 150～200 元。建立了示范基地 10 万亩、技术推广面积 50 万亩，举办培训班 50 期、讲座 30 场次、组织现场观摩 20 次，培训技术骨干 2000 余人次、农民 5000 千余人次，发放技术资料 5 万余份。

2. 立足市场调结构，依靠企业保增收

2020 年，玉米产业创新团队在张家口、承德、邯郸的贫困县对接帮扶贫困村，重点推广鲜食玉米种植，涉及 4 县 15 个乡镇 100 个行政村，覆盖 5000 余贫困户。通过积极联系龙头企业、指导落实技术并帮助农户与企业签订购销合同等方式，帮助农户解决销路问题。推动承德恒美达企业在隆化县西杨树沟村、张家口禾久集团在万全县丰盛庄村建立鲜食玉米绿色高效生产技术示范基地 1333 公顷，邯郸站搭建邯郸永丰种业公司与 30 余个鲜食玉米生产合作社和贫困户联合，种植面积 800 公顷，为贫困户通过种植业增收脱贫找到了出路。通过发展鲜食玉米产业，贫困人口亩均年收入达 3000 元以上。

二、河北省玉米价格波动情况

（一）河北省玉米原粮购销价格变动情况

1. 原粮购销价同比大幅上升

河北省粮食和物资储备局粮油市场价格监测预警系统数据显示，2020 年河北省玉米原粮收购价总体呈较强的上升态势，从年初 1.86 元/千克几乎直线上升至年末的 2.49 元/千克，价格上涨 1.33 倍，为历年增幅之最。2020 年河北省玉米原粮销售价也保持了与收购价同样强劲的上涨态势，从年初 1.9 元/千克上升至年末的 2.53 元/千克，涨幅也为 1.33 倍，如图 2-4 所示。

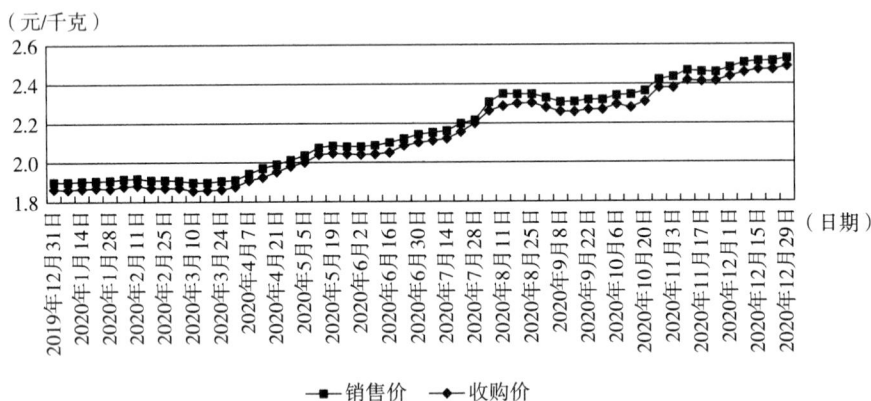

图 2-4　2020 年河北省玉米购销价格变化趋势

2. 多因素作用推动玉米价格大增

2020 年全国玉米价格均呈大幅度增长态势，其主要原因：一是全国玉米产需存在缺口，新作玉米供不足需引发涨价预期；二是受国际上玉米主要生产国产量下降预期影响，再加上新冠肺炎疫情在全球的暴发及国际贸易不稳定预期的增加，在一定程度上加大了人们对粮食安全的担忧，推动了玉米价格的上涨预期；三是受国内东北地区天气变化和自然灾害的影响，进一步加大了人们对 2020 年玉米市场供给量减少的担忧，企业囤粮意愿增强，在一定程度上加速了玉米价格的上涨；四是畜禽养殖产能扩大，对优质玉米需求增强，玉米消费需求增加，特别是生猪存栏继续恢复增长，国内畜禽养殖持续向好，饲料粮需求稳步回升，对玉米行情形成较强支撑；五是深加工企业规模扩大，原料需求旺盛，补库意愿较强拉动价格上涨。

（二）河北省与全国玉米价格比较

河北省玉米市场均价略低于全国。同花顺数据显示，2020年河北省玉米平均市场收购价格（14%水分黄玉米）为1890~2652元/吨，全国年均收购价格1937~2690元/吨，价差为38~47元/吨，低于全国均价1.43%~2.48%，除8月、9月外，河北省玉米市场月平均收购价均低于全国平均水平，如图2-5所示。

（元/吨）

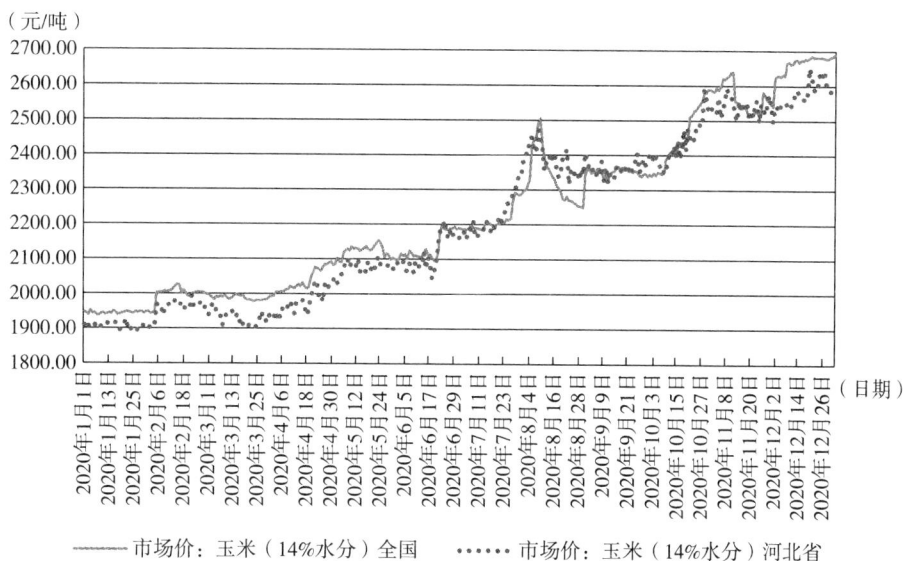

—— 市场价：玉米（14%水分）全国　•••••• 市场价：玉米（14%水分）河北省

图2-5　全国与河北省（14%水分黄玉米）市场价对比

三、河北省玉米种植成本收益情况

《河北省农产品成本调查资料汇编》数据显示，2019年河北省玉米生产总成本为957.31元，比2018年上升2.51%。其中物质与服务费用372.56元，同比上升2.15%；人工成本392.66元，同比上升3.78%；土地成本192.09元，同比上升0.71%。

（一）物质与服务费用变动分析

2019年物质与服务费用上升主要体现在排灌、化肥和种子三项费用的增加，化肥价格与种子价格上涨是费用上升的直接原因，部分地区干旱，排灌费也有所增加，如表2-1所示。

（二）人工成本与土地成本变动分析

劳动日工价和雇工工价提高导致2019年玉米人工成本有所增加，且受人工成本制约，用工天数较 2018 年也有所下降。土地成本 2019 年较 2018 年上涨 0.71%，涨幅不大，如表 2-2 所示。

表 2-1　2018~2019 年河北省玉米物质与服务费用变动　　单位：元/亩，%

项目	2019 年	2018 年	差值	百分比
每亩物质与服务费用	372.56	364.73	7.83	2.15
（一）直接费用	365.62	357.16	8.46	2.37
1. 种子费	47.69	45.68	2.01	4.40
2. 化肥费	118.11	114.9	3.21	2.79
3. 农家肥费	24.57	24.05	0.52	2.16
4. 农药费	18.00	16.92	1.08	6.38
5. 租赁作业	152.31	150.66	1.65	1.10
机械作业费	118.88	122.06	-3.18	-2.61
排灌费	33.43	28.6	4.83	16.89
6. 工具材料费	2.47	2.43	0.04	1.65
7. 维护修理费	1.93	1.96	-0.03	-1.53
（二）间接费用	6.94	7.57	-0.63	-8.32
1. 固定资产折旧	5.16	5.06	0.10	1.98
2. 保险	1.78	2.51	-0.73	-29.08

资料来源：2020 年《河北省农产品成本调查资料汇编》，下同。

表 2-2　2018~2019 年河北省人工费用与土地成本变动　　单位：元/亩，%

项目	2019 年	2018 年	差值	百分比
（一）每亩人工成本	392.66	378.38	14.28	3.77
1. 家庭用工折价	385.04	372.14	12.9	3.47
家庭用工天数	4.64	4.77	-0.13	-2.73
劳动日工价	83.00	78.00	5.00	6.41
2. 雇用费用	7.63	6.24	1.39	22.28
雇工天数	0.06	0.07	-0.01	-14.29
雇工工价	127.08	89.00	38.08	42.79
（二）土地成本	192.09	190.74	1.35	0.71
1. 流转地租金	3.52	3.45	0.07	2.03
2. 自营地折租	188.57	187.29	1.28	0.68

（三）玉米成本收益变动分析

2019 年，玉米亩种植利润为 9.70 元，比 2018 年的 -54.00 元增加 63.7 元，实现利润扭亏，主要原因是单产和售价提高，分别使亩利润增加 48.72 元和 38.13 元，但总成本同比增加 23.46 元，如表 2-3 所示。

表 2-3　2018～2019 年玉米成本收益变动　　单位：千克，元/亩，%

项目	2019 年	2018 年	差值（2019-2018）	百分比
每亩				
主产品产量	501.59	474.34	27.25	5.74
产值合计	967.01	879.85	87.16	9.91
主产品产值	934.08	848.13	85.95	10.13
副产品产值	32.03	31.72	0.31	0.98
总成本	957.31	933.85	23.46	2.51
生产成本	765.22	743.11	22.11	2.98
土地成本	192.09	190.74	1.35	0.71
净利润	9.70	-54.00	63.70	117.96
现金成本	383.71	374.42	9.29	2.48
现金收益	583.3	505.43	77.87	15.41
成本利润率	1.01	-5.78	6.79	117.47

四、河北省玉米产业竞争力分析

（一）玉米生产竞争力分析

河北省玉米土地产出率增幅高于全国平均水平。根据统计数据测算，2020 年河北省玉米平均亩产量为 6004.51 千克/公顷，比 2019 年提高了 3.01%，而全国玉米平均单产水平为 6317.13 千克/公顷，与上年基本持平。2020 年河北省的玉米土地产出率虽与全国平均水平有一定差距，但增幅远高于全国平均水平，反映出河北省玉米的土地产出率在逐步提升。

（二）玉米品质竞争力分析

1. 新获玉米质量稳定，处于主产区中上游水平

国家粮食和物资储备局 2014～2019 年对 9 个玉米主产省新获玉米质量检测报告显示，河北新获籽粒玉米容重和一等品率在 9 个玉米主产区中稳定在中上游水平（见表 2-4 和表 2-5），其中容重仅次于山西、辽宁（见图 2-6），一等品率仅次于辽宁，说明河北新获玉米质量好于大部分玉米主产省。从纵向看，河北新获玉米容重 2019 年较 2014 年提升1.49%，呈小幅上升趋势，总体比较稳定。

表2-4 2014~2019年玉米主产区新获玉米容重统计

年份＼省份	河北	山西	内蒙古	辽宁	吉林	黑龙江	山东	河南	陕西
2014	737	745	728	760	746	708	721	720	713
2015	746	751	711	755	743	696	725	718	726
2016	749	745	733	751	742	704	735	732	728
2017	744	754	737	754	738	708	728	714	730
2018	757	756	740	759	744	728	750	733	741
2019	748	753	745	756	738	717	739	735	727
平均	746.83	750.67	732.33	755.83	741.83	710.17	733.00	725.33	727.50

资料来源：国家粮食与储备局公开数据整理。

表2-5 2014~2019年玉米主产区新获玉米一等品率统计　　　　　单位：%

年份＼省份	河北	山西	内蒙古	辽宁	吉林	黑龙江	山东	河南	陕西
2014	89.00	87.00	68.30	97.40	96.10	36.20	53.20	54.80	37.10
2015	88.40	93.80	28.70	98.00	90.00	34.40	59.90	50.20	59.10
2016	86.90	88.50	81.40	97.90	85.60	34.60	84.90	82.50	67.00
2017	87.90	96.90	77.70	95.60	80.00	40.50	69.00	51.10	74.30
2018	98.30	93.10	81.50	98.40	91.40	63.90	96.40	78.20	88.30
2019	86.60	90.00	88.90	97.40	83.10	49.90	86.00	83.40	64.50
平均	89.52	91.55	71.08	97.45	87.70	43.25	74.90	66.70	65.05

资料来源：国家粮食与储备局公开数据整理。

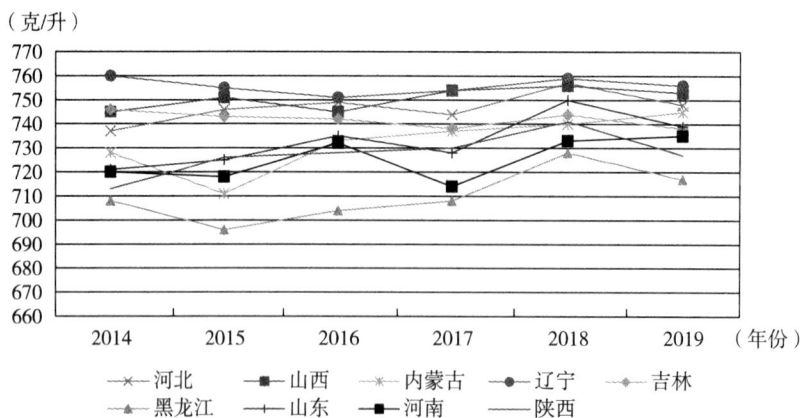

图2-6 2014~2019年玉米主产省份新获玉米容重变化趋势

2. 新获玉米安全性有所提高，处于主产区中游水平

国家粮食和物资储备局 2014～2019 年对 9 个玉米主产省新获玉米不完善粒和生霉粒等指标检测报告显示，2019 年河北新获玉米不完善粒 2.1%，达到一等品要求，高于辽宁和山西，基本与黑龙江持平；新获玉米生霉粒 0.1%，与山西持平，高于内蒙古、辽宁、吉林、黑龙江（见图 2－7），在玉米主产区中游水平。从纵向看，河北新获玉米 2014～2020 年不完善粒呈波动下降趋势，生霉粒呈先升后降趋势，其中 2014～2017 年生霉粒百分比逐年上升，2017 年开始有一定改善，百分比逐年下降（见图 2－8）。

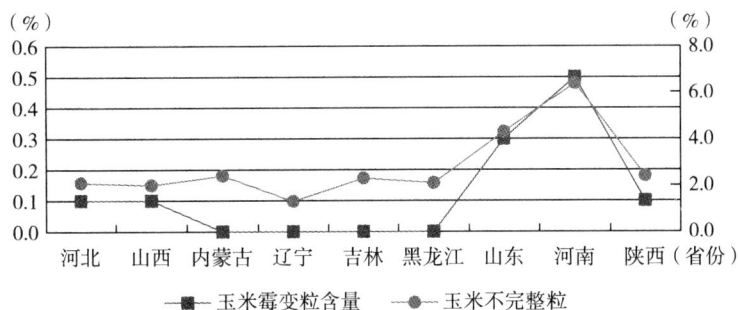

图 2－7　2019 年玉米主产区新获玉米安全指标趋势

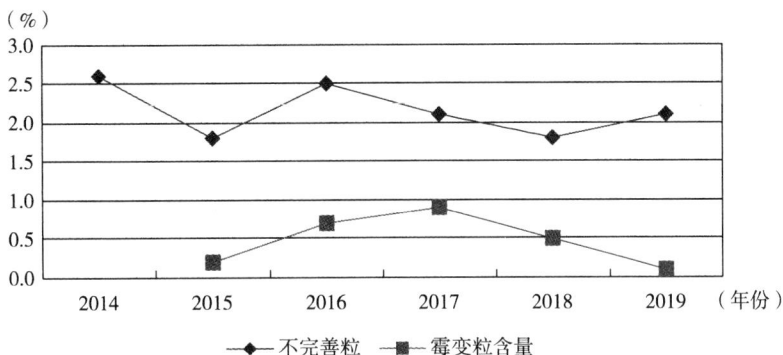

图 2－8　2014～2019 年河北省新获玉米安全指标趋势

（三）玉米加工竞争力分析

1. 玉米加工产能居全国前列

据天下粮仓数据显示，全国玉米深加工企业周产能超过 5000 吨的企业共有 40 家，河北省大型深加工企业数量居全国第三，有两家超过万吨，其中河北省邢台玉锋实业集团的周玉米消耗均量为 2.7 万吨，仅次于山东省寿光金玉米的 3.3 万吨，竞争实力较为突出。

2. 淀粉加工企业整体盈利高于全国平均水平

根据天下粮仓大数据终端对全国 82 家深加工企业的监测数据分析，2020 年河北省深加工企业的年均利润为 36.47 元/吨，高于全国平均值 13.71 元/吨，与 2019 年相比，平均利润高 1.36 元/吨，而全国同类型加工企业大部分亏损。

五、河北省玉米产业发展的问题与不足

（一）生产规模小、种植效益不高

河北省人均耕地相对较少，玉米种植规模普遍较小，一家一户生产经营仍占比较大，农业机械化、信息化、产业化水平不高，现代农业技术的推广应用受到影响，规模效益难以实现。生产组织化程度较低，生产成本投入较大，区域优势品种的生产潜力无法发挥，小农户对接大市场的能力不强，玉米种植效益提升不快。同时，高成本、低收益也制约了农户探索和接受与本区域生态条件和生产条件相适应的生产用品种的积极性，导致新审定品种数量虽然在以井喷式速度增长，但区域优势品种生产的潜力难以有效发挥，不能为当地有竞争优势的第二产业提供优良的原料供给，对区域内玉米产业的发展推动作用不足。

（二）新获玉米品质不低，但市场竞争力不强

国家粮食和物资储备局对我国玉米主产省新获玉米质量抽查结果显示，2014～2019 年河北新获籽粒玉米容重和一等品率两个指标在 9 个玉米主产区中排在前列，其中容重仅次于山西、辽宁，一等品率仅次于辽宁，甚至在近几年超过了山西和吉林，反映出河北新获玉米的质量较好，应该具有较强的市场竞争力。但从河北玉米平均市场价格看，大多数情况下要低于全国玉米平均价格水平，此外，在下游的畜禽养殖企业对本地玉米质量认可度还不是很高。这在一定程度上反映了河北玉米的市场竞争优势尚不明显。

（三）加工企业不少，品牌影响力不大

一是河北省很多加工企业以委托加工为主，缺少自身独立品牌与销售渠道建设，而委托加工方又多是省外企业，影响河北省整体区域品牌的构建。二是即便部分企业拥有独立商标，但由于规模小而无法进入主流渠道，导致其销售不稳、不畅。三是企业主体分散，品种品牌较杂，各自开发市场，成本大幅增加，造成企业利润下降，难以形成市场优势。

（四）产业链联结不紧密，经营模式创新不足

除部分鲜食玉米加工企业采用"基地＋合作社＋农户"或订单模式与玉米种植户建立联结，形成产前产后的有机衔接外，受籽粒玉米用途广泛、产业链长特点影响，河北省大部分籽粒玉米从育种、种植到加工、销售，尚未形成有效的产业链条，加工企业收粮渠道广而散，直接与玉米种植户签订购销合同的比例较低。生产经营模式创新性不够，玉米种植、加工、消费等环节脱节，玉米种植户、饲料和淀粉加工企业、畜禽养殖户尚未建立有效的利益联结机制，玉米产业交易成本较高、抗市场风险能力不强。

六、河北省玉米产业发展对策建议

（一）进一步优化种植结构，确保玉米种植规模

河北是畜禽养殖和淀粉加工大省，对玉米需求量较大，同时，河北又是玉米主产省，对保障国家粮食安全具有重要作用，在新的国内外经济形势下，进一步优化种植结构、因地制宜确保种植规模、促进玉米产业高质量发展具有非常重要的意义。2020 年，玉米价格一路上涨，玉米进口量首次突破 720 万吨的进口配额，累计达 1130 万吨，国内市场供不足需仍将持续。从需求来看，受生猪恢复产能、牛和畜禽量增长的影响，玉米饲用需求增速加快；同时，河北省玉米加工业发展强劲，玉米加工需求不减。应提高河北省应对市场风险能力，进一步优化种植结构，确保玉米种植规模，保障玉米供给数量和质量需求。

（二）推进全程机械化和生产托管服务，促进玉米节本增效

进一步推进农机深松整地、秸秆还田等措施，加强作业质量监测，提高作业质量，促进玉米单产提升。大力支持各类生产托管社会化服务组织建设，抓好粮食生产全程社会化服务机制创新试点，推进河北省农业生产社会化服务进程，促进玉米节本增效。加大鲜食玉米、籽粒玉米等机收的示范推广，推进玉米全程机械化进程，促进劳动效率提升。积极引导农户规模化、规范化、标准化种植，加大优质品种、绿色综合防控技术等的推广应用，促进玉米提质增效。

（三）加大种业支持力度，引导种企做大做强

加大玉米种业质量提升的支持力度，进一步推进种植业创新驿站建设，引导科研院所和企业开展联合公关，支持鲜食玉米、青贮玉米和籽粒玉米专业品种建设，提高玉米品种质量和市场适应性。重点扶持一批育繁推一体化龙头企业，推动河北省种企做大做强，鼓励鲜食玉米、青贮玉米、籽粒玉米种企特色发展，提升河北省玉米种企的全国影响力。

（四）加强品牌建设，增强产业竞争力

依托玉米加工企业，鼓励龙头企业实施品牌塑造、品牌营销、品牌创新策略，提高品牌知名度，以品牌占领市场。进一步加大知识产权保护力度，创造公平竞争的环境，从玉米育种、初加工及深加工等各个环节入手，加强省内各种优质玉米产品的宣传和营销，积极培育和扶持知名品牌，提升河北玉米的知名度，提高河北玉米产业的综合竞争能力。

（五）推动三产融合，促进产业链协调发展

积极推进以玉米加工为核心的三产融合发展模式，创新玉米一二三产业利益联结机制，促进玉米产业链各环节协调发展。充分发挥龙头加工企业的带动作用，创新企业与农

户合作方式，引导新型农业经营或服务主体之间加强合作，培育农业产业链合作伙伴关系，实现农业组织创新的规模经济、范围经济和协同效应，增进行业共同体利益，培育农业产业链的竞争优势，扩大集聚效应。对"企业＋合作社""企业＋政府＋农户"等多种典型的玉米产业链联结模式进行总结和推广，减少加工企业与农户对接的中间环节，降低市场交易成本，协调企业与农户的利益分配。

撰稿人员：尉京红　郭丽华　于　磊　王　影

指　　导：崔彦宏

参编人员：戴　芳　祖秋阳　陈京鸿　刘建斌　杜　雄　黄智鸿
　　　　　贾良良　段会军　张金林　籍俊杰　段美生　李鑫娥
　　　　　张淑玲　范庆杰　赵振海　等

第三章 河北省棉花产业发展报告

棉花是我国国计民生的重要战略物资和棉纺织工业原料，棉花产业链条长且涉及多个行业，在我国国民经济中占有重要地位。2020年，新冠肺炎疫情席卷全球，对世界经济造成了严重影响，全球经济衰退，贸易和投资萎缩，产业链、供应链受到冲击，国内纺织品进出口贸易恶化，棉花产业面临严峻形势。10～12月棉花价格显著走高，同比增长10%，提升了棉农植棉信心和积极性。分析河北棉花生产、经营、技术、市场现状及形势，探寻制约棉花产业发展的因素，提出应对新形势、新要求的对策建议，对推动河北棉花产业高质量稳定发展具有重要意义。

一、河北省棉花生产现状及形势分析

（一）种植规模分析

1. 我国棉花种植面积呈下降趋势

在"十三五"期间，受国际棉花市场冲击、国内棉花生产比较效益低、棉花种植机械化程度低等因素影响，我国棉花种植面积整体呈下降趋势，从2016年的3345.0千公顷降低到2020年的3169.9千公顷，减少了5.2%，如表3-1所示。

表3-1 我国棉花种植面积 单位：千公顷，%

年份	面积	增速
2016	3345.0	-11.2
2017	3229.6	-3.4
2018	3352.3	3.8
2019	3339.2	-0.4
2020	3169.9	-5.1

资料来源：《中国统计年鉴》、国家统计局2020年全国棉花产量公告。

2. 河北棉花种植面积持续下降

在"十三五"期间，我国进行农业结构战略性调整，重点扶持新疆棉区发展，再加上河北棉花生产比较效益降低、全程机械化生产尚未普及，生产规模偏小，棉花用工偏多，劳动强度偏大，农民植棉积极性不高等因素，河北棉花种植面积持续下降。河北棉花播种面积从 2016 年的 288.6 千公顷下降到 2020 年的 189.2 千公顷，减少了 34.4%。分年度看，2016~2020 年，所有年份棉花种植面积均呈负增长，如表 3-2 所示。

表 3-2 "十三五"河北棉花种植面积   单位：千公顷，%

年份	面积	增速
2016	288.6	-12.6
2017	276.0	-19.7
2018	210.4	-4.4
2019	203.9	-23.8
2020	189.2	-3.1

资料来源：《河北统计年鉴》、国家统计局 2020 年全国棉花产量公告。

（二）种植布局分析

1. 我国棉花进一步向优势区集中

新疆是我国棉花种植优势区域，也是国家政策重点扶持的棉花产区。据国家统计局 2020 年全国棉花产量公告，2020 年新疆棉花种植面积 2501.9 千公顷，比 2019 年减少 38.6 千公顷，但新疆棉花种植面积占全国比例不降反升，达 78.9%，比 2019 年提高了 2.8 个百分点。河北、山东、河南等 9 省棉花种植面积均下降，9 省共计 648.7 千公顷，比 2019 年下降 117.9 千公倾，减少了 15.4%。从河北来看，河北棉花种植面积占全国比例由 6.1% 降低到了 6.0%，如表 3-3 所示。

表 3-3 我国棉花主产区种植面积   单位：千公顷，%

排名	省份	2019		2020	
		面积	占比	面积	占比
1	新疆	2540.5	76.1	2501.9	78.9
2	河北	203.9	6.1	189.2	6.0
3	山东	169.3	5.1	142.9	4.5
4	湖北	162.8	4.9	129.7	4.1
5	安徽	60.3	1.8	51.2	1.6
6	湖南	63.0	1.9	59.5	1.9
7	江西	42.6	1.3	35.0	1.1
8	河南	33.8	1.0	16.2	0.5
9	甘肃	19.3	0.6	16.6	0.5
10	江苏	11.6	0.3	8.4	0.3

资料来源：国家统计局 2019 年、2020 年全国棉花产量公告。

2. 河北棉花种植进一步向种植大县集中

2020 年，在政策引导下，河北以千亩示范田、万亩示范方为载体，继续推动棉花种植向植棉大县和优势区域集中。据统计，2020 年植棉面积 10 万亩以上的大县有威县、南宫、邱县、曲周、广宗、冀州、故城、成安、枣强等县（市、区），占全省棉花种植总面积的 76.6%。邢台、邯郸、沧州、衡水黑龙港流域优势棉区棉花种植面积占全省总面积的 94.7%，比 2019 年上升 0.9 个百分点。

（三）生产产量分析

1. 全国平均单产提高，河北单产降低

从全国来看，2020 年棉花苗期、气候基本正常，自然灾害以旱灾为主，病虫害主要有苗病和棉蚜虫，但发生较轻，苗期长势好于 2019 年；棉花现蕾期，自然灾害以涝灾为主，病虫害主要为枯萎病和蚜虫，棉花长势良好，单株蕾数多于 2019 年；8~9 月，受长江流域高温干旱、黄河流域雨水偏多等影响，成铃数低于 2019 年，而新疆棉区气候正常，成铃数高于 2019 年。整体来看，2020 年我国棉花平均单产 1864.5 千克/公顷，比 2019 年提高了 100.8 千克/公顷，如表 3-4 所示。

表 3-4 我国棉花主产区单产　　　　　　　　　　单位：千克/公顷，%

排名	省份	单产		
		2019 年	2020 年	增量
	全国	1763.7	1864.5	100.8
1	新疆	1969.1	2062.7	93.6
2	河北	1115.3	1102.5	-12.8
3	山东	1158.0	1280.6	122.6
4	湖北	882.0	831.7	-50.3
5	安徽	921.0	800.9	-120.1
6	湖南	1299.0	1252.2	-46.8
7	江西	1546.7	1511.5	-35.2
8	河南	802.3	1094.0	291.7
9	甘肃	1689.5	1815.2	125.7
10	天津	1262.0	1141.5	-120.5
11	江苏	1350.0	1269.0	-81

资料来源：国家统计局 2019 年全国棉花产量公告。

从河北来看，2020 年棉花苗期气候条件较好，棉田出苗率高于 2019 年，棉苗长势良好。自 8 月中旬以来，天气以高温闷热为主，利于棉花生长，但因出现阶段性的阴雨寡照天气，部分棉田出现积水，棉花有徒长现象，成熟期略有推迟，有大量的蕾铃脱落，底部烂铃有所增加，影响了棉花单产。2020 年，河北棉花单产 1102.5 千克/公顷，比 2019 年每公顷下降 12.8 千克。河北棉花单产低于全国平均水平 762 千克/公顷，也低于同类型区的山东，更低于棉花优势产区新疆。

2. 全国总产提高，河北总产下降

从全国来看，2020 年，虽然我国棉花播种面积下降，但棉花单产提高，消减了面积下降带来的负面效应，我国棉花总产提高，达到 591.0 万吨，比 2019 年增加 2.1 万吨。从"十三五"来看，我国棉花总产整体上呈上升趋势，2020 年比 2016 年提高了 61.1 万吨，提高了 11.5%。2020 年总面积较 2016 年减少 5%，总产却提高了 11.5%，其主要原因是 2020 年比 2016 年单产提高了 17%，单产年均增产 4%，科技贡献显著。

从河北来看，2020 年，河北棉花播种面积下降，单产也下降，在面积和单产"双下降"影响下，棉花总产降低到 20.9 万吨，比 2019 年降低了 1.8 万吨，降幅 7.9%。从"十三五"来看，河北棉花总产整体上呈持续下降态势，2020 年总产比 2016 年降低了 9.1 万吨，约降低了 1/3，如表 3-5 所示。

表 3-5 我国棉花总产情况 单位：万吨

年份 \ 省份	中国	河北	新疆	山东	湖北	安徽
2016	529.9	30.0	359.4	54.8	18.8	18.5
2017	548.69	30.1	408.2	34.5	18.2	14.3
2018	609.6	23.9	511.1	21.7	14.9	8.9
2019	588.9	22.7	500.2	19.6	14.4	5.6
2020	591.0	20.9	516.1	18.3	10.8	4.1

资料来源：《中国统计年鉴》、国家统计局 2020 年全国棉花产量公告。

（四）种植效益分析

1. 我国棉花种植效益降低

从《2020 年中国农村统计年鉴》数据来看，2019 年我国棉花种植产值 1600.8 元/亩，比 2018 年降低了 213.51 元/亩，降低了 11.8%；主产品产值 1315.6 元/亩，比 2018 年降低了 225.69 元/亩，降低了 14.6%。棉花种植总成本 2260.4 元/亩，比 2018 年降低 14.81 元/亩，其中，生产成本从 2018 年的 1950.47 元/亩降低到 2019 年的 1906.9 元/亩，降低了 43.57 元；物质与服务费用从 2018 年的 755.56 元/亩提高到 2019 年的 835.1 元/亩，提高了 79.54 元/亩；人工成本从 2018 年的 1194.91 元/亩降低到 2019 年的 1071.7 元/亩，下降了 123.21 元/亩；土地成本从 2018 年的 324.74 元/亩提高到 2019 年的 353.5 元/亩，提高了 28.76 元/亩。2019 年我国棉花种植净利润 -659.5 元/亩，比 2018 年降低 198.6 元/亩。从上述分析可看出，我国棉花种植产值在下降，棉花生产的物质费用和土地成本在提高，人工成本在下降，种植利润在降低，如表 3-6 所示。

表 3 – 6　我国棉花种植成本收益情况　　　　　　　　单位：元/亩

年份 项目	2019	2018	2017	2016	2015
产值合计	1600.8	1814.31	1860.52	1818.31	1366.89
主产品产值	1315.6	1541.29	1560.99	1454.84	1104.83
副产品产值	285.2	273.02	299.53	363.47	262.06
总成本	2260.4	2275.21	2330.80	2306.61	2284.44
生产成本	1906.9	1950.47	2023.83	2004.43	2008.15
物质与服务费用	835.1	755.56	670.11	610.71	620.40
人工成本	1071.7	1194.91	1353.72	1393.72	1387.75
土地成本	353.5	324.74	306.97	302.18	280.29
净利润	−659.5	−460.9	−470.28	−488.30	−921.55

资料来源：《中国农村统计年鉴》（2016～2020 年）。

从国家棉花产业技术体系监测站点监测数据来看，2020 年全国示范县棉花种植总成本 2060.5 元/亩，比 2019 年降低了 817.8 元/亩，降低了 28.4%；从成本构成来看，2020 年棉花种植物质成本 734.3 元/亩、人工成本 813.2 元/亩、土地成本 513.0 元/亩，分别比 2019 年减少 26.4 元/亩、618.7 元/亩、172.7 元/亩，特别是人工成本大幅下降，大大降低了棉花总成本，如表 3 – 7 所示。

表 3 – 7　2020 年我国棉花种植成本情况　　　　　　　　单位：元/亩

年份 项目	2020	2019
物质成本	734.3	760.7
直接费用	581.8	636.7
间接费用	152.5	124.0
人工成本	813.2	1431.9
土地成本	513.0	685.7
总成本	2060.5	2878.3

资料来源：国家棉花产业技术体系全国棉花生产监测数据。

2. 我国主产区棉花种植效益比较

从区域来看，2020 年，长江流域棉花种植总成本为 2171.2 元/亩，黄河流域棉花种植总成本为 1799.0 元/亩，新疆棉区种植总成本为 2035.2 元/亩，长江流域种植成本高于全国平均水平，黄河流域和新疆棉区种植成本低于全国水平。从构成来看，物质费用长江流域最低，新疆棉区最高，新疆棉区是全国平均水平的 1.7 倍；人工成本新疆棉区最低，长江流域最高；土地成本长江流域最低，黄河流域最高，如表 3 – 8 所示。

表 3-8 2020 年我国主产区棉花种植成本情况   单位：元/亩

项目	长江流域		黄河流域		新疆棉区	
	2020 年	2019 年	2020 年	2019 年	2020 年	2019 年
物质成本	543.0	581.0	589.5	590.9	1246.3	1158.8
直接费用	488.3	536.0	527.5	548.0	947.9	884.6
间接费用	54.7	45.0	62.0	42.9	298.4	274.2
人工成本	982.9	1917.2	774.1	1298.8	254.3	773.1
土地成本	645.3	512.5	435.4	764.3	534.6	758.3
总成本	2171.2	3010.7	1799.0	2654.0	2035.2	2690.2

资料来源：国家棉花产业技术体系全国棉花生产监测数据。

3. 河北棉花种植效益分析

据对河北 10 个棉花种植大县百户棉农调研，河北省棉花产值 1573.6 元/亩，总成本 1281.6 元/亩，物质费用 300.4 元/亩，其中，棉种 32.7 元/亩，地膜 23.2 元/亩，农药 72.3 元/亩，化肥 103.6 元/亩，水电费 68.6 元/亩。在物质费用中，主要是化肥、农药和水费。2020 年人工总成本 550.3 元/亩，主要构成为人工拾花用工费，占 80% 以上，其他用工为田间管理费（整地、播种、中耕、施肥、灌溉）。机械作业成本 65.4 元/亩，主要包括整地、播种、中耕等动力费。土地租赁成本 365.5 元/亩，规模种植户与一般农户土地租赁成本差距较大，规模农户租赁成本为每亩 500～800 元，而一般农户仅为每亩 200～400 元（见表 3-9）。2020 年，21% 的棉农认为种植成本提高，提高的主要原因是人工成本的提高。85% 的棉农认为棉花种植效益低于当地小麦—玉米种植模式。

表 3-9 2020 年河北省棉花种植成本收益   单位：元/亩

项目	项目值
产值	1573.6
总成本	1281.6
物质费用	300.4
机械作业	65.4
人工成本	550.3
土地成本	365.5
净利润	292.0

资料来源：十县百户调查数据。

（五）河北棉花生产形势与特点

1. 确保国家划定的保护区面积形势严峻

据统计，2020 年河北棉花种植面积 283.8 万亩，比 2019 年减少 22.1 万亩，减少量是

2019 年度的 4.7 倍。2020 年棉花种植面积已经低于国家规定的 300 万亩保护区 16.2 万亩。根据 2020 年底对棉农种植意向调查，除部分种植大户和受耕地条件制约的棉农外，大部分棉农均表示有减少棉花种植意向，确保河北棉花种植面积不下降形势严峻。

2. 生产布局向优势区域、优势县集中

河北棉花生产进一步向优势区集中，形成了黑龙港流域优势棉花主产区，种植面积占全省 95%。据统计，2020 年播种面积前十县和播种面积超过 10 万亩的县，除丰南区外均在黑龙港流域。

3. 棉花产需缺口仍在加大

从世界角度来看，美国农业部（USDA）12 月底预测数据显示，2020/2021 年度全球棉花总产量为 2479.9 万吨，全球棉花国内消费量预计为 2517.6 万吨，产需缺口 37.7 万吨。全球棉花期初库存 2164.7 万吨，期末库存 2123.3 万吨，库存减少 41.4 万吨。从我国来看，2020/2021 年度，中国棉花总产量 577 万吨，消费量 800 万吨，中国棉花产需缺口 223 万吨。我国棉花期初库存 744 万吨，期末库存 716 万吨，库存减少 28 万吨。

4. 我国棉花产业支撑防疫作用凸显

从全球来看，随着全球疫情持续蔓延，国际市场防疫物资紧缺，我国纺织品服装产品弥补了国际市场不足，助力了世界各国防疫战。以 2020 年 5 月为例，我国防疫物资出口规模比 4 月扩大了 14 个百分点，同时拉动了纺织品服装出口增长 25.4%，纺织服装类防疫物资出口占纺织服装出口比重达到 54.4%。从国内来看，在国内疫情严重、外国封锁、防疫棉用品紧缺形势下，新疆、河北等产棉大省紧急组织货源，确保防疫棉产品供应，有力支撑了防疫工作。特别是国际形势复杂，我国面临着印度、美国等国家的"断供"风险，确保我国棉花安全，对打胜防疫战、确保我国产业安全和民生安全具有重要战略意义。

二、河北省棉花市场状况及形势分析

（一）国际棉花供需状况分析

从国际棉花咨询委员会（ICAC）同比预测数据看，2020/2021 年度全球棉花产量为 2170 万吨，比上年度增加了 291 万吨；印度棉花产量最高，为 620 万吨，占全球的 28.6%，比上年度提高了 5.9 个百分点；其次为中国的 585 万吨和美国的 371 万吨。2020/2021 年度全球棉花消费量为 2435 万吨，比上年度增加了 160 万吨；中国消费 780 万吨，占全球的 32.0%，比上年度提高 1.3 个百分点；印度消费 513 万吨。2020/2021 年度全球出口 931 万吨，比上年度增加了 39 万吨。虽然受到疫情和贸易争端影响，美国仍是全球最大棉花出口国，出口 318 万吨，占全球出口量的 1/3。巴西仍是全球第二大棉花出口国，出口量 176 万吨。2020/2021 年度，全球进口棉花 936 万吨，其中，中国棉花进口量 200 万吨，其次是越南，为 148 万吨。2020/2021 年度全球期初库存 2170 万吨，期末库存 2240 万吨，产量 2501 万吨，消费 2435 万吨，产量大于消费量，如表 3 - 10 所示。

表 3 - 10　ICAC 预测年度国际棉花供需状况　　　　单位：万吨，%

项目	地区	2016/2017	2017/2018	2018/2019	2019/2020	2020/2021
期初库存	全球	2031	1847	1871	1879	2170
	中国	1265	1035	903	888	894
	美国	83	60	91	106	158
产量	全球	2307	2671	2597	2609	2501
	印度	587	635	561	607	620
	中国	490	589	604	580	585
	美国	374	456	400	434	371
	巴西	153	201	278	300	282
	巴基斯坦	166	180	167	132	119
消费量	全球	2479	2627	2586	2275	2435
	中国	828	850	825	725	780
	印度	515	542	540	445	513
	巴基斯坦	215	235	223	208	219
	越南	117	151	151	145	148
	巴西	69	68	73	61	61
	美国	71	70	63	43	54
出口量	全球	820	912	907	892	931
	美国	325	355	323	338	318
	巴西	61	91	131	195	176
	印度	99	113	76	70	123
	西非法郎区	100	106	119	97	123
	澳大利亚	81	85	79	30	22
进口量	全球	809	892	904	847	936
	孟加拉国	141	167	154	137	139
	越南	120	152	151	146	148
	中国	110	132	210	155	200
	土耳其	80	88	76	100	90
	印度尼西亚	74	76	69	63	64
期末库存	全球	1847	1871	1879	2170	2240
	中国	1035	903	888	894	894
	美国	60	91	106	158	157
全球除中国库存消费比		49	54	56	82	81
中国库存消费比		125	106	108	123	115

资料来源：国际棉花咨询委员会（ICAC）。

从 USDA 数据来看，根据 USDA 2020 年 12 月预测，2020/2021 年度全球棉花产量为 2479.9 万吨，低于上年度 157 万吨。其中，印度棉花产量最高为 642.3 万吨，中国为 598.8 万吨，美国为 347.3 万吨。2020/2021 年度全球棉花消费量为 2517.6 万吨，其中，中国消费量最大为 827.4 万吨、印度为 522.5 万吨，均低于上年度。2020/2021 年度世界库存比 0.84 高于上年度，中国库存比 0.95 也高于上年度，如表 3 – 11 所示。

表 3 – 11　世界及主要国家棉花供需预测　　　　　　　单位：万吨

地区	年度	期初库存	产量	进口	消费	出口	期末库存	库存消费比
世界	2019/2020	1735.1	2636.9	966.3	2618.6	966.7	1748.8	0.67
	2020/2021	2164.9	2479.9	939.9	2517.6	940.8	2123.3	0.84
中国	2019/2020	776.6	593.3	196.0	838.3	3.9	723.9	0.86
	2020/2021	803.4	598.8	217.7	827.4	2.8	789.7	0.95
美国	2019/2020	105.6	440.0	0.2	65.3	359.3	119.8	1.83
	2020/2021	157.9	347.3	65.3	54.4	326.6	124.1	2.28
澳大利亚	2019/2020	34.2	18.5	65.3	0.9	32.7	19.4	21.6
	2020/2021	17.4	52.3	65.3	0.9	30.5	38.5	42.8
巴西	2019/2020	256.5	272.2	0.7	74.0	191.6	263.5	3.56
	2020/2021	313.5	261.3	0.7	65.3	217.7	292.4	4.48
印度	2019/2020	202.7	642.3	47.9	533.4	87.1	272.4	0.51
	2020/2021	389.3	642.3	21.8	522.5	108.9	422.0	0.81
墨西哥	2019/2020	16.8	34.4	18.5	43.5	9.8	15.7	0.36
	2020/2021	14.6	22.9	14.2	34.8	4.4	11.8	0.34
土耳其	2019/2020	34.6	78.4	87.1	154.6	7.6	37.9	0.25
	2020/2021	60.3	61.0	95.8	152.4	9.8	54.9	0.36
巴基斯坦	2019/2020	54.4	135.0	91.4	230.8	2.2	47.2	0.20
	2020/2021	73.8	98.0	102.3	217.7	1.1	54.9	0.25

资料来源：USDA。

综上所述，无论是 ICAC 预测，还是 USDA 预测，2020/2021 年度全球棉花产量均大于消费量，全球棉花供给充足。

（二）国内棉花供需状况分析

2020/2021 年度，我国棉花总产 592.4 万吨，消费 799 万吨，缺口 206.6 万吨；进口 198 万吨，总供给 790.4 万吨，通过进口调剂后仍缺 8.6 万吨，需要库存补充。与上年度相比，2020/2021 年度棉花产量增加了 1.8 万吨，进口持平，期末库存下降了 12.2 万吨（见表 3 – 12）。自 2015 年以来，我国棉花生产量一直低于消费量，扣除进口外，仍需要库存弥补供需缺口。从"十三五"来看，我国一直处于产不足需状况，期末库存一直呈下降趋势。

表 3－12　中国棉花供需平衡　　　　　　单位：万吨

项目\年度	期初库存	产量	进口	消费	出口	期末库存
2020/2021	790.5	592.4	198.0	799	3	778.9
2019/2020	807.5	590.6	198.0	802	3.0	791.1
2018/2019	802.6	611.0	205.0	807	4.1	807.5
2017/2018	924.1	604.7	132.4	855	3.6	802.6
2016/2017	1119.4	493.7	111.0	800	0	924.1
2015/2016	1316.4	482.0	96.0	775	0	1119.4

资料来源：中国棉花协会。

（三）国内棉花进口状况分析

据中国海关统计，2020 年 1～12 月我国累计进口棉花 215 万吨，同比增长 16.8%，如表 3－13 所示。

表 3－13　2019～2020 年中国棉花进口状况　　　　　　单位：万吨，%

月份	2019 年	2020 年	同比增长率
1	28	15	－46.4
2	23	26	13.0
3	15	20	33.3
4	18	12	－33.3
5	18	7	－61.1
6	16	9	－43.8
7	16	15	－6.3
8	9	14	55.6
9	8	21	162.5
10	7	21	200.0
11	11	20	81.8
12	15	35	133.3
合计	184	215	16.8

资料来源：中国海关统计数据。

2020 年 1～2 月，我国进口棉花 41.23 万吨，同比下降 19.1%。从进口来源看，巴西占 57%，美国占 17%，印度占 11%。

2020 年 3 月，国内疫情控制向好，国内外棉价均下跌，我国进口棉花 20.09 万吨，同比增长 32%；从进口来源看，巴西占 42%，美国占 26%，印度占 17%。

2020 年 4～7 月，由于疫情造成消费下滑，加之国内外棉花市场价差维持较低水平且有关方面通过储备棉轮出等措施有效保障国内供应，棉花进口数量有所下降。进口棉花 43 万吨，同比减少 36.4%。从进口来源看，美国居第一位，占比为 66%；印度排第二位，占比为 11%。

2020 年 8 月，受下游纺织生产消费形势持续好转影响，棉花进口量也呈现恢复态势。据海关统计，8 月我国进口棉花 14.19 万吨，同比增长 54.43%。

2020 年 9～12 月，受消费需求逐渐恢复、滑准关税加工贸易配额和 1% 关税进口配额、新疆机采棉颜色级和品质下降、人民币汇率升值、棉纺织厂补库等因素影响，我国棉花进口一直呈增长态势，进口棉花 97 万吨，同比增长 137%。

（四）国内外棉花价格状况分析

1. 国际 Cotlook A（FE）指数

2020 年 1 月，国际棉价先升后降。中上旬，受中美贸易谈判达成一致、ICAC 和 US-DA 调低全球棉花产量、中东局势缓解等因素影响，国际棉价上涨。下旬，受疫情影响，国际棉价回落。整体来看，1 月月均 Cotlook A 指数 79.07 美分/磅，环比涨 4.5%，同比跌 3.9%。

2020 年 2 月，国际棉价震荡下跌。上旬，受国内疫情影响，国际棉价小幅下跌。中旬，随着国内疫情好转，部分纺织企业复工，棉价小幅回升。下旬，国外疫情加速扩散，国际棉花价格下跌。2 月月均 Cotlook A 指数 76.57 美分/磅，环比跌 1.7%，同比跌 5.6%。

2020 年 3 月，国际棉价明显下跌。受疫情全球大流行影响，全球棉纺织产业链受到严重冲击，国际棉价明显下跌。3 月月均 Cotlook A 指数 67.79 美分/磅，环比跌 11.6%，同比跌 19.2%。

2020 年 4 月，国际棉价持续下跌。国外疫情快速蔓延，全球棉纺织产业链受冲击明显，国际棉价继续下跌。4 月月均 Cotlook A 指数 63.53 美分/磅，环比跌 6.1%，同比跌 27.2%。

2020 年 5 月，国际棉价止跌回升。欧美国家疫情封锁和管控措施放松，中国市场需求增加，国际棉价有所回升。5 月月均 Cotlook A 指数 65.70 美分/磅，环比涨 3.4%，同比跌 18.0%。

2020 年 6 月，国际棉价继续上涨。上旬，全球主要国家经济好于预期，国际棉价延续上涨。中下旬，美国和巴西等国疫情反弹，国际棉价开始走低。整体来看，6 月月均 Cotlook A 指数 67.80 美分/磅，环比涨 3.2%，同比跌 12.7%。

2020 年 7 月，国际棉价继续上涨。受全球复工复产、棉花消费需求增加、全球棉花产量预期下调等影响，国际棉价持续上涨，但受疫情持续扩散和中美关系紧张等因素影响，棉价上涨幅度有限。7 月月均 Cotlook A 指数 68.52 美分/磅，环比涨 1.1%，同比跌 9.3%。

2020 年 8 月，国际棉价持续上涨。上旬，受美元走弱、美国棉花产量预期降低等因素影响，国际棉价明显上涨。中旬，USDA 调增新年度全球棉花产量并调减消费量，国际棉价下行。下旬，中美双方推动第一阶段经贸协议落实，国际棉价继续上涨。整体来看，8 月月均 Cotlook A 指数 69.94 美分/磅，环比涨 2.1%，同比跌 1.2%。

2020 年 9 月，国际棉价持续上涨。受全球棉花消费市场持续恢复、中国需求旺盛等因素影响，国际棉价继续小幅上涨。9 月月均 Cotlook A 指数 70.81 美分/磅，环比涨 1.2%，同比跌 0.7%。

2020 年 10 月，国际棉价持续上涨。上旬，受美国棉花产量预期下降、印度实施棉花最低收购价政策等因素影响，国际棉价持续上涨。下旬，受欧美疫情快速蔓延影响，国际棉价有所回落。整体来看，10 月月均 Cotlook A 指数 74.82 美分/磅，环比涨 5.7%，同比涨 1.3%。

2020 年 11 月，国际棉价持续上涨。受印度和巴基斯坦等棉花产量预期下降、纺织业需求旺盛等因素影响，国际棉价持续上涨。11 月月均 Cotlook A 指数 77.72 美分/磅，环比涨 3.9%，同比涨 3.8%。

2020 年 12 月，国际棉价持续上涨。受市场预期经济好转影响、拉动全球棉花需求回暖、国际棉价继续上涨影响。12 月月均 Cotlook A 指数 81.02 美分/磅，环比涨 4.2%，同比涨 7.0%。

综上所述，2020 年国际 Cotlook A（FE）指数平均为 71.90 美分/磅，同比增长 −7.7%。从 1~12 月变化看，12 月月均 Cotlook A（FE）指数最高，为 81.0 美分/磅；1~9 月同比均下跌，如表 3−14 所示。

表 3−14　2019~2020 年国际 Cotlook A（FE）指数状况　单位：美分/磅，%

月份	2019 年	2020 年	同比增长率
1	82.4	79.07	−4.0
2	81.2	76.57	−5.7
3	83.8	67.79	−19.2
4	87.3	63.53	−27.3
5	80.4	65.70	−18.3
6	77.7	67.80	−12.7
7	75.5	68.52	−9.3
8	70.8	69.94	−1.3
9	71.3	70.81	−0.7
10	73.9	74.82	1.2
11	74.9	77.72	3.7
12	75.8	81.02	6.9
平均	77.9	71.90	−7.7

资料来源：中国海关统计数据。

2. 国内价格

2020年1月，国内棉价小幅上涨。上旬，受50万吨新疆棉轮入、中美经贸谈判取得良好进展、临近假期企业备货意愿较强等因素影响，国内棉价上涨。下旬，受新冠肺炎疫情扩散影响，棉花期货价格快速下降。整体来看，1月国内3128B棉花月均价13827元/吨，环比涨5.1%，同比跌10.8%。

2020年2月，国内棉价下降。上旬，受疫情影响，国内棉价大幅下跌。中旬，受储备棉增量轮入影响，棉价趋于平稳。下旬，受国外疫情扩散影响，棉价大幅下跌。2月国内3128B级棉花月均价13418元/吨，环比跌3.0%，同比跌13.4%。

2020年3月，国内棉价持续下跌。虽然我国疫情形势好转，纺织企业加快复工，但因国外疫情快速蔓延，纺织品服装出口受限，棉花价格持续下行。3月国内3128B棉花月均价12195元/吨，环比跌9.1%，同比跌21.7%。

2020年4月，国内棉价持续下跌。虽然我国纺织企业产能基本恢复，但受国外疫情影响，国际市场需求不振，棉花价格持续下跌。4月国内3128B棉花月均价11396元/吨，环比跌6.5%，同比跌27.2%。

2020年5月，国内棉价止跌回升。国内经济有序恢复，市场逐步回暖，欧美国家逐步放松疫情管控，棉价止跌回升。5月国内3128B级棉花月均价11644元/吨，环比涨2.2%，同比跌22.7%。

2020年6月，国内棉价持续回升。国内经济进一步有序恢复，内需持续回暖，国内棉价继续回升。6月国内3128B级棉花月均价11958元/吨，环比涨2.7%，同比跌15.5%。

2020年7月，国内棉价持续回升。国内经济持续恢复，消费市场回暖，进出口状况有所改善，国内棉价持续回升。7月国内3128B棉花月均价12156元/吨，环比涨1.7%，同比跌14.1%。

2020年8月，国内棉价持续回升。国内经济持续向好，消费市场继续回暖，纺织企业市场向国内转型，世界各国加快复工复产，进出口状况有所改善，国内棉价持续回升。8月国内3128B棉花月均价12476元/吨，环比涨2.6%，同比跌7.8%。

2020年9月，国内棉价持续回升。我国市场加快恢复，棉价持续上涨，基本上接近上年同期水平。9月国内3128B棉花月均价12798元/吨，环比涨2.6%，同比跌1.3%。

2020年10月，国内棉价持续上升。国内经济继续向好，内需持续回暖，部分纺织品服装订单转向中国，国内棉花需求明显提升，国内棉价持续上升。10月国内3128B棉花月均价13953元/吨，环比涨7.6%，同比涨9.7%。

2020年11～12月，国内棉价继续上升。国内经济继续向好，内需持续回暖，外需也有所恢复，国内棉价持续上升。11月国内3128B棉花月均价14533元/吨，12月国内3128B棉花月均价14795元/吨，环比涨1.8%，同比涨12.5%。

综上所述，2020年1～9月，受疫情影响，国内棉花市场价格同比都是负值；经济持续向好，棉价持续恢复，环比呈增长趋势。10～12月，国内棉价持续上涨，环比、同比都呈增长趋势，如表 3 - 15 所示。

表 3 - 15　2019 ~ 2020 年中国棉花（3128B）价格情况　　单位：元/吨，%

月份	2019 年	2020 年	同比增长率
1	15422	13827	- 10. 3
2	15500	13418	- 13. 4
3	15580	12195	- 21. 7
4	15643	11396	- 27. 1
5	15069	11644	- 22. 7
6	14146	11958	- 15. 5
7	14150	12156	- 14. 1
8	13534	12476	- 7. 8
9	12961	12798	- 1. 3
10	12722	13953	9. 7
11	13060	14533	11. 3
12	13153	14795	12. 5

资料来源：中国棉花协会。

三、河北省棉花产业竞争力分析

（一）资源竞争力

从气候资源来看，河北省适宜植棉区位于北纬38°线以南的东部和南部黑龙港流域，该区域≥10℃年积温平均值为4100℃ ~4413℃，无霜期200天，干燥度大于1.5。该区与美国圣安东尼奥相似，具有生产优良纤维的潜力。该区域光照条件优于长江流域产棉省份，具有生产高等级棉的生态优势。

从土地资源来看，黑龙港流域耕地资源丰富，人均占有耕地高于全国、全省平均水平。特别是，棉花是耐盐、抗旱节水作物，可在盐碱地种植。河北拥有大量适宜植棉的盐碱地，仅沧州市就约有381万亩的盐碱旱地，可利用土地资源丰富。

（二）生产竞争力

从种植规模来看，河北是传统的棉花种植大省，2020 年，全国生产棉花 10 万吨以上的省份仅有新疆、河北、山东和湖北，河北居全国第二位，总产 20. 9 万吨，在全国具有一定的规模优势。

从种植成本来看，近几年，虽然河北种植棉花成本逐年上升，效益逐年下降，但随着棉花轻简化栽培技术、全程机械化技术等的推广应用，增效潜力较大。特别是河北棉花种植成本低于同类型区的山东109 元/亩，在生产成本上具有一定竞争优势。

从经营主体来看，河北肥乡区沃田种植专业合作社、成安县振堂家庭农场、家宝专业种植合作社等棉花种植新型经营主体不断涌现，且开展了简化栽培、全程机械化和高端原棉生产技术示范，降本提质增效潜力较大。

（三）技术竞争力

从研发队伍来看，河北省成立了棉花育种团队和棉花产业技术体系团队，统筹了河北省农林科学院、河北农业大学、地市农科院等单位优秀人才，科研实力较强。此外，国欣棉研会等社会组织和企业的科研机构发育良好，河北棉花科研团队及实力雄厚，居全国领先地位。

从品种选育来看，河北在抗病育种、杂种优势利用等方面具有较强的实力。2020 年河北省培育的邯棉 6101、邯棉 3008、邯 218、国欣棉 26、国欣棉 31 共 5 个棉花新品种通过国审。河北省审定棉花新品种 8 个，其中冀棉 262、冀农大 29 号、冀丰 1187、冀农大 36 号、冀丰 1458 转基因抗虫常规棉品种 5 个，GB821、邯无 339、冀农大 33 号转基因抗虫常规低酚棉品种 3 个。特别是由河北农业大学、河间市国欣农村技术服务总会共同完成的"多抗优质高产'农大棉'新品种选育与应用"项目荣获国家科学技术进步二等奖。

从栽培技术来看，重点开展了棉花轻简化机械化种植技术、棉花绿色高产高效栽培技术、高端原棉收获存储技术、机采复种技术模式等研究与示范，南宫棉花全程机械化示范田亩产籽棉 384.3 千克，纤维品质符合纺织工业要求，实现了从整地、播种、施肥、中耕、除草、化控、植保、采收、秸秆还田全程实现机械化管理。"棉花 + 绿豆"机采复合种植模式亩增产 7.8%，增收 799.5 元/亩。

（四）市场竞争力

从价格水平来看，2020 年国际棉花价格总体上低于国内价格，国内外价格差最大值出现在 11 月，国际价格比国内低 3091 元/吨。最小值出现在 6 月，国际价格比国内低 1352 元/吨。我国棉花国际价格竞争力低。从国内来看，2020 年，河北 3128B 棉花大部分月份价格指数低于全国平均水平，但高于同类型区的河南，低于同类型区的山东，也低于新疆价格，河北棉花不具有明显的市价价格优势。

从产业链条来看，河北不仅是植棉大省，还是纺织大省，棉花种植面积居全国第二位，纺织业多年来位于全国前十位。目前，形成了"种植—轧花（棉副产品深加工）—纺织—印染—服装制作"一体化的产业体系，培育了一批在行业有一定地位的龙头企业，如石家庄常山纺织集团有限责任公司是首批列入国家 520 户重点企业、全国纺织 50 家重点企业集团，曲周县晨光植物蛋白分公司是中国最大的棉籽加工企业，年加工棉籽 30 万吨以上。

（五）政策竞争力

2020 年中央一号文件《中共中央　国务院关于抓好"三农"领域重点工作确保如期

实现全面小康的意见》在保障重要农产品有效供给和促进农民持续增收部分指出，完善新疆棉花目标价格政策。《农业农村部关于落实党中央、国务院2020年农业农村重点工作部署的实施意见》进一步指出，要完善新疆棉花目标价格政策，创新内地棉花扶持政策。河北划定了300万亩棉花保护区，种植棉花具有一定的政策优势。

四、河北省棉花产业高质量发展面临问题

（一）棉花规模种植程度低

从世界角度来看，美国、澳大利亚、巴西等棉花产业强国都是规模化种植。从国内角度来看，棉花种植优势区新疆也是规模化种植。规模化种植不仅可以实现机械化种植，而且有利于控制棉花品质，提高市场竞争力。目前，河北棉花种植主体仍是小农户，小规模种植不仅制约了机械化等先进技术和管理模式的应用，而且加大了品质控制和产业链衔接难度，提高了棉花补贴政策实施成本，制约了棉花产业高质高效可持续发展。

（二）棉花种植比较效益低

据新疆发改委调查数据，2020年新疆棉花生产亩产量、亩成本、亩收益均呈上涨趋势，每亩产量增加17.43千克，成本增加79.27元，净利润增加526.41元。据对河北棉农调查，2020年河北棉花生产亩产量降低1.4%，亩成本基本持平，河北棉花种植区域比较效益进一步降低。特别是新疆气候条件优于河北，机械化程度较高，国家政策重点支持，新疆棉花生产对河北棉花种植冲击较大。另据河北棉花百户调查数据，85%棉农认为棉花种植效益低于当地主栽作物小麦/玉米种植，仅15%棉农认为棉花种植收益高于当地主栽作物小麦、玉米种植。

（三）棉花品种技术待提高

虽然河北省拥有一支科研能力较强的人才队伍，但受棉花种植面积下降影响，各级政府对棉花科研重视程度降低，支持力度下降，一些生产急需的品种和关键技术缺乏攻关，制约机械化采收的品种短缺、轻简化栽培技术尚不完善、烂铃烂桃问题还没有效解决，棉花产业高质量绿色发展急需突破性新品种、新技术支撑。

（四）棉花市场竞争力不强

从国际市场来看，2020年，进口棉价格指数（FC Index）M级棉花1%配额关税下到岸提货价大部分月份低于同级别我国棉花价格，我国棉花在国际市场上竞争力不强。从国内市场来看，2020年，河北3128B棉花价格指数大部分月份低于全国平均水平，也低于同类型区的山东，更低于新疆棉价格，河北棉花在国内市场竞争力不强。

（五）棉花产销轧纺难衔接

河北是棉花生产大省，也是纺织大省，棉花产量居全国第二位，纺织业年产值为600亿元。但是，棉花生产、轧花和纺织各自为政，大量棉农把棉花交给棉贩到山东轧花，河北纺织企业没与轧花企业和棉农对接，更没有形成紧密的合作关系，棉花种植、轧花、纺织、销售等市场主体各自为战，制约了产业发展。

五、河北省棉花产业高质量绿色发展对策

（一）推动规模化专业化发展

棉花分散小规模种植已经成为制约河北省棉花技术进步、效益提高、市场竞争力提升等的关键瓶颈，急需突破。贯彻落实《关于抓好"三农"领域重点工作确保如期实现全面小康的实施意见》关于调整优化农业结构、培育壮大新型经营主体有关要求，优化棉花种植布局，推动棉花种植向黑龙港流域棉花适生区和种植大县集中；压缩分散棉田，推动棉花种植向种植大户、家庭农场、合作社等新型农业经营主体集中，实现棉花种植规模化专业化发展。鼓励家庭农场、种植大户发展壮大，在棉花种植大县建立土地流转服务平台，各级政府和村集体组织积极协助家庭农场和种植大户流转土地，制定土地流转补助政策，推动分散土地向家庭农场和种植大户集中，实现规模化生产。扶持棉花专业合作社发展，鼓励其通过土地托管、技术服务、供销服务等途径提高棉花生产的组织化和规模化种植水平，推行统一品种、统一技术、统一标准、统一收购等模式，推动棉花规模化、专业化生产。

（二）推动绿色优质高效发展

棉花品质差、效益低已成为制约河北棉花发展的关键因素，急需提高品质和市场竞争力，增加棉农收益，推动棉花高质量持续发展。第一，实施棉花提质工程。对接棉花市场高端，聚集品种、栽培、收获、轧花等关键环节技术，创新棉花经营管理模式，探索高端原棉生产加工模式，推动河北省棉花优质化发展。第二，实施棉花提效工程。针对棉花生产用工多、物质投入大等问题，示范推广机械化栽培技术、"双减"技术和轻简化栽培技术，探索基于机械化的棉花套种种植模式，千方百计提高棉花种植效益。第三，实施棉花降耗工程。按照绿色农业发展要求，针对棉花生产关键环节，示范推广无膜棉、节水栽培、生物防治等节能降耗技术，探索棉花绿色生产技术和模式，推动棉花绿色可持续发展。

（三）推动品种技术模式升级

棉花品种栽培技术和模式已成为解决河北棉花困局的重要因素，急需突破技术"瓶

颈"，提高棉花产业技术支撑能力。第一，贯彻落实中央经济会议解决好品种问题有关精神，统筹全省棉花育种资源，加强棉花育种队伍建设，探索建立持续支持机制，针对机采棉、优质棉、高抗棉等需要，搜集优质棉花资源，创制优良种质和品系，选育具有突破性的棉花新品种。第二，贯彻落实中央农村工作会议坚持农业科技自立自强、加快推进农业关键核心技术攻关有关精神，加强节本降耗、绿色投入品、重大生物灾害防治、农机装备等制约河北省棉花发展的卡脖技术研究，组装集成一批优质高效、资源节约、生态环保的技术模式，建立一批核心示范基地，带动全省棉花生产技术升级。

（四）推动产销轧纺有机衔接

棉花是产业链最长的作物之一，河北棉花的出路在于全产业链优化升级。棉花产业发展急需突破机制体制制约，实现销轧纺有机衔接。扶持一批产业化基础好、辐射带动力强、经济效益高、信誉好的棉花龙头企业，鼓励龙头企业建设棉花生产基地，大力发展订单生产，促进产加销衔接。搭建河北棉花综合服务平台，定期搜集棉农、轧花、市场、纺织企业等主体信息，及时向棉农发布棉花需求和市场交易信息，提供棉纺织企业需求信息，为棉花产业各类市场主体提供棉花产前、产中、产后信息服务，推动产业链整合提升。探索创新农业龙型经济发展机制，鼓励棉花生产、收购、轧花、贸易、纺织等企业之间的联合、兼并、重组，培育综合实力强、能抵御市场风险的大型棉花产业集团，打造棉花全产业链，提升河北棉花产业整体竞争力。

（五）推动棉花扶持政策创新

发挥棉花扶持政策激励作用已经成为确保棉花保护区建设的重要手段，河北棉花扶持力度小，急需创新扶持政策，提高棉农植棉积极性，推动棉花健康持续发展。贯彻落实国家棉花补贴政策，借鉴植棉大省经验，创新棉花补贴政策，提高棉花补贴精准性，重点支持植棉大县的专业村及新型经营主体，鼓励扶持规模种植，提高补贴资金绩效。针对棉花风险高特点，充分利用保险等金融工具，探索棉花目标价格保险、棉农收入保险等财政资金补贴方式，有效化解棉花市场风险，保障棉花种植收益，切实调动棉农种植积极性，形成可操作、可推广、可持续的市场运行模式。落实《国务院关于建立粮食生产功能区和重要农产品生产保护区的指导意见》，整合各类涉农财政资金，探索棉花种植节水补贴、棉花种植采收机械补贴、良种补贴等补贴方式，加大300万亩棉花生产保护区建设投入力度，推动棉花产业发展。

撰稿人员：陈建伟

指　　导：林永增

参编人员：马立刚　卢秀茹　张建宏　王树林　杜海英　郭宝生

　　　　　赵贵元

第四章　河北省大豆产业发展报告

大豆起源于我国,是粮、油、饲兼用作物。大豆也是我国开放最早、进口量最大、市场化程度最高、与国际接轨最彻底的大宗农产品。当前,在国内市场植物油脂和蛋白质供给严重不足的背景下,发展大豆生产对于调整农业结构、保障有效供给、促进农业生产可持续发展等方面具有重要作用。2020 年,河北省围绕农业供给侧结构性改革和打造"四个农业"总体要求,深入推进大豆振兴计划和产业提质增效推进方案(2019~2022 年)实施,开展了以"双高"大豆为重点的产业提质增效行动,大豆产能实现恢复性增加。

一、河北省大豆产业发展现状及形势分析

(一)我国大豆产业形势分析

1. 国家强力推进大豆振兴计划实施

2018 年中美贸易摩擦使中国大豆产业面临新的挑战,提升大豆产品自给水平和质量成为当前我国大豆产业发展的重点任务。农业农村部决定自 2019 年起实施大豆振兴计划,以扩大种植面积、提升单产水平、改善产品品质为目的,努力提升我国大豆供给能力和产业竞争力。2020 年是国家深入实施大豆振兴计划的关键之年,中央一号文件指出"加大对玉米、大豆间作新农艺推广的支持力度"。农业农村部种植业管理司、全国农业技术推广服务中心联合制定并印发了《玉米大豆带状复合种植技术指导意见》,指导各地立足本地实际,结合大豆振兴计划、耕地轮作休耕、绿色高质高效行动等项目,加大玉米大豆间作新农艺的推广力度,强化示范带动,做好指导服务,提高大豆供给保障能力。近期,农业农村部唐仁健部长表示,2021 年我国将继续实施大豆振兴计划,稳定大豆种植面积,力争大豆播种面积稳定在 1.4 亿亩以上,提高单产和品质,确保用于豆制品等食用大豆国内自给。

2. 我国大豆消费对外依存度较高的局面具有长期性

自改革开放以来,我国从世界最大的大豆出口国逆转为全球最大的大豆进口国。我国自 2001 年加入 WTO 以来,受比较效益下降、进口冲击等影响,大豆生产出现下滑,产需缺口扩大。特别是近年来,我国大豆进口量不断增加,2017 年进口量 9553 万吨,2019 年

8851.5万吨，2020年达1亿吨以上，与1995年进口量100万吨相比，25年间我国大豆进口量增加了100倍。目前，我国大豆进口量占全球大豆贸易总量的60%，我国大豆对外依存度一直保持在80%以上。目前，大豆是我国粮食品种中缺口最大的品种，2020年我国粮食累计进口14262.1万吨，同比增加27.9%，而大豆进口占70%以上。大豆的缺口是我国的资源禀赋决定的，很难做出改变，因为大豆是土壤密集型品种，如果按需种植，势必要挤占6亿多亩的三大主粮种植面积，所以适度的进口也是新形势下保障国家粮食安全的重要组成部分。而且从长远看，受人口增长和消费升级两个变量影响，我国大豆进口数量仍将会维持在较高水平。

3. 疫情对大豆产业有一定影响

2020年初发生的新冠肺炎疫情对全球政治、经济形势产生了重大影响。2020年下半年，国内疫情已经得到有效控制，疫情防控进入常态化阶段。与此同时，国外疫情仍在持续蔓延，境外确诊病例数和死亡病例数都在持续增加。大豆等粮食作为最基本的民生之需，是一个国家稳定和发展的重要战略物资。在全球疫情阴影笼罩之下，许多国家和地区先后采取了封锁边境、限制交通、物资管控等非常措施，大豆等粮食作为重要战略物资也被纳入部分国家管控名单。大豆是我国进口粮食的主力品种，对国际市场有较强的依赖性，2020年进口总量高达1亿吨以上，创历史新高。大豆对外依存度超过80%，进口来源国主要是美国、巴西、阿根廷，从占比情况来看，来自巴西（6428万吨）约占60%以上，美国（2589万吨）约占25%，阿根廷约占7%，三国进口量占全国总进口量的90%以上。统计表明，自2014年以来，我国大豆进口量占粮食进口总量的比例基本超过70%，并有进口占比缓慢增加趋势，大豆进口在我国粮食进口中的地位愈发显得重要。目前，我国大豆进口有三个方面有利因素：一是疫情全球扩散客观上抑制了全球大豆需求，有利于买方市场形成；二是世界范围低油价进一步拉低对生物质燃料的需求，有助于保障国内大豆供给；三是全球大豆库存处于历史高位，北美大豆已陆续丰产上市，有利于稳定国际大豆市场预期。当然，不利因素也很明显，我国大豆年进口量大（占全球大豆总进口量的五成多），对国际市场依赖度高，由于大豆主要出口国美国、巴西疫情仍在蔓延，叠加政治因素，未来国内大豆进口仍存在一定风险。总体而言，未来全球大豆供需宽松，对我国大豆进口有利，随着中美第一阶段经贸协议落实推进，自美国进口大豆有望继续增加，预计我国大豆进口量增价稳，下游豆粕、豆油供应是有保障的。

（二）2020年全国和河北省大豆产需情况分析

1. 全国大豆产需情况分析

（1）全国大豆生产呈现面积、总产、单产"三增"趋势。

2020年，在大豆振兴计划的带动下，全国大豆总产量、总播种面积、每亩单产均实现了增加，呈现出"三增"趋势。根据2020年12月10日国家统计局发布的《关于2020年粮食产量数据公告》数据显示，2020年，全国大豆产量392亿斤（约1960万吨），相比上年增加30亿斤，增长8.3%。2020年，全国大豆播种面积为1.48亿亩，相比上年增加825万亩，增长5.9%。2020年，全国大豆单产132千克/亩，每亩产量比上年增加3千克，增长2.3%。

（2）全国玉米大豆带状复合种植技术示范效果明显。

基本情况：近年来，中国大豆界唯一的中国工程院院士盖钧镒多次呼吁：大豆是土地密集型作物，且大豆与玉米存在明显"争地"关系，从长期来看，通过扩大面积增加大豆产量的空间有限，因此，我国大豆产能潜力提升的主要途径是通过加强种子科技攻关，提高单产水平和发展大豆间套作技术。在2020年中央一号文件的推动下，农业农村部在西南、西北、黄淮海、长江中下游和东北的20个省份近50个县市开展了玉米大豆带状复合种植技术的示范与推广，累计示范面积超过10万亩，累计推广面积800万亩以上。四川的推广面积最大，达490万亩，占全省大豆总面积652.9万亩的75%。内蒙古自治区的示范面积最大，达3万亩。

示范效果：2020年，农业农村部在河北省藁城区、内蒙古包头市、山东省禹城市等地建立了玉米大豆带状复合种植千亩示范片，在河南省永城市、甘肃省武威市等地建立了百亩高产示范样板。专家与地方农技部门测产表明，带状复合种植玉米产量与当地净作玉米产量相当，亩产500～800千克，带状间作大豆亩产80～130千克，带状套作大豆亩产120～170千克。在2020年疫情和前期干旱、后期多雨等不利条件影响下，玉米、大豆仍获得了较高产量，达到了该技术的预期产量目标。河北省藁城区千亩示范片玉米、大豆平均亩产分别为626.6千克和98.3千克，如表4-1所示。大面积示范实现了预期产量目标，使该技术更加完善和本土化。良好的示范效果受到了经营主体的高度认可，《农民日报》等新闻媒体予以了多次报道。

表4-1　2020年主要示范点的玉米、大豆产量　　　单位：千克/亩，亩

地点		面积	平均单产		最高单产	
省份	市（县）		玉米	大豆	玉米	大豆
四川省	仁寿县	5000	506.4	139.3	518.1	167.0
四川省	容县	2300	476.0	112.0	543.4	173.0
四川省	南充市	1000	597.5	144.4	—	—
内蒙古	包头市	24000	768.8	82.5	827.0	101.0
甘肃省	武威市	100	854.6	99.6	—	—
山东省	禹城市	1000	568.0	121.7	675.2	144.8
山东省	肥城市	1000	598.5	79.7	623.6	98.8
河南省	永城市	1060	411.2	117.9	468.3	121.5
河南省	新郑市	60	664.9	130.6	—	—
河北省	藁城区	8300	626.6	98.3	861.7	167.3
河北省	石家庄市	5000	484.9	88.0	501.2	132.9

（3）2020年全国大豆种子产需形势分析。

2020年7月24日，全国农技中心召开了2020年全国农作物种子产供需形势分析夏季例会。会议通报了2020年全国大豆用种、制种情况：全国大豆种子平均售价为9.36元/千克，同比增长18.21%。全国大豆繁种面积攀升至403万亩，比2019年增加32万亩。

（4）2021年全国大豆供需形势预测分析。

2021年1月，据农业农村部市场预警专家委员会报告预测，2020/2021年度，全球大豆供应偏紧，预计国际大豆价格高位震荡，如表4-2所示。

表4-2　中国大豆供需平衡

单位：千公顷，千克/公顷，万吨，元/吨

项目	2018/2019年度	2019/2020年度（1月估计）	2020/2021年度（12月预测）	2020/2021年度（1月预测）
播种面积	8400	9354	9600	9882
收获面积	8400	9354	9600	9882
单产	1905	1935	1960	1983
产量	1600	1810	1882	1960
进口	8261	9853	9510	9810
消费	10293	10860	11312	11612
压榨消费	8672	9100	9500	9800
食用消费	1253	1380	1420	1420
种子用量	78	80	82	82
损耗及其他	290	300	310	310
出口	12	9	15	15
结余变化	-444	794	65	143
国产大豆销区批发均价	4065	4938	4275~4475	4275~4475
进口大豆到岸税后均价	3300	3213	3200~3400	3200~3400

注：大豆市场年度为当年10月至次年9月。

资料来源：国家粮油信息中心。

2. 河北省大豆生产情况

（1）河北省大豆生产概况。

大豆起源于中国，为人类提供了1/3的植物蛋白和植物油来源，是我国五大农作物之一。黄淮海地区是我国第二大大豆产区，占全国播种面积的30%。河北是我国黄淮海地区大豆主产省份之一，各市均有种植，其中夏大豆占80%，主要分布在冀中南区域；春大豆占20%，主要分布在冀北区域。据河北省统计局数据显示，2020年全省大豆播种面积达到134.2万亩，占全国总面积的0.9%，产量22.3万吨，占全国总产量的1.14%；全省大豆亩产达到166千克，比全国平均单产高出34千克。

（2）主栽品种和主推技术情况。

主栽品种：据统计，目前河北省从事大豆科研单位 8 个，包括河北省农林科学院、沧州市农业科学院、邯郸市农业科学院、石家庄市农林科学院、河北农业大学、承德市农业科学院、张家口市农业科学院等，研究队伍达 70 多人，育成的优良品种 80 余个，包括冀豆系列、沧豆系列、石豆系列、邯豆系列、农大豆系列、承豆系列和五星号系列。近年来，河北省种植面积超过 5 万亩的主栽品种为冀豆 12、冀豆 17、石豆 5 号、石豆 6 号、石豆 14、沧豆 6 号、沧豆 10 号、中黄 13、邯豆 11 等。2020 年全省新育成大豆品种 6 个，其中，国审 2 个（冀豆 24、邯豆 14）、省审 4 个（冀豆 29、冀豆 1258、邯豆 16、邯豆 17），包括高蛋白（冀豆 1258）、高油（邯豆 17）品种各 1 个。

主推技术：2020 年，省大豆创新团队继续组织实施了"个十百千万"大豆高产创建活动，筛选高产大豆品种，优化高产栽培技术，在不同规模上创造大豆高产典型，继续探索河北省不同地区大豆高产高效的新路子，带动了全省大豆产量的提升。一是夏大豆麦茬免耕覆秸精播栽培技术。主要解决播种时秸秆堵塞播种机，机械一次性进地同时完成"侧向移秸、贴茬免耕、精量播种、测深药肥、覆土镇压、封闭除草"等系列作业，在全面实现前茬秸秆还田的同时，有利于抢墒播种、提高播种质量，不仅解决了秸秆焚烧问题，还有显著的节本增收效果。据统计，该技术亩节约成本约 50 元，增产 10% ~ 30%。二是玉米—大豆带状复合技术。近年来，河北省开展了玉米—大豆带状复合种植技术的本地化示范和推广。该模式相当于在单位面积玉米基本不减产的情况下，多增加了一茬大豆的收入，具有高产出、可持续、机械化、低风险等技术优势，集种养结合、合理轮作和绿色增效为一体，特别是种管收全程实现了机械化，极具推广价值，为新型经营主体规模化种植粮食作物提供了绿色、高效种植方案。在前几年示范的基础上，2020 年重点在藁城区建立了玉米—大豆带状复合种植千亩示范片，在鹿泉区、赵县等地建立了百亩高产示范样板田。经专家测产，带状复合种植高产地块玉米亩产 500 ~ 800 千克，大豆亩产 80 ~ 170 千克。据统计，2020 年在石家庄市推广 1.8 万亩以上，沧州河间推广 0.5 万亩，全省累计推广 2.5 万亩。

（3）生产特点。

2020 年，河北省围绕农业供给侧结构性改革、打造"四个农业"总体要求，深入贯彻落实农业农村部《大豆振兴计划实施方案》和《河北省大豆产业提质增效推进方案（2019—2022 年）》，在全省开展了以"双高"大豆为重点的产业提质增效行动，河北省大豆产业呈现出布局更加合理、品种结构更加优化、高产典型带动作用更加明显的良好局面。

一是大豆优势区域布局更加合理。按照《河北省大豆产业提质增效推进方案》，着力打造了四个大豆优势产区，大豆优势（双高）品种、高效栽培技术模式进一步向优势产区聚集，布局更加合理。①冀中大豆高产优势区。包括藁城、无极、栾城、正定、鹿泉、晋州等。在该区域建立了标准化生产基地 10 万亩，辐射周边 50 万亩大豆种植示范区，良种和标准化生产技术覆盖率 80% 以上，单产水平达 215 千克/亩。②环京津大豆产区。包括大城、文安、永清、固安、霸州等。在该区域建立了标准化生产基地5万亩，辐射周边20万亩大豆种植示范区，良种和标准化生产技术覆盖率80%以上，单产水平达180千克/亩。重点发展高蛋白大豆生产，保障京、津、雄安供给，以缓解蛋白食用大豆内需。③黑龙港大豆产区。包括河间、南皮、黄骅、阜城等。在该区域建立了标准化生产基地5万亩，辐射周边20万亩大豆种植示范区，良种和标准化生产技术覆盖率60%以上，单产水平达150千克/亩。对接区域内豆油加工企业，重点发展非转基因高油大豆生产，以满足高端豆油市场需求。④太行山—燕山—坝上食品级大豆产区。包括承德、张家口、秦皇岛、唐山和保定部分县适宜区域。依靠生态环境优势，发展食品级优质大豆。在张家口、承德坝上地区引进、筛选大豆品种，在该区域建立了标准化生产基地0.5万亩，单产水平达125千克/亩。

二是高蛋白、高油"双高"大豆品种结构更加优化。近年来，在优化大豆产业布局的同时，河北省重点发展"双高"大豆（高油、高蛋白）种植，自2018年以来，每年面积保持在20万亩的增长势头，据统计，截止到2020年底，河北省"双高"大豆种植面积发展到了70万亩以上，占全省大豆播种面积134.2万亩的53%，河北省以"双高"为特征的大豆品种结构更加优化。

三是高产典型示范带动效果更加凸显。河北省大豆产业技术体系创新团队成立以来，积极配合省农业农村厅相关部门，提出了河北省大豆振兴走良种良法配套、农机农艺结合的路子，组织实施了"个十百千万"大豆高产创建活动，筛选高产大豆品种，优化高产栽培技术，在不同规模上创造大豆高产典型，探索河北省不同地区大豆高产高效的新路子，带动了全省大豆产量的提升。近两年，连续打造了个位亩数田，十亩试验地，百亩展示片，千亩高产方，万亩示范区，几年总共建成藁城、无极、鹿泉、河间、霸州、阜城等"双高"大豆千亩示范方、万亩示范区20个，创造多个高产典型，得到了示范主体的广泛认可，起到了较好的引领示范作用。①石家庄藁城区万亩高产典型。2020年10月10日，由国家大豆产业技术体系研发中心组织的藁城区万亩大豆示范基地高产创建实收测产现场会在梅花镇朱家庄村召开。邀请中国种子协会邓光联副会长、国家大豆产业技术体系首席科学家韩天富研究员等国内知名专家实收测产，平均亩产272.9千克。该基地创造了连续两年亩产突破250千克的全国万亩大豆实收测产纪录，远远高于目前全国132千克的平均单产水平。②石家庄无极县百亩千亩高产典型。2020年9月24日，组织专家对石家庄市无极县石豆14高产示范田进行了田间测产，百亩高产攻关田亩产326.4千克，千亩高产示范田亩产287.4千克。③其他高产典型。沧州河间市米各庄镇张兴屯村实收品种沧09Y1共3.4亩，折合亩产340.4亩，创造了黑龙港区域大豆新的高产纪录；永清县韩村镇西瓜套种大豆千亩规模化示范基地测产结果为276.5千克/亩；承德隆化县50亩承豆10专家测产亩产268.3千克。这些高产典型对河北省乃至全国大豆生产技术水平的提升具有引领作用。

四是藁城富硒大豆成为产业发展的新亮点。功能农产品是指通过自然富集和生物富集手段，生产出显著富含对人体健康有特殊功效元素（硒、锌等）的特定农产品。2017～

2020 年，习近平总书记在广西、山西、江西、陕西 4 省视察时和全国"两会"期间，5 次视察关注硒产业发展时指示，"将硒资源变硒产业"。近年来，石家庄市藁城区加大种植结构调整力度，大力发展"双高"大豆种植，依托区域南部 22.3 万亩的天然富硒土壤带的资源优势，强力打造富硒大豆品牌，提升大豆种植效益，助力农民增收。引导推动石家庄市藁城区富硒专业合作社、石家庄庄润宫面有限公司、石家庄董氏科技生态园、河北徐府粮油有限公司、藁城区雅琪源家庭农场、河北惜康农业科技有限公司、藁城区齐合种植服务专业合作社 7 家单位联合发起成立了石家庄市藁城区富硒功能农业产业协会，目前已发展至 51 家会员单位，共同打造共有品牌"岁柏寿"，在河北省地质调查院认证的万亩富硒土壤的基础上，积极申报富硒大豆地理标识，并获得国家功能农业科技创新联盟颁发的"全国硒资源变硒产业十佳地区"的荣誉称号。

（4）大豆种植效益增加明显。

2020 年进入收获期后，全国大豆产地收购价格一路走高，这一喜人现象必将带动农民下年种植大豆的积极性高涨。河北省 2020 年大豆收获期产地地头收购价格为 2.1～3.0 元/斤（含水量不同价格不同），价格比 2019 年同期增加 30%以上。产区地头价格的上涨，带动了 2020 年大豆种植效益的增加。

2020 年 12 月，省大豆产业体系产业经济岗位专家团队根据河北省大豆种植模式的不同，突出重点，选取了 3 种主要种植模式，选择 3 家有一定种植规模和基础的典型合作组织，进行了成本效益调查和比较分析。良种良法高效种植模式的代表选取沧州河间市兴民农作物种植专业合作社，玉米—大豆带状复合种植模式的代表选取石家庄市藁城区家庭农场，林下种植模式的代表选取沧州市沧县周庄子农场。产值按照玉米单价为 1 元/斤，大豆单价为 2.6 元/斤计算。3 种典型大豆种植模式的成本收益情况如表 4 - 3 所示。

表 4 - 3　河北省 3 种大豆典型种植模式生产成本与收益对比　　单位：千克，元

项目	林下种植模式	玉米—大豆带状复合种植模式	良种良法高效种植模式
亩产量	180	玉米 627、大豆 110	250
亩产值	1008	1826	1300
亩总成本	700	683	626
物质与服务费用	310	243	126
人工成本	240	240	0
土地成本	150	200	500
大豆补贴	70	70	70
亩净利润	378	1213	744

从表 4 - 3 可以看出，2020 年河北省主要大豆种植的 3 种模式中，玉米—大豆带状复合种植模式收益最高，达 1213 元/亩；良种良法高效种植模式收益排在第二，为 744 元/亩；排在第三的是林下种植模式，收益为 378 元/亩。

（5）新冠肺炎疫情对河北省大豆产业影响不大。

河北省大豆生产分为春播和夏播两大种植区域，春大豆常年播种时间从 4 月下旬开始，夏大豆播种时间从 6 月中下旬开始。自 2020 年初疫情发生以来，为将疫情对河北省大豆生产的影响降到最低，省大豆产业技术体系积极应对，及时进行评估预测，并强化大豆生产物资保供和技术指导措施，在大豆关键生育期，积极配合省农业技术推广总站于 2020 年 5 月 13 日转发了农业农村部种植业管理司的《玉米大豆带状复合种植技术指导意见的通知》，6 月 9 日印发了《2020 年河北省夏大豆生产技术指导意见》，在引导河北省大豆生产方面取得了积极成效。总的来看，河北省大豆产业发展受新冠肺炎疫情影响不大。

（三）国内流通领域食品大豆价格统计分析

1. 全国流通领域食品大豆价格统计分析

据国家统计局监测的流通领域重要生产资料市场价格变动情况显示，纵观 2020 年全年国内大豆的价格趋势，全国流通领域食品大豆（黄豆，杂质≤1%，水分≤13%）价格趋势表现为：同比增加，高位运行。其中，一季度先平稳运行再持续走高，二季度、三季度整体高位平稳运行，四季度先急剧下跌再持续上涨至高位平稳运行，如表 4-4 所示。

表 4-4　2020 年 1~12 月国内流通领域大豆价格统计表　　　　单位：元/吨

月份	价格	月份	价格
1 月中旬	3843.9	7 月中旬	4872.8
2 月中旬	3966.9	8 月中旬	4911.7
3 月中旬	4226.0	9 月中旬	4940.0
4 月中旬	4821.7	10 月中旬	4579.0
5 月中旬	4812.1	11 月中旬	4956.2
6 月中旬	4762.1	12 月中旬	5023.3

2. 河北省内批发市场大豆价格统计分析

以石家庄市桥西批发市场大豆价格走势为例，据食品商务网市场价格行情数据显示，总的来看，与全国大豆价格走势一致，呈现前低后高、一路上扬的态势。每千克价格由 2020 年初 1 月的 4.54 元上涨到 12 月的 5.68 元，全年涨幅为 25%。分季度来看：一季度，在疫情早期，受到交通和人员流动管控，市场主体不活跃，处于有价无市，价格为 4.54 元/千克，3 月 23 日以后，随着复工复产政策的实施，大豆价格为 4.8 元/千克。二季度，疫情形势开始好转以后，随着复工复产政策的实施，石家庄桥西批发市场大豆价格走势呈现一路走高的上涨态势。大豆价格 3 月 23 日 4.54 元/千克，4 月 15 日 5.45 元/千克，5 月 16 日 5.5 元/千克，6 月 8 日以后稳定在 5.61 元/千克。三季度，疫情形势明显好转以后，石家庄桥西批发市场大豆价格走势呈现稳定态势，随着新豆集中上市，10 月后价格略降。大豆价格 7 月 12 日 5.6 元/千克，8 月 14 日 5.7 元/千克，9 月 27 日 5.7 元/千克。四季度，呈现价格略增的趋势。10 月 9 日以后稳定在 5.61 元/千克，11 月 3 日 5.65 元/千克，11 月 10 日 5.68 元/千克，这一价格一直维持到了 12 月底。

（四）全国和河北省大豆进口情况分析

1. 全国大豆进口量创新纪录

近年来，大豆是我国粮食品种中缺口最大的品种。2020 年我国粮食累计进口 14262.1 万吨，同比增加 27.9%，而大豆进口占到 70% 以上。我国进口的大豆主要用于榨油，满足国内食用植物油和豆粕饲料的需求。在国内市场植物油脂和蛋白质供给严重不足的背景下，进口大豆将延续高位运行态势。据海关总署发布数据显示，2020 年 1~12 月，全国进口大豆达 10032.7 万吨（破亿吨），比 2019 年的 8851.3 万吨增长 13.3%，我国进口大豆数量已创下历史同期最高水平，打破了 2017 年创下的最高进口纪录。2020 年 1~12 月，全国大豆进口金额 2742.9 亿元，同比增长 12.5%。我国大豆进口来源国主要是美国、巴西、阿根廷，从占比情况来看，来自巴西的（6428 万吨）约占 60% 以上，美国（2589 万吨）约占 25%，阿根廷约占 7%，三国进口量占到全国大豆总进口量的 90% 以上，如表 4-5 所示。

表 4-5　2020 年 1~12 月国内大豆进口情况　　　　单位：万吨，%

月份	进口数量	较上月同期	月份	进口数量	较上年同期
1 月	730.00	-1.10	1 月	730.0	-1.10
2 月	622.00	39.46	1~2 月	1352.0	14.20
3 月	428.00	31.19	1~3 月	1780.0	6.21
4 月	671.60	57.00	1~4 月	2452.0	0.49
5 月	937.49	39.43	1~5 月	3389.0	6.71
6 月	1116.00	19.00	1~6 月	4504.0	17.74
7 月	1009.00	-9.60	1~7 月	5515.0	17.57
8 月	960.00	-4.86	1~8 月	6475.0	14.83
9 月	979.00	1.98	1~9 月	7454.0	15.40
10 月	869.00	-11.24	1~10 月	8323.0	17.61
11 月	959.00	15.80	1~11 月	9280.0	17.50
12 月	752.40	-21.50	1~12 月	10032.7	13.30

资料来源：海关总署。

2. 河北省大豆进口情况

据石家庄海关统计数据显示，2020 年 1~8 月，河北省大豆累计进口量 456.2 万吨，同比增加 65.8%，占全国大豆总进口量的 7.0%；进口额 123.8 亿元，同比增加 72.3%，占全国总进口额的 7.0%。进口均价 2713.8 元/吨，增长 3.9%。大豆进口占全省进口总值的 10.8%，占比扩大 4.8 个百分点。大豆进口额净增 52.0 亿元，拉动全省进口总值增长 5.0 个百分点。

2021 年 1 月中旬，据石家庄海关统计数字显示，2020 年 1～12 月，河北省进口大豆 712.6 万吨，同比增加 49.6%，占全国 1～12 月大豆进口总量的 7.1%，如表 4-6 所示。

表 4-6　2020 年 1～12 月河北省大豆进口情况　　　　单位：万吨，亿元

月份	进口数量	进口金额	月份	进口数量	进口金额
1～2 月	113.4	32.3	1～2 月	113.4	32.2
3 月	35.1	9.7	1～3 月	148.5	41.9
4 月	53.8	14.5	1～4 月	202.3	56.4
5 月	56.1	14.9	1～5 月	258.4	71.3
6 月	76.2	20.2	1～6 月	334.6	91.5
7 月	69.6	18.5	1～7 月	404.2	110.0
8 月	52.0	13.8	1～8 月	456.2	123.8
9 月	101.5	27.4	1～9 月	557.7	151.2
10 月	62.3	18.7	1～10 月	620.0	169.9
11 月	45.9	14.7	1～11 月	665.9	184.6
12 月	46.7	15.1	1～12 月	712.6	199.7

资料来源：石家庄海关。

二、河北省大豆产业竞争力分析

（一）我国大豆产业竞争力分析

1. 食用大豆有一定竞争优势

一是近年来，由于各国加强了对转基因生物产品的管理，非转基因产品在市场上越来越受到消费者的青睐。我国生产的大豆全部为非转基因，而且大部分是绿色、安全、无污染产品，蛋白质含量也明显高于进口大豆，特别是黄淮海地区的大豆蛋白质含量一般在 45% 以上，其品质特别适合生产豆制品。二是我国大豆上市时间较长，6～11 月都有新豆上市，虽然批量较小，但能满足豆制品加工企业的需要。

2. 榨油大豆竞争力偏弱

在油用大豆生产方面，目前因品质、单产、批量、生产效益等方面原因，我国大豆难以与进口大豆竞争。一是质量偏差。目前我国高油大豆优势区虽然含油率有明显提高，但与进口大豆相比，还有近 1 个百分点的差距；产品规格及一致性不如进口大豆。其他地区商品大豆含油率约为 20%，比进口大豆约低 3 个百分点，杂质和水分含量分别比美国大豆高 2 个百分点和 4 个百分点。据企业测算，含油率每增加 1 个百分点每吨可增加收入近 50 元。二是单产偏低。我国大豆平均亩产约为 130 千克，比美国大豆低 50 千克，比世界平均水平低 30 千克。

3. 大豆产品的地位和作用难以替代

大豆是我国重要的大宗农产品，其地位和作用也是其他农产品难以替代的。在国际贸易摩擦和疫情全球蔓延阴影笼罩下，我国大豆进口风险不断增大，因此，必须大力发展国内生产。大豆蛋白质含量一般约为40%，也是植物蛋白的重要来源，大豆还含有异黄酮、卵磷脂、皂苷、可溶性纤维等，具有重要的保健功能。国内养殖业发展所需的蛋白饲料越来越依赖于豆粕。近几年，世界豆粕产量占蛋白饲料消费总量的约70%，我国这一比例高达85%，其中我国豆粕猪饲料占比接近50%。

（二）河北省大豆产业发展优势及潜力分析

1. 主要优势

（1）消费需求旺盛，发展空间大。

短期内，国内大豆生产不能满足消费需求的问题不易解决，特别是中美贸易摩擦和疫情全球蔓延警醒我们必须提升国内大豆生产水平。河北地处环京津都市圈，区域内市民历来有喜食豆腐、豆浆和豆腐脑等豆制品的习惯，巨大的豆制品消费需求，为河北省发展大豆产业提供了得天独厚的条件；区域内有河北豆豆集团、北京老才臣食品有限公司、北京王致和食品集团有限公司等大型豆制品加工企业，对大豆需求旺盛。

（2）生态优势明显，大豆品质优良。

河北省地处华北平原，光热资源充足，具有生产优质大豆的自然条件和地理优势，是我国"双高"优质大豆产区之一。生产的大豆蛋白质含量（＞42%）高于东北大豆（39%）和进口大豆（38%）含量，油分含量也高于全国平均水平，是豆制品加工行业和榨油企业理想的原料。

（3）研发力量较强，育种水平领先。

河北省大豆优质高产育种研究处于全国领先水平，并以品种为载体进行相关配套技术研究。先后育成了以国内外水溶性蛋白最高的冀豆12为代表的高蛋白系列大豆品种（蛋白含量＞45%），以冀豆17为代表的高油大豆系列品种（含油量＞21.5%），以国内外第一个高蛋白无腥大豆五星4号为代表的无豆腥味系列品种。目前，河北省育成品种不仅覆盖了黄淮海平原及西北高原地区11省份，并在长江流域及西南山区等南方产区大面积引种推广。冀豆17及其配套技术应用，连续多年创亩产300千克以上我国大面积最高产量纪录。

2. 发展潜力

（1）符合国家产业政策。

近年来，国家大力压减高耗低效农作物种植面积，而且随着新一轮地下水压采任务的落实和2019年国家大豆振兴计划的实施，大豆作为替代高耗水粮食作物的抗旱节水作物，符合国家产业政策。河北省大豆种植面积增长空间大，特别是太行山、燕山的浅山丘陵及平原区、坝上区尤为明显。以石家庄市为例，近三年大豆种植面积快速增长，达到了50万亩以上。

（2）健康消费需求拓展销售空间。

大豆是植物蛋白的重要来源，每 100 克大豆含蛋白质 40 克，是小麦的 3.6 倍、玉米的 4.2 倍、大米的 5 倍，是牛肉的 2 倍、猪肉的 3 倍，素有"田中之肉、营养之王"的美誉。大豆还含有异黄酮、卵磷脂、皂苷、可溶性纤维等，具保健功能，增加大豆消费有利于改善我国居民食物营养结构，也符合国家提出的健康中国战略要求。

（3）种植大豆能够实现用地养地结合，生态效益明显。

当前，河北省一些地区农业生态环境不堪重负，转变发展方式任务异常艰巨。推进农业结构调整、建立合理轮作制度，能够减少化肥、农药的投入，缓解环境压力。大豆是豆科作物，具有根瘤共生固氮作用。田间试验测定，1 亩大豆可固氮 8 千克左右，相当于施用 18 千克尿素。大豆成熟后，秸秆少、落叶多、养分归还率高，可起到培肥地力的作用。大豆根系发达，能分泌大量有机酸，可溶解土壤中难溶的磷、钾等养分，利于下茬作物吸收。大豆也是良好的轮作倒茬作物。玉米—大豆轮作，用地养地结合，一般可每亩节省 8～10 千克化肥投入、玉米增产 50～60 千克，而且对病虫草害防控有调节作用，具有"减肥增收"的生态效益，可实现资源节约、永续发展。

（4）大豆生产顺应农业机械化信息化生产方式。

以美国为例，美国以抗除草剂转基因大豆品种为技术载体，以喷施高效、低毒、低残留除草剂为主要田间管理手段，以免耕和秸秆还田为保水培肥措施，以大机械作业和信息化技术应用为生产方式，以规模化农场为基本生产单元，由农民协会和跨国粮商联合进行市场营销，形成了规模化、集约化、标准化生产技术体系。美国的经验表明，机械化和信息化对促进美洲地区大豆生产发展具有决定性作用。目前，随着河北省土地流转步伐的加快、农民合作组织的兴起，大豆生产正在由原来的小规模零散种植朝着规模化、专业化、集约化方向发展，为大豆生产机械化、信息化提供了广阔的发展空间。

三、河北省大豆产业发展存在的主要问题及原因分析

（一）优质专用品种覆盖率低，种业发展差距大

优良品种规模化种植占比低，单一品种统种统管统收机制不健全，致使河北育种优势发挥不充分，种业增值空间受限。大豆市场波动大、价格不稳，农民种植大豆的积极性时高时低，导致大豆种子市场不稳定，影响了优质大豆推广力度，制约着河北省规模化的种子生产经营企业成长。

（二）高标准基地数量偏少，示范带动能力不足

历史上，河北省大豆以小农户种植为主，新型经营主体参与度低，社会化服务跟不上，导致河北省大豆种植分散，不成规模，良种良法不配套，管理粗放。河北省成规模的大豆种植基地仅有藁城区，其他的大豆种植区域普遍存在着规模不大、基础设施薄弱、抵

御自然灾害能力特别是抗旱能力差的问题。

（三）大豆加工能力弱，产业链条发展不充分

河北省大部分大豆是以原产品的形式外销京津市场。从事大豆深加工的较大企业仅有高碑店豆豆集团等少数几家，其余是分散在各乡村的生产豆汁、豆腐、豆腐丝、豆腐干等初级豆制品的若干小型作坊，产业链条短，附加值低，市场竞争能力不强，而且存在较严重的环境污染问题。

四、河北省深入推进大豆振兴计划的对策和建议

面对国际政治、经济形势和疫情影响的巨大不确定性，今后一个时期，河北省大豆产业振兴要紧扣"双高"特色，按照要素聚集、装备先进、绿色发展、品牌突出的发展目标，进行全产业链打造，全价值链提升。特提出以下产业发展建议。

（一）进一步加大科研攻关力度，实现藏粮于技

一是加大高产品种攻关培育力度，着力解决大豆产业"卡脖子"关键技术问题，稳步提高大豆单产水平。综合考虑河北省现有大豆生产和产业基础，积极适应居民饮食消费习惯，突出高蛋白大豆、高油大豆、菜用大豆新品种研究，满足河北省和京津冀市场多元化需求。二是着手开始高寒区大豆育种研究，为拓宽河北省大豆种植区域储备技术。三是强化大豆绿色生产技术研发，加强绿色技术推广应用。

（二）坚持市场主导的前提下，加快政策扶持体系建设

借鉴先进地区经验，河北省各级政府应在坚持市场主导的前提下，积极探索实施大豆生产者补贴、粮豆轮作补贴和大豆良种补贴政策。建议在保证生产者种粮基本收益的基础上，结合补贴资金额度、补贴面积及结构调整方向等因素，对大豆生产者实行差异化补贴标准，引导扩大大豆种植，促进种植结构优化调整。加强大豆良种基地建设，完善支持大豆高产品种及玉米大豆间套作技术推广支持政策。

（三）培育壮大大豆新型经营主体，加快经营体系现代化

建议重点培育三类大豆经营主体：一是推动大豆家庭农场高质量发展，提高大豆规模经营效益；二是促进大豆农民合作社规范提升，增强为豆农服务的能力；三是大力培育大豆植保、农机等专业化社会化服务组织，带动小农户和现代农业有机衔接，不断健全完善大豆产业联农带农机制。

（四）加强物质装备建设，加快大豆产业生产体系现代化

建议加强大豆绿色生产技术配套生产工具的研发和生产，为绿色生产技术的大规模利

用提供必要的物质基础。重点是提升河北省大豆生产的机械化、绿色化和数字化水平，建议继续加快新型机械设备的研发，通过提高大豆生产的公共服务和社会化服务水平等方式来降低大豆生产成本，通过建立合理轮作制度保障大豆健康稳定发展。此外，还应进一步推广玉米、大豆间套作技术，挖掘河北省大豆生产潜力。

（五）推进一二三产业融合发展，加快大豆产业体系现代化

一是延伸产业链，大力发展大豆产后加工业。在尊重市场的基础上，合理引导改造传统豆制品工艺，强化大豆精深加工研究，开发新型大豆食品和高附加值深加工产品，突出品牌引领，不断提升河北省大豆加工业的整体效益。二是贯通供应链，推进大豆订单生产。鼓励大豆加工企业延伸产业链条，推动大豆种植、加工一体化经营，支持有条件的大豆加工企业流转土地、承包农场，通过规模化、标准化、集约化经营，实现大豆自产、自收、加工一体化运作，向市场提供高质量的大豆产品，增强加工企业的竞争力。三是提升价值链，发展富硒大豆等新产品、新业态。同时，加大产业宣传，积极引导居民养成良好的豆制品消费习惯，更多地消费富硒大豆、大豆精深加工产品等植物蛋白。

撰稿人员：宋建新
指　　导：闫　龙
参编人员：许　宁　　王　森　　史晓蕾　　张　亮　　张岩峰　　刘兵强
　　　　　　肖付明　　李喜焕　　高占林　　冯晓静　　王秀伶　　邱　锐
　　　　　　李占军　　孟小荞　　胡铁欢　　赵春霞　　王瑞霞

第五章　河北省杂粮杂豆产业发展报告

2020年，国际国内形势多变，尤其受疫情发展和管控形势及中美贸易关系变化影响，全球范围对粮食安全的关注度提升，部分国家粮食安全形势出现隐忧，大部分粮食产品价格出现阶段性快速上涨。在此大环境下，河北省杂粮杂豆生产在诸多不确定因素增加的前提下，依靠强大的科技力量支撑和各方利益群体的共同努力，仍取得了较为可喜的成绩，但抗风险能力弱、品种繁杂、区域性主导产品不突出、产品深加工和品牌建设落后等系列问题仍然存在。本报告主要基于2020年度该产业发展信息获取基础上，呈现河北省杂粮杂豆产业发展的总体态势，重点关注了谷子、高粱、燕麦、绿豆和红小豆等杂粮杂豆品类。

一、河北省杂粮杂豆产业发展现状及形势分析

（一）2020年度杂粮生产形势分析

1. 杂粮播种总面积增加，各品类间变幅存在差异

受2019年杂粮上市以来价格高位运行的影响，农户种植杂粮积极性上涨，导致2020年全省杂粮播种面积总体上涨，共计约440万亩，相较于2019年总体涨幅约为6.2%。其中谷子播种面积总体增幅约为8.3%。不同区域间上涨幅度有所不同，从整体调查情况来看，处于黑龙港核心区的阜城、冀州、枣强、景县、深州等季节性休耕区，由于衡水市、县政府重视和系列补贴政策的推行，大大激发了农户种植热情，总的杂粮种植面积增幅较大，约为10%；张家口作为主要春播杂粮产区，谷子播种面积有2~3成的增加，主要分布在蔚县、阳原、宣化、赤城、怀安等地；高粱种植面积几乎翻了1倍；燕麦种植面积约降6.6%，杂豆类作物种植面积增幅约为16.9%，尤其是张家口坝上地区蚕豆播种面积增加较明显，且增加面积以规模化种植为主，如图5-1所示。

2. 全省杂粮总产量略增，各品类表现不一

2020年河北省杂粮总产量大约为75万吨，比上一年增加1.49%。其中高粱总产增加比较明显，增幅为110.26%；燕麦总产略增，增幅为0.60%；谷子和杂豆类总产量较2019年有所减少，降幅分别为5.32%和10.8%，如图5-2所示。

（万亩）

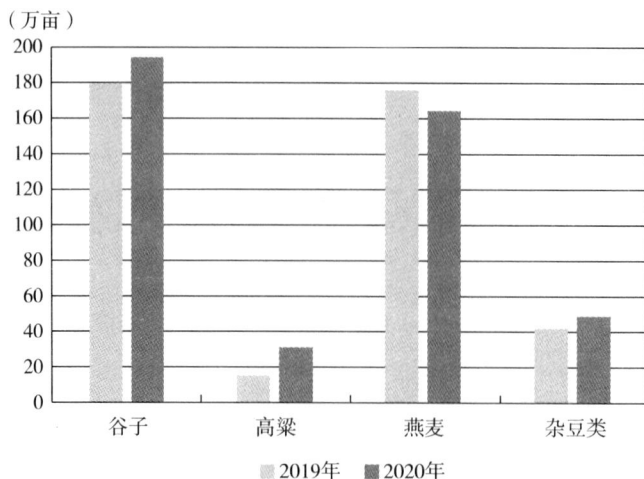

图 5 - 1　2019 年和 2020 年河北省主要杂粮品类播种面积比较

资料来源：河北省农业厅。

（万吨）

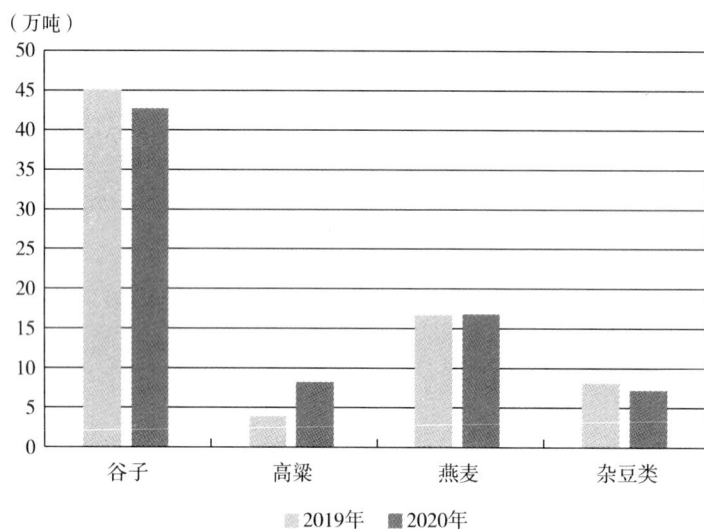

图 5 - 2　2019 年和 2020 年河北省主要杂粮品类总产量比较

资料来源：河北省农业厅。

3. 异常天气影响单产水平，产品质量出现分异

全省大部分杂粮产区由于杂粮播种期气候干旱，生长中后期持续阴雨等异常天气，杂粮生长、收获、产量和产品品质均受一定程度的影响。2020 年谷子平均单产 439.75 斤/亩，较 2019 年下降 12.59%；杂豆类平均单产 293.88 斤/亩，比上一年下降 23.99%；高粱和燕麦受影响较小，在品种和技术创新作用下单产水平略有提升，较上年增幅分别为 2.76% 和 7.70%，如图 5 - 3 所示。

（斤/亩）

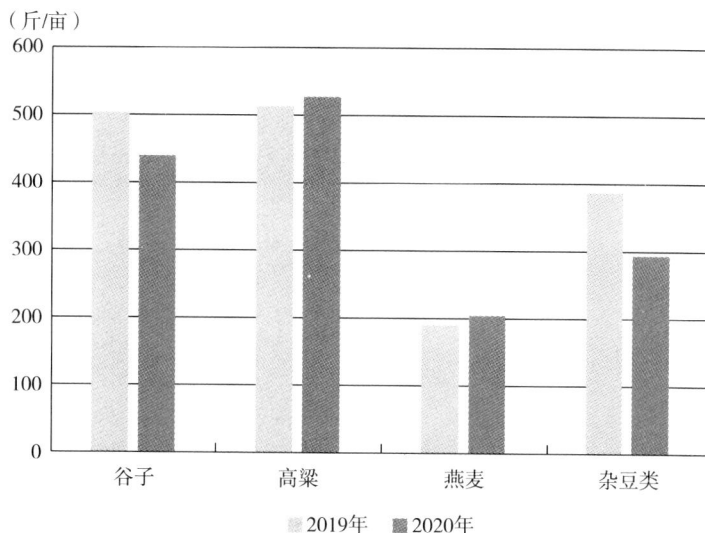

图5-3　2019年和2020年河北省主要杂粮品类单产水平比较

资料来源：河北省农业厅。

自然灾害对杂粮产量和品质影响的具体表现为：一是气候原因导致夏谷区谷锈病发生较为严重，春谷区谷子白发病和谷瘟病发生较为严重，另外，部分红小豆、绿豆等遭遇晕疫病、菌核病等；二是后期阴雨天气造成部分地区后期谷穗发芽现象和收获期籽粒霉变发芽等，黑龙港地区和冀东地区谷子、张家口杂豆类、黄骅等地高粱均存在以上现象，另外，部分原粮存在霉变情况；三是张家口地区燕麦和谷子因风雨天气出现倒伏。以上均对杂粮品质及产量产生了一定影响。

（二）主产区域与产品布局

1. 谷子产品区域布局

河北省生态气候条件的多样性决定了春谷和夏谷在河北的布局。其中，夏谷种植品种主要涉及冀谷系列、衡谷系列、豫谷系列等，冀谷系列种植面积占80%以上。推广较好的冀谷系列品种主要分布在武安、邯郸、南和、藁城、卢龙、昌黎、东光等地，而且集中度有相对增加的趋势；受地下水压采和季节性休耕项目实施影响，2020年沧、衡、保等地冀谷、衡谷系列品种种植面积大大增加，较2019年播种面积增幅为8%～12%；夏播区推广的杂交谷子品种主要有张杂谷16号、张杂谷18号、张杂谷22号和特早一号，主要集中在冀中南二作区，面积约为25万亩。张家口等作为春谷主要产区，目前，种植品种以张杂谷、8311、大白谷为主，2020年，张杂13号对张杂三号和8311谷子品种的替代明显增加，杂交谷子推广面积约为30万亩，集中在蔚县、阳原、宣化、赤城、怀安等地。

2. 高粱产品区域布局

高粱种植以糯高粱品种为主，主要包括红缨子、红茅梁6号、冀酿2号、兴湘梁2号等。播种期分春播和夏播，春播高粱多在 5 月 1 日后开始播种，2020 年春播高粱主要种植在衡水、沧州等季节性休耕土地；夏播高粱在 6 月 10 日麦收之后种植，主要在冀中南区域，比 2019 年种植面积略有小幅上调。

3. 燕麦产品区域布局

河北省燕麦播种面积约占全国燕麦播种总面积的 20%，种植区域主要集中在张家口，燕麦占该区农作物播种面积的 30%，占该区粮食作物播种面积的 50%，其中裸燕麦的播种面积约占燕麦总播种面积的 99%，主产县有张家口市的张北、尚义、康保、沽源、崇礼等，另外，承德市的丰宁县也有一定数量的种植。整体形成了以万全苏家桥、张北县开发区、康保粮油市场等为中心的加工集散地，在全国燕麦加工中占有重要地位。

4. 杂豆产品区域布局

绿豆主产区主要集中在张家口的阳原县、蔚县、宣化区，邢台的南宫市、巨鹿县、临西县。大部分以春播为主，品种主要以张家口鹦哥绿豆和冀绿系列品种为主；红小豆主产区主要集中在张家口的蔚县、阳原县，唐山的玉田县、迁安市、迁西县、遵化县，保定的雄县、蠡县，石家庄的井陉县、平山县，沧州的南大港。品种主要以冀红系列品种为主；蚕豆主产区主要集中在张家口的崇礼县和沽源县，主要是和马铃薯倒茬种植，品种主要以崇礼蚕豆为主；豌豆主产区主要集中在张家口的康保县、张北县、崇礼县、沽源县、蔚县，唐山的乐亭县，秦皇岛的昌黎县。张家口主要以干籽粒为主，品种主要以麻豌豆和白豌豆为主，乐亭县和昌黎县主要以鲜食豌豆为主，品种主要以乐亭青豌豆为主；芸豆主产区主要集中在张家口的康保县，品种主要以英国红芸豆为主。

（三）技术创新与推广

随着人们对杂粮、杂豆需求多样化和我国农业产业发展转型升级和应对地下水资源紧缺的需求，杂粮产业发展技术创新的方向日益明朗化，进一步向节水、高产、优质、绿色、抗逆、抗病虫、管理精简化和机械化以及技术集成化推进。2020 年河北省主要品类杂粮技术创新与推广情况分述如下。

1. 谷子

一是季节性休耕区示范推广了谷子绿色高效生产技术。例如，景县留智庙镇南马庄村谷子示范基地选用一级优质、兼抗烯禾啶和咪唑啉酮除草剂、适宜机械化收获的河北省主导品种冀谷 39，采取全生育期不浇水、一次性施底肥、简化间苗除草、绿色农药一喷多防，从种到收全程机械化管理。该模式为探索季节性休耕区节水高效种植模式及推广绿色高效生产技术奠定了基础。二是针对谷子品种中亚油酸含量高，易导致小米产品氧化，影响小米加工的问题，培育了适合主食加工的谷子品种，对延长谷子产品货架期具有积极的作用。三是张家口市农业科学院创立了"光温敏两系法"谷子杂种优势利用技术体系，选育成功了"张杂谷"系列杂交种，制定了杂交谷子产品河北省地方标准及配套栽培技术体系。目前育成国家鉴定张杂谷品种 10 个，登记品种 20 个，取得植物新品种权证书 9 个，生产主推品种 10 余个，2020 年全省推广杂交谷子品种 55 万亩。四是在冀东燕山山前平原地区提出了"麦谷轮作、豆谷轮作、薯谷轮作"等栽培模式新理念和配套集成技术体系，并进行了示范推广。五是抗谷瘟谷子品种衡谷 23 号、衡谷 36 号在衡水地区得到大面积推广，覆盖率达 60% 以上，深受企业和种植户欢迎。

2. 高粱

近年来，河北省陆续选育出冀酿 1 号、冀酿 2 号抗蚜高粱杂交种，从品种抗性上有效地解决了高粱生产中存在的蚜虫危害问题，实现全生育期不需喷施农药，符合国家减药减肥的"两减"政策。同时，随着高粱规模化种植程度越来越高，除草剂效果不稳定等问题逐渐暴露，因此，加强高粱抗除草剂材料筛选和研究规模化、安全化除草技术势在必行；降低高粱籽粒农药残留和重金属残留，这也符合未来中高端酒厂的需求。

3. 燕麦

近年来，农业科研单位和农技推广部门通过各级扶贫队、河北省创新驿站、国家和省产业技术体系、技术创新中心、产业战略联盟等平台和项目在康保、尚义、张北、沽源等地推广燕麦新品种和旱地燕麦种植技术、燕麦有机无公害种植技术。通过科研单位和技术推广部门对新品种、新技术的示范推广，当地农户基本上都能选用优良品种，新品种覆盖率达 90% 以上，种植技术也比原来更加成熟规范，机械化水平日益提升。

4. 杂豆

通过示范基地建设示范播种、中耕、无人机飞防、收获等机械化技术，重点推广了绿豆全程机械作业技术、芸豆全程机械作业技术、蚕豆高产栽培技术，在衡水、张家口等地建设绿豆示范基地近千余亩，张北二台镇建设芸豆示范基地 200 余亩、张北县油篓沟乡兴隆村膜下滴灌蚕豆示范基地 300 余亩。同时，在衡水武邑试验示范林下绿豆—香菜复种种植模式获得成功，通过提早绿豆上市时间和提高复种指数大大增加了土地亩收益水平。

（四）生产的成本收益分析

受全年气候条件影响，河北省杂粮生长季节局部地区出现前旱后涝、病虫害发生严重，从而导致灌溉和人工成本较往年发生变化，从而成为本年度杂粮生产投入变动的重要影响因素。根据对固定观察点各类杂粮种植户的跟踪调查结果显示，与 2019 年相比，2020 年河北省谷子尽管局部地区有减产现象，但总体表现良好，平均单产水平提高，在生产成本略增的情况下，亩收益和产投比仍然维持了一个较高的水平，亩均利润分别比 2018 年和 2019 年提高 6.79% 和 11.16%，产投比略有下降，下降幅度分别为 3.55% 和 0.53%；高粱单产水平与上一年基本持平，同时受价格水平提升影响，亩收益较 2018 年略降，比 2019 年增加，亩均利润分别比 2018 年下降 5.25%，比 2019 年提高 0.24%，产投比分别下降 4.67% 和 0.54%；燕麦受品种更新、投入略增和产品价格升高影响，亩收益增加明显，亩均利润分别比 2018 年和 2019 年增加 94.3% 和 10.0%，产投比分别增加 22.7% 和 3.0%；2020 年绿豆、红小豆投入虽有所增加，但受产品价格增幅较大的影响，亩收益较上年增加明显，绿豆和红小豆利润分别比 2019 年增加 29.3% 和 60.2%，产投比分别增加 20.8% 和 27.5%，如表 5 - 1 所示。

表 5-1　2018～2020 年主要杂粮品种亩均收益对比分析一览　　单位：元/亩

品类	年份	投入成本	产值	利润	产投比
谷子	2018	634.5	1251.0	616.0	1.97
	2019	653.5	1245.8	592.3	1.91
	2020	734.7	1393.1	658.4	1.90
高粱	2018	654.0	1265.3	611.3	1.93
	2019	678.5	1256.0	577.5	1.85
	2020	685.8	1264.7	578.9	1.84
燕麦	2018	235.0	332.0	97.0	1.41
	2019	251.5	423.5	171.5	1.68
	2020	258.2	446.8	188.6	1.73
绿豆	2018	487.6	709.7	222.1	1.46
	2019	529	687.5	158.5	1.30
	2020	539	848	205	1.57
红小豆	2018	490.7	737.4	246.7	1.50
	2019	526	688.2	162.2	1.31
	2020	537	898.8	259.8	1.67

资料来源：根据调研资料整理。

（五）杂粮杂豆产品价格及市场行情分析

1. 全国杂粮杂豆市场行情分析

（1）年际间价格走势。

在国际环境、宏观政策、供需结构、天气情况、市场主体心态及其操作行为等多种因素共同作用下，全国杂粮杂豆产品价格年际间表现出不同波动趋势。以黄金苗谷子、国内高粱、商品绿豆和珍珠红小豆为例，分品类价格波动趋势表现如图 5-4 所示。

谷子 2015 年价格高位，以号称谷子界品牌产品的黄金苗为例，全年均价为 2.63 元/斤；2016～2018 年价格低位运行，年际间波幅平缓，价格分别为 2.04 元/斤、2.09 元/斤及 2.06 元/斤；以 2018 年为拐点，2019～2020 年谷子价格一路走高，年均价格分别为 2.60 元/斤和 2.89 元/斤，比 2018 年上涨幅度分别为 26.21% 和 40.29%；2020 年谷子价格比 2019 年上涨 11.15%。

高粱价格年际间波动变化，2015～2020 年，国内高粱价格分别为 1.14 元/斤、1.10 元/斤、1.20 元/斤、1.28 元/斤、1.13 元/斤和 1.4 元/斤，高粱价格涨跌更替，2020 年增幅最为明显，与 2019 年相比，涨幅高达 23.68%。

2015～2020 年，中国红小豆价格呈现涨—跌—涨的变化趋势。以珍珠红小豆为例，2018 年其价格为 3.39 元/斤，跌至谷底，2019 年均价为 3.97 元/斤，2020 年均价上涨到 4.81 元/斤，较 2019 年相比，涨幅达 21.16%。

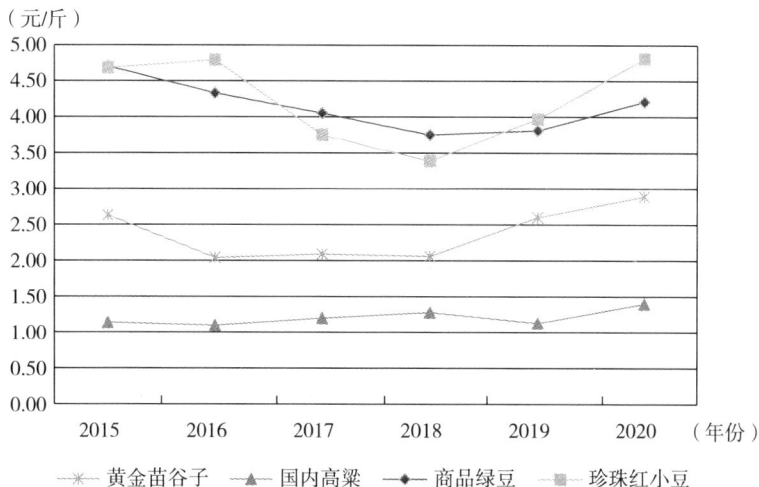

图 5 - 4　2015～2020 年全国主要品种杂粮年均价格走势

资料来源：卓创资讯。

2015～2018 年，商品绿豆均价呈现逐渐下跌趋势，2019 年和 2020 年持续上涨，其间年均价分别为 4.70 元/斤、4.30 元/斤、4.05 元/斤、3.75 元/斤、3.81 元/斤和 4.21 元/斤。与 2019 年相比，2020 年均价上涨幅度为 10.50%。

（2）2020 年度价格走势分析。

如图 5 - 5 所示，2020 年各品类杂粮价格波动表现有所不同，但基本处于高位状态，年内价格波动具有一定季节性。1 月下旬正值春节前后，随着杂粮加工企业陆续停业放假，市场购销转淡，各杂粮价格相对平稳运行；2 月受突发性疫情影响，多数贸易主体返市时间推迟，市场价格延续了一个平稳过渡期；随后受疫情、非洲蝗灾等事件影响，全球对粮食安全关注度上升，国内外逐渐凸显粮食价格的上涨态势，杂粮国内市场供求关系也发生了一定变化，价格出现阶段性调整，3～6 月出现先增后降波动调整；9～10 月初，随着各地新粮陆续上市，迎来本年度第二个杂粮市场价格波动调整期，11～12 月开始趋于平稳。

2020 年，黄金苗谷子、国产高粱、国产明绿豆、国产芽豆和国产珍珠红小豆最低价格分别为 2.48 元/斤、1.22 元/斤、3.87 元/斤、4.57 元/斤和 4.5 元/斤，基本都出现在 1 月；最高价格分别为 3.54 元/斤、2.05 元/斤、4.68 元/斤、6.1 元/斤和 5.97 元/斤。谷子和商品绿豆最高价出现时间分别为 4 月和 5 月初，其他均出现在 10 月底或 11 月初；最大价差分别为 1.06 元/斤、0.83 元/斤、0.81 元/斤、1.53 元/斤和 1.47 元/斤。

2. 河北省杂粮市场行情分析

（1）谷子。

如图 5 - 6 所示，2020 年 1～3 月中旬，受新冠肺炎疫情影响，贸易主体入市时间推迟，谷子价格基本延续春节前行情，处于平稳过渡，春节后一段时间市场报价很少。3 月中下旬，谷子贸易主体陆续入市，但基层粮源不足、原粮惜售和国内外对粮食安全形势的关注，支撑谷子市场报价一路高位运行，以张杂 3 号谷子为例，优质粮源在 7~8 月价格几近 3.00 元/斤，随着 9 月底 10 月初大量新粮上市，国内谷子产品市场供求关系得以调整，但是新粮价格短暂下降后恢复上行态势。根据河北省局部地区监测的张杂 3 号谷子市场价格来看，2020 年全年均价在 2.72 元/斤，较 2019 年 2.28 元/斤上涨幅度达 19.31%。

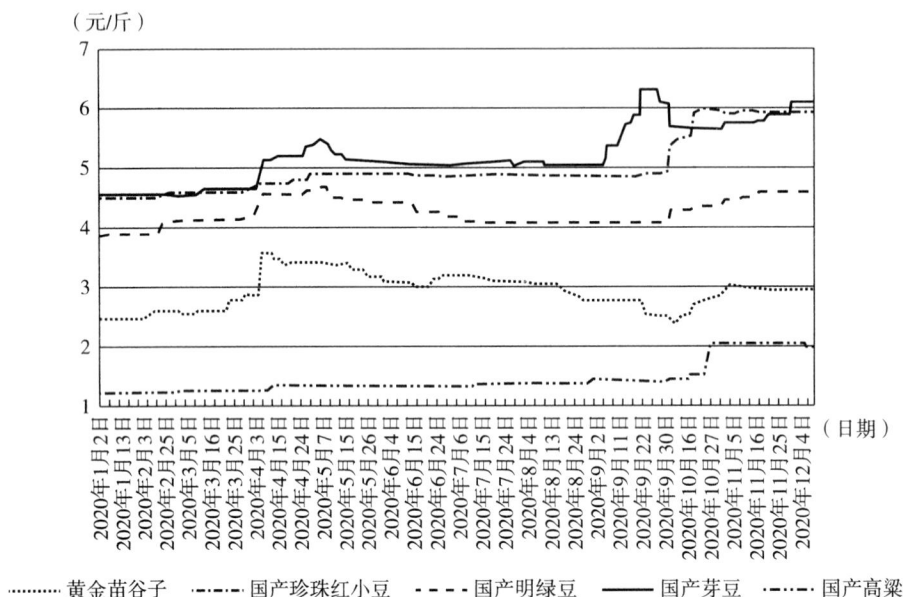

图 5-5　各品类杂粮价格波动表现

资料来源：天下粮仓。

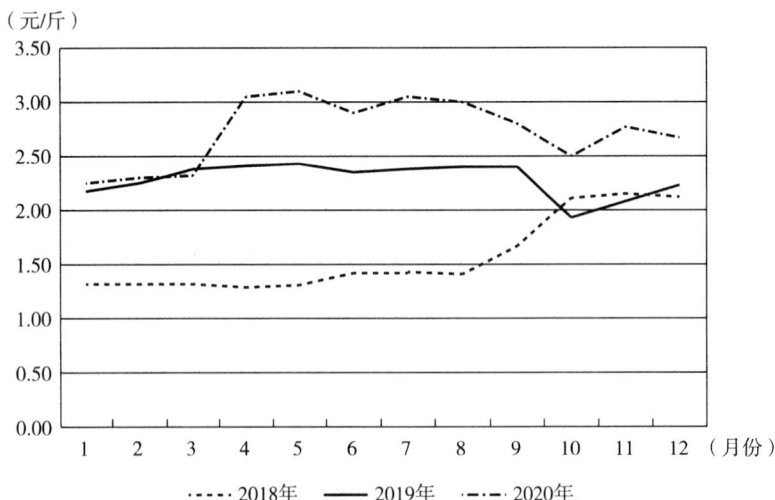

图 5-6　2018~2020 年河北省张杂 3 号品种谷子月均收购价格走势

资料来源：固定监测点调研。

（2）高粱。

如图5-7所示，1月由于下游需求不旺，高粱市场未能延续之前的价格高位状态。以红缨子高粱为例，春节前后基本维持在1.75元/斤的出货价格，3月随着疫情管控放松，物流逐渐恢复，下游需求陆续启动，同时受国际大环境影响，高粱市场出现看涨趋势，但是在7月之前涨幅不大，8月以后随着春播高粱逐渐成熟和国际粮价（尤其是玉米价格）上涨，价格一路走高，新粮上市后仍然持续。根据从河北局部地区监测的红缨子高粱价格，2020年均价为2.09元/斤，较2019年的2.01元/斤上涨幅度为4.15%。

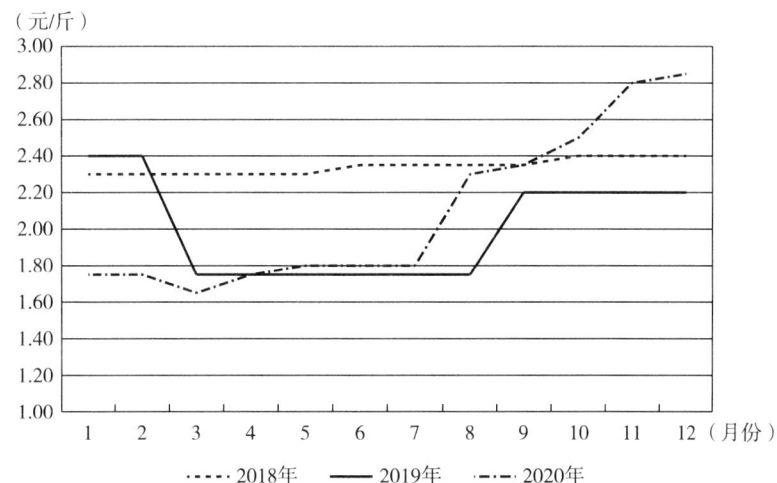

图5-7 2018~2020年河北省红缨子高粱月均收购价格走势

资料来源：固定监测点调研。

（3）燕麦。

如图5-8所示，相比常规年份，2020年燕麦市场价格高位运行，但受多重因素影响，

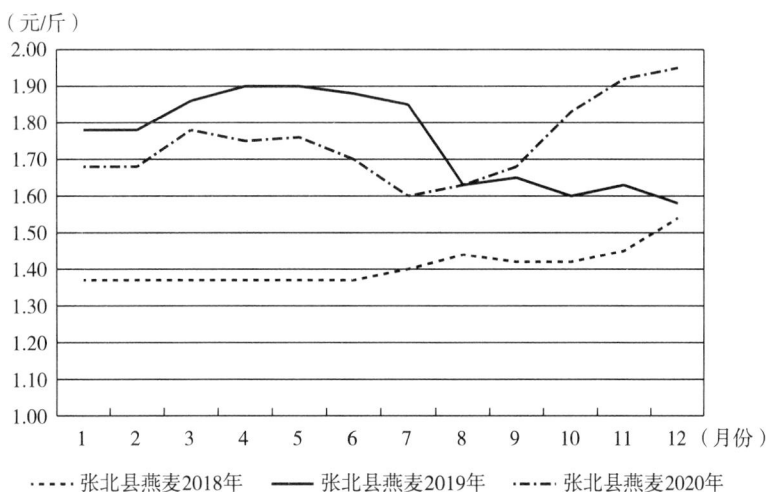

图5-8 2018~2020年河北省燕麦月均收购价格走势

资料来源：固定监测点调研。

呈现稳—增—降—增的波动趋势。1~2月，下游加工企业延迟复工，拉低原粮需求，价格基本维持平稳运行，物流恢复，启动下游需求，燕麦价格出现上涨趋势，但5~7月受市场供求影响，原粮价格虽仍处于高位运行，但短期下滑后一路上涨。张家口坝上地区监测显示，2020年燕麦均价为1.746元/斤，较2019年的1.753元/斤降幅为0.38%，但价格最高点2019年出现在4~5月，而2020年在12月。

（4）杂豆。

如图5-9、图5-10所示，根据对张家口阳原商品绿豆和红小豆出货价格监测结果可

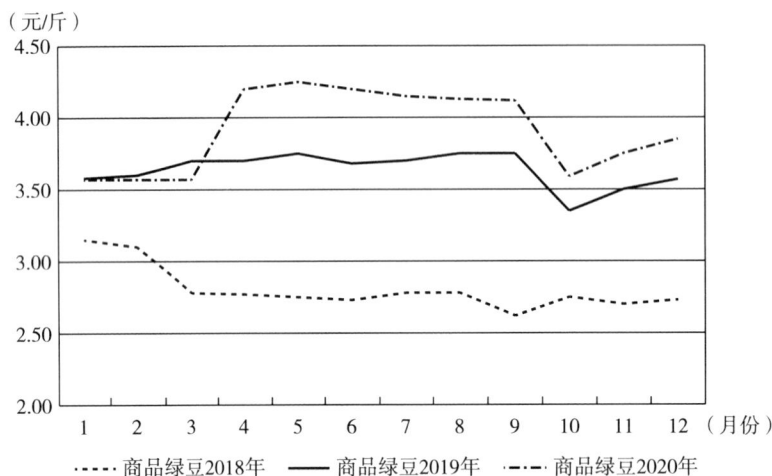

图5-9 2018~2020年河北省商品绿豆月均收购价格走势

资料来源：固定监测点调研。

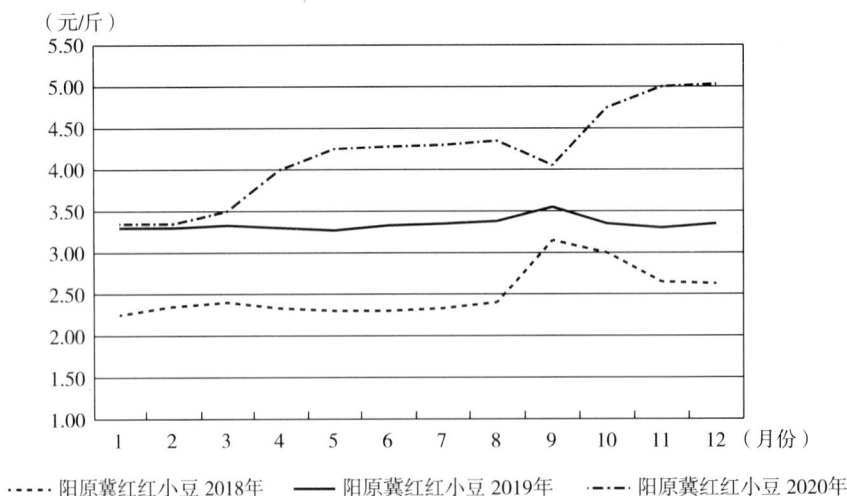

图5-10 2018~2020年河北省红小豆月均收购价格走势

资料来源：固定监测点调研。

见，2020 年河北省绿豆和红小豆市场行情较 2018 年、2019 年看好，价格高位运行。其中，商品绿豆价格在经历了春节后一段时间的稳盘后，随着下游需求启动价格上涨，4～9月价格上略有平缓波动，10 月初新粮上市价格短暂下滑后持续回升，在 3.70～3.90 元/斤之间，比 2019 年同期高约 10%。而当地芽豆价格基本处于一路上行的态势，年底收购价格在 5.60～5.80 元/斤左右，比 2019 年同期上涨 47.37%。

2020 年，红小豆价格在新粮上市季有一个短暂的下行，基本处于一路上行态势。11月以后价格上涨到 5.00 元以上，比 2019 年同期相比涨幅达 51.52%，如图 5-9 所示。

二、河北省杂粮杂豆产业发展竞争力分析

（一）杂粮产业发展竞争力显示性指标分析

以《中国农村统计年鉴》数据为基础，通过计算单产、资源禀赋系数（EF）和市场占有率 3 个指标对河北省各品类杂粮的竞争力进行分析，结果如表 5-2 所示。

表 5-2　各杂粮主产区显示性指标测算　　　　　　　单位：千克/公顷，%

作物	指标	河北	山西	内蒙古	陕西	吉林	黑龙江
谷子	单产	3684.21	2389.50	3420.00	1731.68	4150.02	3550.64
	EF	5.27	11.63	15.13	1.94	4.22	2.30
	市场占有率	18.62	20.18	26.57	5.06	5.16	3.22
高粱	单产	3895.71	3502.50	3945.00	3444.03	7024.38	4993.48
	EF	0.37	2.28	13.22	0.78	21.13	7.10
	市场占有率	1.31	3.96	23.20	2.02	25.86	9.92
绿豆	单产	1711.28	1101.30	1200.00	994.27	1200.27	1193.14
	EF	0.74	3.82	17.73	0.52	8.06	4.20
	市场占有率	2.63	6.64	31.13	1.35	9.87	5.87
红小豆	单产	1731.60	1209.00	1470.00	1244.48	1070.73	1396.12
	EF	0.81	2.96	5.23	2.34	2.62	30.64
	市场占有率	2.88	5.15	9.18	6.08	3.20	42.82

资料来源：根据 2019 年《中国农业年鉴》《中国农业统计资料》整理计算。

河北、内蒙古和山西是我国谷子主要生产省份，根据《中国农村统计年鉴》数据显示，2018 年三省份谷子总产量占全国谷子产量的 65.37%。6 个省份资源禀赋系数大于 1，谷子资源较为丰富，其中河北省 EF 值排名第三，说明河北省的谷子在市场中竞争优势较大。

吉林、内蒙古和黑龙江是我国高粱主要生产省份。2018 年，三省高粱总产量占全国总产量的 58.98%。而河北高粱的市场占有率仅为 1.31%。从各省的 EF 值来看，内蒙古

和黑龙江均在 10 左右，最高的是吉林，达到了 21.13，而河北和陕西近年来均小于 1，说明河北高粱不具有明显的市场竞争力。

吉林和内蒙古是绿豆主要生产省份，2018 年两省高粱总产量占全国绿豆产量的 40.99％。最高产量为内蒙古的 21.20 万吨，占全国绿豆产量的 31.13％。其余省份的产量均在 4 万吨以下。河北省的 EF 值近年来都在 1 以下，资源较匮乏，在市场上没有明显的竞争优势。

红小豆主要生产省份为黑龙江，2018 年黑龙江红小豆产量占全国红小豆产量的 42.82％，仅次于黑龙江红小豆产量的省份包括内蒙古、陕西、山西。主产省份黑龙江的 EF 值为 30.64，河北近年红小豆 EF 值均低于 1，红小豆资源相对来说较为匮乏，在市场竞争上不具有明显的优势。

（二）杂粮产业发展的比较优势分析

1. 谷子

选取全国谷子种植面积最大的河北、辽宁、山西、内蒙古和山西 5 个省份，通过横向对比发现，河北谷子生产具有明显规模优势、效率优势和综合优势。据测算，河北谷子规模优势指数 2016～2018 年均值为 2.67，全国排名第四，仅次于山西、内蒙古和陕西；综合优势指数 3 年均值为 1.80，全国排名第三，仅次于山西和内蒙古；效率优势指数均值为 1.22，全国排名第一，说明河北省谷子生产效率较高。

2. 高粱

选取高粱种植面积最大的内蒙古、吉林、黑龙江和贵州 4 个省份与河北进行对比。贵州、吉林、内蒙古三省份规模优势、综合优势明显，吉林、黑龙江效率优势明显，河北规模优势指数、效率优势指数和综合优势指数均低于 1，说明河北省在高粱种植方面不具有明显的优势。

3. 燕麦

选取全国燕麦种植面积最大的 5 个省份河北、山西、内蒙古、云南和甘肃，通过横向对比发现，河北具有明显的规模优势和综合优势。河北燕麦规模优势指数为 5.51，仅次于内蒙；综合优势指数为 2.55，排名第四。总体上看，河北燕麦生产优势比较明显，但生产效率尚需提升。

4. 红小豆

选取红小豆种植面积最大的内蒙古、黑龙江、山西和陕西 4 个省份与河北进行对比。黑龙江、陕西、内蒙古、山西规模优势、综合优势明显，河北规模优势指数和综合优势指数均远低于 1，说明河北省红小豆种植总体上并不具有明显的优势，但在生产效率方面具有一定的优势。

5. 绿豆

选取绿豆种植面积最大的山西、内蒙古、吉林和黑龙江 4 个省份与河北进行对比。吉林、内蒙古、山西规模优势、综合优势明显；河北规模优势指数和综合优势指数均远低于

1，效率优势指数 3 年均值为 1.22，排名第一。总体来看，河北省绿豆种植总体上无明显优势，但在生产效率方面具有明显的优势。

（三）河北杂粮品牌竞争力分析

1. 地理标志产品登记情况

根据全国农产品地理标志产品查询系统统计结果显示，截至 2020 年 10 月，河北杂粮获得农产品地理标志登记产品 6 个，而同期山西、黑龙江和内蒙古获得农产品地理标志登记产品分别为 34 个、11 个和 13 个。从涉及品种数量看，河北仅有 4 个，而山西为 11 个。从登记时间上看，河北品牌登记集中在 2011～2014 年，而山西 2008～2020 年持续增加新品牌。总体上看，河北省杂粮地理标志产品总量不足，品种少，品牌竞争力不足，需要相关部门加强引导推进。

2. 绿色产品认证情况

根据中国绿色食品网信息，选取认证有效期区间为 2017～2023 年的绿色产品，综合考虑产品数量和批准产量与河北进行对比。在燕麦、谷子、高粱、红豆、绿豆 5 个杂粮品种中，河北仅有燕麦批准产量为 23550 吨，排名第一，产品数量有 6 个（山西和内蒙古分别为 11 个和 13 个）处于中等水平，总体上竞争力较高；谷子绿色产品形成了一定规模，批准数量达到 4929.92 吨，产品数量有 8 个，但远远低于山西 104 个品种 99729.41 吨的批准产量、内蒙古 78 个品种 58319.60 吨的批准产量和辽宁 23 个品种 50638.50 吨的批准产量；高粱产品数量 3 个批准产量 6550 吨，远低于内蒙古的 10 个品种 33628 吨批准产量、黑龙江 13 个品种 93349 吨批准产量和吉林 5 个品种 97756 吨批准产量；红小豆、绿豆等杂粮绿色产品数量分别为 2 个和 1 个，批准产量分别为 320 吨和 30 吨，都远低于其他优势省份。总体上看，河北省杂粮绿色产品生产和认证尚有待进一步提高。

（四）杂粮产品贸易竞争力分析

第一，河北省谷子产业近年来取得长足发展，形成了藁城、孟村、蔚县、曲周四大全国知名小米集散地，为河北省谷子销售带来便利。其中，石家庄藁城马庄小米集散地是全国最大的小米集散地，年销售额达 33 亿元。第二，河北虽然不是全国高粱主产区，但拥有黄骅这一全国知名的高粱贸易集散地，为河北高粱生产者的原粮销售带来便利，搭建了河北省高粱产品与外省酒厂之间贸易往来桥梁。第三，张家口市是全国燕麦主产区之一，也是全国燕麦加工、销售集散地，靠近京津等交通枢纽，资源和区位优势显著。第四，河北食用豆对外贸易方面优势明显。其中，"鹦哥绿豆""崇礼蚕豆"一直是我国农产品中出口创汇的名牌商品，"冀红系列"红小豆在国际市场久享盛誉。这些品牌为河北杂粮杂豆产品"走出去"树立了良好的形象。

三、河北省杂粮杂豆产业存在问题及原因分析

（一）产业整体抗风险能力低

从 2020 年省内各地杂粮播种及生长期监测情况分析来看，一方面，由于全省大部分地区在 4~5 月的持续干旱、生长中后期连续阴雨天气、收获期局部早霜等自然灾害影响，全省各地谷子等杂粮作物减产现象仍然比较明显。由此可见，河北省杂粮生产抵抗自然灾害能力仍然较弱。另一方面，受春节后疫情形势发展及交通管制等影响，2020 年杂粮加工企业出现大面积产品滞销，在公共卫生等突发事件面前，作为杂粮链条很重要的一环的加工企业产品滞销对整个产业发展的消极影响同样是显而易见的，凸显了产业链局部环节尤其是销售网络不健全、不灵活，弱化了整个产业抵抗突发事件风险的能力。

（二）区域性主导品种不突出

从实地调研情况来看，目前全省各地杂粮生产中仍存在品种多而杂，区域主导品种不突出，部分杂粮作物新品种更新换代过于频繁等问题，导致部分不易于接受新事物的农户没有对新品种的适应期，而易于接受新事物的农户在频繁的品种更替过程中不断试错，难以形成对特定品种生产经营的熟练技能体系和经验积累。

（三）加工水平低——加工能力高于生产能力，深加工严重不足

目前，河北拥有孟村、吉家庄、马庄和曲周四大小米集散地，黄骅高粱集散地和张家口万全燕麦集散地，杂粮加工企业大大小小千余家，加工能力远高于全省杂粮原粮的生产供给能力，但绝大部分以初加工为主，产业链增值能力和对产业发展带动力非常有限，深加工由于技术"瓶颈"和高端人才缺乏、资金不足等发展非常有限，对产业高质量发展形成制约。

（四）品牌建设滞后

品牌建设是杂粮产业高质量发展的必由之路，虽然河北省目前拥有很多各类杂粮商标，部分品牌具有一定影响力，但总体上品牌数量和享誉度不高。从前文相关分析也可看出，目前，河北省无论是在地理标志产品登记，还是绿色农产品申请等环节，与其他杂粮主产省份如山西、内蒙古、黑龙江等相比，都存在着非常大的差距，杂粮产品品牌打造和产业发展的品牌建设任重道远。

四、河北省杂粮杂豆产业发展的对策建议

（一）多部门联合做好杂粮播前墒情监测和预警

为尽可能减少自然灾害，尤其是播种期自然灾害对杂粮生产的不利影响，各地方农业部门应联合气象部门在杂粮播种季到来之前做好当地土壤墒情监测和预警工作，引导农户合理安排播种季节，有条件的地区根据旱情发生情况指导农户，尤其是规模种植户进行合理造墒，以避免延误农时带来不必要的损失。同时，建立多方合作的专家团队，以应付突发事件来临时的技术供给与支持。

（二）着力打造区域性杂粮主导品种和品牌

组织进行全省杂粮主产区品种筛查，从品种地域适应性、产品品质和质量、综合抗性、精简化栽培适宜性、当地农户可接受性等多方面特征、特性进行综合考量，依据不同社会生态经济类型区，每个区域选择 2~3 个主导品种着力进行推广和配套生产集成技术试验示范和推广，并形成从品种供给、技术服务支持到销售等环节的联动，逐步打造形成系列区域品牌，带动区域性杂粮产业高质量发展。

（三）加大对杂粮深加工企业的扶持，着力打造企业精品

近年来，河北省杂粮加工业尽管已经取得了快速的、突破性的发展，但是仍然没有从根本上改变其产业链条短、产业链增值空间小、品牌打造困难的局面。针对杂粮企业的扶持，要改变传统扩模增量的做法，专注于打造精品企业，引领产品品牌化发展，着力在精深加工和构建多样化的销售网络平台上做文章，使企业真正成为杂粮产业高质量发展的重要引擎。

撰稿人员：董海荣　刘　丽　胡　建
指　　导：师志刚
参编人员：张　婷　范宝杰　王晓明　冯晓磊　张新军　李明哲
　　　　　林小虎

第六章 河北省油料产业发展报告

2020年，河北省油料作物按照种植面积和产量标准呈现出"一大四小"的主要特征，"一大"是指花生，"四小"分别是油菜、油葵、胡麻和芝麻。受疫情等因素影响，花生的单产略有下降，但播种面积和总产都有所增加，其他作物则保持相对稳定。从全省范围来看，几种作物均属于病虫害中等发生年份，但程度因地区不同存在差异。在品种选育、推广和栽培技术优化等方面均取得了突出进展。生产经营方式呈现出新型经营主体比重增大的特征，交易流通方式一改先前以传统市场为主的特征，通过"线上+线下"的模式进行宣传销售，以适应疫情防控的需要。油料作物及其重要加工产品价格起伏波动，整体呈现出先降后稳中有升的特点。

一、河北省油料产业发展现状及形势分析

（一）花生产业发展现状

1. 花生种植面积稳步增长，优质高油酸花生大幅增长

河北是我国花生主产省份之一，花生产业的健康发展对河北省种植结构的优化调整、全国花生市场的供需平衡等方面发挥着重要作用。2020年，河北省花生播种面积在530万亩，单产235千克/亩，总产量在124.6万吨，居全国第三位，受疫情防控影响，单产较2019年的245千克/亩略有降低，但由于播种面积增加，总产量较2019年增加6%。近两年来，全省高油酸花生在生产能力、技术水平、组织方式等方面彰显了"两提三增"态势。2020年全省种植面积突破100万亩，总体生产能力位居全国前列。省产业技术体系油料创新团队组织专家对大名、迁安、滦州、枣强等主产区高油酸花生示范田测产，平均亩产达到400多千克，明显高于全省255千克的平均单产。同时，河北高油酸花生品种还辐射河南、山东、辽宁、吉林、安徽、江苏、湖北、内蒙古、新疆、四川等全国10多个省份的花生主产区。

2. 自然灾害偏重，产量品质略有下降

2020年，在全省花生生育期内，3月至4月中下旬，气温忽高忽低，并伴有"倒春寒"现象发生，造成部分春播花生出苗困难，导致其出苗期延长，形成病弱苗。主产区

降水较常年偏多一成，气温不稳定，对春播地膜覆盖花生播种造成一定影响；5月中下旬，气温较高，日照充足，北部降雨适宜，南部较常年干燥，有利于春播花生播种和苗期生长；6月中旬，域内各地普降小到中雨，有利于冀中南麦后夏播花生播种。但7~9月，河北省主要花生产区日照偏低，前期降水不足，后期降水偏多，局部地区洪涝性天气较常年严重。日照总时数以"中国花生之乡"唐山滦州市和邯郸大名县为例，7月1日至9月30日，滦州日照总时数较常年偏低36小时；大名日照总时数较常年少10小时。两地积温分别较常年高出28℃和30℃，与2019年同期基本持平，属于正常年份；降水情况有差异，以滦州为代表的东路花生产区，7月降水量为118毫米，以大名为主的南部产区降水量为105毫米，较常年略低；进入9月，全省大部分花生重点产区均出现了降水偏多的状况，此时期正是河北省花生的结荚期和饱果成熟期，这极易造成花生的果腐病，且对采收晾晒和存储等环节非常不利。以上这种自然条件对于灌溉条件较差的平原区和浅山丘陵区花生影响尤为严重，一般减产20%~30%，严重地块减产50%以上。综合来看，花生生长后期持续干旱、雨水不均，已造成花生生长发育迟缓，长势较弱，成果率低，对于后期的产量形成和品质有较大影响。

（二）花生产业市场形势分析

1. 花生

总体来看，2020年河北省花生行情整体呈现出先上升再下降后稳定的趋势，整体延续2019年的高位态势。

根据监测点的汇总情况，截至12月25日，河北省唐山市滦州唐油285通货米收购价为10800~11000元/吨，小白果通货米价格为9600~9700元/吨，价格稳定，上货量不大，交易清淡；大名县南李庄99-1通货米收购价格为10400元/吨，8个筛精米价格为11100~11200元/吨，精米成交一般，价格暂稳运行；深州地区冀油4通货收购价格为10500元/吨，外调河南白沙系列8个筛价格为10700元/吨，本地上货量不大，外调为主，交易一般，价格平稳；秦皇岛市昌黎县花生市场鲁花11、维花八统米收购价格为9800元/吨，收购商按需拿货，价格平稳，以质论价。

具体价格走势及原因分析如图6-1所示。

由于受到疫情的影响，河北省2020年花生开市相对较晚，3月初开市以后，由于河北省花生市场上半年基本都是陈花生交易，需求大于供给是开市之后价格上涨的主要原因。但是，年初是疫情防控的关键期，部分油料加工企业不能如期开工，价格上涨幅度低于2019年。进入4月后，河北省花生市场行情出现了较为明显的涨势，平稳中，增长幅度基本保持在300~400元/吨。加之联合国粮农组织曾发出"国际粮荒"的警告，导致部分民众出现"抢粮""屯粮"热，也是4月价格出现明显上涨的原因之一。直到5月中下旬，涨势才逐渐停止，之后整体呈现下降趋势，中间存在小幅震荡跌涨状态，由于5月后疫情得到有效控制，民众的抢购热潮逐渐冷却，加上随着温度的升高，部分农户和经营者表现出出售意愿，在两种力量的综合作用下，5月价格达到最大值后开始下降。6月和

（元/斤）

图 6-1 2020 年河北省花生价格走势

资料来源：中国花生信息网，笔者整理。

7 月，价格呈现整体下降趋势，由于受疫情影响，生产者和消费者采购需求逐渐降低，市场仍以消耗库存为主。加之 2020 年温度偏高，给生产者储存带来一定难度。8 月和 9 月，价格有所波动，呈现上涨趋势，这个阶段属于新旧产季交替阶段，受双节备货影响，花生价格底部形态明显，但节日效应支撑在月底逐渐减弱。在这一阶段，根据河北省价格检测中心数据显示，本期中等花生果平均价格为 9800 元/吨，环比上一季度走高 0.2%；年同比攀升 10.36%，涨幅超一成。10 月和 11 月，随着新花生价格逐渐回升，购销主体入市信心开始增加。之后市场中的各个环节库存也在不断得到补充，趋于饱和状态，价格逐步稳定在高位状态。

2. 花生油

河北省花生品加工能力相较于河南省和山东省来说相对落后，相对缺乏以花生为特色原材料的大型油企和食品企业，市场价格受花生整体市场行情影响较多，整体呈现先上升后下降再上升的趋势，如图 6-2 所示。

由于受 2020 年初疫情的影响，花生油加工企业整体开工不足，且春节后 2~3 月一直是花生油的销售淡季，由于 4 月联合国粮农组织曾发出的"国际粮荒"的警告，导致部分民众出现"抢购热潮"，在多方因素相互作用下，价格平稳，略有波动。5 月和 6 月，由于花生价格的提高，导致花生油生产者的成本增加，压力较大，花生油价格普遍存在上升的现象。7 月，在中美关系紧张及疫情后经济复苏的大背景下，油脂行情整体较好。由于河北省花生油市场占有率并不高，油厂开机率低，花生油供应不多，令持花生油厂商挺价，支持行情，花生油市场以稳中偏强运行为主。截至 7 月底，石家庄地区压榨一级花生油出厂均价 14300 元/吨。8 月，由于河北省花生油价格仍远高于其他油品，且市场占有率较小，加之环境温度的连续升高，食用油终端消费不振，需求面不配合，抑制了花生油行情走势，花生油价格开始出现一定程度的下跌。9 月是花生油市场传统的淡季，加之花生油的替代品——大豆油的原材料大豆集中到港，不少油厂全线满开，9月底油厂压榨量增至227万吨，周比增4%。节前备货临近尾声，抑制油脂行情。从10月中旬开始，迎来了花生油市场的旺季，油企全面入市，花生油价格稳中有升。11月和12月，由于"双节"的需求，价格仍处于上涨态势。

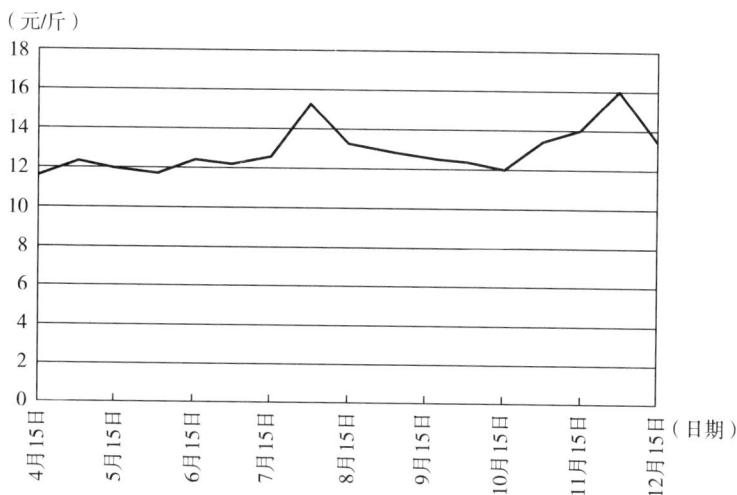

图6-2 2020年河北省花生油均价走势

资料来源：中国报告大厅，笔者整理。

3. 花生粕

整体来看，2020年，河北省花生粕处于先升高再降低的波动趋势，2020年初花生粕的销售主要是以消耗上一年度的库存为主，价格处于较低态势。5~6月由于花生粕库存大量消耗，生猪利润持续增高，导致"狼多肉少"现象的出现，价格出现上涨。自7月以来，豆粕价格上涨，加之水产养殖需求整体良好，均对花生粕行情造成一定影响。8月，河北省猪料需求持续增加，花生油厂开机率仍然不高，大豆压榨维持高位，且花生粕属于小品种粕类之一，市场占有率较小，终端需求受限，抑制花生粕行情，价格下跌。9月，河北省畜禽养殖业的复苏以及国庆节前备货的展开，豆粕库存持续下降，但油脂表现强势，买油卖粕套利，市场利空因素也仍然存在，抑制粕价。截至9月底，石家庄地区花生粕均价3020元/吨，环比下行4.74%，年同比下滑3.96%。10月和11月，花生粕价格处于高位，且较平稳，由于9月是花生油市场的淡季，花生粕产出较少，以致影响10月和11月花生粕库存减少，价格上升。而后由于新花生的出现为花生市场注入新的活力，导致12月花生粕价格略有下降，如图6-3所示。

（三）特色油料生产形势

1. 油葵产量小幅波动

油葵具有生育期短、适应性广、耐盐抗旱、产量高、出油率高、经济效益好等特点，

（元/吨）

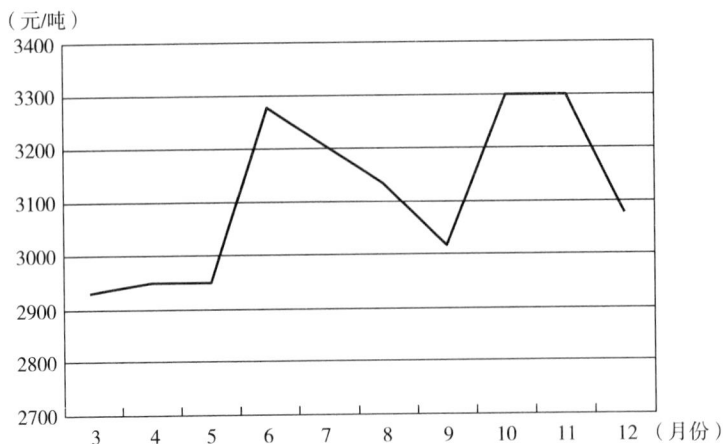

图 6 - 3　2020 年河北省花生粕价格走势

资料来源：中国花生信息网，笔者整理。

已成为增加农民收入的主要经济作物。油葵在河北省各地区均有种植，主要集中在冀中南地区和张承地区，其他地区也有不同规模种植，冀北、冀东地区春播种植，冀中南、黑龙港地区春播、夏播种植。河北省油葵种植面积约 100 万亩，受疫情及缺乏大型加工企业的影响，播种面积略有减少，目前主栽品种有矮大头、冀葵 1 号等。油葵花色鲜艳、花期时间长、观赏性好，在旅游地区可作为观赏作物种植。发展油葵乡村生态旅游产业，能够充分发挥油葵的旅游和油用功能。近几年，油葵已成为乡村旅游发展和美丽乡村建设的重要作物。

2. 胡麻生产平稳

胡麻在河北省的种植区域主要分布在张家口的坝上地区，承德丰宁、围场有零星农户种植，2020 年胡麻种植面积 48.04 万亩，较 2019 年有所减少，主栽品种为张家口市农业科学院选育的坝选三号，品种覆盖率达 80%，平均亩产 58.48 千克，单产也较 2019 年有所降低，另外，有坝亚 12 号、内亚 9 号等品种的零星种植。2020 年河北省胡麻生产形势和市场需求平稳。

3. 油菜种植面积逐年扩大

随着冬油菜北移试验的成功，2020 年河北省冀中南地区成为北方冬油菜生产的优势区域，播种面积 30 余万亩，种植面积仍逐年扩大，且需求旺盛。在河北省部分限水压采区，或如"小麦—玉米"、棉田等多年单一茬口种植区，种植油菜成为轮作倒茬、改良土壤微生物菌群、降低土传病害的一种生态改良途径，是河北省调整种植业结构中的重要轮换作物，在实现藏粮于地的农业可持续发展中发挥着重要作用。

4. 芝麻生产稳中有增

张家口、承德、唐山等地区为春播芝麻产区，保定、石家庄、沧州、衡水、邢台和邯郸等地为春夏混播区。2020 年芝麻种植面积较去年有所增加，仅大名县沙圪塔镇就种植有 1 万多亩黑芝麻。主栽品种为河北省农林科学院粮油作物研究所选育的冀航芝 1 号和冀 9014、冀黑芝 2 号等品种，品种覆盖率达 80% 以上，平均亩产 93.0 千克左右，单产也较 2019 年略有下降。河北省芝麻生产形势和市场需求平稳上升。

二、河北省油料经营主体分析

（一）生产经营主体分析

经调查分析，河北省油料作物生产经营模式主要有 3 种：传统小农户模式、合作社模式和专业大户、家庭农场、农业企业经营模式，主要特点如下。

1. 传统小农户经营模式

在河北省花生种植过程中，小农户经营模式仍然占多数。一家一户，农户精耕细作独立种植，全省超 70% 的花生种植户种植规模不足 10 亩，种植地块分散，品种分布杂乱，优质品种无法成片种植，难以形成市场竞争力，无法保证企业对于原料的品质要求，难以建立固定的产销供货渠道，产业链短，多以直接出售花生果实为主，难以满足市场对于花生产品日益丰富健康的要求，市场竞争力弱，难以拥有定价话语权。规模化水平总体偏低，导致企业收购积极性也偏低，更偏好使用进口原料进行加工。

2. 合作社经营模式

以花生为例，河北省现有花生合作社 200 多家，其中，以滦州市百信花生种植专业合作社和新乐市新乐助农种植专业合作社为代表的新型经营主体，对优质花生规模化种植的引领带动作用十分显著。其中百信合作社属于公司领办型，这种模式使合作社和农户双双获利的同时带动本地经济发展。一方面，合作社可以作为农户利益代表与企业进行谈判并达成合约，不仅保证农户产品的销路及价格，而且可以做好合作社内部的二次分配，保证农户的利益；另一方面，企业可以借助合作社这一平台稳定原料供给，降低交易成本。助农合作社属于能人大户牵头型，这种模式下的合作社一方面是建立在农民自愿平等并保证家庭经营独立性的基础上，提高农户生产及经营的规模效益；另一方面，合作社作为连接农户与市场的中介，充分代表农民的利益，不但有利于打破外部垄断，减少行政依附，而且有助于实现平等竞争，降低市场交易成本。

3. 专业大户、家庭农场、农业企业经营模式

专业大户相对于传统小农户而言，首先，属于家庭经营性质的，以户为单位。其次，专业大户具有突出的专业，例如，专业种植大户应以种植为主要生产模式，且种植的产值应占家庭总收入的 60% ~70% 以上。最后，专业大户具有一定的经营规模和相当的耕地面积。家庭农场是专业大户的升级，这种农业经营主体在节约成本、抵御风险、土地利用等方面的优势十分明显。具体而言，家庭农场整合并采用先进的农业技术成果，如良种、农机作业等，有效提高了单位面积农作物产量，最大程度上节省了农业生产成本。种植大户是对于一家一户精耕细作的小农户经营模式的升级，其以家庭为单位进行经营，相较于

小农户而言，拥有更强的风险抵御能力，代表着更先进的耕作种植技术，种植规模更大，种植效率更高，单位面积产量更高。并且大面积种植往往会伴随着土地流转，可更好提高河北省耕地利用效率，减少耕地的浪费。

（二）交易流通主体分析

花生、油葵、芝麻等油料作物的产后流向决定了其主要流通模式。以花生为例，目前，河北省花生种植仍以散户小规模种植模式为主，产品自用比例约为30%，其余进入流通环节，主要形成用于加工花生油的花生米类产品，约占50%；用于油炸及烘焙加工的花生米和花生果类产品，约占40%；鲜食及甜品加工等约占10%。而油葵的主要用途只有炒货和榨油两种较为初级的模式，芝麻基本也只有鲜食和榨油两种模式。交易流通方式仍然以花生经纪人收购、贸易商实体市场批零方式为主。近年来，以深加工企业订单基地为特征的"新型经营主体+农户"模式也快速发展。从流通平台和手段来看，传统的实体市场流通仍占主导，但是逐渐呈现出信息源的线上流动和实体产品线下交易相结合的特征趋势。

1. 传统流通模式

以花生为例，这种模式是长期以来存在的花生产后交易流通模式，也是目前河北省主要交易流通模式，主要过程分两个阶段：第一阶段是花生经纪人到农户手中收购，或者农户将收获的花生直接交至花生经纪人处，收购价格随市场波动。第二阶段是花生经纪人或在实体交易市场或通过网络交易平台将花生售卖给花生贸易商，这个过程也可以由花生贸易商发起。部分实力雄厚的花生经纪人本身也是贸易商，可以直接将花生销售给终端客户。此种传统模式不再详述。

2. "新型经营主体+农户"流通模式

近年来，这种模式发展迅速，"新型经营主体+农户"可细分多种小类，其中，"龙头企业+合作社+农户"的模式最为典型，该模式由龙头企业通过合作社向农户提供特定品种、农资、生产技术及操作规范等，签订购销合同，确保产品品质和双方利益。

以鲁花集团在河北省深州建设的深州鲁花浓香花生油有限公司为例。该公司创建于2008年，主要生产5S压榨一级花生油等食用油产品。经过扩建，花生油年生产能力达19.8万吨，产品主要销往北京、天津、石家庄、张家口、保定、沧州、呼和浩特、德州、太原等大中城市。目前该公司30%以上的原料花生采用"龙头企业+合作社+农户"的订单生产模式获得，公司在河北省多地建设了订单生产基地，公司面向花生种植合作社或者种植大户签署订单合同，同时为种植主体提供各种专业服务。这种模式确保从品种到种植流程再到收获的全程标准化，降低了收购成本，确保了企业的产品品质，提升了附加值，同时，通过订单合同，也保证了农户的利益，达到了双赢。

3. 信息媒介和交易平台

目前，河北省传统的市场实体交易仍然占据主导地位，但是供求信息的发布与获取已经日益依赖有线网络和移动互联媒介（新型信息媒介），产品的交易也加入了电商平台等新兴渠道。以新乐花生米交易市场为例，约有30%的交易量供求信息来源于新型信息媒介，40%以上的经纪人利用新型信息媒介达成过交易，56%的经营主体使用过阿里巴巴等电商平台以及中国花生信息网等专业网站平台。

三、河北省油料产业竞争力分析

（一）资源竞争力

从花生来看，河北省花生种植主要集中在山前平原地区，通过政策引导和扶持，全省形成了冀东春花生区、冀中南平原河泛区和冀南春夏播花生混作区3个优势区域，生产集中度和规模化程度居国内前列。且花生具有耐旱、耐瘠薄、抗病性强等特性，是河北省发展节水农业、减肥减药、绿色生产的优势作物，也是河北省种植结构调整的重要替代作物。

从油菜来看，油菜是土壤环境友好型作物，油菜干物质积累量大，绿肥压青后能有效增加土壤有机质含量，提高土壤养分，降低土壤容重，增加土壤孔隙度，改善土壤物理性状。其新陈代谢物硫苷能有效杀死和抑制土壤中的病原菌，控制土传病害，是作为发展化学肥料有机替代和绿色防控技术的有效途径，是实现我国化肥农药减量使用和生态、环境、农业绿色可持续发展的有效手段。

（二）技术竞争力

以高油酸花生为例，近两年，高油酸花生因较高的营养保健功能、货架期长等优势受到广泛青睐，需求急剧增长。河北省农林科学院、河北农业大学等单位通过审（鉴）定、登记的高油酸花生品种共计11个，位居全国第三位。其中，冀花16、冀花19、冀花11、冀花13、冀农花6号、冀农花8号等在全国农技中心组织的评比试验中都有很好的表现，形成了春播、夏播品种相配套，鲜用、加工品种相结合的品种结构。2018年全省高油酸花生播种面积由2017年的6.3万亩增长到22.3万亩，增幅高达254%，播种面积及增幅均居全国前列。"地膜花生高产技术""冀中南夏花生生产技术"已大面积推广应用，"花生膜下滴管水肥一体化技术"已基本集成，为花生产业的快速发展奠定了基础。

（三）区位竞争力

从花生来看，河北省环绕京津两大高端消费市场，流通优势明显。鲁花、益海等知名花生加工企业已在河北建厂，全省现有花生压榨企业500多家，日处理量在1000吨以上的有4家，随着京津冀农业协同发展政策的落实和一体化战略的持续推进，河北省在优质中高端食用花生油和其他花生精深加工制品的生产销售上都具有优势。且河北省花生生育期雨热同期，收获期干旱少雨，可短时间内自然干燥，黄曲霉毒素污染风险低，品质优良，口味好，是全国高油和高油酸花生优势产区和优质加工原料生产地。

从胡麻来看，根据"两区"建设规划，冀西北坝上地区的种植结构正在调整，胡麻作为旱作雨养作物，具有当地特色优势，加之胡麻籽价格回升，2020年的种植面积有所增加。2020年胡麻种植面积48.04万亩，较2019年有所减少，主栽品种为张家口市农业科学院选育的坝选三号，品种覆盖率达80%，平均亩产58.48千克。

（四）种植竞争力

从花生来看，河北省是花生的传统产区。新乐、大名、滦州是北方最大的花生集散地，后两者还被称为"中国花生之乡"，以新乐、高碑店、涿州等为核心的鲜食花生生产地主要供给京津市场；迁安、滦州、滦南等是传统出口花生生产基地，"东路花生"驰名国内外。

从油菜来看，其作为河北省小众油料作物，却有着"小作物大潜力"的应用前景。油菜契合"绿水青山就是金山银山"的发展理念要求，在河北省生态环境建设中发挥着巨大作用。油菜是除小麦以外的唯一能越冬的大田作物，种植成本低，易管理。冬油菜叶面积大，覆盖效果好，是冬春季良好的地表覆盖作物，可大大减少地表裸露面积，减少沙尘暴发生频率及强度。

（五）市场竞争力

以花生为例，河北省花生产业拥有超过5000万中高端消费群体，无论在优质中高端食用花生油，还是在其他花生精深加工制品的销售上都有得天独厚的优势。高油酸花生因其产品特性，正逐步得到鲁花、玛氏等油脂和食品加工企业认可，原料需求逐渐增大。经综合测算，年需缺口达78万吨。此外，随着省内及周边省份对高油酸花生种子的需求量的增加，河北省持续扶持生产基地建设，如武强县是华北最大的休闲小食品生产基地，主要有日本豆、蜂蜜花生等三十多个裹衣花生品种，在全国占有较大份额，并出口美国、澳大利亚、日本等十多个国家和地区，产值近8亿元人民币。

四、河北省油料存在问题及原因分析

（一）政府关键扶持力度小

目前，河北省油料生产因受到市场需求和比较效益偏低等因素影响，面临着前所未有的压力。来自政府财政直接支持油葵种植的政策很少，尽管多数地区的粮油大县拥有奖励资金，但财政奖励资金均由当地政府予以统筹，实际分配至推广油料作物种植上已然寥寥无几。支持方向"错位"，政策效果甚微。过于单一化的补贴政策并不能弥补目前油料作物发展面临的短板，如生产层面的机械化种植技术推广与应用、传统小型油脂加工设备的改造升级、产品品牌建设等，在这些油料作物发展的关键性环节上，政策表现出缺位。

（二）育种与栽培有待加强

育种技术发展较慢，育种方法单一且多采用传统育种方法，基础设施及设备落后；生产中推广品种的产量水平和质量水平还没有取得突破性的进展，有待于进一步提高和改进。此外，与其他粮食作物在栽培环节逐步实现机械化相比，油料作物机械化栽培技术的研究与生产实际结合的紧密性欠缺，有待紧跟现阶段作物栽培管理的规模化、机械化、标准化的步伐，这使许多研究成果只能停留在理论上，尚无法在生产实践中得到应用。进一步来说，在当今农业产业结构和农村劳动力结构不断调整、农村劳动力成本日益上涨的时代，如果油料作物的栽培不能实现机械化，在一定程度上会使油料作物的生产耗时耗力，阻碍油料作物生产成本的降低，不利于种植主体获得更好的经济效益。

（三）油料加工转化率不足

以花生为例，河北省花生仍以初加工为主，加工产品以花生米、花生油为主，有部分多味花生豆、花生糖等简单加工产品，大量花生以初级产品进入流通领域，精深加工产品及高端产品几乎空白。河北省花生产业经营多以农户分散种植为主，收获后原料主要用于对外销售、榨油自用和留种，在种植、收储尤其是精深加工方面存在明显短板，附加值较低。

（四）产业链前后延伸不足

产业链不完善，形不成闭环产业形式，表现在油料作物生产区域不集中，没有优势区，分散为主，不易开展机械化，种子收购环节缺失，种子产后贮藏、加工及深加工环节急需打通。"企业（合作社）＋基地＋农户＋标准化生产＋油品牌营销"发展模式链条不完善。目前，大多数油料产业只是形成了"企业（合作社）＋基地＋农户"模式，收获后的油料作物籽大部分均用于出售，没有形成本土品牌进行营销。产业链的拓展不完善也大幅缩减了油料作物的经济效益价值。

（五）整体机械化效率不高

在劳动力成本日趋提高的形势下，劳动力机会成本攀升直接助推了油料生产成本。在城市化进程不断推进的过程中，劳动力仍在由农业向其他产业转移，城市化的因素直接作用于劳动力，使花生生产面临劳动力质量和数量的双重短缺，此时油料生产机械化的滞后直接导致播种面积的减少，种植效益的降低。以花生为例，问卷调查显示仅有冀东地区、冀中地区和冀南地区的花生生产大县全程机械化率较高，达 90% 以上，但全省其他花生种植区全程机械化水平依然较低，尤其是黑龙港片区较省内其他片区而言，机械化程度更低。花生播种、管理、收获各环节虽推行了机械化，但因研发资金投入不足，研发人员缺乏，机械种类少，质量不高，使用技术有待提升，导致作业效果差，播种深浅不一，下籽不均，弱苗率高，收、摘损失率达 20% 以上，花生种子脱壳破损率高达 15% 以上。花生产后机械缺乏，尤其缺少适用于国情的大型花生烘干设备，一旦遇到洪涝灾害，花生不能及时烘干，导致霉变、发黑、腐烂，损失严重。

五、河北省油料产业发展对策建议

针对河北省种植业结构调整保障国家粮食安全的总体要求，按照全产业链打造、全价值链提升、质量效益优先、科技创新支撑、绿色品牌引领的总体思路，依托科研院校选育优质专用品种，建设优质标准化生产基地，对接油脂、食品加工企业，改进加工工艺，培创"冀"字号知名品牌，实现河北油料面积恢复性增长，原料品质和质量总体提高，油料加工产品升级换代，全面提高河北油料产业的综合竞争力。

（一）强化政府引导，加大政策支持

在5种油料作物中，花生是重要的油料和蛋白质作物，建议把发展高油酸花生种植作为推进河北省农业供给侧结构性改革、促进生态文明建设、巩固脱贫攻坚成果、实施乡村振兴战略的重要抓手，纳入现代农业重点支持范围，列入政府工作计划，出台相关政策，设立专项资金，重点支持高油酸花生的科技攻关、技术推广和产业化开发，围绕花生各产业环节予以资金支持，促进产业高质量发展。构建较为完善的政策支持体系，细化扶持措施，推动政策落实，引导和推动资本、技术、人才等要素向花生产业集聚。针对花生良种、绿色高产高效生产基地建设实行补贴，鼓励项目县按照打造区域特色产业的目标，整合相关涉农资金，围绕花生各产业环节予以资金支持，促进产业发展。

区域内的市（县）应加大政策扶持力度，从而有效保证油料产业的高质量发展，助力当地农业结构调整和产业转型。应对龙头企业进行资金的有偿扶持，设置专项资金，提供当地银行贷款补息或免息政策，以确保企业对油料作物种植的持续投入，提升企业的带动能力。

（二）加强技术创新，推动成果转化

开展配套复种生产技术研究，筛选适宜轮作种植品种，实现一年两熟的高效种植模式，通过良种补贴方式，积极引导农户种植优势品种，大力推广高效复种种植模式，提高种植效益。

以花生为例，深入开展高油酸花生种植技术与生产机械配套研究，开发专用机具，提高作业效率，降低破损消耗，促进农机农艺融合。建立全程机械化生产标准示范区，带动全省高油酸花生全程机械化水平提升。同时积极开展农机新技术创新培训工程，加强农村剩余劳动力就业技能培训，切实提高农机驾驶人员的操作技能，充分发挥农机大户的示范引导和带动作用。针对黄曲霉毒素、重金属污染等质量安全隐患问题，以技术绿色、产品绿色、环境绿色为目标，在全省优势区选择种植较为集中、生产基础较好、种植规模较大的县（市、区），支持家庭农场和大户采用专用品种开展规模化、标准化种植，创建高油酸花生万亩绿色高质高效示范区，辐射带动全省花生在质量效益上提升竞争力。扶持基地直接同国内外高端食品、油品企业实现点对点优质优价产销对接，实现转化增值，在质量效益上提升竞争力。

（三）创建优质基地，增强示范带动

通过试验示范基地、种子企业、食用油加工企业、地方农技部门联合，组织协调科研、种业、生产、收购、加工、商贸间紧密联合，企业与科研对接，加工和品种配套，实现科研、生产、加工一体化的产业格局，可采取规模化种植补贴方式进行面积补贴，促进育、繁、推、产、供、销一条龙产业化发展。

以花生为例，建设一批花生绿色高产高效生产基地；培育一批花生新型农业经营主体；培育一批高油酸花生种植规模区域；重点示范减施化肥、增施生物肥料等土壤保育技术；推广减施农药及病虫物理防控、生物防控等绿色植保技术，产前、产后防治黄曲霉毒素污染技术等。以百信合作社为示范，创新开展推广土地托管经营模式，实现优质产品的专种、专管、专储、专用，成为高质、高产、高效的全省优质生产标杆，辐射带动高油酸花生大面积推广，实现花生品质升级。2020年农业农村部拟推动高油酸花生基地建设，建议在河北省优势产区，以百信合作社为样板，培育花生种植大户、家庭农场、专业合作社等新型农业经营主体，与科研单位、种子企业、加工龙头企业合作，建立万亩以上优质花生种子和原料规模化、标准化生产基地，通过基地重点示范绿色植保技术，产前、产后防治黄曲霉毒素污染技术等，实现节种、节肥、节药，降低化学残留，减少重金属污染，减少塑膜污染，生产高标准"绿色"花生，提高"冀"字牌花生品牌影响力，增加优质花生覆盖率，增强优质专用花生原料供给能力，提升河北省花生产品竞争力和知名度。

（四）延伸产业链条，提高产业水平

支持产品加工企业转型升级。促进绿色高质高效生产基地与高端油脂、食品加工企业实现对接，开展花生油精深加工，培育花生名牌。支持产业链向产前、产后延伸。出台相关政策扶持养殖场、饲料厂开展花生饼粕替代进口大豆饼粕，引导种植基地与养殖场等企业结合，开展花生秧、花生壳饲料化、肥料化、基料化开发利用，促进农牧结合、种养循环、三产融合，延伸产业链，拓展价值链。

支持将小农户纳入高嵌入度的专业合作社，通过订单农业、托管服务、五统一分等方式，提升整体生产水平，使产业链条利益结合紧密、实现多方共赢，促进整体产业发展。重点针对河北省花生产业化水平低的问题，着力搭建产销对接平台，支持产后加工利用，培育龙头企业，提高产后收储、加工能力，提升深加工与副产品利用水平加快加工产品开发，打造高附加值产业链。一是支持产品加工企业转型升级。促进高油酸花生规模化示范区、绿色高质高效生产基地与高端油脂、食品加工企业实现对接，开展花生油精深加工，培育花生名牌。支持发展高附加值的花生休闲食品以及高端西点配料、餐饮食品佐料、调味品，提升花生用作食品的比率。二是支持产业链向产前、产后延伸。出台政策扶持养殖

场、饲料厂开展花生饼粕替代进口大豆饼粕，引导种植基地与养殖场等企业结合，开展花生秧、花生壳饲料化、肥料化、基料化开发利用，促进农牧结合、种养循环、三产融合，延伸产业链，拓展价值链。三是大力发展花生文化产业。通过挖掘、包装花生文化，提升河北省花生发展的价值空间、品牌影响力和价格话语权，让文化在提升花生产业发展中发挥更大的作用，用花生文化引领经济发展。

（五）调整结构布局，壮大优势产业

统筹资源禀赋、生产现状和产业基础，以规模连片、机械化耕种收、病虫联防联治为目标，推动冀东地区、冀南地区、冀中地区、黑龙港花生优势产区快速壮大。按照四区各自优势，在巩固油用花生生产的同时，分别探索食用（鲜食和烘炒）、富硒等功能品种种植，形成区域特色。各区分别试验示范机械化生产、绿色防控、社会化服务等简约栽培、管理模式，引导农民种植花生，增加种植收益。特别要将"东路花生"这一地理标志品牌区域内的花生规模做大、品质调优、品牌叫响，带动河北花生影响力大幅提升，提高河北花生产品在全国的市场占有率。

重点抓好以大名为中心的冀南地区夏播花生带，以新乐为中心的冀中地区夏播、套播花生带，以滦县为中心的冀东地区、冀北地区春播花生带3个花生产业带建设，发挥集中产区优势，实行规模化、专用化种植，加强优质专用花生生产基地建设，建立加工原料示范基地，为花生加工业健康发展提供原料保障。同时，应大力发展花生油、花生酱、花生碎等加工，拓展花生产业链条，提高花生深加工水平，充分发挥花生产业优势，培育区域特色产业。

努力做好其他油料作物的品牌建设。实施品牌培育补贴、以奖代补政策。地方可设立财政专项扶持资金，实施品牌培育补贴、以奖代补等政策，推进地理标志认证，引导农业企业参与地区公共品牌建设和企业自有品牌培育。政府应借助本区行业龙头企业、有影响力的合作社或行业协会做好农业技术服务与人才培训、公用基础设施配套、共有品牌培育等工作，增强企业、合作社和种植大户之间的经济联系与合作关系，推动形成品牌建设的合力。一方面，要积极推动农产品地理标志证明商标的注册、使用、管理和保护工作，开展品牌整合、使用、推广，培育一批农产品区域公用品牌，打造一批享有较高知名度的农产品地理标志证明商标品牌；对于已有品牌，要积极开展"三品一标"质量认证，树立良好的品牌形象。另一方面，加强品牌保护和监管，加大对商标侵权行为的打击力度，并严格标准化生产，充分利用各类媒介宣传自有特色品牌，增强全社会的品牌意识，不断提高品牌影响力和知名度。借助农产品品牌建设，提升芝麻产业核心竞争力。研究特色油料多功能开发利用价值，在农业生态采摘园和景区作为景观植物种植，为休闲观光区增加旅游景观，实现油赏两用，在增加农业附加值的基础上，进一步推动河北省新时代生态宜居的美丽乡村建设。

（六）完善服务体系，拓展销售渠道

基层农技推广体系改革与建设。支持实施意愿较高、完成任务好的农业县推进基层农技推广体系改革创新，探索公益性与经营性农技推广融合发展机制，允许农技人员开展技术转让、技术咨询等形式增值服务并合理取酬。支持油料作物产业基础条件好的县开展农业重大技术协同推广试点，构建"农业科研基地＋区域示范基地＋基层推广站＋新型经营主体"的"两地一站一体"链式农技推广服务新模式。

建立起农业产业化第三方服务体系。支持农村集体经济组织、专业化农业服务组织、服务型农民合作社等具有一定能力、可提供有效稳定服务的主体，建立起农业产业化第三方服务体系，涵盖种业、种植、农机、植保、收割、销售、加工等环节在内的全产业链闭环形式。针对农民急需的关键环节，为从事油料作物生产的主体提供社会化服务，集中连片推广绿色生态高效现代农业生产方式，实现小农户和现代农业发展有机衔接。如成立股份制农民合作社，以社员为主要服务对象，通过土地托管，为社员提供农业技术和农业生产资料的一站式配送服务，减少了中间环节，把优质农业资源、先进农技和全程的机械化服务以最优惠的价格送到农民手里。

加快信息技术在油料作物产业中的广泛应用。利用手机移动互联平台农技一点通App，促进花生科研、生产、收购、金融保险、农资服务、质量追溯"六位一体"产业化发展模式。实施"互联网＋"出村工程，强化电商企业与小农户、家庭农场、农民合作社等产销对接，加强农村网络宽带、物流等设施建设，推动解决"卖难"问题，实现优质优价带动农民增收。强化网上销售产品的质量安全监管。鼓励社会力量运用互联网发展各种亲农惠农新业态、新模式。建设涉农公益服务平台，加大对农户信息技术应用培训，使手机成为广大农民的"新农具"，使互联网成为助力农村一二三产业融合发展的重要设施。

抢抓"互联网＋"机遇，把电商平台建设作为推动农民工返乡创业和精准脱贫的重要手段，以县级电子商务公共服务中心为依托，以乡镇级电商服务站及村级电商服务点建设为抓手，完善农村电商公共服务体系，拓展农产品销售渠道，通过发展电商产业，支持、鼓励创业，进一步带动更广大的农民工返乡创业，实现创业的倍增效应。

撰稿人员： 葛祎存　　刘仕洋

指　　导： 陶佩君

参编人员： 陶佩君　　刘立峰　　王凯辉　　张瑞芳　　张丽丽　　程思远
　　　　　　　刘晨阳　　郑荣珍　　苏腾荣　　吴芷君　　张　寒　　焦龙飞

第七章 河北省蔬菜产业发展报告

河北省是蔬菜生产大省，全省蔬菜总产量超过5000万吨，居全国第四位。蔬菜产业作为河北省农业支柱产业，在脱贫攻坚与保民生、惠民生、保稳定、促和谐方面起到重要作用。随着京津冀协同发展进一步推进，河北蔬菜在满足京津需求特别是在应急保障中的地位越来越强。然而，河北蔬菜仍然面临水资源约束、种业落后等"卡脖子"问题，需要进一步提升产业优质化、绿色化发展水平。

一、河北省蔬菜产业发展现状及形势分析

（一）蔬菜生产规模

2020年，河北省蔬菜生产规模较上年小幅增长，总播种面积预计达到80.39万公顷，同比增长1.2%，其中设施蔬菜播种面积22.8万公顷，同比增长1.48%；蔬菜产量预计达到5200万吨，同比增加2.1%，单产水平同比小幅增加，如表7-1所示。分种类来看，大白菜、黄瓜、番茄、辣椒、卷心菜、茄子、白萝卜和菠菜的播种面积占总播种面积比重超过60%，总产量占比在70%以上，产品结构基本稳定。

表7-1 2016~2020年河北省蔬菜播种面积及产量

单位：万公顷，万吨，吨/公顷

年份	播种面积	产量	单产
2016	75.16	5038.89	67.04
2017	74.86	5058.53	67.57
2018	78.76	5154.50	65.45
2019	79.46	5093.14	64.10
2020	80.39	5200.00	64.68

资料来源：2016~2019年数据来自《中国农村统计年鉴》，2020年数据为农业农村厅初步统计结果。

新增设施蔬菜主要分布在现代农业园区和休闲采摘农业园区，设施类型以新型节地型

日光温室、钢骨架塑料大棚和盖苫大棚为主。

从各市蔬菜生产来看，2019 年蔬菜播种面积排在前五位的为唐山、邯郸、张家口、保定、廊坊。其中，唐山播种面积及总产量均位列第一，其中白菜、大葱、萝卜等占比较大；邯郸蔬菜播种面积 95.22 千公顷，永年小拱棚叶菜、鸡泽辣椒、馆陶黄瓜、肥乡圆葱、磁县莲藕具有鲜明特色和优势；张家口、保定、廊坊蔬菜播种面积保持在 80 千公顷以上，张家口气候冷凉，以错季蔬菜生产为主，品种也较为丰富，包括大白菜、甘蓝、花椰菜、青花菜等；保定蔬菜区域布局广，定兴、涞水的设施蔬菜，满城顺平的草莓，徐水望都的西红柿都具有一定的区域特色；廊坊则主要以设施瓜菜生产为主，占到蔬菜总播种面积的 55%，如表 7 - 2 所示。

表 7 - 2　2019 年河北省蔬菜（含食用菌）种植面积、总产量及单产

单位：千公顷，万吨，吨/公顷

城市	种植面积	总产量	单产
唐山	118.95	919.80	77.30
邯郸	95.22	532.03	77.33
张家口	89.19	533.88	70.50
保定（含定州）	87.77	545.45	55.87
廊坊	80.19	502.29	57.25
石家庄（含辛集）	71.72	554.33	62.15
承德	62.19	402.60	59.86
衡水	59.96	276.51	64.74
邢台	50.79	290.80	66.28
沧州	44.77	296.75	62.64
秦皇岛	33.86	238.70	46.11
总计	794.61	5093.14	64.10

资料来源：河北省农业农村厅。

（二）蔬菜特优区建设

河北省跨 6 个纬度，高原、山地、丘陵、平原和滨海梯次分布，地形、地貌和气候多样，适合多种蔬菜生产，目前已形成张承错季蔬菜、冀东蔬菜、环京津蔬菜、沧衡蔬菜、冀中蔬菜、冀南蔬菜六大优势产区，蔬菜产业规模化、多样化、区域化特征逐步显现。2018～2020 年，全省分三批共评选了 140 个省级特色农产品优势区（以下简称特优区），其中蔬菜 31 个（不含食用菌）占比 21.4%。2020 年新增的省级蔬菜特优区分别是：望都辣椒、邯郸经开区叶菜、任泽区十字花科蔬菜、无极黄瓜、永清设施黄瓜、阜城西瓜、藁城番茄、肥乡番茄、定州辛辣蔬菜、南宫黄韭。2020 年，依托特优区和现代农业园区支持创建精品示范基地，全省共支持创建 63 个"大而精"、42 个"小而特"基地，涵盖了

饶阳设施蔬菜、馆陶黄瓜、玉田白菜等 12 个"大而精"蔬菜基地，崇礼彩椒、肥乡圆葱等 7 个"小而特"蔬菜基地，进一步促进蔬菜单品规模化、集约化、标准化、全产业链发展。

（三）自然灾害与病虫害影响

1. 自然灾害对蔬菜生产影响

总体来看，2020 年河北省极端天气较多，给蔬菜生产造成了较为严重的损失。4 月出现连续"强倒春寒"，中南部地区受影响较大，其中，石家庄市约 10 万亩蔬菜遭受低温霜冻影响，造成直接经济损失 2782 万元，保定地区甜椒、番茄、黄瓜、豆角、土豆、萝卜、西瓜等部分蔬菜受灾严重，价格一路攀高。5～9 月全省范围内冰雹、强降雨等自然灾害频发，对蔬菜产量和品质产生较大影响。张承地区受强降雨影响，坝上出现冰雹灾害，少部分地区出现洪涝灾害；廊坊市遭遇了两次冰雹强降雨天气，据估测全市瓜菜受灾面积 2.21 万亩，成灾面积 0.87 万亩，绝收面积 0.5 万亩；沧州暴雨造成的涝灾导致一些棚室积水死苗死秧，较 2019 年同期产量减少约 20%；石家庄、邢台和邯郸受暴雨影响，部分老旧棚室倒塌、棚膜破坏受损、无排水设施或排水设施设计不科学的园区或基地部分蔬菜受淹。

2. 病虫害对蔬菜生产影响

从河北省蔬菜病虫害调查情况看，2020 年病虫害总体为轻发生。白粉病、霜霉病、角斑病、灰霉病、叶霉病、早晚疫病、潜叶蝇等是危害河北省设施蔬菜的主要病虫害，蓟马、烟粉虱发生量较大，病毒病发生普遍。细菌性病害对番茄、黄瓜的危害持续增加。一些常发病害在个别地区影响较大，如灰霉病、菌核病、霜霉病在坝上发生面积近 2000 亩，损失 30% 以上。气候、设施蔬菜连作重茬、管理技术水平低是病虫害发生的主要原因。

（四）蔬菜产业扶贫成效

产业扶贫是打赢脱贫攻坚战的核心内容，也是有效衔接乡村振兴的关键所在。因蔬菜产业投资较少、收益稳定、吸纳劳动力强，很多地区把蔬菜产业作为扶贫的首选产业，在脱贫攻坚中发挥重要作用。例如，蔬菜产业作为定兴县的主要扶贫产业，到 2020 年底，累计带动 1560 人实现脱贫；阳原县西城镇朱家庄村，通过设施茄子、黄瓜、番茄等蔬菜种植，总收入达 38.5 万元，户均收入 4000 元，人均收入 1700 元，当年实现全员脱贫。赤城县龙扒石村通过发展一年两作设施架豆，亩收入达 1.1 万～2.1 万元，带动 19 户 42 人实现脱贫。在蔬菜产业扶贫中，新型农业经营主体起到重要的引领作用。例如，鸡泽万亩红辣椒专业合作社帮助贫困群众进行土地流转，亩均土地资产收益 1000 元，订单保护价高出市场价 0.1 元，亩均增收 450 元，在企业务工的贫困人口人均月工资 1800 元，政策入股贫困群众年分红 500 元，实现了稳生产、促销售、增分红、提收益的"四重"好效果；石家庄兴峪农业科技发展有限公司 2020 年利用扶贫项目资金 510 万元，建设 30 个高标准温室大棚，直接带动周边 510 户贫困户，每年每户增收 600 元分红，并带动贫困劳动力 80 余人年均增收 2 万元以上。

（五）合作社带动成效

河北省蔬菜专业合作社实力不断壮大，质量明显提升。2020 年河北省蔬菜种植专业合作社超 1.5 万家，各县合作社覆盖率达 99% 以上。嘉诚、小江、忠伟等 7 家蔬菜合作社入选 2020 年全国合作社 500 强。嘉诚蔬菜种植专业合作社成员数（813 户）和营业收入（1.13 亿元）最高，综合得分为 60.09 分（见表 7 - 3），在 500 强中排位第 7 名。该合作社积极推广黄瓜、西红柿等新品种种植，为农民创造效益 5600 万元，节水灌溉技术推广 1 万亩，为农民创造效益 2000 万元，带动 4.5 万户农户增收。蔬菜合作社有力带动了蔬菜产业发展，促进了现代农业经营体制创新。小江蔬菜专业合作社创建"合作社 + 农资公司 + 农户 + 市场"模式，经营实力和市场范围进一步扩展。

表 7 - 3　入选合作社 500 强的河北省蔬菜合作社名单　　　　单位：户，万元

合作社名称	成员数	经营收入	盈余返还额	综合得分
嘉诚蔬菜种植专业合作社	813	11262	482	60.09
小江蔬菜专业合作社	101	5515	200	52.54
牧青蔬菜种植专业合作社	113	3573	6500	51.61
忠伟蔬菜专业合作社	350	3156	45	51.85
鑫耕田果蔬专业合作社	200	3155	193	51.50
新成源蔬菜种植专业合作社	—	—	—	49.56
恒丰果蔬种植专业合作社	—	—	—	49.44

资料来源：农民日报社。

二、河北省蔬菜产业竞争力分析

（一）区位竞争力

河北省区位优势显著，在保障京津与东北地区冬季蔬菜供应中地位独特。京津冀和东北地区人口近 2 亿，其中城市人口近 1 亿，蔬菜作为城乡居民必需品，刚性需求突出。北京市蔬菜主要依靠外地调入，天津与东北地区也存在季节性、结构性供给不足的情况。蔬菜长距离运输成本高、损耗大，容易受到灾害性天气与突发事件影响，而河北省蔬菜可以周年生产、近地供应，是保障京津与东北地区蔬菜均衡供应的战略选择。内环京津，外联东北，交通便利，京津冀协同发展、东北振兴战略、雄安新区建设等重大国家战略为河北省蔬菜产业带来了重要的发展契机。

（二）价格竞争力

2020 年，河北省蔬菜均价 3.71 元/千克，山东省蔬菜均价 4.18 元/千克，全国蔬菜均价 4.23 元/千克，河北省蔬菜价格明显低于山东和全国平均水平。从价格走势来看，2020 年河北省 10 种主要品类蔬菜价格总体情况与山东省及全国均价保持一致，呈现"同高同低""同升同降"的簇型变化趋势。年初蔬菜价格受到疫情因素影响，价格上升明显；4～6 月，随着疫情得到有效控制以及良好的天气因素影响，价格下降趋势明显；7～8 月，受夏季高温和连续强降雨影响，蔬菜产量下降，市场价格增长；进入 10 月后气温下降，露地蔬菜逐渐退市，菜价回升，如图 7－1 所示。

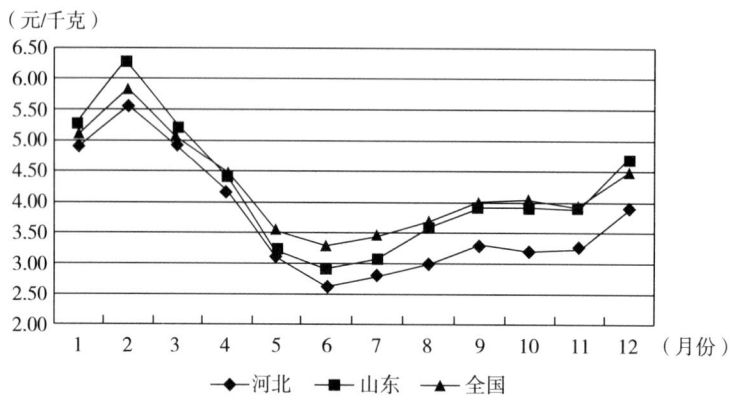

图 7－1　2020 年主产省及全国蔬菜价格

资料来源：全国农产品商务信息公共服务平台。

2020 年，河北省多个种类蔬菜价格普遍低于山东省及全国平均水平。其中，大蒜与山东及全国价差最大，平均每千克低于山东省 1.21 元，低于全国均价 1.04 元（见表 7－4）。河北省蔬菜价格处于较低水平，原因主要有：一是河北省蔬菜产量大，大路菜占比较大，且多集中上市；二是品牌蔬菜市场占有率较低，高端蔬菜供应仍以当地精品菜和山东品牌蔬菜为主，河北省蔬菜品牌知名度和接受度仍较低；三是河北省受长期的种植习惯影响，品种更新慢，栽培模式落后，品质不高。

表 7－4　2020 年蔬菜主产省及全国各品种蔬菜价格　　　　　单位：元/千克

品种	全国	河北	山东
大白菜	1.83	1.56	1.84
洋白菜	1.98	1.96	2.24
西红柿	4.82	4.47	4.67
黄瓜	4.11	3.78	4.16
土豆	2.59	2.34	2.72

品种	全国	河北	山东
青椒	5.03	4.24	4.62
大葱	3.53	2.67	2.81
大蒜	7.44	6.40	7.61
豆角	7.41	6.74	7.80
西葫芦	3.52	2.96	3.32

资料来源：全国农产品商务信息公共服务平台。

（三）生产效益竞争力

1. 黄瓜特优区生产效益较高

河北省蔬菜产业体系对馆陶、藁城、昌黎、青县、平泉 5 个黄瓜特优区的基地（企业）调查问卷数据显示，藁城、平泉两地的单产水平高，约 300 吨/公顷。昌黎旱黄瓜由于品牌培育效果显著，产值达 75 万元/公顷。从总成本来看，平泉日光温室越冬茬黄瓜生产成本超过 37 万元/公顷，明显高于其他地区。昌黎、平泉、馆陶设施黄瓜生产效益较高，净利润都在 30 万元/公顷以上，其中昌黎黄瓜净利润接近 45 万元/公顷。根据《全国农产品成本收益资料汇编》数据显示，河北省设施黄瓜净利润平均水平约为 9 万元/公顷，可见特优区黄瓜具有明显的生产效益优势。与 2019 年相比，2020 年馆陶、藁城黄瓜单产水平有所上升，而各特优区黄瓜产值多呈现上升趋势，其中馆陶黄瓜产值增幅最大，同比增长 28%。但受总成本上升影响，青县、藁城和平泉成本利润率均有所下降，如表 7 - 5 所示。

表 7 - 5　2019～2020 年部分特色黄瓜优势区成本收益情况

单位：吨/公顷，万元/公顷，%

主产区	单产		产值		总成本		净利润		成本利润率	
	2019 年	2020 年	2019 年	2020 年	2019 年	2020 年	2019 年	2020 年	2019 年	2020 年
青县	112.50	90.00	24.00	27.00	12.15	17.54	11.85	9.47	0.98	0.54
馆陶县	150.00	206.25	42.00	53.63	23.63	21.00	18.38	32.63	0.78	1.55
藁城区	169.50	270.00	42.48	48.60	16.61	33.44	25.88	15.16	1.56	0.45
昌黎县	150.00	150.00	64.20	75.00	27.93	31.14	36.27	43.86	1.30	1.41
平泉市	300.00	300.00	79.50	72.00	37.95	37.95	41.55	34.05	1.09	0.90

资料来源：根据河北省蔬菜产业体系基地（企业）调查问卷整理。

2. 甜瓜产出收益比较优势下降

河北省甜瓜与主产省生产情况对比来看，河北省甜瓜单产水平明显高于山东、河南、新疆以及全国平均水平，2019 年河北省甜瓜单产是全国平均单产水平的 1.5 倍。但由于河北省甜瓜价格明显低于其他主产省，因此每公顷产值与河南、新疆基本持平，但比山东低14.65万元。从年度生产效益变动来看，尽管2015~2019年河北省甜瓜播种面积和产量稳中有升，增幅分别为53.6%、54%，但由于价格相比其他省份一直处于较低水平，因此，河北省甜瓜生产效益优势处于下降态势，如表7-6所示。

表7-6　2015~2019年甜瓜主产省产出收益情况

单位：千公顷，万吨，吨/公顷，元/千克，万元/公顷

年份	地区	种植面积	总产量	单产	平均价格	产值
2015	河北	14.26	77.17	54.12	3.90	21.11
	山东	38.61	176.82	45.80	4.80	21.98
	河南	44.78	152.37	34.03	3.95	13.44
	新疆	44.31	149.94	33.84	2.77	9.37
	全国	345.56	1117.96	32.35	5.41	17.50
2016	河北	12.93	76.28	58.99	4.51	26.61
	山东	35.67	167.05	46.83	7.96	37.28
	河南	47.63	191.7	40.25	4.18	16.82
	新疆	58.54	212.41	36.28	2.20	7.98
	全国	345.93	1187.64	34.33	5.59	19.19
2017	河北	14.60	90.08	61.70	3.93	24.25
	山东	36.95	179.09	48.47	8.32	40.33
	河南	48.12	201.38	41.85	5.22	21.85
	新疆	53.49	197.57	36.94	5.09	18.80
	全国	348.82	1232.65	35.34	6.55	23.15
2018	河北	16.63	98.03	58.95	3.95	23.28
	山东	41.55	202.59	48.76	7.78	37.93
	河南	46.49	196.99	42.37	5.88	24.92
	新疆	57.98	201.45	34.74	6.54	22.72
	全国	376.12	1315.93	34.99	6.54	22.88
2019	河北	21.90	118.80	54.25	5.33	28.91
	全国	393.7	1419.5	36.06	6.81	24.55

资料来源：国家统计局、西甜瓜产业技术体系石家庄站。

　　对比河北省内青县、乐亭、安次3个甜瓜特优区，根据河北省蔬菜产业体系调查问卷数据，2020年青县甜瓜单产最高，达75吨/公顷。乐亭甜瓜由于价格优势明显，平均每公顷产值达32.85万元，分别比安次和青县高10.33万元和6.23万元。而3个特优区甜瓜生产成本相差不大，均约为17万元/公顷。从净利润来看，乐亭甜瓜成本利润率最高，达95.2%，安次甜瓜成本利润率最低，为26.7%（见表7-7）。未来甜瓜产业发展应立足区域资源禀赋、产业基础和产品特色，注重品牌培育和绿色发展，打造科技高端、标准

高端、品质高端、品牌高端的高质量甜瓜产业。

表7-7　河北省部分特色甜瓜优势区成本收益情况

单位：吨/公顷，万元/公顷，%

主产区	单产	产值	总成本	净利润	成本利润
青县	75.00	26.62	16.73	9.89	59.12
乐亭县	69.30	32.85	16.83	16.02	95.19
安次区	59.25	22.52	17.78	4.74	26.66

资料来源：根据河北省蔬菜产业体系基地（企业）调查问卷整理。

3. 加工辣椒成本利润率高于其他省份

河北省是我国加工用干辣椒重要产区，近年来加工用椒种植面积持续增长，带动农民增收成效显著。2020年河北省辣椒成本收益率名列前茅，高于全国平均水平11.6个百分点，也高于山东省2.1个百分点。受夏季连续暴雨与高温影响，冀鲁豫部分区域出现不同程度的减产，河北省辣椒亩产量323.33千克，比山东、河南亩产量高7.7%，在冀鲁豫北方小辣椒产区中居第一位，具有一定的产量优势。但河北省辣椒生产成本高于其他主产省份，从成本构成来看，河北省辣椒种植的人工成本远高于山东与河南（见表7-8）。如何提高辣椒生产的机械化水平，降低生产成本，应是未来的发展方向。

表7-8　2020年河北省与其他省份干辣椒成本收益比较 单位：千克，元，%

项目	全国	河北	山东	河南	新疆	内蒙古	贵州
亩产量	349.17	323.33	299.50	300.00	505.11	289.80	180.00
亩产值	4158.33	4551.73	3949.50	3200.00	4248.47	3515.40	3590.76
净利润	1638.71	1975.07	1686.81	1290.00	1701.90	1394.56	1050.21
成本利润率	65.04	76.65	74.55	67.54	66.83	65.76	41.34
总成本	2519.62	2576.66	2262.69	1910.00	2546.57	2120.84	2540.55
物质成本	963.96	930.83	746.75	810.00	1146.57	1029.17	708.55
人工成本	1016.54	1120.83	772.19	500.00	900.00	675.00	1462.00
土地成本	539.12	525.00	743.75	600.00	500.00	416.67	370.00

资料来源：根据国家特色蔬菜产业体系与河北省蔬菜产业体系基地调研。

（四）蔬菜产业技术竞争力

1. 蔬菜育种水平与发达国家和先进省份仍有差距

目前，河北省蔬菜育种在大白菜四倍体资源创新研究、甜辣椒核雄性不育育种技术研究、番茄抗病分子标记研究方面居国际领先水平。此外，在圆茄雄性不育、西甜瓜、芦笋等资源创新方面也处于国内先进水平，但是河北省育种总体水平落后于发达国家和国内先进省份。一些发达国家已将基因编辑技术、分子设计技术、分子标记技术等先进技术整体应用在蔬菜育种上，其育种方向设计精确，选育目标定位准确，品种市场优势明显。国内一些先进省份也开始开展基因编辑、分子设计等现代育种技术的基础研究工作，但离真正在生产上应用还有一定距离，只是在分子标记辅助育种技术上达到较为成熟的应用。

2. 机械化水平发展速度较慢

近几年，河北省蔬菜生产机械化已经有一定发展，比如坝上区域的白萝卜、胡萝卜除收获为人工外，其他环节均实现了机械化。白菜类、洋葱、生菜等除定植和采收为人工操作，其他也能实现机械化。但总体来看全省蔬菜机械化发展速度较慢，距产业发展的要求仍有一定差距。且设施领域的智能化农业机械的种类还比较少，技术水平仍处于研发和探索阶段，与国外发达国家还有一定差距。而我国的东北地区、部分西北地区因农机化基础较好，蔬菜生产中耕整地、植保、栽植、灌溉和收获的机械化水平都比较高。华北地区以山东为代表，设施蔬菜发展较好，育苗技术先进，钵体育苗比较普及，工厂化育苗具备一定规模。河北省今后在蔬菜生产和管理农机与智能装备研发方面，要实现"弯道超车"，打造"会说话"的智慧农机与装备，减轻劳动者负担，提高劳动生产率，实现精准生产和管理，创造更高的经济效益。

3. 蔬菜加工水平较低

蔬菜加工作为蔬菜生产的重要环节，也是蔬菜实现产业化和高值化的关键一环。河北省蔬菜仍然以鲜销为主，加工量占比不到10%，且大多属于初级产品，深加工产品占比更小，严重制约了河北省蔬菜产业的发展壮大。目前，欧美等国家的蔬菜冷链物流率已达95%以上，而河北省冷链物流体系建设比较滞后，市场上的蔬菜流通仍然以常温物流（传统车厢）为主，冷链在整个流通链条中占比仅为5%，远远落后于发达国家。随着经济的发展和人们物质生活水平的提高，消费者对蔬菜的新鲜度和品质也提出了越来越高的要求，传统的蔬菜贮藏保鲜及运输、加工方式已经不能满足人们的现实需求，蔬菜产业应加大冷链物流体系建设以及营养功能蔬菜产品开发等。

（五）蔬菜产业品牌竞争力

1. 蔬菜品牌数量少

河北省蔬菜经营主体品牌建设意识缺乏，品牌注册数量与大省地位不相符。河北省蔬菜总产量居全国第四位，但河北省蔬菜地理标志认证数量远低于山东、浙江等省份。以农业农村部认定的农产品地理标志为例，截至2020年底，河北农产品地理标志认定数量为50个，其中，蔬菜类12个（不含食用菌），分别是崇礼蚕豆、任县高脚白大葱、隆尧泽畔藕、隆尧大葱、围场胡萝卜、滏河贡白菜、磁州白莲藕、冀州天鹰椒、肥乡圆葱、南宫黄韭、鸡泽辣椒、深州黄韭以及灵寿金针菇、平泉滑子菇、平泉香菇。就蔬菜类地标产品数量来看，与山东（67个）、河南（37个）、湖北（35个）等农业大省仍存在较大差距，数量排名在各省中位居第14（见图7-2）。河北省仍有大量具有历史传承意义的蔬菜特色产品没有得到挖掘与放大。

（个）

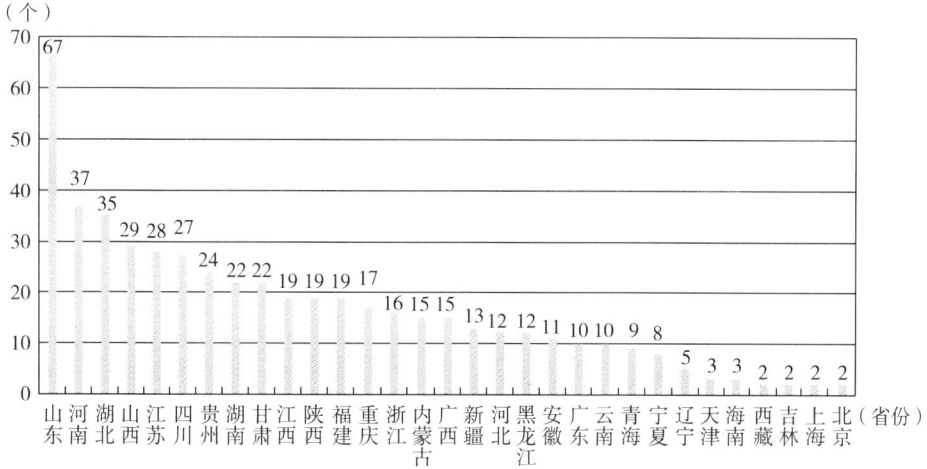

图 7-2　2020 年各省蔬菜类"农产品地理标志"数（农业农村部认定）

资料来源：全国农产品地理标志查询系统。

2. 蔬菜品牌价值低

在农业农村部《2019 年中国农业品牌目录》入选的 31 个蔬菜类区域品牌中，河北省仅有玉田包尖白菜上榜，品牌价值为 10.21 亿元，影响力指数为 62.83，对比山东省金乡大蒜品牌价值突破 200 亿元、浙江省余姚榨菜品牌价值超过 70 亿元，分别是玉田包尖白菜的 20 倍和 7 倍（见表 7-9）。近年来，河北省农产品区域公用品牌的数量逐年增多，但品牌价值和影响力还有待提高。

表 7-9　农产品区域公用品牌评估结果及影响力指数　　　　　　　单位：亿元

省份	品牌名称	评估结果	影响力指数
河北	玉田包尖白菜	10.21	62.83
山东	金乡大蒜	218.19	81.94
	章丘大葱	46.67	85.65
	昌邑大姜	25.05	72.75
	桂河芹菜	10.94	72.62
浙江	余姚榨菜	73.39	78.62
重庆	涪陵青头菜	33.42	77.45
福建	华容芥菜	19.06	74.26
河南	温县铁棍山药	12.33	74.38
海南	澄迈桥头地瓜	12.31	65.83
福建	建宁通心白莲	11.18	65.38
黑龙江	梅里斯大八旗洋葱	10.84	61.36

资料来源：中国农产品市场协会。

三、河北省蔬菜产业存在问题及原因分析

（一）降本增效面临更多问题

蔬菜难以全程机械化生产，是典型的劳动力密集型产业，劳动力投入相对较多。近年来农村青壮年劳动力大量外出务工，全省农业劳动力平均超过 55 岁，使河北省露地与设施蔬菜的人工成本均高于全国平均水平。2020 年受疫情影响，春耕期间人工成本上升明显，如青县根枝叶蔬菜种植专业合作社疫情期间人工工资由原来的 15 元/小时增加到 20元/小时，用工工资上涨 30%。与此同时，土地成本也持续上升，河北省人均耕地面积仅1.3 亩，低于全国平均水平，土地资源的稀缺导致流转成本持续增长，城市周边蔬菜产业园区土地流转价格最高达 1600 元/亩。此外，蔬菜设施造价上升、水位下降带来的灌溉成本上升、种子种苗费用以及农资投入偏高等使河北省蔬菜生产成本较高，比较效益下降。

（二）产业经营风险仍然较高

现阶段全国蔬菜总量供过于求，产地价格持续低位运行，而河北省设施生产成本较高，虽然与南方品种有差异但仍可相互替代。2020 年度大葱、生姜播种面积减少，市场价格大幅攀升，"向前葱""姜你军"现象再次来袭。蔬菜受季节性集中上市以及气象条件不确定性的影响较大，从而导致价跌滞销，散户与规模化经营主体都承受较大风险。此外，受疫情影响，交通不畅、人力紧缺，蔬菜价格出现"产地价格低迷，销地增幅明显"的现象，产销脱节问题突出。

（三）绿色生产面临较大困难

育种优良、科学施肥、种养结合、综合防治的绿色蔬菜生产模式是蔬菜产业未来主导方向，但绿色生产受多重因素影响，推广难度较大。一方面，河北省蔬菜连作障碍严重，导致土壤酸化、次生盐渍化与土传病害严重。此外，露地蔬菜菜田污染与废弃物也是亟待解决的重要问题。例如，河北省蔬菜产业技术体系团队在对藁城蔬菜产区的调研中发现存在灌溉用水浪费、用肥浪费以及棚室土壤氮磷钾含量逐年积累增加的问题。另一方面，绿色生产技术普及程度较低，蔬菜生产经营企业与园区等生产主体使用绿色生产技术动力不足，小农户对于绿色技术接受度不高，蔬菜生产以传统种植观念与习惯为主导，产品难以实现标准化。

（四）品牌价值需进一步提升

目前河北省蔬菜生产品类多、规模小，蔬菜生产"多而不精"，高端品牌产品较少，缺乏莱芜生姜、章丘大葱、金乡大蒜、遵义辣椒等在全国具有重要影响力的特色蔬菜单品，蔬菜产品溢价能力与区域品牌影响力较低。此外，河北省品牌蔬菜市场占有率

较低，以京津市场为例，京津高端蔬菜供给以本地精品蔬菜以及山东蔬菜为主，河北省蔬菜品牌市场接受度没有明显提升。河北省一些优质蔬菜品牌处于发展爬坡阶段，仍需要下大力量加大品牌建设和品牌营销，特别是在市场细分方面着力，规模经济与范围经济共同提升。

（五）设施生产能力有待加强

近几年，河北省设施蔬菜发展速度有所放缓，与 2017 年之前的 10 年相比，年均增速由 8.3 万亩下降到 3 万亩，这一变化主要受品种布局、生产方式、劳动成本、物质投入等因素影响。目前，河北省设施蔬菜总成本约高于调查省份平均水平 10%。此外，河北省各级对设施蔬菜产业发展的扶持政策存在不同程度的下调，经营主体积极性受到影响。现有生产设施也存在结构简单、智能化发展落后等问题。具体来看，生产设施仍以厚土墙日光温室和竹木结构塑料大棚为主，虽然建造成本较低，但是整体稳定性和荷载较差，抗灾能力弱，遇强风、暴雨等灾害性天气时生产隐患大。且蔬菜生产设施缺少保温增温、放风降温、补光等现代装备，遮阳网、防虫网等普及率不高，难以依托物联网实现棚内环境实时监测、自动放风、卷放帘、浇水施肥等智能化管理。

四、河北省蔬菜产业高质量发展对策建议

受疫情对国际国内经济冲击以及市场供求不确定影响，蔬菜产业在 2021 年将面临更大挑战，应通过制定产业规划、加强政策支持、强化种业自主创新、加大科技支撑、加强品牌建设等措施，推动蔬菜全产业链发展。

（一）制订"十四五"蔬菜产业规划，谋划高质量发展路径

现阶段，我国蔬菜市场供给量远大于需求量，市场已经饱和，但仍存在总量过剩与高端优质产品的结构性短缺问题。例如，2020 年 11 月再现"姜你军""向前葱"，均表明市场供需不均衡的现实问题。省内各蔬菜主产区应根据市场需求与地方自然资源禀赋制定地方蔬菜"十四五"产业规划，明确蔬菜产业发展目标、蔬菜基地布局与总体产业规模，确定产业发展中品牌创建、科技水平提升、数字化基地建设与主体培育等重点内容，提升蔬菜产业的质量、效益与竞争力，实现蔬菜产业与乡村振兴有机衔接。

（二）聚焦蔬菜产业优势区建设，打造乡村振兴产业支点

继续加强各级政府机构对蔬菜产业的财政、金融政策扶持力度，建立稳定的政策扶持及资金投入机制，推进特色蔬菜贷款贴息与价格指数保险，提高种植户风险保障水平。加大特色蔬菜优势区建设力度，做强做大国家级与省级特色优势区，按照"十个一"的工作机制，积极引入工商资本进入蔬菜生产、加工与销售环节，建设蔬菜产业集群，因时制宜、因地制宜制定不同类别、不同区域特色蔬菜优势区实施方案，将特色蔬菜优势区作为

河北省乡村振兴的硬支点。

（三）加强科技支撑，推进产业优质化、绿色化发展

绿色化、优质化、智能化是蔬菜产业未来的发展方向，因此，应在蔬菜生产、加工、流通过程中继续加大科技研发与投入，为产业高质量发展提供支撑。首先，加强蔬菜生产绿色防控技术应用，加强生防菌剂、昆虫性信息素迷向技术及物理诱杀技术的研发，推广普及防虫网、粘虫板、性诱剂、杀虫灯、丽蚜小蜂等生物防治技术。其次，在增加设施蔬菜规模的基础上，提升设施蔬菜生产能力，实现智能机械控制，推进设施结构优化，实施传统设施热镀锌管骨架替代、装备卷帘机与保温被、出入口移位改造提升工程，加快设施蔬菜智能化小型农机具与辣椒、大蒜、甘蓝等露地蔬菜播种机、移栽机与收获机的研发与推广，并将智能农机作为主打方向。最后，加强智能化、数字化技术应用，实现蔬菜生产数字、文本、图像、音频等数据的实时采集、分析与决策，建设生产基地高效生产管理网络，实现农机具与环境控制设备的智能化管理，提升各环节作业效率。

（四）激发育种创新活力，提升自育良种供给能力

2020 年中央经济工作会议特别强调，要"解决好种子问题"，倡议开展种源"卡脖子"技术攻关。蔬菜种子在我国农产品种子进口额中排名第一位，提升自育良种供给能力成为当务之急。现阶段，河北省黄瓜、茄子等大宗蔬菜主要以国内品种为主，但西红柿、辣椒与部分特色蔬菜的种子仍需要进口，如荷兰的芽球菊苣、紫甘蓝，日本的卡宴辣椒、黄妃小番茄等。对邯郸富成蔬菜专业合作社调研发现，高端精品蔬菜园区中小番茄与西芹等进口种子比例达 80% 以上。因此应进一步完善种业科技创新体系，充分发挥各主体优势，鼓励科研机构与种企加强品种研发合作，紧跟国际育种技术研究动态，全面缩短育种周期，提升品种质量，明晰产权及利润分配机制，激发创新活力，加快蔬菜"芯片"升级。

（五）打造"冀"字号招牌，推进品牌建设

一是做好原产地品牌管理。坚持原产地特色与标准化相结合，以特色化塑造独特性，以标准化塑造稳定性，加快地方标准制定，包括生产标准、加工标准、流通标准和质量安全标准，推进标准间的衔接与配套。二是打造领军企业品牌。强化质量控制，健全安全管理，发展责任型企业，鼓励企业进行绿色、有机、地理标志认证。鼓励龙头企业利用品牌资源进行扩张和延伸，建立农产品产业园区和原料基地，提高产业集中度。三是树立"冀菜"整体形象。使企业品牌和区域形象互为背书，建成"省级整体形象＋核心区域公用品牌＋企业品牌＋产品品牌"的品牌体系，加快培树一批特色鲜明、知名度高、发展潜力大、带动能力强的"冀"字号蔬菜品牌，打造"全国一流、世界有名"的冀菜金字招牌。

撰稿人员：宗义湘　　乔立娟　　王东平　　高一丹

指　　导：申书兴

参编人员：狄政敏　　滕桂法　　陈雪平　　严立斌　　范凤翠　　李博文

　　　　　邸垫平　　王向红　　闫立英　　乜兰春　　董灵迪　　王明秋

　　　　　高华山　　王玉宏　　李劲松　　龚贺友　　孙梦红　　宋立彦

　　　　　王艳霞　　车寒梅

第八章　河北省食用菌产业报告

一、河北省食用菌产业发展现状

（一）国内食用菌产业发展现状

1. 食用菌总量稳步增长

2019 年全国食用菌鲜品总产量 3933.87 万吨，产值 3126.67 亿元。食用菌产量在 300 万吨以上的省份有 5 个，即河南省、福建省、山东省、黑龙江省与河北省，2019 年年产量分别为 540.94 万吨、440.8 万吨、346.38 万吨、342.87 万吨、310.02 万吨；产值超过 100 亿元的省份有河南省（397.70 亿元）、云南省（242.82 亿元）、河北省（232.39 亿元）、福建省（229.41 亿元）、山东省（215.17 亿元）、黑龙江省（202.63 亿元）、吉林省（201.50 亿元）、四川省（200.27 亿元）、江苏省（182.98 亿元）、江西省（129.41 亿元）、湖北省（128.28 亿元）、广东省（118.79 亿元）、陕西省（102.37 亿元）13 个省份，如图 8-1 所示。

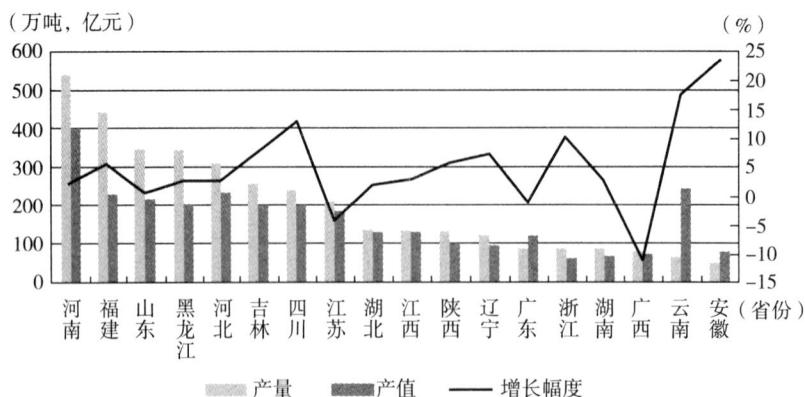

图 8-1　2019 年我国部分省市食用菌产量、产值及增长幅度

资料来源：中国食用菌商务网。

2. 大宗类食用菌占比稍有下降

我国人工栽培的食用菌中，2019 年产量超过 100 万吨的品种有香菇（1115.94 万吨）、黑木耳（701.81 万吨）、平菇（686.47 万吨）、金针菇（258.96 万吨）、双孢菇（231.35 万吨）、杏鲍菇（203.45 万吨）和毛木耳（168.34 万吨）。排在前七位的品种总产量占全年全国食用菌总产量的 85%，是我国食用菌生产的常规主品种。

（1）香菇。

2019 年我国香菇总产量为 1115.94 万吨，占全国食用菌生产总量的 28.37%，河南省香菇产量为 312.36 万吨，占全国香菇年总产量的 28%，河北省香菇产量占全国香菇总量的 12.35%。2011 年我国香菇产量为 427.7 万吨，占全国食用菌总量的 19.42%，随着香菇栽培技术的不断成熟，香菇产量逐年提升，香菇产业保持稳定增长趋势，2018 年香菇产量突破千万吨，香菇产量高达 1041.6 万吨，2019 年香菇总量以 7.14% 的增长率小幅度提升，产量达到 1115.94 万吨，占全国食用菌总量的 28.37%，如表 8－1 所示。

表 8－1　2011～2019 年全国香菇产量及占比　　　　　单位：万吨，%

项目＼年份	2011	2012	2013	2014	2015	2016	2017	2018	2019
产量	427.70	501.80	635.50	710.30	545.80	766.70	893.40	1041.60	1115.94
增长率	—	17.33	26.64	11.77	−23.16	40.47	16.53	16.59	7.14
比重	19.42	19.51	22.47	22.41	19.69	22.05	24.00	27.47	28.37

资料来源：《中国食用菌统计年鉴》、中国食用菌商务网。

（2）黑木耳。

黑木耳为第二大栽培种类，2019 年产量 701.81 万吨（见图 8－2），主要集中在我国东北，黑龙江省与吉林省黑木耳总产量占比为 69.88%，其中，黑龙江省黑木耳产量最高为 319.53 万吨，占全国黑木耳总产量的 45.52%；吉林省黑木耳总产量为 171 万吨，占全国黑木耳总产量的 24.36%。

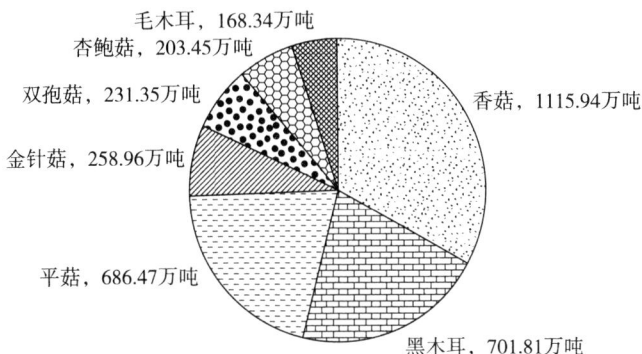

图 8－2　食用菌七大主栽品种产量

（3）平菇。

平菇为第三大栽培种类，产量686.47万吨，排在前两位的分别是山东省和河南省。山东省平菇产量为115.78万吨、河南省产量为115.26万吨，分别占全国总产量的16.89%、16.79%。

2019年产量增长的有23个品种：羊肚菌（191.59%）、大球盖菇（149.99%）、茯苓/猪苓（121.25%）、松茸（32.11%）、灰树花（26.50%）、牛肝菌（21.79%）、秀珍菇（20.27%）、天麻（20.23%）、姬松茸（19.97%）、草菇（15.81%）、竹荪（15.32%）、真姬菇（10.99%）、灵芝（10.61%）、香菇（6.97%）、平菇（6.67%）、滑菇（4.57%）、黑木耳（4.12%）、杏鲍菇（3.99%）、猴头菇（3.99%）、白灵菇（3.67%）、茶薪菇（3.66%）、银耳（3.03%）、金针菇（0.54%）。

2019年产量减少的有8个品种：榆黄菇（-4.70%）、鸡腿菇（-6.64%）、北虫草（-8.58%）、毛木耳（-11.33%）、红椎菌（-11.34%）、双孢蘑菇（-6.84%）、其他菇（-20.32%）、金福菇（-21.30%）。

（二）河北省食用菌产业现状

1. 面积和产量分析

家庭消费的稳定增长已经成为拉动食用菌产业持续发展的重要动力，随着中国城乡居民收入及消费水平的不断提高，食用菌需求量进一步提升，"一荤一素一菇"的膳食结构逐步被消费者接受，食用菌产业具有广阔的发展空间。河北省是全国食用菌生产、流通的主要省份之一，2020年河北省食用菌在原有种植基础上，依旧保持上涨趋势。2020年河北省食用菌总产量为360.15万吨，与2019年的310.79万吨相比，增长率为15.89%。河北省食用菌种植面积达35.57万亩，食用菌种植依旧发挥土地利用的高效率性，较小的种植面积，创造较大的产值，2020年河北省食用菌创造总产值为234.44亿元，土地产出率高达6.59万元/亩，如表8-2所示。

表8-2　2000~2020年河北省食用菌产量变动　　　　　　单位：吨，亩，亿元

年份	产量	面积	产值	年份	产量	面积	产值
2000	275005	65000	12.80	2011	2077913	248333	119.86
2001	322528	80000	16.00	2012	2100894	273784	126.34
2002	399727	100000	25.00	2013	2096994	273152	126.80
2003	522723	130000	30.00	2014	2300745	283992	150.00
2004	720479	170000	35.00	2015	2708407	295280	202.83
2005	861845	200000	41.00	2016	2762028	300038	216.89
2006	1126130	240000	49.30	2017	2918936	299934	213.03
2007	1340323	280000	60.10	2018	3020000	296564	196.59
2008	1541878	177391	73.25	2019	3107863	314728	202.31
2009	1907134	231835	100.39	2020	3601484	355673	234.44
2010	1893595	246343	115.98				

2. 河北省食用菌价格波动分析

（1）香菇。

由于疫情的影响，河北省香菇价格略低于前两年同期水平。疫情前期，香菇生产集聚区劳动力奇缺，菌棒注水、舒蕾、采菇等补救措施处理不及时，使菌棒内水分、养分严重透支，造成永久性的伤害，出现了第二潮菇不出菇、少量出菇或出菇畸形的现象，严重影响了香菇总产量。香菇品质下降，多以水菇、畸形菇为主，由于疫情前期劳动力短缺造成采收不及时，造成了压茬现象，导致第三季度出菇，菌袋内营养物质缺乏，第三潮菇长势较差，水分含量偏高，菇质较差，价格较低。第四季度香菇冷棚出菇基本完成，暖棚香菇入棚开始出菇，受供求关系的影响，第四季度香菇价格稍有上涨。整体来看，2020年河北省香菇价格较低，菌棚无人管理造成坏棒现象、压茬现象等频发，使产品品质下降成为香菇价格较低的主要原因。

香菇是最早进行人工栽培的菇品种之一，生产技术较为成熟，消费者众多，其市场价格较为稳定。2020年第一季度河北省香菇价格为7.71元/千克，第二季度价格为7.57元/千克，第三季度价格为7.07元/千克，第四季度价格为8.88元/千克，全年月度均价为7.81元/千克。前三季度与历年同期相比，价格波动幅度较小，第四季度价格波动幅度较大。从历年变动规律来看，香菇价格峰值一般出现在第三季度，8月价格也出现小幅度增长，但是受疫情影响，第三季度价格上涨幅度较小，并未达到价格最高点，却在11月出现了价格的峰值，呈现出与往年相反的波动趋势，如图8-3所示。

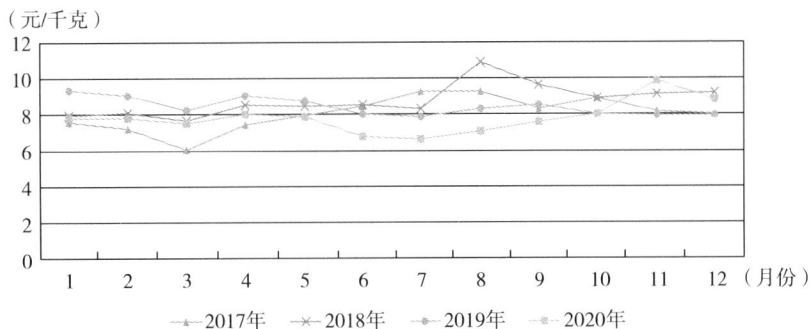

图8-3　2017～2020年河北省香菇价格波动

资料来源：食用菌商务网、VIP蔬菜网、中国农业信息网。

浙江省庆元县是最早进行香菇种植的地区，香菇栽培历史悠久，庆元香菇品牌价值高达40多亿元，拥有一定的市场知名度，其产品在全国市场中具有一定的话语权。2020年浙江省香菇月度平均价格为13.18元/千克，价格波动较为稳定且相对较高。在河北省、河南省、山东省、浙江省、辽宁省5个省份中，河南省价格仅次于浙江省，2020年河南省香菇月度均价为10.41元/千克，山东省次之，山东省2020年月度均价为9.17元/千克，河北省香菇价格与全国均价最接近，月度均价为7.81元/千克，2020年全国香菇月度均价为 7.37 元/千克，河北省平均价格略高于全国平均价格。在 5 个省份中，辽宁省价格最低，平均价格为 6.65 元/千克，如图 8 - 4 所示。

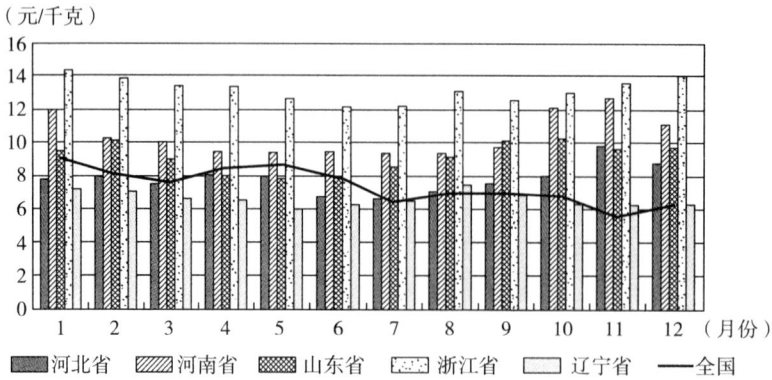

图 8 - 4 2020 年部分香菇种植省份价格变动

资料来源：食用菌商务网、VIP 蔬菜网、中国农业信息网。

（2）平菇。

平菇种植中人力资本仍然发挥着很大的作用，受疫情影响，2020 年平菇整体上处于供不应求的状态，与历年相比，2020 年河北省平菇价格相对较高。平菇价格呈现出明显的季节性波动，前三个月价格稍有下降，第二季度则呈现出平稳的上升趋势，在第三季度达到价格最高点，第四季度价格下降后保持平稳。从整体来看，疫情并未改变平菇价格的周期性变动规律，2020 年平菇价格依旧保持这种季节性波动，但是由于疫情的影响，价格最高点出现的较早，与历年最高价格相比，也创造了新的价格高峰。2020 年平菇年度均价为 5.06 元/千克，与 2019 年的 4.73 元/千克相比，增长率为 6.98%，是自 2017 年以来最高的年度均价。

2020 年伊始，平菇就以高于历年同期价格开市，第一季度河北省平菇价格为 4.45 元/千克，与 2019 年第一季度 3.75 元/千克相比，价格增长率为 18.67%。第二季度平菇价格虽未表现出与历年类似的大幅度增长趋势，但是季度价格水平 5.03 元/千克，季度价格与 2019 年同期价格持平，均高于 2017 年、2018 年。第三季度出现价格的最高点，7 月价格达到 8.19 元/千克，是自 2017 年以来价格的最高点，第三季度平菇价格为 7.22 元/千克。第四季度前两个月度价格稍有下降，11 月价格为 3.35 元/千克，12 月价格稍有上升，价格为 3.84 元/千克，第四季度整体上季度均价为 3.92 元/千克，如图 8 - 5 所示。

2020 年，我国平菇平均价格依旧保持明显的季节性波动，月度平均价格为 8.07 元/千克，各个月的平均价格均高于河北省、河南省、辽宁省。河北省虽然是平菇生产大省，但与邻近的山东省、河南省、辽宁省等省份相比完全不具备价格优势。整体上看各省平菇价格走势基本相同，均在第三季度达到一年中价格的最高点后，在第四季度进行价格调整。山东省是我国最大的平菇生产省份，其年产量是河北省平菇产量的两倍，山东省平菇

（元/千克）

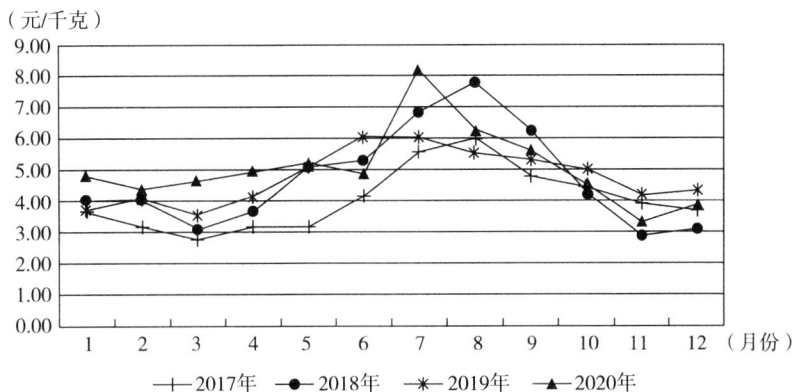

图 8 - 5　2017 ~ 2020 年河北省平菇价格变动

资料来源：食用菌商务网、VIP 蔬菜网、中国农业信息网。

栽培已经形成明显的规模优势，其平菇价格在北方也是有一定优势的。山东省平菇价格较高，2020 年月度均价为 8.38 元/千克，高于全国平均水平。辽宁省平菇月度平均价格为 6.36 元/千克，河南省平菇月度平均价格为 6.30 元/千克，辽宁省与河南省价格较为接近，均高于河北省 2020 年平均价格，如图 8 - 6 所示。

（元/千克）

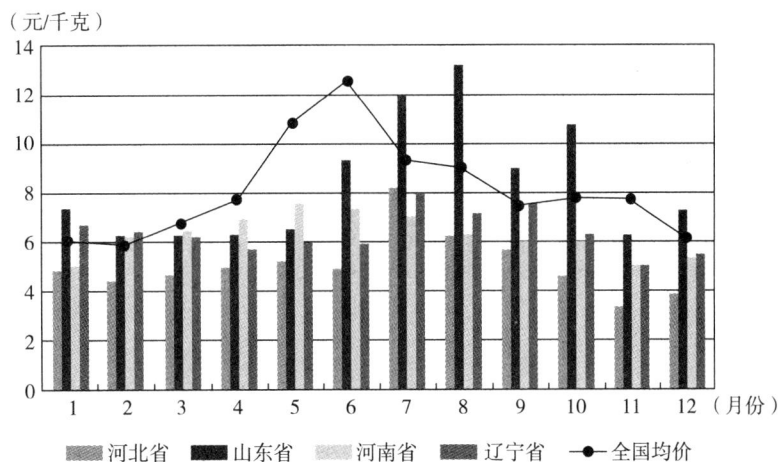

图 8 - 6　2020 年部分省份平菇价格变动

资料来源：食用菌商务网、VIP 蔬菜网、中国农业信息网。

（3）羊肚菌。

2020 年全年羊肚菌价格波动幅度较小，价格走势平稳。2020 年，羊肚菌均价为 1237.4 元/千克，2018 年、2019 年羊肚菌均价分别为 1429.2 元/千克、847.1 元/千克，2020 年整体价格远高于 2019 年，但略低于 2018 年价格。2020 年初，羊肚菌价格略高于 2019 年，但远低于 2018 年初价格。2020 年初，疫情导致羊肚菌生产环节、加工环节以及销售渠道受阻，羊肚菌生产方用工难、有货卖不出去，且疫情导致需求侧减弱，供给侧由于储存成本高、生产成本居高不下，导致整个羊肚菌市场发展较差，其价格低于2018年同期。但整体来看，河北羊肚菌种植已初具规模，长期来看可以应对外部风险冲击。2020年第二季度羊肚菌价格为1187.7元/千克，高于2019年的803.3元/千克，但低于2018年的1287.7元/千克。2020年第三季度羊肚菌价格为1333.3元/千克，低于2018年同期的1666.7元/千克，高于2019年同期价格770元/千克。2020年第四季度羊肚菌价格为1210元/千克，2019年同期价格为748.3元/千克，2018年同期价格为1133.3元/千克，高于前两年同期价格。这与疫情得到控制、各方面复工复产、道路交通阻碍消除、工人返岗、学校复课以及工厂复工、居民健康意识的增强有关，市场上这些因素的变化使得羊肚菌消费市场开始活跃，消费市场的进一步强劲发展给羊肚菌生产者带来了信心，羊肚菌价格开始上涨，如图8-7所示。

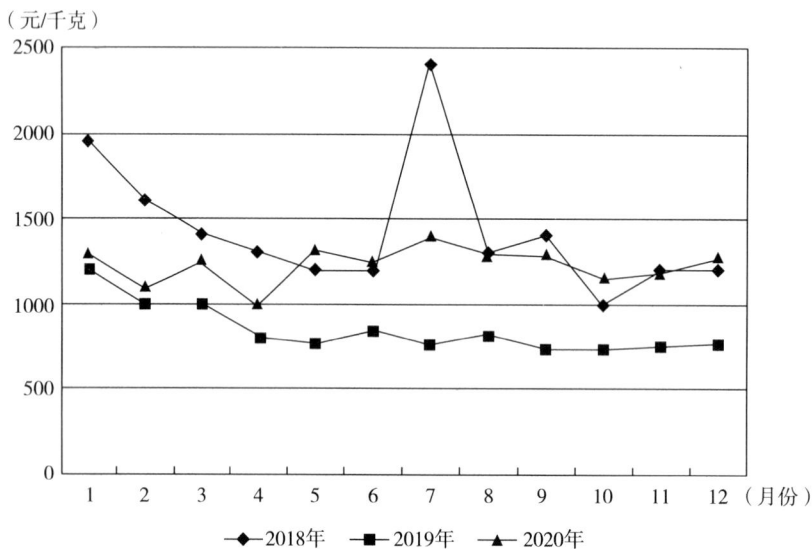

图8-7　2018～2020年河北省羊肚菌月度价格波动

资料来源：中国食用菌商务网。

　　2020年，河北羊肚菌价格与全国羊肚菌价格对比，河北羊肚菌成交价格远低于全国，且年初羊肚菌价格波动较大。与全国价格波动情况不同，年初全国价格稳中上涨，而河北羊肚菌价格在年初却呈现波动下降趋势，第一季度河北羊肚菌均价为1218.7元/千克，而全国羊肚菌第一季度均价为1497.3元/千克，低于全国均价近200元/千克。而年中，河北羊肚菌价格呈现稳中上涨趋势，价格与全国均价基本持平。年末河北羊肚菌价格呈现上涨趋势，第四季度河北均价为1210元/千克，而全国第四季度均价为1322.7元/千克，河北羊肚菌价格与全国进一步缩小，这与疫情得到控制且消费市场大力回升有密切关系，如图8-8所示。

（元/千克）

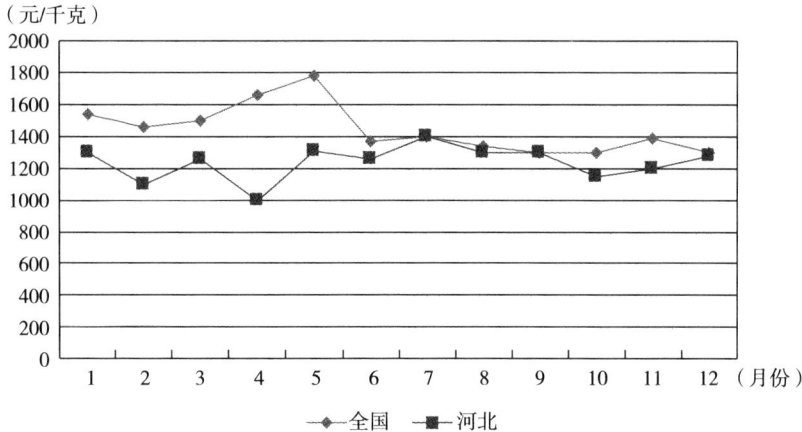

图 8 - 8　2020 年全国及河北省羊肚菌价格波动

资料来源：中国食用菌商务网。

二、河北省食用菌产业综合竞争力分析

依据 2020 年河北省食用菌种植面积、产量、规模、用工、耗水量、投入、产出等基础数据，对河北省食用菌产业中香菇、平菇、黑木耳、双孢菇四大主导产品的生产效率进行了测算，分析认为河北省食用菌产业有如下优势。

（一）河北省食用菌具有规模优势

规模优势指数达 2.34，香菇、平菇、双孢菇和黑木耳的规模优势指数分别为 1.63、3.36、13.03 和 1.83，均具有规模优势。由于双孢菇在种植过程中逐步实现了工厂化，摆脱了对土地的依赖，所以双孢菇在种植过程中规模优势逐步显现出来。香菇多采用立体栽培和架式结构，单产达到 145605.29 千克/公顷（见表 8 - 3），单位面积的土地可以产出更高的产量，这在一定程度上拉低了香菇的规模优势指数，但同时也造就了香菇较高的效率优势指数，综合来看，香菇在河北省大宗食用菌种植中拥有较高的综合优势指数。黑木耳在种植过程中，规模优势指数与香菇相近，但是河北省与黑龙江省相比，黑木耳种植生产技术不够先进，造成了黑木耳单产较低，进而造成其效率优势指数偏低，仅为 0.2。根据计算结果得知，双孢菇效率优势指数为 0.06。指数结果非常低，说明河北省双孢菇生产与其他农作物相比仍有很大差距，究其原因为河北省双孢菇单产低，单产为 12544.86 千克/公顷。双孢菇单产低的很大一部分原因为建棚标准低，人工调控难度大；水、通风不合适；菌种质量等都是影响单产的重要因素。通过计算发现，双孢菇综合优势指数为 0.88，仅比黑木耳综合优势指数略高，位列河北省食用菌四大主要品种综合优势指数第三名。

表8-3　河北省食用菌产业综合竞争力指标

指标	项目	总体	香菇	平菇	双孢菇	黑木耳
产业基本指标	总产量（万吨）	360.15	143.14	73.57	7.69	3.81
	播种面积（千公顷）	23.71	9.83	4.97	6.13	0.86
	单产（千克/公顷）	151897.93	145605.29	148028.17	12544.86	44302.33
	产量全国占比（%）	8.01	18.27	13.84	3.90	0.52
	面积全国占比（%）	11.81	8.23	16.93	6.57	8.37
竞争力指标	规模优势指数（%）	2.34	1.63	3.36	13.03	1.83
	效率优势指数（%）	0.66	2.16	0.80	0.06	0.20
	综合优势指数（%）	1.24	1.88	1.64	0.88	0.60
投入产出指标	土地产出率（元/亩）	65914.48	87900.04	35595.82	73286.00	27636.10
	用工量（工日/亩）	1.24	1.50	1.34	1.11	0.80
	劳动生产率（元/人）	55590.37	58570.13	46584.74	34253.22	60685.10
	产出投入比	1.65	1.77	1.33	1.18	1.73
	成本利润率（%）	65.97	77.31	33.34	37.65	73.48
	单位产品耗水系数（立方米/亩）	35.08	35.00	40.00	40.00	20.00
其他指标	标准化率（%）	90.17	90.03	78.69	95.95	88.00
	优质品率（%）	83.56	84.44	72.72	84.52	83.38
	产品质量合格率（%）	94.98	98.00	89.65	99.68	97.82
	商品率（%）	94.26	94.06	93.32	91.34	92.96

（二）河北省食用菌整体标准化率较高

河北省大宗类食用菌标准化率总体为90.17%，其中，香菇标准化率为90.03%，平菇标准化率为78.69%，双孢菇标准化率为95.95%，黑木耳标准化率为88.00%（见表8-3）。总体来看，河北省整体标准化率较高，其中双孢菇标准化率最高，其主要原因为河北省基本实现了双孢菇工厂化生产，在生产原料、温度控制、出菇质量等方面具有明显优势；香菇和黑木耳的标准化率基本达90%，低于双孢菇标准化率，其主要原因是香菇和黑木耳的栽培模式主要以非工厂化模式生产，在生产中执行生产标准贯彻不到位，导致香菇和黑木耳的标准化率低于双孢菇；平菇的标准化率最低，部分菇农为节约生产成本，常常自留种、自制种或者从技术水平差的家庭作坊式菌种场购种、引进劣质菌种，不但造成菌种退化，还易感染病虫害，严重影响食用菌产量和品质，并且平菇栽培设施建议、条件可控性差，造成平菇标准化率低。双孢菇标准化率达95%，优质品率达84.52%，产品质量合格率为99.68%，3项指标均高于香菇，位列食用菌四大主要品种各项指标首位。

（三）香菇总体竞争力较强

食用菌生产全程需水量少，其中需水量较多的主要为平菇和双孢菇，每亩需水量约为40立方米。香菇等品种需水量中等，每亩需水量约为35立方米。需水量较小的有金针菇、杏鲍菇和白灵菇等品种，每亩需水量约为13立方米。

香菇具有短平快的种植特点，投入产出比为1.77，成本利润率为77.31%，所以成为各地脱贫致富的有力抓手，并且其采用架式栽培和立栽两种方式，空间利用率较高，具有较高的土地产出效率，其每亩产值可高达87900元/亩。黑木耳主要采用地栽模式，对土地空间利用较差，土地产出率较低，每亩27636元，其投入产出比居于第二位，为1.73。双孢菇多采用工厂化种植，土地产出率较高，为73286元/亩，但由于建造厂房、引进技术等固定资产投入较大，所以其产投比较小，为1.18，利润率也较低，为37.65%。

三、河北省食用菌产业发展形势分析

（一）国际市场需求呈现增长趋势

疫情的反复使人们健康意识不断增强，食用菌成为2021年热门食品，国际市场需求不断增加。

（1）美国。

调查显示，美国消费者以接近创纪录的速度在杂货店、商超等零售地点购买食用菌产品，根据零售数据显示，与2019年同期相比，食用菌已成为美国销量最高的三大产品之一，2020年春季和夏季，食用菌周销售量增长20%～40%。食用菌具有鲜味和肉类般的口感，是在素食菜肴中增色添味的上好食材，根据调查显示，40%的消费者尝试过植物型产品，而其中的25%对减少肉类摄入表示赞同，美国等一些快餐店老板也表示，与传统纯肉汉堡相比，由蘑菇制作而成的低脂素汉堡日渐受到青睐。

（2）瑞士。

与2019年相比，瑞士生产者进一步提高了食用菌市场份额。在因疫情导致的国家封锁期间，瑞士餐饮业食用菌销售的剧烈下滑主要由零售业（食用菌销售）所弥补。瑞士食用菌生产者协会表示，自疫情发生以来，瑞士国产食用菌需求增加。2020年1～8月，瑞士双孢菇、杏鲍菇及香菇销量较2019年同期分别增长了10%、13%和11%。在瑞士，有机食用菌的巨大需求为食用菌生产者带来了可观收益及稳定就业机会。2020年，瑞士食用菌市场呈现小幅增长，褐色蘑菇、香菇等有机食用菌销量可观。瑞士食用菌生产商协会表示，2020年，该国褐色蘑菇销量较2019年增长13%，平菇及杏鲍菇的销量也相应增加，而香菇销量较为平稳。

（3）比利时。

2020年比利时褐色蘑菇销售额增长30%～50%，由于疫情期间人们减少了外出就餐，酒店、餐厅等销售渠道基本停滞，但消费者更倾向于在家烹饪，而食用菌则成为理想食材。比利时食用菌生产企业生意略显疲软，在陆续复产复工后仍未达到历年同期水平，并且由于夏季气候干燥，对食用菌产量有所影响，但在全年消费中，褐色蘑菇的需求再次达到旺盛态势。在圣诞节期间短短的几周内，销售额增长了 30%～50%。褐色蘑菇销售额从占食用菌总销售额的 1% 增长至 15%～20%，比利时消费者越来越青睐该品种。

（4）德国。

由于东欧及巴尔干地区对野生菌鲜品的需求迅速增加，促使德国不断从保加利亚和白俄罗斯进口野生鸡油菌，2020 年野生鸡油菌供应时间比往年早，价格高且稳定。除了按照往年的固定产地收购货源外，德国首次在俄罗斯卡卢加购进野生菌。除了鸡油菌，大部分食用菌企业还供应牛肝菌、羊肚菌、黑松露等野生菌。虽然疫情暴发，但由于食用菌企业多从事野生食用菌销售，并未参与人工种植，对企业影响较小，食用菌销售额较 2019 年同期增长了 20%。

（二）国际市场供给出现短暂过剩

（1）波兰。

波兰食用菌生产过剩。由于旅游业停滞、餐馆关张等原因，波兰食用菌需求与往年同期相比极低，以至于该国食用菌产品不得不大量丢弃处理。波兰的食用菌贸易市场一直主要在英国和斯堪的纳维亚国家，为了能将损失降到最低，不得不扩大法国客户群，开拓新市场。

（2）西班牙。

西班牙是最大的野生菌消费国和出口国之一，消费主要集中在餐饮业。2020 年的产季正值第二轮疫情暴发之际，西班牙也采取了新措施防止疫情进一步蔓延，如关闭酒店和饭店，这种情况对野生食用菌的销售造成严重影响。在野生食用菌消费重要地区加泰罗尼亚，整个餐饮业都关闭，因此销售严重受阻。

（三）国内市场结构正在悄然发生变化

食用菌消费集中以国内大循环为主，在满足国内市场的同时，也应该积极"走出去"，除了巩固原有传统国际市场外，还要拓宽食用菌新兴市场，以国际循环来补充国内食用菌供给体系的不足，以"内循环"支撑"外循环"，以"外循环"带动"内循环"，以此促进我国食用菌产业融入全球化进程中，让更多的国内食用菌企业参与到国际市场竞争中，提升综合实力。消费升级带来需求扩大，食用菌的营养价值已经被消费者所接受，越来越多的食用菌产品被推向市场，走上普通百姓的餐桌。庞大的国内消费市场支撑着食用菌生产规模的扩大，也让越来越多的出口企业开始把重心转移到国内，这必然会加剧食用菌行业的"洗牌"，落后企业必然被淘汰。

疫情让更多的人了解到食用菌在提高人体免疫力上的预防作用，促进了食用菌消费市场结构的变化。2020 年受疫情影响，香菇产品品质出现了明显下降，导致销售价格与往年相比有些偏低；平菇反而提前出现价格峰值，达到近五年来的最高价格，处于供不应求的状态；同时，羊肚菌技术逐渐走向成熟，逐步打开市场，进入消费者视野，大球盖菇、灰树花、黑皮鸡枞菌等更多的珍稀类食用菌也走向消费者餐桌；由于疫情的影响，食用菌线上销售量越来越大，特别是黑木耳和香菇在全国蔬菜网络零售热销品类名列前十；食用菌工厂化的优势在疫情中凸显出来，"用工荒"现象将不再成为食用菌产业发展的制约性因素。

四、河北省食用菌产业面临的问题及原因分析

2020 年，突如其来的疫情对食用菌产业造成了严重影响，为生产企业带来了不同程度的影响，物流运输不畅导致的销售困难、工资、租金、水电等刚性支出增大引起经营成本上升，资金运转压力大，收入不确定性因素增加。河北省作为食用菌主产省份之一，在抗击疫情的同时，积极组织复工复产，最大程度地降低了疫情带来的损失，同时，食用菌产业发展出现了新特征，面临着新问题。

（一）菌种繁育水平低，影响产业长远发展

受种质资源匮乏、食用菌新品种认定或审定工作滞后的影响，河北省食用菌菌种繁育水平还比较低，特别是母种、原种受到国外技术控制，二级种也基本上是来自辽宁等其他省份，本省培育的食用菌菌种主要是栽培种。大部分菌种生产企业技术水平偏低，缺乏菌种鉴定及保藏技术，设施设备落后，制种工艺和生产能力较低，尚未形成专业化、规模化的良种繁育体系，不能满足产业发展对优良品种和优质菌种的需求。全省食用菌工厂化专用品种及珍稀菇类专用品种选育慢，新品种选育工作周期长，具有自主知识产权的品种较少，食用菌菌种业发展严重滞后于产业发展。

（二）菌棒生产标准低，影响高端产品产量

河北省优势大宗菇类标准化栽培技术基本成熟，但技术精准化程度较低，食用菌在快速发展过程中，暴露出产业链条配置上的不合理，食用菌产量及产品质量有较大提升空间。以香菇为例，香菇是最大的生产品种，在平泉、阜平和遵化等优势产区，虽然建立了一些标准化菌棒厂，但标准化菌棒生产规模和水平与香菇产业发展需求还有很大差距，特别是具有出口标准的高质量菌棒供应量远远不足，政府还需要在菌棒标准化生产这一环节加大政策及资金支持力度，创新提升与推广新型智能型栽培设施和周年高效模式，保障菇农高质量香菇生产的菌棒需求。

（三）冷链物流档次低，影响鲜品鲜销价值

河北省食用菌产品主要以鲜销为主，食用菌冷链物流虽然有了较大发展，但储运保鲜能力仍旧较差。一是冷藏设备投入小，技术含量低，保鲜冷库保鲜时间短，一般只有 15

天；二是从事鲜销产品分级、分拣、分类、包装等工作绝大部分是古田、庆元等地的经纪人，本地经纪人较少，对食用菌销售控制能力较差；三是鲜品的品牌产品很难发挥作用，品牌效应不显著，消费者很难消费到"平泉香菇"、阜平"老香菇"；四是加工企业少，工艺技术研发薄弱，加工工艺简单，种类单一，加工增值不足食用菌总产值的10%，且以速冻、干制、蘑菇酱等初加工为主，产品精深加工严重滞后。

五、河北省食用菌产业发展对策建议

（一）改进食用菌生产方式

由于食用菌种植的特殊性，对人力依赖性较大，因此，为抗击疫情所施行的限制出行等措施给许多企业带来了致命性的打击。我们也应该注意到，疫情不止给企业生产带来了挑战，同时也为企业发展提供了新的思路，企业应加强技术在生产中的应用，加快现有技术升级，以技术代替人力，不仅可以提高企业生产效率，也可以减小由人力资本变动的不确定性带来的风险。加强科技创新，以提高食用菌质量为核心，进行技术升级、新产品研发和产品推广。利用科技对食用菌的生产方式、生产过程进行创新，优化产业结构，完善产业体系。

（二）加快食用菌工厂化建设

食用菌工厂化可以帮助菇农筛选短周期、头潮菇产量高的专用品种，同时规模化的种植可以降低成本增加产量，并且不受自然条件的限制，摆脱了食用菌产业对天气、环境等的依赖，将出菇环境掌握在自己的可控范围内。菇农可以根据市场行情及时调整市场供应，优先推进食用菌工厂化的建设，不仅有利于现有的食用菌生产企业进行技术升级、技术改造，还可以进行较大规模的食用菌产品生产。政府应出台政策及激励措施，鼓励企业对工厂化的探索，帮助现有的工厂化企业进行技术升级改造，提高产品质量，同时也要对非工厂化企业进行积极引导，鼓励各个菇种的微工厂化的推进。具备资金基础的企业应自主进行对工厂化种植的探索与推进，改善自身经营环境，不断提高产品质量和产量。

（三）加强推广精准化栽培技术

加强对普通农户栽培技术的教育工作，提高农户栽培技术，不断增加农户的生产经验，最终提高农户生产食用菌的效率。分别对种植不同菇种的农户进行专业化的培育，了解不同菇种的生产方式，提高食用菌的质量。同时，促进普通农户和种养基地、种养大户、各大院校的交流和合作，组织专门人员定期进行食用菌栽培技术的培训和指导，并结合政府政策加快食用菌产业的发展。在以后的生产种植中，生产者要充分考虑气候条件以及经济发展特点、市场消费能力、生产原材料资源及劳动力成本等，坚持合理布局，使得各菌种能在不同区域不同季节出菇，实现差异化发展，以市场为导向，根据市场需求不同，因时、因地地选择食用菌栽培品种，针对高端市场应生产品质好、卖相好的产品，而直面消费者餐桌的应选择品相稍差的水菇等。

（四）促进食用菌企业的电商模式发展

食用菌种植多分布于我国贫困地区和乡村，它们大多位于山高路远的地方，自身发展受周围环境等诸多因素的限制。电商是一种以网络为载体的传播媒介，不受环境的影响，超越了物理空间的障碍，通过网络可以让优质的食用菌产品直接面对全国乃至全球的消费者。在就业方面，电商有其独特的优势，灵活的就业岗位，可以吸引更多的年轻人返乡创业，作为农村内生动力激发农村发展活力。按照食用菌企业普通的销售模式进行产品出售，会由于地理位置、交通等其他因素的影响出现各种各样的问题。当下疫情又出现反复之势，食用菌企业可以以网上销售的方式进行产品的出售，通过这种销售方式能够有效地缓解产品积压、流通不畅等问题。以网络为载体的电商模式，可以使食用菌产品直接由菇农销售给消费者，既降低了消费者的购买价格，也提高了菇农的收入。

撰稿人员：张润清

指　　导：李　明　李守勉

参编人员：吕雅辉　徐玉妹

第九章　河北省甘薯产业发展报告

一、河北省甘薯产业发展现状

（一）在全国占有的位置

河北省位于北方春薯区，是我国甘薯主产省之一，常年播种面积100万亩。自2000年以来，随着河北省种植业结构的逐步调整，甘薯面积大规模缩减。2019年，河北甘薯种植面积102.3万亩，位居全国第12位；总产达41.03万吨，居全国第9位；种植面积与总产量分别占全国总量的2.76%、3.71%。单产为6016.70千克/公顷，居第7位，高于全国平均水平，如表9-1所示。

表9-1　2019年我国甘薯主产省播种面积、产量、单产及排名

单位：千公顷，万吨，千克/公顷

地区	面积	排名	产量	排名	单产	排名
河北	68.2	12	41.03	9	6016.70	7
四川	581.0	1	258.84	1	4455.12	18
重庆	334.9	2	165.80	2	4950.73	15
山东	123.2	7	99.88	3	8107.50	2
广东	152.4	5	72.93	4	4785.71	16
河南	112.7	8	64.53	5	5725.60	10
福建	99.3	9	57.90	7	5830.73	9
湖南	126.4	6	63.58	6	5029.99	14
贵州	166.4	4	47.92	8	2879.83	25
江西	83.9	11	35.12	11	4186.51	19
广西	212.2	3	36.68	10	1728.78	27
江苏	36.0	16	23.87	13	6631.50	4
安徽	58.2	13	16.83	15	2891.61	24

地区	面积	排名	产量	排名	单产	排名
浙江	34.6	18	20.37	14	5886.24	8
海南	37.6	15	16.79	16	4464.95	17
云南	57.6	14	12.59	17	2184.95	26
湖北	85.9	10	32.95	12	3836.32	20
陕西	35.0	17	12.09	18	3455.40	22
辽宁	31.7	19	10.04	19	3168.13	23
山西	21.6	20	8.08	20	3738.62	21
吉林	1.4	23	0.71	24	5091.90	13
新疆	2.9	21	2.70	21	9313.63	1
内蒙古	2.1	22	1.30	22	6201.21	6
天津	1.2	25	0.81	23	6773.10	3
北京	1.2	24	0.66	25	5533.10	11
黑龙江	0.8	26	0.42	26	5225.65	12
上海	0.6	27	0.37	27	6214.30	5

从单产来看，河北甘薯单位面积产量总体呈增长趋势，在全国处于领先地位。2019年单产 6016.7 千克/公顷，高出全国平均水平 4474.66 千克/公顷约 1.3 倍，如图 9-1 和图 9-2 所示。

2019 年，河北甘薯产量排在福建、贵州之后，居全国第 9 位，如图 9-3 所示。

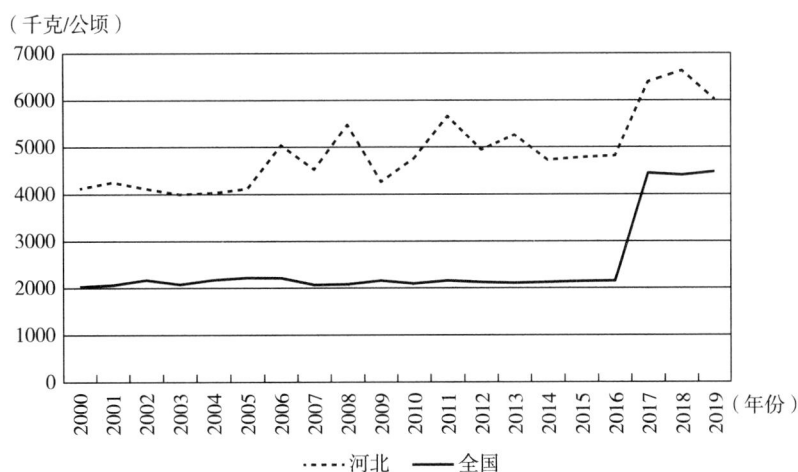

图 9-1　2000～2019 年河北、全国甘薯单位面积产量对比

（千克/公顷）

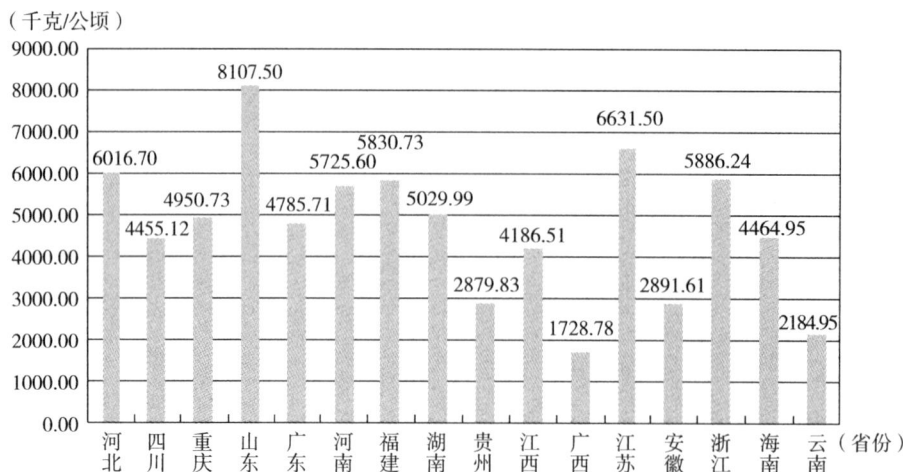

图 9 - 2　2019 年我国甘薯主产省甘薯单位面积产量对比

（万吨）

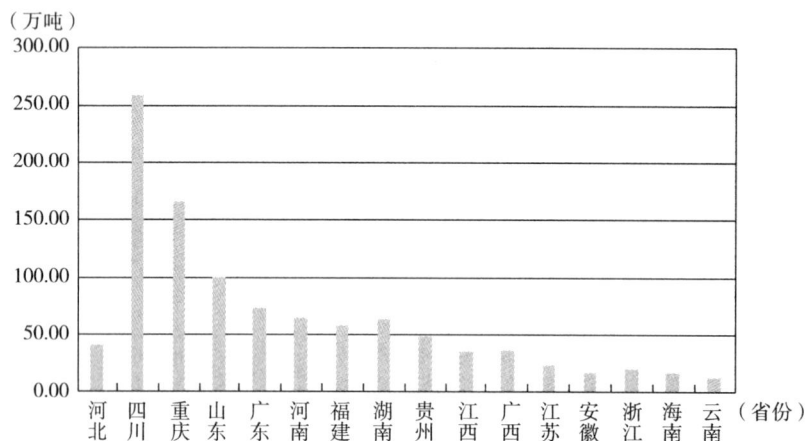

图 9 - 3　2019 年我国甘薯主产省总产量对比

（二）甘薯生产情况

受 2017 年度鲜食型甘薯效益偏高的影响，河北省 2018 年度和 2019 年度甘薯种植面积逐步增加，其中，烟薯 25 种植面积增加幅度最大，所增加面积主要集中在唐山、衡水、沧州、石家庄、邢台等地市平原区，且均以规模化生产方式为主，供应渠道为烤薯连锁、薯脯加工、冰烤薯加工等。其次为济薯 26，以保定、石家庄、邢台、唐山等丘陵或沙壤瘠薄地的重茬连作产区为主；冀紫薯 2 号，以替代紫罗兰为主，面积增加约 20%；种植面积减少的品种当中，龙薯 9 和商薯 19 小幅降低，淀粉型品种受淀粉加工污水排放的影响，面积下降较大。

1. 甘薯种植面积

近年来，河北省甘薯种植面积呈缩减趋势。整体主要分为两个阶段：第一阶段，2000～

2008 年为快速下降阶段，年均下降率为 4.65%；第二阶段，2008～2019 年为缓慢下降阶段，年均下降率为 1.17%。2016 年全省甘薯面积略有增加，之后受鲜食型甘薯效益较高的影响，2018～2019 年河北省甘薯种植面积有增加趋势，如表 9 - 2 所示。

表 9 - 2 2000～2020 年河北甘薯种植面积、产量、单产情况

单位：公顷，吨，千克/公顷

年份	面积	总产量	单产量
2000	235850	947499	4125
2001	222075	902400	4257
2002	215283	869400	4118
2003	185570	819600	3997
2004	161130	671100	4031
2005	151152	625000	4118
2006	147181	744800	5039
2007	105280	565400	4524
2008	111385	666000	5479
2009	109947	497500	4261
2010	106452	531300	4761
2011	101939	566300	5664
2012	98391	497000	4944
2013	95507	505800	5260
2014	84801	460800	4725
2015	94567	456028	4783
2016	99589	468520	4817
2017	48816	310000	6390
2018	63060	418088	6630
2019	68260	410000	6017

2. 甘薯总产量变化

河北省甘薯产量总体呈下降趋势，大致可以划分为以下三个平稳下降阶段：第一阶段，2000～2007 年，整体下降率均位于 5%，平均下降率达 5.2%，究其原因在于河北省温饱问题初步得以解决，甘薯开始逐步退出主粮作物舞台，其间甘薯种植面积快速下降，导致总产量总体下降幅度较大。第二阶段，2008～2011 年，整体下降率均位于 4% 左右，平均下降率达 4.49%，究其原因在于河北省农业种植结构进一步调整，甘薯种植面积进一步下降，但随农业生产技术进步，单产有所增加，总产量下降幅度有所减缓。第三阶段，2011～2019 年，整体下降速度放缓，平均下降率达 2.6%。如图 9 - 4 所示。

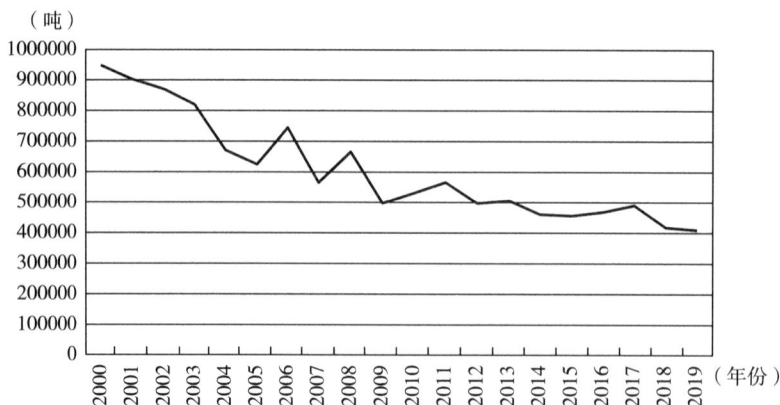

（吨）

图 9 - 4　2000～2019 年河北甘薯总产量变化情况

3. 甘薯单产变化

河北省甘薯单产呈波动增长趋势，大致可以划分为三个阶段：第一阶段，2000～2007年，平均增长率为 2.18%；第二阶段，2007～2016 年，平均增长率为 0.71%；第三阶段，2017～2019 年，整体水平较前两阶段有所提高，年均增长率为 8.87%。如图 9 - 5 所示。

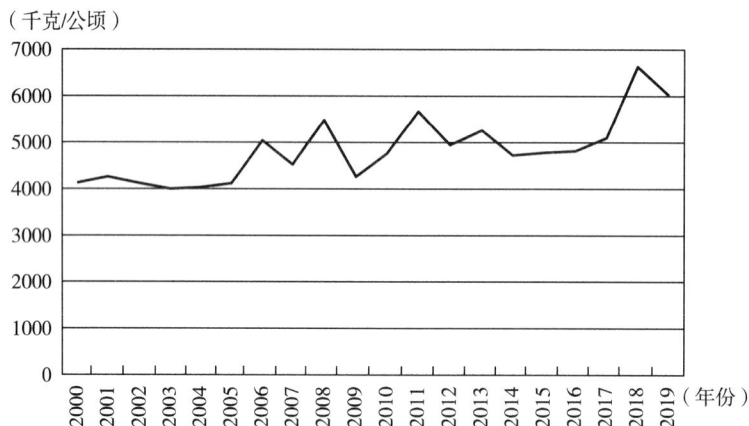

（千克/公顷）

图 9 - 5　2000～2019 年河北甘薯单产发展变化情况

甘薯单产量的增长与新生产技术的推广及采用密切相关，且深受土壤环境与施肥用药量的投入影响。整体来看，河北甘薯单产量呈上升态势，2018 年增长速度明显加快，2019 年有所回落，但仍远高于近 20 年的平均水平。

（三）甘薯生产区域布局

从地区间来看，河北仍以冀中南地区种植为主，占全省种植面积的 71.36%；其次为冀东地区，占比为 26.93%；张承地区种植极少，占比仅为 1.71%。全省甘薯面积在 10

万亩以上的市区有保定（含定州）（23.27 万亩）、石家庄（含辛集）（14.27 万亩）、秦皇岛（18.68 万亩）。

冀中南地区甘薯种植以石家庄、保定种植为主，虽种植面积不断调整，但整体所占比重远超其他地区；邯郸、邢台、沧州、廊坊甘薯种植面积较为接近，且自 2011 年以来，各地种植面积基本稳定于 10.5 万亩，2017 年有所下降，之后缓慢上升；衡水甘薯种植面积经历快速缩减后，于 2011 年稳定于 4.8 万亩，远低于同区域内其他市区甘薯种植面积。如图 9－6 所示。

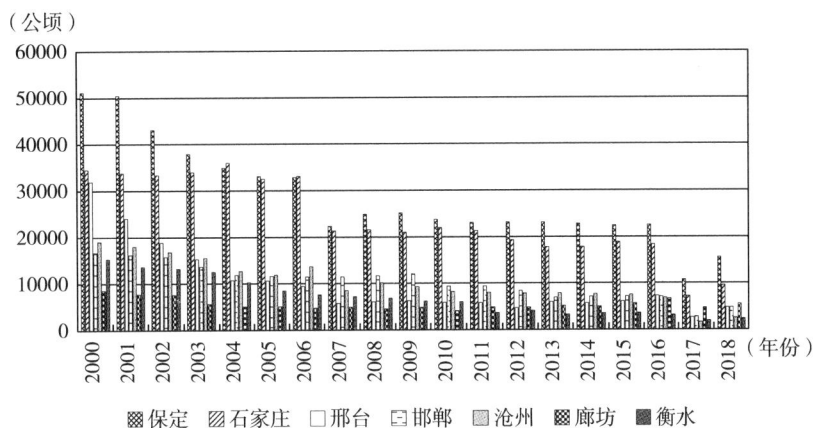

图 9－6 2000～2018 年河北省冀中南地区各市甘薯种植变化情况

2018 年，冀中南地区甘薯种植面积整体增加 19.97 万亩，7 市均有所增加。其中，邢台、邯郸、沧州甘薯种植面积增加最多，增幅分别达到 79%、69%、57%；保定、石家庄、廊坊、衡水甘薯种植面积增幅较少，分别为 44%、33%、17%、21%。如表 9－3 所示。

表 9－3 2018 年冀中南地区甘薯种植面积变化情况　　　　单位：公顷，%

地区	2017 年	2018 年	面积变化	增幅
保定	10743	15516	4773	44
石家庄	7170	9511	2341	33
邢台	2666	4782	2116	79
邯郸	2815	4765	1950	69
沧州	1621	2548	927	57
廊坊	4712	5517	805	17
衡水	1958	2360	402	21

冀东地区甘薯种植历来以秦皇岛为主。自经历甘薯种植面积快速缩减后，2007年始，本区域甘薯种植面积稳定于约35万亩，其中秦皇岛常年种植面积约在22.5万亩，占本地区比重约为65%；唐山常年种植面积约在12.5万亩，占本地区比重约为35%。2018年冀东地区甘薯面积基本维持稳定，增长幅度远低于其他地区。其中，秦皇岛甘薯种植面积有所下降，下降幅度为2.02%；唐山甘薯种植面积增加0.5万亩，如表9-4所示。

表9-4 2018年冀东地区甘薯种植面积变化情况　　　　单位：公顷，%

地区	2017年	2018年	面积变化	增幅
秦皇岛	12709	12453	-256	-2.01
唐山	4196	4526	330	7.86

总体来看，自2014年后甘薯面积年际间呈缓慢增长态势，面积主要分布在冀中南、冀东地区，生产大市主要集中分布在太行山脉丘陵山地和中东部平原区。其中，随土地流转速度不断加快，中东部平原区甘薯面积迅速扩大，占比不断上升。同时，河北地下水治理及鼓励发展耐旱性作物政策，也对河北甘薯种植起到了一定促进作用。

（四）2020年河北省甘薯形势分析及产量预测

2020年全省甘薯种植面积110.7万亩，产量228.4万吨，较2019年有小幅上涨。

种植面积和产量小幅增加。冀中南地区甘薯种植面积比2019年有小幅增加，种植品种以烟薯25、普薯32、北京553、龙薯9号等鲜食型品种为主，占甘薯总面积的60%以上。2020年的甘薯生产季节综合气候条件有利于甘薯生长，产量预计比2019年高。目前，从赵县、晋州、藁城、平山、鹿泉、元氏等县市区调查看，春薯一般亩产在2200千克以上，高产地块能达到3500千克以上。目前甘薯地头批发价格为1.6~2元/千克，批发市场价格为3元/千克，比2019年同期高0.2元/千克。

冀东地区主产县卢龙甘薯种植面积较往年有下降趋势，主要是淀粉型甘薯种植积极性不高。其他县区如昌黎县、抚宁区鲜食甘薯种植面积有所增加；鲜食甘薯基地大多水肥条件较好，产量水平较平稳；部分淀粉型甘薯基地（主要是卢龙北半县）6~7月干旱严重，产量受较大影响。

规模种植大户比例呈上升趋势，2020年秦皇岛地区种植几十亩到几百亩的种植户明显增加，主要在昌黎县、卢龙县和抚宁区。卢龙清喜生态农业有限公司2020年种植面积从2019年的1500亩增加到2000亩。种植品种在单一的烟薯25基础上，增加了哈密、卢选1号两个品种；销售方式上也增加了线上销售、社区直销等模式。种植模式上增加了小拱棚加地膜覆盖种植，可提前上市半个月左右；加之前期市场价格高于2019年，预计总体经济效益将好于往年。

二、河北省甘薯 2020 年度价格波动分析

（一）河北省甘薯产地价格走势分析

通过对甘薯主产区河北、山东、河南以及全国平均价格进行统计显示，2020 年全年河北、山东、河南和全国的月均价格整体呈波动变化，2020 年上半年甘薯价格整体呈上升趋势，其中，在 1~4 月河北、山东和河南 3 个省份的价格基本持平，但略低于全国价格，如图 9 - 7 所示。2020 年下半年甘薯价格呈下降趋势，在 11 月达到最低价格，除山东以外，其他省份低于全国价格，而山东价格略高于全国价格，12 月价格有所上升。

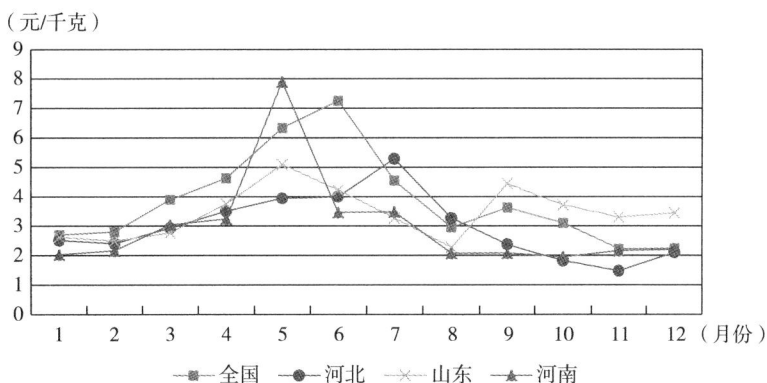

图 9 - 7　2020 年全国、河北、山东、河南甘薯产地月均价格走势

资料来源：一亩田（http://hangqing.ymt.com/chandi/）。

2020 年上半年的价格变化原因主要是因为窖藏红薯的数量下降，赶上春节期间消费者对甘薯的需求不断增加，在这样的供求关系之下，导致 2020 年上半年甘薯价格呈上升趋势，同时也由于上半年疫情的影响，使得甘薯价格处于上升趋势；到了 2020 年下半年，甘薯进入了收获期，甘薯供给量不断上升，导致市场上甘薯价格不断下降，同时疫情的情况有所回转，使交通情况变好，市场上甘薯数量有所回升，到 11 月甘薯价格下降到了最低点。随着甘薯产量的不断减少，价格有所回升。

（二）河北省主栽甘薯品种价格走势分析

（1）龙薯 9 号价格较低，呈波动变化。

2020 年全年日均价为 1.57 元/千克，低于其他 3 个品种，7 月达到了年度最高价格 2 元/千克之后，从 8 月之后价格一直呈走低态势，在 11 月达到了最低价格 1.11 元/千克。主要是因为龙薯 9 号广泛种植于冀中南地区，生产模式多为"早种 + 早

熟"，可较早进入市场，所以在 2019 年上半年龙薯价格稍微高一点，且由于产量较高，并为兼用品种，故深受消费市场的青睐。下半年进入了收获期，受其他品种的影响，龙薯 9 号价格下降，此时多作为种薯出售。同时，河北省的龙薯 9 号除去地头销售之后，多流向于省内批发市场，并占较大的份额。因此，对省内批发市场甘薯价格影响较大。

（2）烟薯 25 维持高价。

烟薯 25 的月均价为 2.89 元/千克，并且在 6 月达到了一年中最高的价格 4.62 元/千克，之后烟薯 25 的价格不断走低，且低于往年的价格，且整体呈下降趋势（见图 9-8），主要是因为烟薯 25 是好吃的烘烤型地瓜品种，窖薯产量少，还销往北京和天津等地，因此价格高于其他甘薯品种，所以很适合商业化生产。但是由于烟薯 25 利润较高，吸引很多薯户种植该品种，收获期烟薯 25 数量大幅度增加，导致价格不断下降，使得 2020 年烟薯 25 的价格普遍较低。

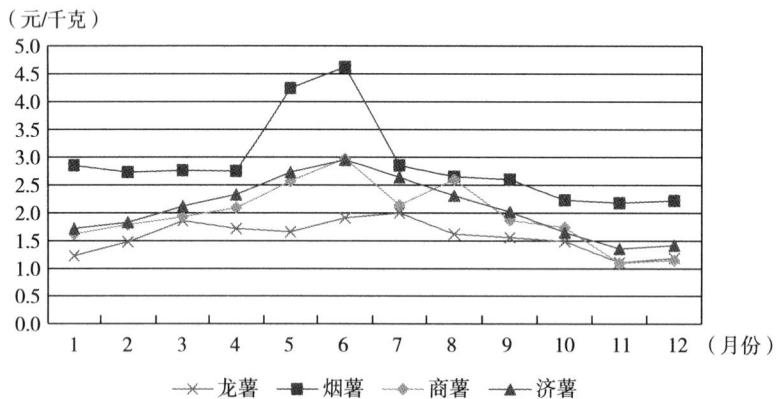

图 9-8　2020 年全年河北省主栽甘薯品种的价格走势

（3）商薯 19 价格呈波动下降趋势。

河北省在各个地区均有种植商薯 19，且商薯 19 的市场均价为 1.96 元/千克，最高价格为 2.97 元/千克，最低价格为 1.1 元/千克，价格整体呈下降趋势，且下降趋势呈波动状态（见图 9-8）。商薯 19 主要是省内销售，同时商薯 19 作为新一代国审品种，有着极其优良的品质以及极高的产量，由于该品种有着适合食用及加工的双重性能，所以该品种在河北市场需求极大，预计未来商薯 19 的价格会上升。

（4）济薯 26 价格有下降趋势。

目前济薯 26 也在逐步作为商品化红薯。2020 年济薯 26 的平均价格为 2.09 元/千克，呈先上升后下降的趋势，在 11 月达到最低价格 1.36 元/千克，整体是波动下降的态势（见图 9-8）。主要是因为山东省大量种植济薯 26，市场上较多，价格就会普遍较低。济薯 26 是优质鲜食型甘薯新品种，该品种兼具优质、高产、抗病、耐贮藏等特点。薯形长纺锤形，结薯整齐集中，商品率高达 95%。该品种特别适合烘烤和蒸煮，红皮黄瓤，收获即食，风味极佳。

综上所述，河北省甘薯市场价格变化主要受全国各个产地甘薯价格的影响，另外，受河北省主栽品种价格方面的影响和 2020 年疫情的影响；同时，2020 年各个品种的甘薯价格都普遍呈先上升再下降的趋势，但烟薯 25 的价格还是高于其他 3 个品种（见图 9 - 8），同时由于疫情的影响，使 2020 年河北省各个甘薯品种的价格都高于以往每年甘薯品种的价格。

（三）河北省甘薯批发市场价格走势

1. 甘薯价格月环比呈波动上升趋势，年同比呈下降趋势

数据显示，2020 年上半年，河北省批发市场甘薯月均价均低于 2018 年和 2019 年，三者之间的价格差异较为明显，主要是因为受疫情的影响，储存数量较大以及交通运输不便，使今年甘薯的价格略低于前两年的价格，直到 2020 年 7 月，3 年的价格无明显差异。虽然 2020 年整年甘薯批发市场价格呈走低态势，但 5～6 月价格升幅比较明显，使整体价格进一步上升，但在此之后价格呈下降态势，并在 9 月达到了最低价格，此后价格稍有上升的趋势。2020 年较 2019 年相比，价格略有下降，下降幅度为 28.25%，同时 2020 年 8 月的下降幅度最大为 29.41%，如图 9 - 9 和表 9 - 5 所示。

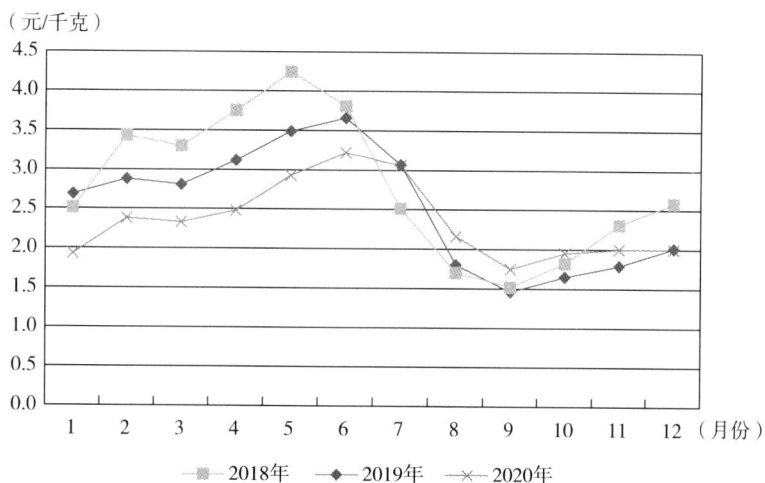

图 9 - 9 2018 年、2019 年和 2020 年河北省甘薯批发市场的甘薯月均价格

资料来源：石家庄桥西蔬菜批发市场有限公司（http://qxsc.net），表 9 - 5 同。

由表 9 - 5 可知，2020 年末河北省甘薯价格的竞争力良好，但是从整体来看，2019 年河北省甘薯在市场上的认可度没有得到很大的提升，因此要注重不同季节变化对甘薯造成的影响，从而促进河北省甘薯价格有较好的市场竞争力。

表 9 - 5　2020 年全年河北省批发市场的甘薯价格变化　　　　单位:%

时间	月环比	年同比
1 月	- 3.98	- 28.25
2 月	23.32	- 17.36
3 月	- 2.10	- 17.08
4 月	6.44	- 20.51
5 月	18.15	- 16.05
6 月	9.90	- 12.02
7 月	- 4.97	- 0.33
8 月	- 29.41	20
9 月	- 18.98	19.86
10 月	11.43	18.18
11 月	2.56	11.73
12 月	10.50	9.95

2. 河北省甘薯市场价格与全国平均价格比较分析

全国平均和河北省甘薯市场价格都呈波动下降趋势，但后期波动程度不同。2020 年河北市场均价为 2.36 元/千克，最高价格为 3.22 元/千克，最低价格为 1.75 元/千克，整体波动幅度较为明显。2019 年上半年河北省甘薯的价格略低于全国平均价格，于 9 月与全国平均价格持平，随后呈阶梯式下降态势，并高于全国平均价格。进入下半年后，全国和河北甘薯价格迎来了大幅度下降状态，并且河北甘薯的价格高于全国平均价格，价格出现持续波动，一直持续到年末，如图 9 - 10 所示。综合以上分析得出，上半年主要是因为窖藏薯的数量减少，导致河北省甘薯的价格上升，同时也要注意南方新薯上市对省内市场造成的冲击。下半年主要是由于丰收季节，甘薯的供应量大幅增加，导致甘薯的价格下降。

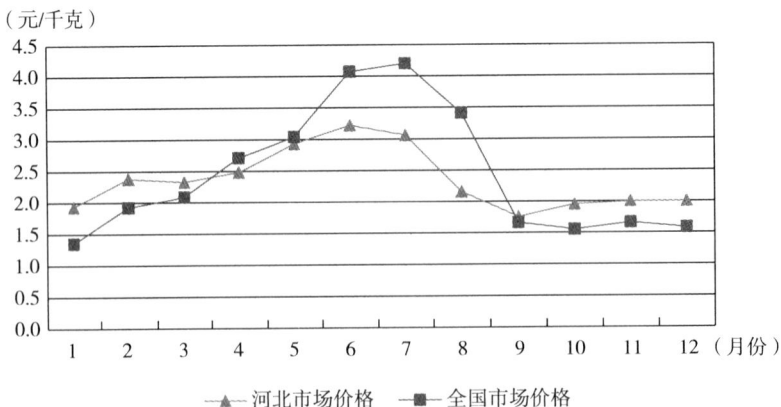

图 9 - 10　2020 年全国和河北省甘薯批发市场的甘薯月均价格

资料来源：北京新发地市场和石家庄桥西蔬菜批发市场有限公司（http://qxsc.net）。

综合 2020 年甘薯价格走势，当前，河北省本地甘薯销售完毕，进入了窖藏薯阶段，河北省内甘薯主要以南方新薯为主，在此段时期内，省内甘薯价格将基本保持稳定态势。此外，受甘薯品种、储藏损耗及自然灾害的影响，预计本地新薯销售中后期价格大幅度下降可能性不大，可能继续保持上年度原有价格及走势。

三、河北省甘薯产业竞争力分析

（一）资源竞争力

河北省位于北方春薯区，终年光照充足，雨热同期，在甘薯生长期降水量可达 450 毫米，有助于甘薯薯块形成。东中部地处华北平原，地势平坦，土壤肥沃，适合甘薯大规模种植；西邻太行山脉，以山地丘陵地形为主，多沙质土壤，土质疏松，透气性良好，不易出现土壤板结，且昼夜温差大，十分利于甘薯薯块膨大与生长。

（二）科技竞争力

甘薯种薯种苗是甘薯产业的核心科技，河北省的种薯种苗企业发展位居全国前列。以邯郸市禾下土种业有限公司、石家庄慧谷农业科技有限公司为代表的种苗企业，用试管苗当年生产脱毒原种薯，直接给种植大户提供种薯，并在全国建立连锁育苗体系，实现产地供苗，服务面向全国。这些种苗企业拥有专业的繁育团队并积极与科研院所展开合作，致力于脱毒种薯种苗培育及脱毒种苗检测。其拥有自身特有的育种育苗手段，严格把控种苗生产过程，进行种苗标准化生产，并建有种薯种苗追溯体系，以保障生产安全。以邯郸市禾下土种业有限公司为例，2018 年共销售种苗 2.6 亿株，种薯 210 万斤，并建立产品服务品牌"亿甲宁"收入 360 万元，服务全国 50 亩以上规模种植户达 526 家。

（三）加工企业竞争力

河北省甘薯淀粉加工型企业主要集中于秦皇岛卢龙县内，现共有龙头企业 4 家，分别为：秦皇岛光友薯业有限公司、秦皇岛大天龙食品有限公司、秦皇岛十八里食品有限公司和卢龙县卢龙镇兴军粉丝厂，成规模企业达 16 家，共有生产企业 150 家，配套生产企业 700 家，配套服务企业 800 家，中介服务机构 1 家，主要生产精制淀粉、粉丝、粉皮、白酒、方便面粉丝、冷面、薯脯、薯香酥等 10 多种产品，主要销往东北地区、华北地区、华南地区，占据国内市场份额 21%，国际市场份额 3%。

河北省甘薯鲜薯加工主要集中于邢台广宗县及邯郸邱县地区。以邢台广宗县广顺园为例，现生产车间拥有专业设备达 400 余套，年加工能力 6 万吨。主要生产红薯果脯、蜜饯类产品，并根据市场需求，不断创新、研发，开发红薯食品达 10 余种。同时，企业积极以电子商务为切入点，通过"拼多多"电商平台，逐步延伸以红薯为原料的产业链，努力提高产品附加值，把甘薯产业推向规模化、标准化、品牌化，力争构建一个体系产业化、市场化的红薯生产和加工基地。

（四）品牌竞争力

河北省甘薯产业在种苗生产中占据重要位置，其中邯郸市禾下土种业有限公司的"禾下土"品牌主打种薯种苗培育及销售，优质种薯种苗供应全国各地。慧谷公司拥有多家种苗的授权许可，在全国具有较大影响。

商品薯品牌影响力较大的有邯郸邱县区域公共品牌、邯郸市禾下土种业有限公司"观兵台"和高端商品薯"52度良作"。从2018年度甘薯销售情况来看，邱县蜂蜜甘薯整体质量较好，并较其他地区同品种甘薯每千克平均高出4元。慧谷公司为自有高端商品薯品牌"52度良作"，并与"薯立方""一亩田""冰冰薯""薯之语"等多家企业建立了长期战略合作，与薯界合作伙伴一起推动甘薯产业健康发展。

（五）区位竞争力

河北省环绕京津两大消费市场，构成了巨大的市场容量，为甘薯生产提供了广阔的市场空间。同时，河北省甘薯种植以鲜薯型甘薯为主，淀粉加工型为辅，也有利于河北省在鲜薯型甘薯领域形成较强竞争优势。目前，河北省在鲜薯型甘薯深加工产品，特别是薯脯、薯干、冷制烤鲜薯等产品方面，较周边省份占较大优势；此外，河北省淀粉型甘薯加工领域已占据国内市场份额21%，国际市场份额3%，在全国同类产品中占有较大市场占有率和较强竞争优势。

四、河北省甘薯产业发展存在问题及原因分析

（一）种苗市场混乱，质量良莠不齐

当前河北省虽已有部分成规模甘薯种薯种苗企业，但仍多以家庭作坊或中小型种苗企业生产为主，其生产技术多较为落后，无法做到完全脱毒处理，加之分布较为分散，造成种薯种苗市场相对混乱，无法达到统一监管。此外，甘薯繁育及推广体系不健全，栽培、施肥、病虫害防治等栽培管理不规范，品种更新换代慢等导致甘薯病毒多代传染，造成品种混杂、退化严重、产量低、品质差、效益低。加之缺乏合理的轮作倒茬，造成甘薯线虫病、黑痣病等病虫害普遍发生，不仅降低了甘薯内外在品质，药剂的大量施用也增加了生产成本。

（二）跟风问题突出，种植风险加大

近年来，受甘薯种植效益提高的影响，种植户积极性普遍高涨，引发种植面积盲目扩大。同时，部分非农业从业人员也纷纷瞄准商机涌入甘薯种植行业，但由于其自身较为盲从，缺乏相应种植知识及市场意识，从而导致种植风险加大。

（三）片面追求高产，过度施肥用药

河北省甘薯种植大多为短期土地流转方式经营，由于种植时限较短且加之轮作倒茬，往往为维护自身收益而盲目加大化肥、农药施用量，造成土壤板结、土壤带毒性增加，从而陷入生产恶性循环，导致甘薯品质不断降低，农资成本不断增加。

（四）机械化程度较低，缺乏专用机械

当前，河北省甘薯种植机械化程度仍较低下，且缺乏相应专用机械。用工量最大的育苗、移栽、收获等环节上仍需人工完成，从而导致甘薯生产中人工成本不断增加，甘薯种植效益有所降低。同时，在机械使用中除小部分环节可用通用机械完成外，诸多环节仍以专用小型机械完成，该型机械配套动力较小，且往往需中断作业进行维护，从而导致河北省甘薯生产整体效率较为低下。

（五）组织化程度低，产业发展水平低

河北省甘薯种植户多数为大户种植，产业组织化程度较低，分散经营、分散销售，缺乏大型龙头企业公司的带动，产业链条较短，加工品仅是红薯粉条、红薯干，深度加工不够，产业增值较少，产业发展水平较低。

五、河北省甘薯产业发展对策建议

（一）规范甘薯育苗管理

目前，甘薯育苗形式多样，甘薯苗质量品质参差不齐。2020 年，部分公司的种薯质量出现问题，对于育苗大户效益影响较大，建议政府的相关种业部门加大甘薯种苗的检测与监管。

（二）加快鲜食甘薯品种培育

将甘薯鲜食专有品种列入未来发展计划，避免同质化恶性竞争，为甘薯新品种选育提出了新的要求。随着市场的变化，一些品质好、效益高的品种正逐渐被一些种植大户、合作社接受，如卢龙县发展的哈密品种、邱县发展的蜜薯品种等，目前发展势头很好，可以丰富甘薯市场和消费者的餐桌。

（三）引导经营主体差异化种植

2020 年甘薯品种结构发生较大变化，鲜食甘薯更加注重品种的品质。2020 年主推品种有所变化，由以烟薯 25 为主逐渐转向以普薯 32 为主，冀紫薯 2 号、冀薯 98、济薯 25、济薯 26 等品种面积上升较快，尤其是冀薯 98 薯苗供应量严重不足。冀东地区淀粉型甘薯

传统品种"卢选 1 号"面积显著下降，"济薯 25"面积明显增加；鲜食型甘薯以"烟薯 25"为主导产品，同时"北京 553""济薯 26""西瓜红""哈密"等鲜食型品种都占一定的市场份额。引导经营主体认识到品种更新趋势，指导农民因地制宜选择。受种植面积下滑影响，本年度鲜食型甘薯销售价格普遍偏高，优新品种更新加快，新品种销售通道畅通，优质优价趋势加快，但仍存在个别品种有价无市，可能与宣传过度有关。

（四）延伸甘薯产业链

对于鲜食型甘薯，加大储藏设施建设，延长甘薯上市时间；对于淀粉型甘薯，加大对甘薯的淀粉生产企业的项目支持。鼓励甘薯精深加工系列产品的研发，促进产业纵深化发展。

（五）积极开展网上销售

应对疫情影响，支持甘薯企业线上销售，积极开展线上电商平台的推广和应用。政府通过增加银行贷款等金融服务政策，缓解薯类生产相关企业因受疫情影响造成的原料成本提高、人工费用提高等资金周转紧张问题，帮助企业渡过难关。受境外疫情影响，企业应继续加强疫情防控，在采取必要防控措施下，积极开展线上电商平台的推广和应用。

撰稿人员：王　哲

指　　导：马　恢

参编人员：马志民　杜德玉　杨志辉　高清海　聂庭彬　刘　强

第十章 河北省马铃薯产业发展报告

一、河北省马铃薯产业发展现状及趋势

2020 年全省马铃薯种植面积 235.4 万亩，产量 515.6 万吨，与 2019 年基本持平。一作区总体生产形势平稳，二作区略有小幅上涨。

（一）河北省马铃薯产量变动及趋势

河北省马铃薯总产量呈现较大的波动性且有上升的趋势。2000 ~ 2019 年，河北省马铃薯的总产量增加了 74.03 万吨，平均每年增加 3.70 万吨。在 2009 年马铃薯年总产量达到历史最低水平，为 20.49 万吨。随后产量水平快速反弹，马铃薯年总产量在 2018 年达到历史最高水平，为 106.06 万吨，上涨幅度为 417.62%，绝对量增长值为 85.57 万吨，较 2017 年环比增长速度为 3.25 个百分点，变化幅度较大，如图 10 - 1 所示。

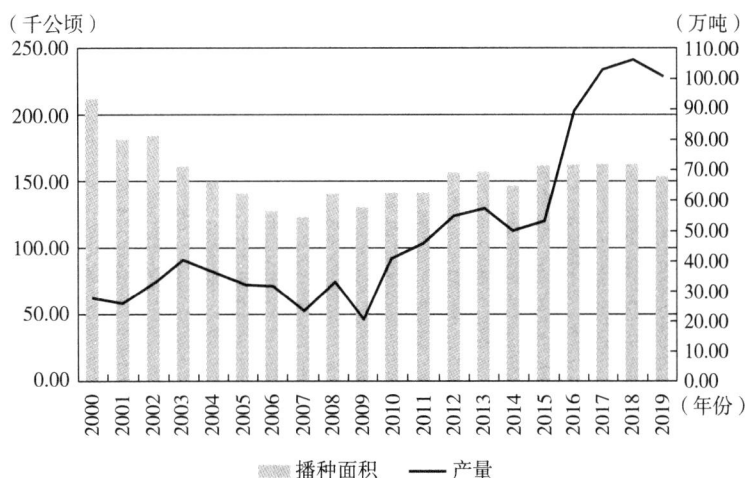

图 10 - 1 2000 ~ 2019 年河北省马铃薯产量与播种面积走势变动

资料来源：国家统计局网站（http：//data. stats. gov. cn）、《中国农村统计年鉴（2020）》。

2010 年后，河北省马铃薯产量上升明显。2009 年，河北省马铃薯产量有一个明显的转折点，2009 年之前，河北省马铃薯产量比较平稳，2009 年之后，河北省马铃薯产量急剧增长。2000～2019 年，河北省马铃薯产量受到不同因素的影响，产量大幅波动。

（二）河北省马铃薯播种面积变动分析

河北省马铃薯播种面积稳中有降。马铃薯的播种面积从 2000 年的 211.52 千公顷减少到 2019 年的 154.20 千公顷，减少了 57.32 千公顷，年均减少播种面积 2.87 千公顷。2000～2019 年，河北省马铃薯的播种面积一直保持在 120 千公顷以上。2000 年为 20 年来历史最高值 211.52 千公顷，2007 年达到 20 年历史最低值 123.45 千公顷，下降了 88.07 千公顷，累计下降幅度为 41.64%（见图 10 - 1）。

2009 年河北省马铃薯播种面积也有一个明显的转折点，2009 年之前，河北省马铃薯播种面积持续下降，2009 年之后，河北省马铃薯播种面积波动平稳。

（三）河北省马铃薯单产变动分析

马铃薯单产呈现较大的波动性并且具有上升的趋势。2000～2003 年河北省马铃薯单位面积产量呈上升趋势，2000 年为 1284.51 千克/公顷，2003 年上升为 2448.85 千克/公顷，上涨幅度为 90.64%。但 2004～2009 年单产又开始波动式下降。2010～2015 年单产又波动式上升，2015 年之后单产开始持续上升。从 2000 年的 1284.51 千克/公顷提高到 2019 年的 6563.90 千克/公顷，提高了约 411%。近二十年河北省马铃薯单位面积产量在 2000 年最低，为 1284.51 千克/公顷，在 2019 年马铃薯单位面积产量达到最高，为 6563.90 千克/公顷，上涨幅度约为 411%，如图 10 - 2 所示。

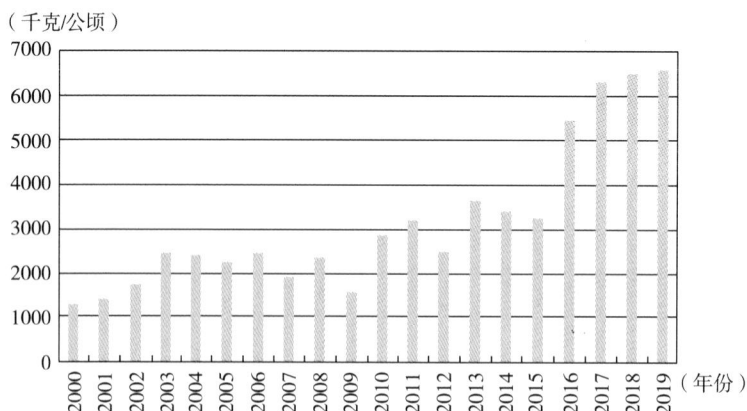

图 10 - 2　2000～2019 年河北省马铃薯单产走势变动

资料来源：国家统计局网站（http：//data. stats. gov. cn）、《中国农村统计年鉴（2020）》。

2009 年河北省马铃薯单位面积产量有一个明显的转折点。2009 年之前，河北省马铃薯单产有持续上涨的趋势，2009年突然下降，2009年之后，河北省马铃薯单位面积产量又呈上涨趋势。

（四）河北省马铃薯区域生产布局

1. 生产布局存在非均衡性

从河北省整体分布而言，马铃薯种植面积主要分布在张家口和承德等地。整理《河北农村统计年鉴（2019）》马铃薯数据如下，全省各市马铃薯播种面积从大到小依次为张家口、承德、秦皇岛、唐山、保定、石家庄、邢台、邯郸、衡水、沧州、廊坊。张家口是马铃薯播种面积和总产量最大的地区，2019年，张家口、承德和秦皇岛马铃薯的播种面积分别为83.271千公顷、49.740千公顷和8.679千公顷，产量分别为2409158吨、1965774吨和267284吨，其总播种面积占全省的86.9%，总产量占全省的87.54%。其他地区虽有种植，但面积不大，总产量也不高，产品主要作蔬菜用，加工利用的比率极低。沧州单产水平最高，达44217千克/公顷，其次为承德、衡水、保定，单产水平均超过32302千克/公顷，如表10-1所示。

表10-1 河北省主要区市马铃薯面积产量及单产情况（鲜重）

单位：公顷，吨，千克/公顷

地市	播种面积	总产量	单产
石家庄	2266	47364	20902
唐山	7972	250492	31421
秦皇岛	8679	267284	30797
邯郸	1010	30386	30085
邢台	1217	38155	31352
保定	7776	251182	32302
张家口	83271	2409158	28932
承德	49740	1965774	39521
沧州	313	13840	44217
廊坊	272	5187	19070
衡水	614	23978	39052

资料来源：《河北农村统计年鉴》。

2. 一作区生产形势

（1）张家口地区。

随着张家口坝上地下水压采工作的不断深入，2020年张家口马铃薯种植面积较2019年有所减少。主栽品种为冀张薯12号、费乌瑞它、冀张薯8号、大西洋、夏波蒂、冀张薯5号等，生产品种趋于向黄皮黄肉、口感好、抗性强、产量高、耐储运的方向发展，一些薯型不好、产量低、抗病性差的品种，逐步被淘汰。大田马铃薯规模化种植开花期长势与往年相近，农户种植部分地块前期出现了一定的干旱，中后期因有降雨，旱情有所缓解，长势略差于往年，平均亩产能达 1750 千克。总体来说，有灌水条件的公司和种植大户的平均亩产较高，冀张薯 12 号为 3500 千克，希森 6 号为 3500 千克，费乌瑞它为 3000 千克，V7 为 3500 千克，中加 2 号为 4000 千克。散户单产相对较低，为 1000～1500 千克。

马铃薯繁种田长势较好，与往年相同，平均亩产能达 3000 千克以上。微型薯和种薯以企业、种植大户、散户多种形式种植。微型薯以冀张薯 12 号、希森六号、中加 2 号、V7、雪川红、V8、V9、费乌瑞它等为主，种植面积约为 2500 亩，按每亩微型薯生产 20 万粒计算，生产微型薯数量约为 5 亿粒。种薯以冀张薯 12 号为主，亩产达 3000 千克以上。

（2）承德地区。

2020 年承德市马铃薯商品薯种植面积与 2019 年相比基本持平，全市总产量为 225 万吨。微型薯栽植 5000 亩，预估微型薯产量 1.2 亿粒，占全国 7% 的产能。种植大户平均亩产达 3500～4000 千克，高产户达 4000～5000 千克，普通种植户亩产达 2000～3000 千克。商品薯的质量有了较大提升，薯形好、品质优，承德马铃薯得到市场的广泛认可。

2020 年承德地区马铃薯茎基腐病及晚疫病发生，且 8 月以后进入干旱天气，几乎没有自然降雨，马铃薯生产受到严重影响，围场四区尤为明显，收获时产量较低，一般在 1500～2500 千克，薯块个头小，形状差，加之四区土壤为黑土，销售价格较低，一般在 0.8～1.3 元/千克，造成田间滞销，大部分农户全部入库。2020 年丰宁、围场坝上区域种薯面积约为 3 万亩，按照亩产 3000～3500 千克计算，种薯总产量约 9 万～10.5 万吨。2020 年坝上区域气温较往年偏低，马铃薯生长缓慢。进入 9 月，因极端天气异象和大灾之年的畏惧心理，坝上地区的种植大户纷纷提前秋收，全面开市，与坝下种植户进行市场的争夺，因此产量较往年偏低，一般在 3000～3500 千克/亩，市场价格低迷，几乎达到给钱就卖的局面，大部分种植户进行了冬储。但优质优价仍是不变的规律，对于管理好、品系正的高产户，收益仍然较高。

3. 二作区生产形势

因近两年马铃薯及下茬蔬菜价格较好，农民积极性较高，2020 年二作区马铃薯市场销售地膜马铃薯价格好于 2019 年，农民对 2021 年马铃薯种植积极性较高，种植大户已开始为下年开春做准备，包括种薯预定、地块预留、有机肥备储、农机具备购等工作。

随着品种的更新、种植技术水平的提高，高产田、高产户不断增多。V7 品种在御道口、张家湾、城子等地亩产均达 4500 千克以上，高产户达 5000 千克以上。希森六号在大部分区域均获得了较高的产量，是比较稳定的品种，但应注意茎基腐病的防控与植株控旺的管理环节。高产的取得与专业的田间管理、正宗的品系来源密不可分，实验二号、大丰三号等部分品种具有较高的推广价值。

（五）河北省马铃薯加工情况分析

马铃薯生产过剩势必推动深加工企业扩大产能，同时研发新的产品，不能仅停留在淀粉、薯条、薯片行业，两者会相互影响相互促进，马铃薯产业的稳定离不开深加工企业的发展。但总体来看，马铃薯深加工环节依然薄弱，转化能力低。承德马铃薯加工以淀粉和淀粉制品（粉条、粉丝、粉皮等）为主，年加工转化马铃薯 20 万吨，生产淀粉 3 万吨。2020 年，加工薯的价格较往年高，一般在 600～850 元/吨，销售顺畅。对于产量高的种植户，入库前均进行了严格的清选，对小薯进行了销售。对于商品性差、销售困难、资金短缺的种植户，把产品卖到淀粉厂已经成为一条收回资金的备选渠道。

二、河北省马铃薯市场价格年度波动分析

（一）2020 年河北省马铃薯均价变动分析

1. 河北省马铃薯日均价格先上升后下降再小幅上升

据全国农产品批发市场价格信息系统对河北省马铃薯价格的实时监控数据显示，2020年河北省马铃薯价格总体走势可以分为三个阶段：第一阶段，先上升后下降再小幅上升。1 月至 3 月中下旬，河北省马铃薯价格快速上升，上涨幅度较大，于 3 月 23 日达到全年最高价格水平 3.36 元/千克。第二阶段，3 月下旬至 10 月上旬，马铃薯价格持续下降，于 10 月 4 日达到全年最低价格水平 1.43 元/千克，特别是在 5 月上旬至 6 月上旬期间，马铃薯价格下降幅度较大。第三阶段，10 月中旬至 12 月底，马铃薯价格又出现短暂上升，但上升幅度较小。从季度来看，2020 年河北省马铃薯价格呈高开低走态势。一季度马铃薯价格相较最高，且上升劲头强劲；二季度马铃薯价格波动较大，但下降趋势明显；三季度价格持续下降；四季度价格最低，且价格上升势头不足。如图 10 - 3 所示。

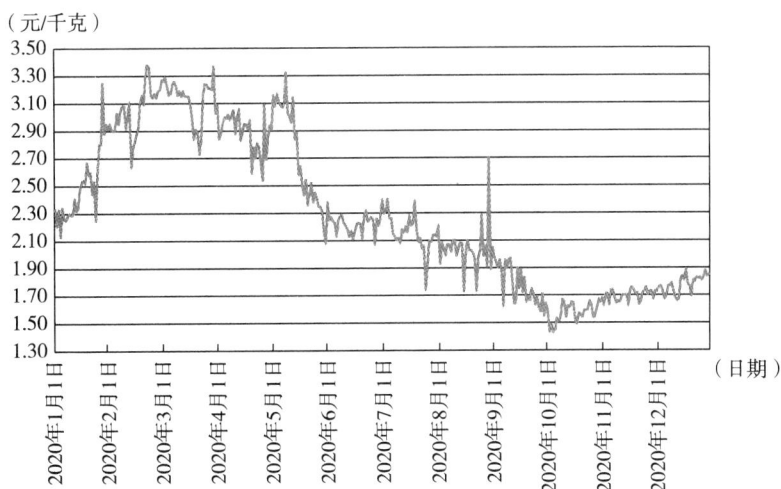

图 10 - 3　2020 年河北省马铃薯日均价格波动

资料来源：全国农产品批发市场价格信息系统，http：//pfscnew. agri. gov. cn/。

2. 河北省马铃薯月均价格波动较大

对比近三年河北省马铃薯月均价格，发现 2020 年马铃薯价格波动幅度最大，且价格最不稳定。从图 10-4 中可见，2018 年、2019 年马铃薯价格下降分别出现在 7 月、6 月，但 2020 年马铃薯价格在 4 月就出现了明显下降，且价格下降趋势持续到 10 月。从上半年马铃薯价格来看，近三年马铃薯价格逐年上涨，2020 年马铃薯价格最高，为 2.74 元/千克，2018 年马铃薯价格最低，仅为 1.62 元/千克；从下半年马铃薯价格来看，2019 年马铃薯价格最高，为 1.87 元/千克，2020 年马铃薯价格次之，为 1.84 元/千克，2018 年依旧处于最低价格水平，仅为 1.68 元/千克。

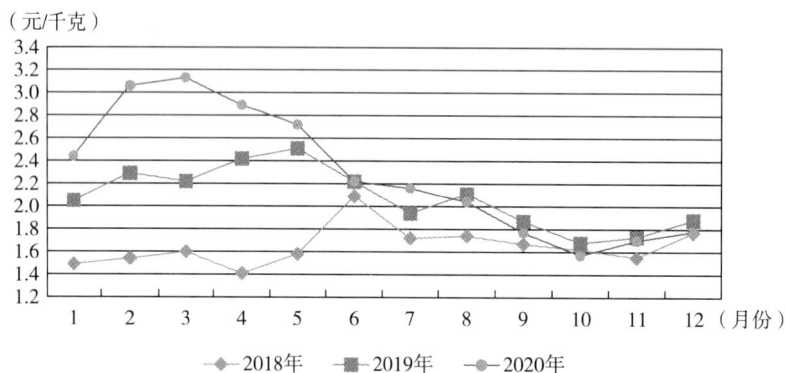

图 10-4　2018~2020 年河北省马铃薯月均价格波动

资料来源：全国农产品批发市场价格信息系统，http：//pfscnew. agri. gov. cn/。

3. 河北省马铃薯价格低于山东以及全国平均水平

根据图 10-5 可以看出，对比山东省、甘肃省以及全国均价，2020 年河北省马铃薯价格低于山东及全国均价，略高于甘肃省。

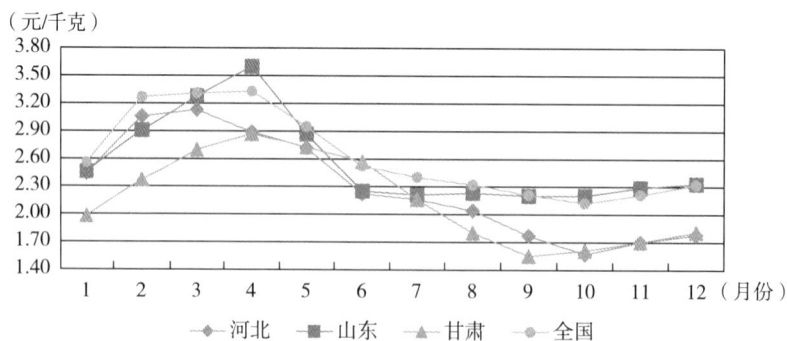

图 10-5　河北省及其他各主产区马铃薯月均价格对比

资料来源：全国农产品批发市场价格信息系统，http：//pfscnew. agri. gov. cn/。

对比各主产区近三年价格水平，发现河北省马铃薯价格均低于山东省及全国平均水平，与甘肃省价格水平相差不大。从变动幅度来看，2019年、2020年监测地区马铃薯价格同比都呈现上涨趋势，如表10-2所示。其中，河北省马铃薯价格同比上涨速度最快，2019年同比涨幅高达25.30%，涨幅明显高于山东省、甘肃省以及全国平均价格水平；2020年同比涨幅处于中间水平，为10.10%，低于山东省。这说明，河北省马铃薯价格与其他产区价格相比较低，且价格呈现波动变化，价格不稳定，长期竞争优势不足，薯农种植和销售的风险较大。

表10-2 河北省及其他各主产区马铃薯年均价格及其同比 单位：元/千克，%

地区	2018年	2019年	2020年	2019年同比	2020年同比
河北	1.66	2.08	2.29	25.30	10.10
山东	1.97	2.18	2.57	10.66	17.89
甘肃	1.91	2.11	2.15	10.47	1.90
全国	2.16	2.38	2.63	10.19	10.50

资料来源：全国农产品批发市场价格信息系统，http://pfscnew.agri.gov.cn/。

（二）2020年河北省马铃薯均价变动原因

1. 市场需求增加、供给减少是一季度马铃薯价格上涨的主要动力

一方面，2020年一季度，疫情期间受封闭管理影响，人们习惯性消费受到抑制，居家生活以家常菜为主，新鲜绿叶蔬菜需求量很大，但流通购买和储藏相对困难，马铃薯耐储运优势突出，成为便于组织货源运输流通和家庭消费的重要蔬菜。为了减少外出次数，消费者增加了对耐储藏蔬菜的消费，马铃薯逐渐成为"囤菜"宠儿。另一方面，冬季马铃薯价格处于季节性高位，同时，市场上可流通的马铃薯减少也是价格上涨的原因之一。在疫情期间，防控使物流不畅、人力紧张，马铃薯流通环节受阻，对部分产区马铃薯采收和外运造成了不利影响。除此之外，一作区马铃薯储存量低于往年，但价格和销量高于往年，使储存户信心满满，前期储存户基本没有惜售心理，交易顺畅，这也是一季度马铃薯价格向好的原因。

2. 新薯集中供应以及质量不佳使二季度马铃薯价格下降较快

一方面，由于各产区采挖面积增加，集中上市，导致马铃薯前期货量大，供应多，新薯价格一路下跌，各地薯农销售信心倍受打击，纷纷让价出售。另一方面，2020年春季气温较常年偏低且持续时间较长，部分春薯生产区4月出现两次"倒春寒"天气，5月中旬又发生冰雹灾害。生长关键期间遭受冻害，导致春薯减产，供应量下降，同时对质量也产生较大影响，使各地新薯质量存在差异。河北等地上市的露天新薯产量较往年偏少，薯型方面也稍有逊色，质量差强人意，个头、品质都不如二膜。加之终端市场需求有限，采购商多按需求或订单收购，采购积极性一般，部分卖家选择让价出售，因此新薯价格持续

走低。

3. 总体需求受限、市场供应增加推动三季度马铃薯价格继续下跌

不同于前两年马铃薯价格走势，三季度河北省马铃薯价格依旧延续二季度价格下跌走势，价格持续下降。一是马铃薯需求减弱：集体消费是马铃薯市场需求的重要部分，由于疫情的影响，7月各学校暑期放假及大量的务工人员不能回到工作岗位，工地进入施工淡季，食堂餐饮行业受到了一定的冲击，马铃薯消费需求减弱导致马铃薯市场态势走低。二是马铃薯市场供应充足：2019年马铃薯市行情较好，导致2020年北方马铃薯种植户生产积极性较高，马铃薯种植数量增加。据调度，甘肃、内蒙古马铃薯种面积同比分别增加7%、10%。另外，秋薯上市集中在9月至10月中旬，甘肃、内蒙古、黑龙江、宁夏，以及四川、贵州等多个主产区叠加上市，致使短时期内上市量较多，但市场需求疲软，供过于求，马铃薯交易行情低迷，农户让价出货心理明显，马铃薯价格下跌。加之，2020年上半年马铃薯价格高于往年同期水平，受经济利益驱使，河北、内蒙古等产区的部分地区提前10天收获马铃薯，增加了市场供应数量。

4. 种植面积扩大、库存量增加使得四季度马铃薯价格上涨动力不足

虽然蔬菜价格的整体上涨拉高了马铃薯价格，库存薯成为新的供应主体，推动了马铃薯价格的季节性上涨，但河北省四季度马铃薯价格同比、环比皆为负增长，主要原因有三：一是2020年马铃薯种植面积的扩大以及北方地区雨水比较充足，马铃薯获得大丰收，造成市场供应量增加，一时间难以销售，使价格较低；二是2020年马铃薯库存量较往年增加，但货源质量参差不齐、腐烂程度不一，优质货量少，难以卖出高价；三是绿叶菜的供应环境宽松、种类繁多，市场对马铃薯的需求量减少，成交量有限，价格偏低。

三、河北省马铃薯产业竞争力分析

（一）种薯繁育技术处于国内领先水平

河北省马铃薯原原种、原种生产在国内处于领先地位，年生产脱毒微型种薯约6亿粒，占全国微型薯产量的20%以上；原种面积10万亩，产量约25万吨，部分种薯品种在价格形成上拥有重要话语权。同时，种薯品质得到国内业界的认可，省内种薯企业的大批专业人才掌握了国内外最先进的薯类种薯繁育技术和管理经验。如张家口市农业科学院种业开发中心的微型薯离地生产等新技术在国内处于领先地位。在种薯的检测体系方面，张家口市农科院建设有国家农业部薯类产品检测中心，是全国两家具有国家级检测资质的专业机构之一。为河北省的薯类产业快速发展提供了强大的科技支撑。

（二）初步形成完整的马铃薯产业链

目前河北省马铃薯主产区，已经初步形成全国最完整的马铃薯产业链。全省有马铃薯种薯生产经营注册企业52家，拥有大中型脱毒组培室并具有原原种和原种生产能力的企

业有 33 家，规模以上加工企业 21 家，年加工全粉 3 万吨，薯条 6 万吨，淀粉 11.92 万吨。年消耗原料 105 万吨，年产值 14.1 亿元。加工占总产量 20%。全省马铃薯贮藏能力达 180 万吨，占总产量的比例为 34%。

（三）科技支撑不断完善

河北省的马铃薯科研单位多年来一直从事薯类育种、生产技术、病虫防治、加工贮藏等方面的研究，积累了丰富的经验，育成了一大批对接生产和市场的薯类主栽品种。据国家马铃薯产业技术体系产业经济研究室主任罗其友研究员等所著的《2019 年中国马铃薯产业发展形式分析》统计，张家口市农业科学院育成的"冀张薯 12 号"在国内种植面积已达 799.95 万亩，已经超过"克新 1 号"成为全国种植面积最大的单一马铃薯品种，占全国马铃薯种植总面积（8096.42 万亩）的 1/10。

（四）单位面积产出率高于全国水平

选取 23 个省份的马铃薯生产情况，选择产量与播种面积排名前六的四川、贵州、甘肃、云南、内蒙古、重庆以及全国的数据与河北省进行比较。

1. 播种面积

（1）在全国所占比例。

河北省马铃薯播种面积占全国马铃薯播种面积比重呈波动式下降趋势，从 2000 年的 4.48% 下降到 2016 年的 3.12%。2007 年后，我国马铃薯播种面积呈较平稳的上升趋势，而河北省马铃薯播种面积虽然也有上升，但是波动较大，如表 10 - 3 所示。

表 10 - 3　河北省、全国马铃薯播种面积及所占比重　　　　单位：万亩，%

年份	全国	河北省	河北占全国比重
2000	7087.67	317.25	4.48
2001	7080.78	272.10	3.84
2002	7003.68	276.90	3.95
2003	6786.05	241.20	3.55
2004	6897.29	225.45	3.27
2005	7322.37	211.50	2.89
2006	6320.12	191.55	3.03
2007	6648.54	205.20	3.09
2008	6999.02	223.65	3.20
2009	7624.55	199.95	2.62
2010	7811.34	232.50	2.98
2011	8139.65	255.90	3.14

年份	全国	河北省	河北占全国比重
2012	8300.76	250.05	3.01
2013	8425.11	254.25	3.02
2014	8363.33	240.00	2.87
2015	8280.74	267.45	3.23
2016	8722.71	271.95	3.12
2017	7289.88	243.90	3.35
2018	7137.11	244.70	3.43

资料来源：国家统计局网站（http://data.stats.gov.cn/）与 FAO 网站（http://www.fao.org/home/en/）。

（2）与马铃薯主产省份比较。

在我国马铃薯主产省份中，四川、贵州、甘肃、云南、重庆与内蒙古的种植面积高于河北。2007～2016 年，四川播种面积急剧上升，其他省份马铃薯播种面积呈平稳增长趋势。2007～2016 年，四川马铃薯播种面积累计增长幅度为 180.39%，河北播种面积累计增长幅度为 32.53%，如图 10-6 所示。

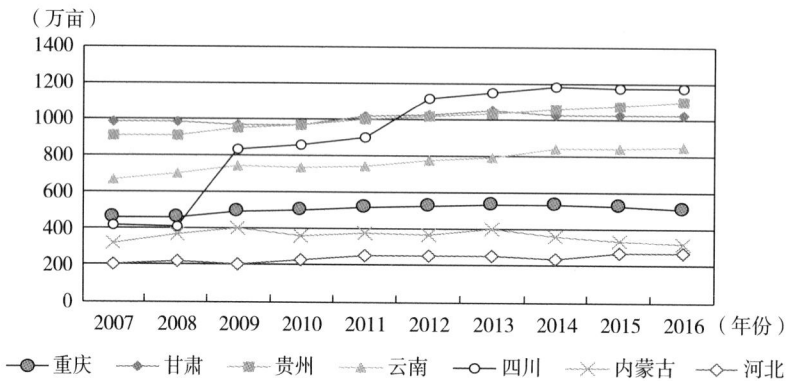

图 10-6 马铃薯主产省份播种面积变化

资料来源：国家统计局网站（http://data.stats.gov.cn/）。

2. 总产量分析

（1）在全国所占比例。

我国马铃薯总产量呈较平稳的上升趋势，而河北马铃薯总产量虽然也有上升的趋势，但波动较大，如表 10-4 所示。河北马铃薯总产量占全国马铃薯总产量比重从 2000 年的 0.41% 增长到 2016 年的 0.87%，呈波动上升趋势，且其产量增长幅度显著高于全国平均水平。

表 10 - 4　河北省与全国马铃薯（鲜薯）总产量情况　　　　单位：万吨，%

年份	全国总产量	河北省总产量	河北占全国比重
2000	33159.10	135.85	0.41
2001	32298.05	127.25	0.39
2002	35111.65	160.05	0.46
2003	34069.65	196.90	0.58
2004	36128.15	180.05	0.50
2005	35453.35	159.85	0.45
2006	27037.80	156.75	0.58
2007	32418.70	131.10	0.40
2008	35419.85	173.90	0.49
2009	36640.95	118.30	0.32
2010	40797.10	224.80	0.55
2011	44176.90	239.65	0.54
2012	46403.95	308.75	0.67
2013	47996.80	309.00	0.64
2014	47785.55	272.15	0.57
2015	47458.35	291.60	0.61
2016	49561.20	430.60	0.87

资料来源：国家统计局网站（http://data.stats.gov.cn/）与 FAO 网站（http://www.fao.org/home/en/）。

（2）与马铃薯主产省份比较。

在马铃薯总产量高于河北的省份中，四川马铃薯产量上升最为显著；其他省份马铃薯产量总体呈波动增长趋势。2007～2016 年四川马铃薯产量累计增长 836.5 万吨，河北省累计增长 299.5 万吨；但河北马铃薯产量累计增长幅度为 228%，在 7 个主产省份中，增幅最为显著。如图 10 - 7 所示。

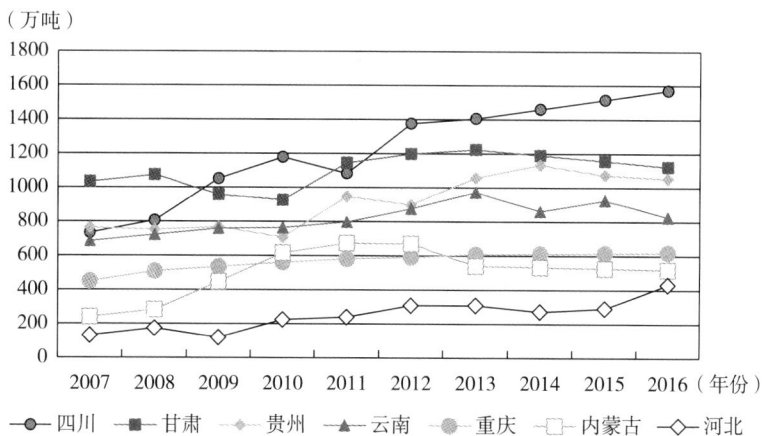

图 10 - 7　主产省份马铃薯（鲜薯）产量变化

资料来源：国家统计局网站（http://data.stats.gov.cn/）。

3. 单位面积产量分析

（1）与全国平均水平比较。

我国马铃薯单位面积产量呈较平稳的上升趋势，河北省马铃薯单位面积产量年度间虽有波动，但上升趋势显著。2001 年，河北马铃薯单位面积产量超过全国平均水平，此后波动增长，2016 年达到全国平均单位面积产量的 2.79 倍，如表 10－5 所示。

表 10－5　河北省与全国马铃薯单位面积产量情况　　　　　　单位：千克/亩

年份	全国单位面积产量	河北单位面积产量	河北与全国单产比
2000	467.84	428.17	0.92
2001	456.14	467.66	1.03
2002	501.33	577.91	1.15
2003	502.05	816.28	1.63
2004	523.80	798.84	1.53
2005	484.18	755.95	1.56
2006	427.81	818.58	1.91
2007	487.61	639.08	1.31
2008	506.07	777.66	1.54
2009	480.57	591.51	1.23
2010	522.28	966.88	1.85
2011	542.74	936.55	1.73
2012	559.03	1234.53	2.21
2013	569.69	1214.93	2.13
2014	571.37	1133.97	1.98
2015	573.12	1090.53	1.90
2016	568.19	1584.76	2.79

资料来源：国家统计局网站（http：//data. stats. gov. cn/）与 FAO 网站（http：//www. fao. org/home/en/）。

（2）与马铃薯主产省份比较。

四川与内蒙古马铃薯单位面积产量波动剧烈，其他省份较为平稳。河北马铃薯单位面积产量具有波动上升的趋势。2007～2016 年四川马铃薯单位面积产量累计增长幅度为 －23.66%，内蒙古马铃薯单位面积产量累计增长幅度为 116.49%；河北马铃薯单位面积产量累计增长幅度为 147.98%，最为显著，如图 10－8 所示。

（千克/亩）

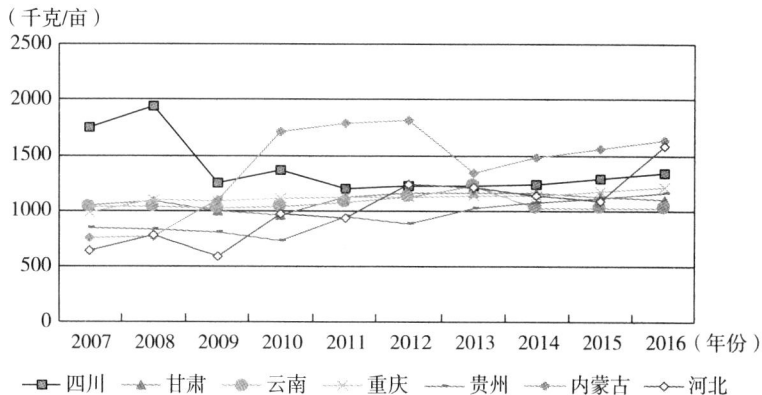

图 10 - 8 主产省份马铃薯单产走势变动

资料来源：国家统计局网站（http：//data. stats. gov. cn/）。

四、河北省马铃薯产业存在问题

（一）水资源紧缺，制约产业发展

河北马铃薯主产区均在坝上地区，坝上地区多年平均降水量约为 350 毫米，耕地亩均地下水资源占有量不足 70 立方米，约为全国平均值的 1/20。水资源短缺已成为制约坝上马铃薯主产区种植规模外延扩张的重要因素。随着近几年治理地下水压采力度增大，采用原有的栽培模式的马铃薯生产受到制约。

（二）秋季销售不畅，库存量爆满

由于秋季的价格低迷，各种种植主体在收不抵支及销售不畅的情况下，进行了冬储，期待价格回升。通过调查发现，满库存现象严重。

（三）种植投入不科学，病害日益严重

马铃薯栽培模式单一，方式不合理，农药、化肥使用量大，尤其是灌溉方式落后，水资源浪费严重，给生态环境造成极大破坏。技术水平和我国先进地区相比还存在差距。虽然在管理水平好的地块，每亩产量平均达 3 吨以上，但是承德市平均亩产不足 2.5 吨。主要原因是配方施肥、机械化作业等普及率低，特别是连作所造成的土传病害日趋严重，以晚疫病为主的病虫害得不到及时有效控制，极大影响了马铃薯产业的整体发展水平，造成了马铃薯产业的效益降低。与新品种相配套的新技术研发、高产栽培模式的研发、水肥效率的提高利用等方面还缺乏科学精准的研究。

（四）产业链条较短，增值收益不高

在马铃薯主粮战略全面发展背景下，马铃薯生产近年取得了一定发展，多年来，马铃薯被看成小作物和杂粮，资金少、项目少，产业发展的弱势现状还未得到根本的改变；同时单产低，抵御市场风险的能力差，产业链尚不完善，产业效益没有充分发挥。加工企业近几年虽然有了较大的发展，但仍缺乏生产规模大、产品质量高、市场销售稳定的支柱型加工龙头企业，加工产品仍停留在初级产品的水平上，极大地降低了马铃薯加工转化增值等方面的效益。在遇到马铃薯市场疲软的年份，不能很好地发挥加工转化和抗风险的能力，起不到调控保障作用。

五、河北省马铃薯产业发展对策建议

（一）需求导向，实现高质量发展

近5年，马铃薯市场需求变化较快，品种更新速度加快，从过去的"克新"到"荷兰"，又从"荷兰"到"张薯"，再发展到现在的"希森系列""V系列"，品种的迭代。黄皮黄肉、薯形好、产量高、品质好、抗性好的品种是市场的主流，因此，合理选种、提升品质成为未来种植的方向。专业的种植户、农场主不断涌现，他们的种植管理水平越来越高，马铃薯的品质会越来越受到消费端的认可。

（二）绿色生产，引领产业可持续发展

以新型经营主体为依托，以"龙头企业＋基地＋农户"为主要形式，建设规模化生产基地，推进订单生产。以节本增效为核心，加强马铃薯绿色生产关键技术集成推广，着力突破高效水肥一体化、有机肥替代化肥品质提升、山区高品质标准化种植、全程机械化生产、贮藏保鲜、主要病虫害监测预警和综合防治、废弃物综合利用等关键技术，加强绿色生产技术和商品质量标准制修订，推行绿色生产，从而提高马铃薯单产和质量。

（三）规模经营，提高产业经济效益

由于马铃薯生产技术要求较高，通过适度规模经营，有利于推广机械化生产，同时也有利于提高劳动生产率，降低生产成本，增强抵御风险的能力。推行标准化生产，利用规模化种植提升种植技术和管理水平，使马铃薯生产向机械化、标准化、优质化、安全化、规范化方向发展。通过对马铃薯的规模化经营、机械化生产，积极采取节水灌溉、增施农家肥、减少农药和化肥的施用量，从而有效降低生产成本，减少环境污染，保护生态环境，最终提高资源利用率，提升经济效益。

（四）借力冬奥，提高品牌知名度

借力北京冬奥会契机，按照奥运食品标准，选定一批备选企业和生产基地，加强前期准备工作，积极打造马铃薯种薯和商品薯区域公用品牌，提升品牌知名度和美誉度，发挥品牌效应，提升产品质量和档次。充分利用自然景观和马铃薯生产基地，建设马铃薯博物馆田园综合体、生态休闲观光园等，打造集自然、生产、休闲、康乐于一体的马铃薯主题旅游景区，促进产业融合，提升附加值。

（五）全产业链管理，促进产业提档升级

将薯类产业发展转到质量效益上来，抓住生产关键环节，促进质量提档升级，同时加大品牌宣传；抓好基地创建，送技术解难题，加大科技创新和新品种新技术推广力度，发挥示范带动功能，加强对农技人员的知识更新培训；做好病虫害防治，以及灾害性天气下的防灾减灾工作；生产需要向轻简化栽培方向发展，减少劳动力成本，提高经济效益，增加在农业生产中的竞争力。

撰稿人员：王　哲
指　　导：马　恢
参编人员：龚学臣　张淑青　杨志辉　高清海　李金荣　霍宗全
　　　　　聂庭彬　刘　强

第十一章　河北省水果产业发展报告

水果产业是河北省竞争优势强、综合效益好的高效特色产业，已成为继粮食、蔬菜之后的第三大农业种植产业。尤其近几年，水果是河北省脱贫攻坚中"产业扶贫"的重要抓手，已成为农民的"扶贫果""增收果""幸福果"。2020 年春新冠肺炎疫情暴发的同时，发生了低温、冰雹等自然灾害，但全省除梨减产外，果品产量总体平稳，价格略呈小幅上涨，梨、桃和葡萄价格都高于全国年均价，鲜梨、桃罐头等具有很强的出口竞争力。绿色要素投入、区域品牌培育等效果显著，2020 年"昌黎葡萄""辛集皇冠梨"入选中国特色农产品优势区第四批名单，同时，河北省鸭梨被农业农村部评为特色优势产业集群。但是，目前河北省果品业生产仍存在生产成本快速上涨、供求结构性矛盾突出、自然灾害抵御能力不足等突出问题，高质量发展是水果产业未来的发展方向，实现产业提质增效、农民持续增收是当前发展的重中之重。

一、全国水果产业形势分析

（一）产量稳定，不同品种存在差异

"倒春寒"、冰雹等气候灾害对 2020 年水果产量带来了一定影响。全国受灾区域呈点状、片状分布，山地、塬上好于川地和平地，未造成大面积区域性灾害，受灾程度西北产区重于中东部地区。其中，苹果整体受灾害影响较弱，小幅减产，减产幅度有限，仍保持在约 4200 万吨，全国市场苹果供应总量充足；梨受灾害影响较大，全国梨产量较上一年减产近 8%，预计为 1600 万吨，其中最大产区——河北省年产量下降 13 万吨；据美国农业部（USDA）对 2020/2021 产季中国鲜食葡萄做出的预测，预计葡萄产量达 1100 万吨，相对于上个产季 1080 万吨稳定增长，种植面积达 1092 万亩，比上年略有增长。

（二）价格略有波动，不同品种价格波动幅度存在差异

2020 年初，国内主要水果价格较上年同比下降趋势明显，与 2019 年初价格的大幅上涨形成鲜明对比，苹果、梨、桃和葡萄一季度均价分别为 6.12 元/千克、4.05 元/千

克、8.39 元/千克和 8.34 元/千克，同比下降分别为 12.94%、15.45%、8.24% 和 10.96%。主要原因是 2019 年较好的气候条件造成水果增产效果明显，库存充足，但受疫情影响，水果消费萎缩，供给增多和需求不足的共同作用使水果价格呈整体下行趋势。

进入 6 月后，新果陆续上市，不同水果品种价格波动略有差异。其中，苹果、梨、葡萄与上年同比下降明显，桃同比小幅上涨。具体来看，全国苹果第三季度价格呈波动下降趋势，且除河南同比上升 24.44% 外，其余主产省份均同比下降。其中，河北同比下降幅度最大为 56.21%，全国、山东、山西分别同比下降 32.79%、22.21%、6.38%，主要原因是 2020 年受春季自然灾害影响导致优果率下降，收购商收购优质果意愿较高，随着苹果陆续上市，价格呈现下降趋势明显。2020 年第三季度，除河北外，全国和各主产省份第三季度梨均价同比大幅下降，全国梨季度均价为 3.98 元/千克，同比下降 19.00%；安徽省梨季度均价为 3.14 元/千克，同比下降 5.89%；山东省梨季度均价为 3.65 元/千克，同比下降 26.01%。第三季度各主产省葡萄价格从高到低依次是河北、全国平均和山东，价格分别为 13.85 元/千克、10.27 元/千克和 8.70 元/千克，全国平均和山东第三季度葡萄均价环比均呈下降趋势，下降幅度分别为 11.17% 和 25.00%，河北省葡萄第三季度均价环比上涨 1.89%，同比上涨 100.25%。与苹果、梨、葡萄价格呈同比下降趋势相比，第三季度全国桃价格呈同比小幅上升趋势，全国、山东、河北和河南季度均价分别为 4.84 元/千克、5.12 元/千克、3.61 元/千克和 3.06 元/千克，同比分别上升 8.19%、17.09%、7.86% 和 4.67%。

二、河北省水果产业形势分析

2020 年河北省园林水果产量 1031.4 万吨，比 2019 年增加 2.7%，其中，苹果 239.7 万吨，梨 350.2 万吨，葡萄 124.6 万吨，桃 144.5 万吨。相比 2019 年，2020 年除梨产量因灾下降 3.6% 外，其他三大水果产量呈现不同程度上涨，其中，苹果增长 8.1%，葡萄增长 4.9%，桃增长 6.5%。

（一）生产规模趋势

1. 近 10 年果园面积呈下降趋势，产量稳中有增

河北是水果生产大省，近年来，随着栽培技术和管理水平的不断提高，尽管果园面积呈减少趋势，但园林水果总产量基本保持稳定，单产大幅提高。截至 2020 年底，河北实有果园面积 782.4 万亩，产量 1031.4 万吨，与 2007 年相比，面积减少了 742.49 万亩，下降幅度近 50%，产量增加了 60.34 万吨，增幅为 6.2%；2020 年亩产量为 1.32，是 2007 年的 2.08 倍，比 2007 年增加了 0.69 吨/亩，增幅为 108%。如图 11 - 1 所示。

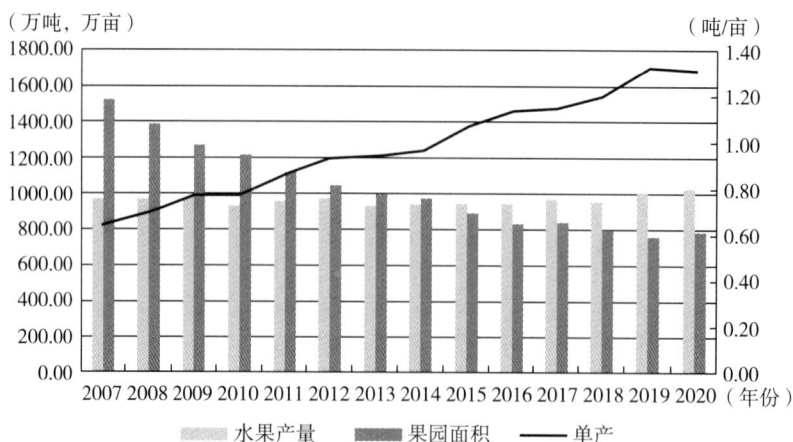

图 11 - 1　2007 ~ 2020 年河北省水果栽培面积、产量及单产变化趋势

资料来源：《河北省农村统计年鉴》及河北省农业农村厅。

2. 生产规模与水果大省存在一定差距

2018 年，全国园林水果总产量超过 1000 万吨的有 5 个省（区），占总产量的 43.48%，其中，河北园林水果产量 956.96 万吨，占全国总产量的 5.45%，全国排名第六位；果园面积超过 400 千公顷的有 12 个地区，占全国果园栽培总面积的 73.11%，其中，河北果园面积 530 千公顷，占全国果园总面积的 4.46%，全国排名第九位；另外，有 4 个地区的单位面积产量超过 2 万吨/千公顷，分别为山东（2.91 万吨/千公顷）、安徽（2.3 万吨/千公顷）、河南（2.09 万吨/千公顷）和上海（2.03 万吨/千公顷），其中，河北单位面积产量达 1.81 万吨/千公顷，全国排名第八位，虽高于全国平均水平（1.48 万吨/千公顷），但与单产排名第一的山东相比仍有较大差距，如表 11 -1 所示。

表 11 -1　2018 年各省园林水果产量、面积、单产及排名

单位：万吨，千公顷，万吨/千公顷

省份	产量	省份	面积	省份	单产
广西	1790.55	广西	1264	山东	2.91
山东	1673.78	陕西	1114	安徽	2.30
陕西	1566.01	广东	982	河南	2.09
广东	1547.81	新疆	931	上海	2.03
新疆	1059.00	四川	744	福建	1.93
河北	956.96	云南	600	山西	1.92
四川	948.39	贵州	580	海南	1.89
河南	907.39	山东	575	河北	1.81
云南	757.14	河北	**530**	湖北	1.79
山西	697.56	湖南	517	辽宁	1.64

省份	产量	省份	面积	省份	单产
湖北	655.46	河南	434	广东	1.58
福建	639.82	江西	412	黑龙江	1.44
湖南	628.76	湖北	366	广西	1.42
辽宁	576.50	山西	363	陕西	1.40
全国总计	17565.27	全国总计	11875	平均单产	1.87

资料来源：《中国农村统计年鉴》。

3. 省内种植分布广泛，种植规模集中度较低

河北省水果种植分布广泛，14 个市区均有水果种植。种植区域主要集中于承德（18.36%）、保定（13.48%）、沧州（11.81%）、石家庄（11.21%）、邢台（9.79%）、秦皇岛（6.84%）、衡水（6.74%）、唐山（6.15%）8 个市区，占全省水果种植总面积的 84.38%；水果年产量超过 50 万吨的有 9 个市区，占全省水果总产量的 89.49%，其中，石家庄以年产量 186.08 万吨位列第一，占到总产量的 18.53%；水果单位面积产量排名前三的是定州、石家庄、雄安新区，单产分别达 3.33 万吨/千公顷、3.28 万吨/千公顷、3.23 万吨/千公顷，如表 11 - 2 所示。

表 11 - 2　2019 年河北省各市区水果产量、面积及单产

单位：万吨，千公顷，万吨/千公顷

地区	产量	面积	单产
河北	1004.39	506.02	1.98
石家庄	186.08	56.75	3.28
唐山	79.73	31.10	2.56
秦皇岛	64.09	34.62	1.85
邯郸	61.58	21.64	2.85
邢台	98.02	49.55	1.98
保定	111.55	68.22	1.64
张家口	21.07	16.30	1.29
承德	98.55	92.89	1.06
沧州	98.55	59.74	1.65
廊坊	42.81	25.46	1.68
衡水	100.65	34.12	2.95
定州	2.42	0.73	3.33
辛集	35.24	13.66	2.58
雄安新区	4.04	1.25	3.23

资料来源：农业农村厅。

（二）绿色发展形势

绿色要素投入比例加大，质量安全稳步提升。以"化肥零增长"和"农药减量控害增效"为目标，从生产过程源头抓起，增施有机肥、控水控肥、杜绝使用膨大素、适当晚采等提质措施在水果大县得到广泛应用。例如邯郸魏县鸭梨协会印发了《关于禁止早采禁止购销违规使用果实膨大剂鸭梨的通告》，建立了水果采收质量安全监测体系，通过以"管"促"投"，倒逼了生产环节绿色生产要素投入强度，实现了果园能量循环和废弃物综合利用，改善了果园生态环境，水果质量安全稳步提升；承德片区实施了果菜有机肥代替化肥项目，苹果含糖量提高了1%～2%，果实颜色更加艳丽，果个明显变大；深州进行了有机肥与化肥的对比实验，得出施用有机肥质量提升效果显著。

（三）集群发展程度

河北省水果区域规模优势明显，打造了集群发展新优势，已形成太行山—燕山、冀中南平原、黑龙港流域、冀东滨海、冀北山地、桑洋河谷和城镇周边七大果品优势产区，继"晋州鸭梨""富岗苹果""怀来葡萄""深州蜜桃""兴隆山楂"相继入选中国特色农产品优势区外，2020年"昌黎葡萄""辛集皇冠梨"入选中国特色农产品优势区第四批名单，同时，河北省鸭梨被农业农村部评为特色优势产业集群，"平乡桃"入选国家农产品地理标志。特优区建设和产业集群已经成为引领河北省特色水果产业高质量发展的新引擎，拉动了全省农业供给侧结构性改革和农民增收。内丘县岗底村，依靠"富岗苹果"人均收入4.5万元，成为"乡村振兴"的新样板。威县作为新兴梨果大县，以"秋月梨""新梨七号""红香酥梨""雪青梨"为主栽品种，基地规模达10万亩，建成高标准梨园280个，成为省级现代农业园区和省级出口鲜梨质量安全示范区。

（四）灾害影响

1. 自然灾害影响

2020年"倒春寒"、冰雹等气候灾害给河北省水果产业带来不同程度影响，从产量上看，梨果受冻害影响最为严重，减产现象明显，全省梨产量与2019年相比减产3.6%；相比而言，苹果、桃、葡萄生产较为稳定，受气象灾害影响较小，面积和产量基本与2019年持平，其中晋州、辛集的露地葡萄受灾害影响较大，果农收益大幅下滑。

2. 疫情影响

2020年初，突如其来的疫情对水果产业造成了冲击。在生产方面，疫情导致雇工难，严重影响果树的剪枝和打理。如承德片区的果园，每年2月进行清园、冬季修剪以及霜冻防治等工作，受疫情影响，果品企业及家庭农场等用工较多的单位招不到工人，无法及时开工，严重影响了果园的生产。在果品销售方面，疫情的发生严重影响了流通、销售环节，致使苹果、梨等果品直接进入销售寒冬，以石家庄佐美庄园为例，疫情导致封园管理，以观光采摘为主的草莓园受损十分严重，只能采取配送方式进行少量销售，配送量不到产量的 30%。承德近千亩草莓设施基地，销售价格也由原来的 60 元/千克降至 10 元/千克，每亩损失约 6 万元。

三、河北省水果产业竞争力分析

（一）区域及资源竞争力

河北省水果产业发展自然区位优势显著。河北省地处华北平原北部，气候四季分明，地貌类型多样，适合多种水果品种种植，是全国重要水果产区，同时具有环京津、沿渤海的区位优势，是京津地区"果盘子"的重要供应地。近年来，京津冀协同发展、雄安新区建设和冬奥会举办等重大国家战略为河北省水果产业带来了新的发展机遇，为河北省水果高质量发展提供了更为广阔的发展前景。

河北省是典型的资源性缺水省份，据国家统计局数据，2019 年河北省水资源总量为 113.5 亿立方米，地表水资源量为 51.4 亿立方米，地下水资源量为 97.8 亿立方米，分别占全国的 0.39%、0.18%、1.19%，人均水资源量为 149.9 亿立方米，仅为全国的 7.21%。水资源环境问题非常严峻，尤其是黑龙港区域，是全球范围内的大漏斗区。水果在生产过程中耗水量较大，水资源约束是河北省水果产业发展的重要瓶颈。

（二）技术竞争力

1. 科技集成创新，形成了"三新"发展新态势

通过科技集成创新，强力创新推广"新模式、新技术、新品种"。推动果园管理向标准化、规范化、简约化、机械化"四化"栽培模式转变。全程安全质量监控、病虫害精准防控、水肥管理技术、产地溯源等方面构建了果品绿色生产关键技术创新体系；着力推广宽行密植集约栽培模式、郁闭果园改造技术、果园水肥一体化技术、绿色生态防控技术，如承德地区部分果农对肥水一体化进行改造；重点开展传统产区老旧果园栽培模式、水果品质恢复与提升行动，如在廊坊建立高标准现代化桃园，在滦州市、井陉矿区、平泉县、邢台县苹果精品示范基地推行了老果园树体改造、品质提升、"四适三减"水肥管理、病虫害绿色防控、山地果园机械等新技术与新装备。同时，创新示范推广了"藤木一号""华夏（美国 8 号）""嘎啦系""乔纳金""斗南""金冠系""王林""富士系"（"冀红""石富短枝"）、"国光""寒富""岳冠""岳华""岳艳""契丹香里""秋月梨""新梨 7 号""维纳斯黄金""黄油桃""蟠桃""油蟠桃""阳光玫瑰""甜蜜蓝宝石"等新品种，有效推动了低平原区、太行山区、燕山南麓地区以及高寒地区不同果品高质量发展。

2. 精深加工技术落后，国际竞争力较弱

河北省水果贮藏企业和冷库数量较多，但规模较小、资金投入不足、技术水平有限，高精端的采后分选分级、清洗、包装、贮藏等现代化商品化处理占有量不足 10%，果品

分级方式不规范、着色不整齐、内在品质不一致等问题频发，在国际竞争中处于不利地位。近几年，河北省果品加工业不断发展，主要体现为果汁、罐头、果脯、果酒等加工业，在国内具有较强的竞争力，但其加工类型和加工技术与国外先进水平相比仍存在较大差距。

（三）价格竞争力

1. 苹果年内价格有波动，年度均价低于全国平均水平

2020 年河北苹果年均价为 5.25 元/千克，比 2019 年均价低 3.88 元/千克，但分别高于 2017 年和 2018 年 2.01 元/千克和 0.67 元/千克。11 月达全年价格谷值 4.52 元/千克，全年最高价出现在 5 月，为 6.6 元/千克，价格相差 2.08 元/千克，12 月受节日等因素的影响，价格有所回升，为 5.05 元/千克。2020 年，河北苹果均价比主产省山西、山东和河南分别低 1.18 元/千克、1.31 元/千克和 0.4 元/千克，价格处于较低水平，如图 11 - 2 所示。

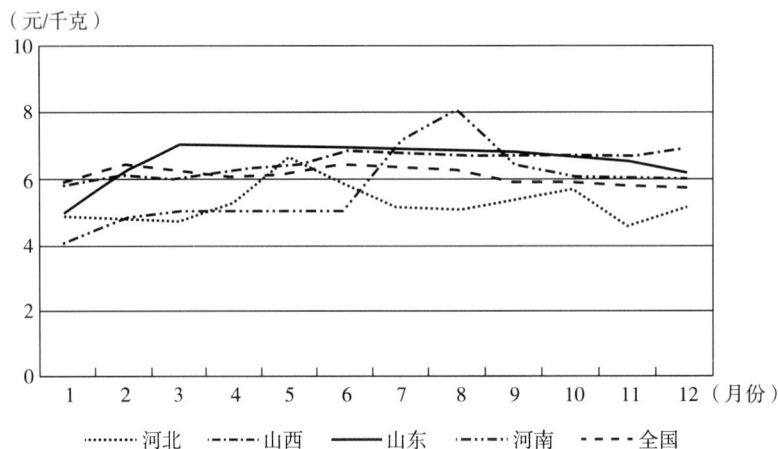

图 11 - 2　2020 年全国及各主产省份苹果月度价格波动趋势

资料来源：全国农产品批发市场价格信息网。

2. 梨价格年内波动较大，下半年均价高于全国平均水平

2020 年，河北梨价 1~8 月价格在 3.34~3.96 元/千克波动，波动幅度保持在 0.62 元/千克以内。自 9 月河北梨价大幅上涨，11 月价格涨到顶峰 5.6 元/千克，12 月价格出现一定回落，但回落幅度较为有限。1~8 月，全国梨均价高于河北、山东、安徽。自 9 月河北梨价呈上升趋势，超过全国梨均价，如图 11 - 3 所示。鸭梨是河北主要品种，2020 年河北鸭梨年均价 2.76 元/千克，价格波动幅度较为平缓，总体呈上升趋势，12 月达到峰值 3.68 元/千克。河北鸭梨年平均价格高于安徽酥梨平均价格，但远低于新疆库尔勒香梨，鸭梨价格处于较低水平。

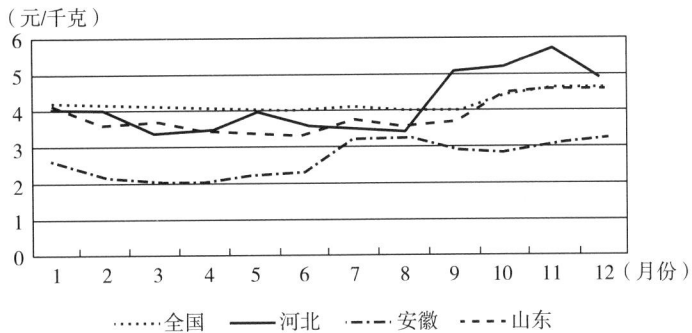

图 11 – 3　2020 年主产区梨价格波动情况

资料来源：全国农产品批发市场价格信息网。

3. 桃年内价格波动剧烈，年均价高于全国平均水平

2020 年河北桃年均价达到近四年来最高，为 8.27 元/千克。年内河北桃价格先升后降的总波动趋势未变，4 月达全年最高，月度均价 17.09 元/千克，创下四年同月价格最高值。之后，价格逐渐降低，从全年最高下降到全年最低，7 月达 2.75 元/千克，降幅高达 83.91%。与全国及其他主产省份相比，2020 年河北桃年均价格偏高，比全国年均价高 0.92 元/千克，比山东、新疆、河南分别高 0.52 元/千克、0.17 元/千克、1.61 元/千克，如图 11 – 4 所示。

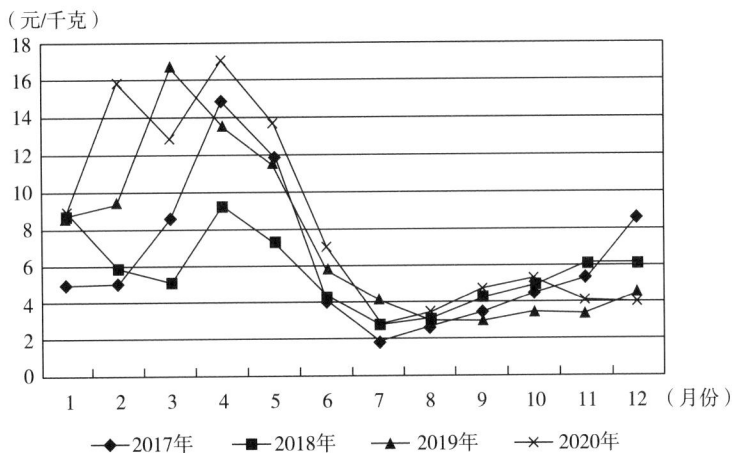

图 11 – 4　2017～2020 年河北省桃月度价格波动情况

资料来源：全国农产品批发市场价格信息网及历史数据整理。

4. 不同葡萄品种价格差异较大，均价高于主产省

2020 年，河北主要葡萄品种价格均呈现先升后降再升趋势，玫瑰香、青提、红提下降趋势最为明显，巨峰葡萄价格波动较小。四种水果的年均价青提＞红提＞玫瑰

香 > 巨峰葡萄，分别为 11.5 元/千克、11.4 元/千克、10.4 元/千克、6.1 元/千克。2020 年河北、新疆、全国、甘肃和山东年均价分别为 12.9 元/千克、11.8 元/千克、10.3 元/千克、9.5 元/千克和 8.8 元/千克，年均价格河北 > 新疆 > 全国 > 甘肃 > 山东，如图 11－5 所示。

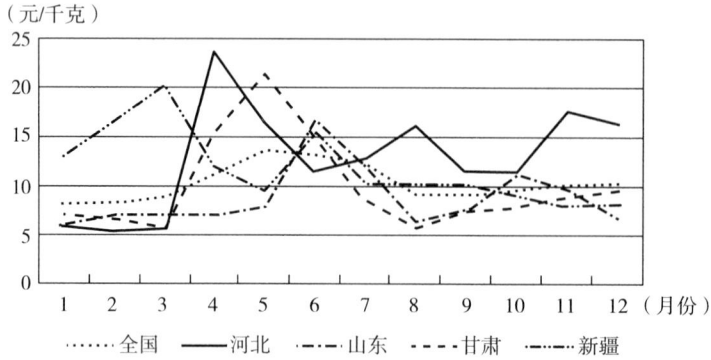

（元/千克）

图 11－5　2020 年河北省与全国主产省葡萄月均价格波动

资料来源：农业农村部信息中心。

（四）贸易竞争力

2020 年 1～11 月，河北省水果（海关编码 08）出口量 19.28 万吨，出口额 1.81 亿美元，全国排名第六；果蔬加工品（海关编码 20）出口量 13.93 万吨，出口额 2.21 亿美元，全国排名第十。

1. 鲜梨和梨加工品出口规模位居全国前列，鲜梨出口价格竞争力较弱

河北省梨出口由鲜鸭梨、雪梨（海关编码：08083010）、鲜香梨（海关编码：08083020）以及其他鲜梨（海关编码 08083090）构成。2020 年 1～11 月，河北省鲜梨出口量 16.33 万吨，位居全国第一，出口额 1.24 亿美元，居全国第三。但河北省鲜梨价格缺乏竞争优势，单价仅为 0.76 美元/千克，远低于全国平均水平 1.22 美元/千克，云南省鲜梨出口价格最高，达到 1.83 美元/千克。

梨加工品主要包括梨汁（海关编码：20098915）以及梨罐头（海关编码：20084010）两种。2020 年 1～11 月，河北省梨加工品出口总额及出口量分别为 1016.04 万美元和 10273.13 吨，出口以梨汁为主，出口量 9609.18 吨。河北梨加工品出口价格与先进省份差距不大，略高于全国平均水平。

2. 桃加工品出口规模居全国前列，出口价格位居全国第一

2020 年 1～11 月，河北省没有鲜桃出口，但桃加工品（桃罐头以及未列名制作或保藏的桃）出口量 8403.25 吨，出口额 1342.02 万美元，分列全国第六，且价格具有较高的竞争优势，均价 1.60 美元/千克，居全国第一。

3. 苹果及葡萄出口规模较小

2020 年 1～11 月，河北省苹果、葡萄以及加工品出口规模均较小，总体较为弱势。河北省苹果出口主要包括鲜苹果（海关编码：8081000）及苹果干（海关编码：8133000），合计出口额 45.50 万美元，全国占比 0.04%；出口量 434.50 吨，全国占比 0.05%。苹果加工品（以苹果汁为主）出口额 316.37 万美元，全国占比 0.81%；出口量 3030.48 吨，全国占比 0.80%。

河北省鲜葡萄（海关编码：8061000）及葡萄干（海关编码：8062000）出口量为零，出口以加工品葡萄汁为主，出口额 2578 美元，全国占比 0.19%；出口量 315 千克，全国占比 0.08%。

4. 印度尼西亚是河北省水果出口第一大市场

2020 年河北省水果出口地区比较广泛，包括日本、印度尼西亚、韩国、美国、泰国、加拿大等 117 个国家和地区，以东南亚地区、北美地区以及东亚地区为主，其中，东盟以及东亚地区是河北省水果出口主要市场，印度尼西亚是河北省水果出口第一大市场，占河北省水果出口总额的 39.25%。

（五）品牌竞争力

区域品牌培育效果凸显，产业化水平不断提升。通过大力培育区域公用品牌，"泊头鸭梨""魏县鸭梨"等被国家质检总局批准为原产地地域保护产品，"晋州鸭梨""富岗苹果""怀来葡萄""深州蜜桃""兴隆山楂"等中国特色农产品区域品牌在全国的影响力越来越大。成功举办了"河北省第一届梨电商大会"，吸引来自河北省梨生产大县果品龙头企业、专业合作社、家庭农场、种植大户踊跃报名参加，全面提升了河北梨市场知名度。同时，涌现了晋州长城、泊头东方、辛集天华、泊头亚丰、辛集裕隆、深州天波等一批国家级和省级水果龙头企业，建立了"龙头企业 + 合作社 + 基地 + 农户"等比较稳定的利益联结模式，打通了果品生产与加工、流通、销售等环节，延伸产业链，提升价值链。"富岗苹果"128 道种植工序，种出百元一个的"金苹果"，"深州蜜桃"卖到了 50 元一个。

四、河北省水果产业发展面临的主要问题

（一）生产成本快速上涨

目前，河北省果园多以小农户分散经营为主，立地条件多是山地、丘陵，地形迥异，难以全程机械化生产，对劳动力需求大，劳动支出刚性增长，生产效益下降，人工成本超过总成本的 50% 以上，占比大，上升快，同时，劳动力老龄化程度高，60 岁以上的老年人比例较大，劳动效率较低，产业发展缺乏持续内生动力。

（二）供求结构性矛盾凸显

由于消费升级，消费者对高品质、安全健康的水果需求量越来越大，一些常规水果单品虽然产量稳增，但总体品质并没有突破，水果行业的矛盾已经从过去的供应短缺，转变为供应过剩与供应不足同时存在的结构性矛盾，季节性、区域性和结构性滞销频现，大宗产地价格长期在低位运行。

（三）自然灾害抵御能力不足

河北省自然灾害天气时有发生，早春低温冻害及夏季大风冰雹对部分果园影响比较严重，就目前来看，大多数果园缺乏有效的应急预案，一旦自然灾害天气发生，没有及时有效的抵御措施。2020 年衡水市平均受灾面积 47.15 万亩，各树种平均灾害率达 69.3%；石家庄晋州市的受灾面积 24.19 万亩，除苹果外，梨、桃、葡萄、李子等受灾率 58%；辛集市梨受冻害严重，全市平均受灾率 60% 以上，2020 年 6 月 25 日，保定西部山区突降冰雹，葡萄受灾面积大约 2.5 万亩，果穗基本全部受害。桃受灾严重面积 2 万余亩，果实受害率 60%~90%。

（四）销售渠道拓宽有限

流通模式呈现多样化，批发流通模式环节多、效率低、成本高，但主渠道地位短期内不会动摇。农超、农社、农餐等产销衔接模式正在兴起，但短期内销售总量提高有限。疫情发生后，电商模式迅速起步，对产业的拉动作用还不突出，电商企业盈利能力较弱。如就保定片区水果销售来看，大宗水果销售渠道不畅是规模化果园存在的普遍问题，较 2019 年相比大宗收购商比例增加，但仍以少量收购的零散客商为主，销售市场比较凌乱，缺乏稳定的订单制销售渠道。

五、河北省水果产业发展思路与建议

（一）发展思路

疫情发生后，给国内农产品发展带来了极大的冲击与挑战。传统的销售渠道遭遇重创，水果产业频频出现卖难滞销等问题，加大了果农减收风险。

新业态的产生将成为未来水果产业发展、保障农民稳产增收的重要途径。据统计，2020 年春季疫情严重期间，"京东到家"销售额同比增长 470%，"每日优鲜"销售额同比增长 321%。应积极拓宽销售渠道，积极培育新型农业经营和服务主体，发展贮藏保鲜、生产托管、电子商务、直播直销等新业态，密切与小农户利益联结机制，带动小农户衔接现代农业，有效应对未来的不确定性冲击。

2021 年是"十四五"规划的开局之年，全省水果产业需以实施乡村振兴战略为总抓手，以农业供给侧结构性改革为主线，以科技农业、绿色农业、品牌农业、质量农业为着力点，以科技创新为动力，紧紧围绕特色优势水果产业发展，优布局、调结构，抓特色、提质量，强龙头、创品牌，拓市场、增效益，努力构建河北省现代水果产业体系，加快实现由生产大省向质量强省跨越。

（二）发展建议

1. 狠抓"标准"，推进标准化体系建设

一是建立标准化的苗木繁育体系。以企业为主体、以科技为支撑，创新发展标准化的苗圃基地，实现苗木繁育标准化、现代化。二是创建以新品种、新技术、新模式为引领的优质标准化示范基地。三是建立涵盖采收、分拣、包装、存储、冷链物流等全产业链发展的标准化体系，落实标准化栽培操作规程，建立水果质量安全追溯信息平台。

2. 强化科技引领，推动水果技术集成创新

依托国家和省水果产业体系技术优势，围绕品种选育、适用机具、新产品研发等紧要环节，开展科技攻关，围绕产品储藏、保鲜、加工、品牌营销等重要节点，构建水果全产业链发展的技术支撑体系，加速集成技术创新。建立从生产到销售、从产地到餐桌各环节紧密衔接的职业农民培育机制，为产业发展提供强有力的技术服务队伍。建立从上到下统一的果树技术推广体系，包括果树科研机构和果树技术推广机构，在全省范围内形成上下相同、纵横一体的技术推广网络。

3. 加强预警机制和保险体系建设，增强抵御风险水平

联合气象部门建立农业气象预警预测机制，有效预防自然灾害发生。建立抵御灾害天气应急预案，健全技术服务体系，及时开展防灾减灾技术指导，降低灾害影响。同时按照政府引导、政策支持、市场运作、自愿参与、协同推进的原则，采取"农户+财政+保险"的模式，通过财政资金对参保农户给予保费补贴，保险公司对农户提供果树受灾损失保险服务，逐步建立起政府财政资金引导、政府和保险业加强合作、共同承担风险、提高果树产业抗灾能力的支农惠农体制。

4. 培育特色品牌，推动水果高质量发展

强化政府对水果区域公用品牌建设与管理的主导地位，积极培育区域公用品牌，以国家特色农产品优势区为引领，从品牌培育、保护和推广环节，推进水果区域公用品牌高品质及差异化发展战略。以合作社、家庭农场等新型农业经营主体为主要载体，重点围绕梨、苹果、葡萄和桃等优势特色果品进行品牌培树，推动"龙头"品牌建设，制订分层、分类、分区域品牌发展计划，培育特色水果企业品牌和产品品牌，构建结构合理、规模适度、特色各异、优势互补的品牌体系，树立河北省独特的"燕赵"水果品牌发展理念，弘扬水果品牌文化，扩大水果绿色品牌影响力，推动水果高质量发展。

5. 创新融合发展模式，推动水果产业转型升级

创新融合发展模式，以延长产业链、提升价值链、完善利益链为关键，建设水果区域产业联合体，在果品集中产区，立足做强一产、做优二产、做活三产，科学布局生产基地、加工基地和仓储物流基地，打造"科技高端、标准高端、品质高端、品牌高端"现代果品精品园区。按照依法自愿有偿原则，采取出租、托管、股份合作等形式，加快农村土地向果品龙头企业、合作社、家庭农场等新型经营主体流转，加快村企共建模式推广，推进果品生产、加工、销售与乡村旅游、乡村振兴有机结合。

6. 创新市场体系，提升水果市场竞争力

以大型水果龙头企业和合作社为引领，加大贮藏保鲜设施建设，增加贮藏保鲜能力，鼓励企业发展水果精深加工。积极发展物流配送、产销直挂、连锁经营、网上交易、电子商务等新型营销方式；加快拍卖、电子结算、期货等新交易方式的推广应用，建立辐射国内外的水果市场营销网络，形成多层次、多渠道的市场体系。注重利用水果产销对接会及各种媒体的宣传推介作用，加强宣传河北省水果品牌优势和"燕赵水果"的文化优势，强化销地市场"桥头堡"作用，提升国内外市场竞争力。

撰稿人员：王俊芹　石会娟　王聪聪　苑甜甜

指　　导：张建军

参编人员：杜纪壮　张立彬　杜国强　许建锋　李建成　李建平
　　　　　程玉豆　张学英　王英俊　李敬川　张立树　李林英
　　　　　刘玉详

第十二章 河北省中药材产业发展报告

2020年对于河北省中药材行业来说，是危机与机遇并存的一年。疫情暴发，中医药发挥了重要作用；国家及河北省一系列政策的出台，在规范行业发展的同时，为中医药行业的发展带来了契机。但受疫情影响，中药材进出口受限，由于中药材种植盲目扩张带来的产能过剩与需求下降的矛盾仍然存在。虽然河北省中药材生产规模优势较弱，但效益优势很强，表明河北省中药材产业正向着健康、可持续的现代化方向迈进。

一、河北省中药材产业发展现状及形势分析

（一）规模化程度不断提高

河北省中药材产业发展已经形成燕山、太行山产业带和冀中、冀南平原、坝上高原产区"两带三区"产业发展格局。2020年，全省新增中药材种植面积8.02万亩，全省总面积达297.97万亩。较大的有承德、邢台、保定、石家庄、邯郸等市，种植面积均在20万亩以上，其中承德种植面积最大，达89.7万亩。全省建成万亩以上中药材大县达45个，其中，5万亩以上大县21个，10万亩以上大县9个；万亩以上大县种植面积253.88万亩，占全省的85.2%。10万亩以上大县种植面积125.02万亩，占全省的42%，如表12-1所示。

表12-1 10万亩以上大县种植面积 单位：万亩

序号	县	面积	序号	县	面积
1	巨鹿	16.80	6	围场	13.71
2	隆化	16.28	7	邢台	12.50
3	滦平	15.58	8	丰宁	10.52
4	安国	15.32	9	内丘	10.06
5	青龙	14.25			

资料来源：中药材创新团队产业经济岗调研。

（二）道地品种规模不断扩大

全省种植面积在万亩以上品种达35个，其中，3万亩以上20个，5万亩以上14个，10万亩以上7个。万亩以上品种种植积达254.82万亩，占全省种植面积的85.5%。5万亩以上品种种植面积达206.61万亩，占全省种植面积的69.3%，其中黄芩种植面积最大为62.94万亩，具体如表12－2所示。部分地区实现了"一区一品"或"一园一品"，道地药材品种形成区域化、规模化发展。一些品种正在形成河北省甚至是全国特色药材优势产区，如涉县柴胡、巨鹿金银花、邢台酸枣仁、承德热河黄芩、安国八大祁药、青龙北苍术等已经成为河北省特色药材优势产区；很多道地药材品种在全国产销中占有重要位置，酸枣仁、天花粉、王不留行、祁紫菀、山杏等占全国总产量的60%以上，太行山连翘、北柴胡、金银花等占全国总产量的1/3，还有一批强势发展品种正在迅速崛起，有金莲花、河北枸杞、北苍术、猪苓、口防风、膜荚黄芪、知母、祁沙参、祁山药、祁白芷等，河北省道地药材品种规模化发展，影响力不断提升。

表 12－2　万亩以上种植品种面积　　　　　　　　单位：万亩

序号	品种	面积	序号	品种	面积
1	黄芩	62.94	8	黄芪	9.80
2	柴胡	21.25	9	连翘	9.01
3	山药	18.01	10	桔梗	7.86
4	金银花	15.36	11	苦参	6.36
5	酸枣	14.85	12	知母	6.23
6	枸杞	13.42	13	防风	6.19
7	山楂	10.06	14	牡丹	5.27

资料来源：中药材创新团队产业经济岗调研。

（三）产业扶贫力度持续增强

全省62个贫困县有43个县把中药材作为扶贫主导产业，2020年种植面积达45万亩，占全省总面积的35%。全省依托中药材产业带动2万多户贫困户脱贫，贫困人口人年均增收800元。例如，以沙薄地为主的巨鹿县有110个村种植金银花，面积达6.6万亩，年产9900吨，位居全国第一，2020年产值达13亿元，占全县农业总产值的40%，亩纯收入超过6000元。承德市隆化、围场、丰宁、滦平四县，开发了"政府＋经营主体＋贫困户"的扶贫模式，以入股农户分股金、流转土地获租金、劳务雇工获薪金等增收方式开展中药材产业扶贫；滦平县下营子村，开发了"政府＋金融机构＋经营主体＋贫困户"的扶贫模式，贫困户通过政府扶贫资金和"政银企户保"资金向中药材经营主体入股获得股金，流转土地获得租金，在基地务工获得薪金、发展农家乐获得现金，贫困户依托中药材产业获得多种形式收入，稳定脱贫。

（四）政策扶持力度不断加大

河北省地方财政政策积极对中药材产业进行扶持。尤其是承德隆化县、丰宁县、围场县、滦平县，邯郸涉县等已出台扶持发展政策，推动中药材产业发展。扶持政策有种植资金补贴、种子种苗补贴、土地流转费用补贴、有机肥补贴等形式。在地方政府政策的大力支持下，农户及家庭农场、种植公司等经营主体中药材种植积极性获得极大提高。

（五）品牌影响力不断提高

承德热河黄芩获得第一批国家道地药材认证。涉县柴胡、涉县连翘、巨鹿金银花、巨鹿枸杞、清河山楂、灵寿丹参、青龙燕山北苍术、安平白山药、蠡县麻山药、安国祁紫菀、祁菊花、祁山药、任丘仙艾13个产品先后获得农产品地理标志登记、地理标志产品保护和地理证明商标。安国"祁菊"菊花、涉县"涉柴"柴胡等59个品牌在中医药界知名度高、影响力大，注册中药材商标近30个。

（六）优势区建设凸显成效

河北省共建设4个中国特色农产品优势区，16个河北省特色农产品优势区。其中安国中药材入选第二批中国特色农产品优势区；兴隆山楂、巨鹿金银花入选第三批中国特色农产品优势区；邢台酸枣（邢台市信都区、内丘县）入选第四批中国特色农产品优势区。安国中药材、巨鹿金银花、滦平中药材、清河山楂、邢台县酸枣仁、涉县柴胡均入选第一批河北省特色农产品优势区。兴隆山楂、隆化中药材、内丘酸枣仁、馆陶艾草、青龙北苍术入选第二批河北省特色农产品优势区。2020年，新增泊头桑葚、蠡县麻山药、围场中药材、涉县连翘、蔚县知母入选第三批河北省特色农产品优势区。

二、河北省中药材产业发展存在的问题及原因分析

（一）种植管理粗放，造成病害发生

调研发现，农户盲目种植中药材，缺乏一整套完整、合理的施肥、打药、浇水等技术规范。种植技术集约性差，一方面存在一定程度的浪费，另一方面过度施肥造成土壤板结，病害多有发生。由于生物药成本高，但产量不一定高，因此，生物药、生物肥难以受到农户青睐。过度施药、施肥造成产量下降，例如农户反映，金银花种植以前最多时干花能产300斤/亩，现在不到100斤/亩。

（二）缺乏种植机械，人工成本高

中药材种类多，单品种种植面积相对较少，中药材专用机械少。随着农村青壮劳动力

外出打工，劳动力价格不断上涨，中药材生产成本居高不下，生产效率低下。例如，金银花每年共开四茬花，每茬花期较短，采摘时间紧迫。由于缺乏采摘机械，完全靠人工采摘，种植户在采摘环节中出现"雇工难、用工贵"的问题，造成收益下降。

（三）种植以散户为主，抵御风险能力较低

河北省中药材种植主体仍以小农户为主，种植销售主要采用市场现货交易模式，订单种植模式较少。农户对价格无话语权，农户不仅受到自然风险、市场风险的影响，还受到采摘环节劳动力成本、收购价格的挤压。例如，2020年河北省部分特色中药材如北苍术、金银花、黄芩、防风等价格波幅约为30％，大幅的价格波动对农户、相关经营企业带来了不良影响。

（四）产业链条短，产品附加值低

河北省多数中药材基地、道地药材产区，均为第一产业独大，产品销售以原料药材为主，产地精加工、深加工、健康产品生产、中医药健康旅游、产地仓储、产区市场和销售平台等综合发展不足，缺少龙头企业带动，缺乏一二三产融合。例如，金银花的初加工主要是烘干，深加工滞后，产业带动能力较低。本地金银花自产自用比例少，绝大部分金银花经烘干后以原材料的形式运往山东金银花集散地，进行再次销售，本地高附加值的产品少。近年来，虽然培育了一批当地金银花加工龙头企业，并吸引了王老吉等大型企业创建加工基地，但年加工金银花仅为1000～2000吨，剩余大部分金银花经电控烘干后以原材料形式出售给其他地区厂商，利润低，亟须开展与大型制药、饮食、保健企业等的合作和对接工作。

（五）品牌知名度不高，销售渠道不畅通

虽然河北省特色优势中药材品种不少，但品牌知名度不高。例如，在国内市场中，金银花地域品牌众多，除巨鹿县金银花外，还有河南封丘、山东平邑等地种植金银花。调研发现，尽管巨鹿金银花产量最高、质量最优，但种植户并没有直接对接药厂，而被山东等地收购商收购，贴上山东金银花的商标，卖给药厂，巨鹿金银花种植户收益因此严重受损。

三、河北省中药材产业发展竞争力分析

在对河北省2010～2019年中药材种植面积、产值等指标进行统计分析的基础上，采用比较优势指数法，从规模优势指数、效率优势指数与综合优势指数对河北省中药材生产竞争力进行评价，以提升河北省中药材产业发展水平，促进产业健康持续发展提供参考。

（一）河北省及全国中药材生产情况

2010～2019 年，河北省与全国的中药材播种面积整体来看呈上升趋势，如图 12-1 所示。河北省中药材播种面积主要经历三个阶段：2010～2012 年，低速增长阶段；2012～2014 年，中速增长阶段；2014～2019 年，快速增长阶段。从河北省与全国的中药材播种面积年增长速度来看，2010～2018 年，除了 2011 年和 2013 年以外，其他年份河北省中药材播种面积增长速度均高于全国中药材播种面积，如图 12-2 所示，表明河北省中药材生产规模在产业政策的支持下快速增加。

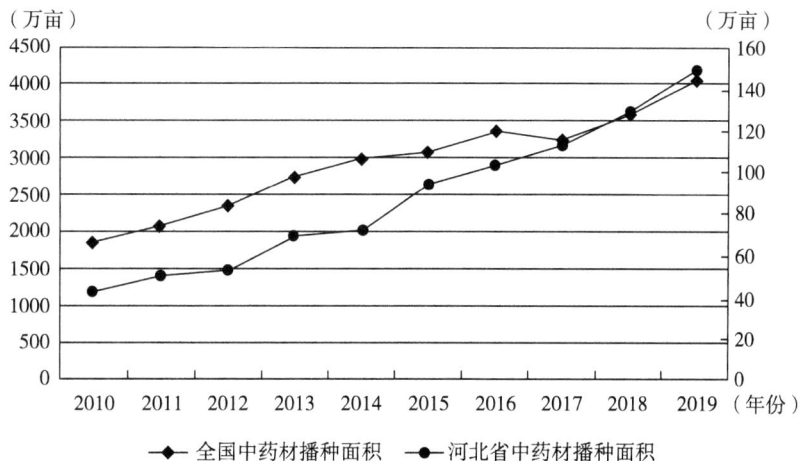

图 12-1 2010～2019 年全国与河北省中药材播种面积变化趋势

资料来源：《中国农村统计年鉴》（2011～2020 年）。

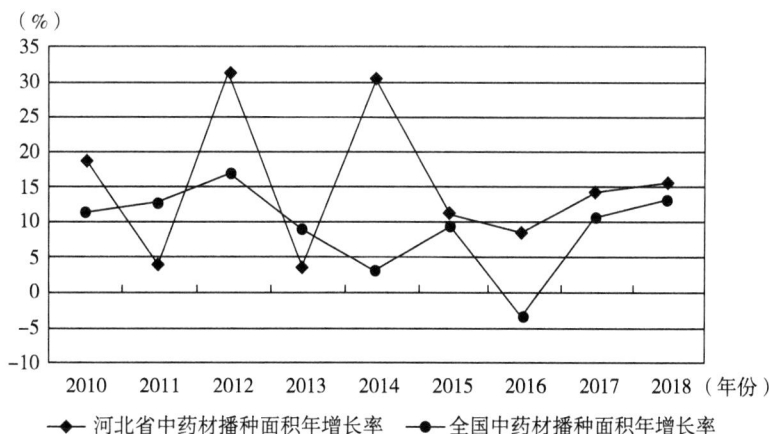

图 12-2 2010～2018 年全国与河北省中药材播种面积变化率趋势

资料来源：《中国农村统计年鉴》（2011～2020 年）。

（二）河北省及全国中药材产值情况

2010～2019 年，河北省与全国的中药材产值均呈不断上升趋势，如图 12 - 3 所示。从产值比重来看，河北省中药材产值占全国中药材产值比重呈递增趋势，如图 12 - 4 所示。从单位产值来看，河北省中药材单位面积产值均高于全国平均单位面积产值，如图 12 - 5 所示。

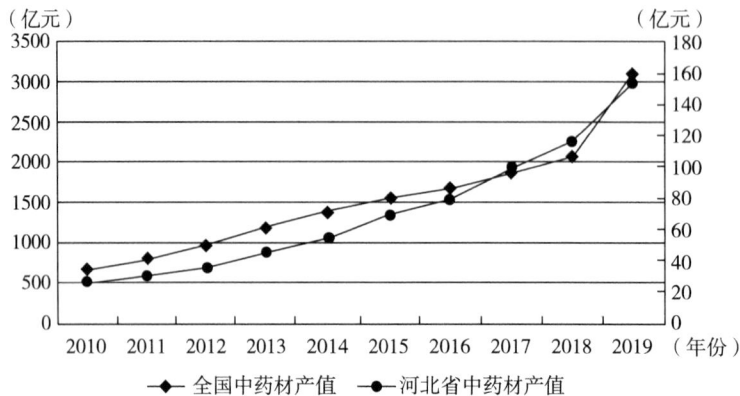

图 12 - 3　2010～2019 年全国与河北省中药材产值变化趋势

资料来源：《中国农村统计年鉴》（2011～2020 年）。

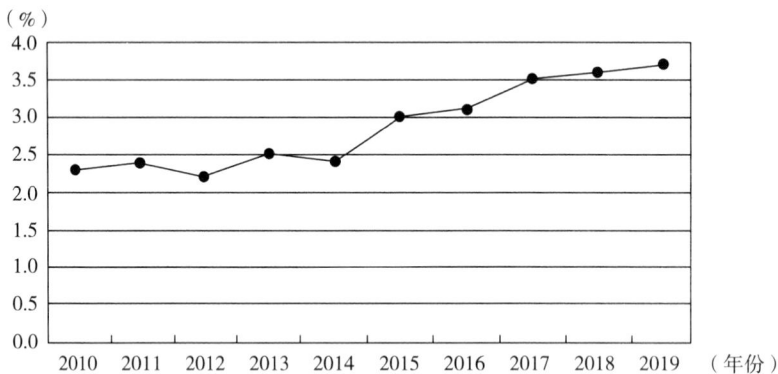

图 12 - 4　2010～2019 年全国与河北省中药材产值变化趋势

资料来源：《中国农村统计年鉴》（2011～2020 年）。

（三）河北省中药材产业的比较优势分析

1. 比较优势指数法

（1）规模比较优势指数（SAI）。

规模优势指数（SAI）是分析某省的某种农作物的播种面积占该省所有农作物总播种

（万元/亩）

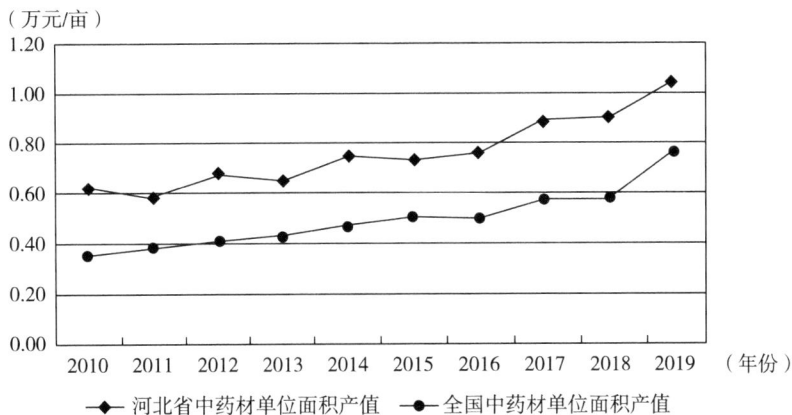

图 12 – 5　2010～2019 年全国与河北省中药材单位面积产值变化趋势

资料来源：《中国农村统计年鉴》（2011～2020 年）。

面积的比例与全国比例水平的对比关系，考察该种农作物在该省农业生产上的相对重要性及规模优势，反映该省某一农作物生产的规模和专业化程度。计算公式如下：

$$SAI_{xy} = \frac{SI_{xy}/SI_x}{SI_y/SI} \tag{12 – 1}$$

其中，SAI_{xy} 表示河北省中药材规模优势指数，SI_{xy} 表示河北省中药材播种总面积，SI_x 表示河北省农作物播种总面积，SI_y 表示全国中药材播种总面积，SI 表示全国所有农作物播种面积。若 $SAI_{xy} > 1$，则表明河北省中药材与全国平均水平相比具有规模优势；若 $SAI_{xy} < 1$，则表明与全国平均水平相比，河北省中药材生产处于规模劣势。SAI_{xy} 值越大，规模优势越明显；反之，则劣势越明显。

（2）效率比较优势指数（EAI）。

效率比较优势指数（EAI）是分析某省某种农作物的单位面积产值与该省所有农作物平均单位面积产值的相对水平以及全省该比率平均水平的对比关系，考察该省某种农作物生产效率的相对优势。计算公式如下：

$$EAI_{xy} = \frac{EI_{xy}/EI_x}{EI_y/EI} \tag{12 – 2}$$

其中，EAI_{xy} 表示河北省中药材生产效率优势指数，EI_{xy} 表示 x 省所有农作物平均单位面积产值，EI_y 表示全国中药材平均单位面积产值，EI 表示全国所有农作物平均单位面积产值。若 $EAI_{xy} < 1$，则表明 x 省中药材生产与全国平均水平相比生产效率处于劣势；如果 $EAI_{xy} > 1$，则表明 x 省中药材生产效率与全国平均水平相比具有优势。EAI_{xy} 值越大，生产效率优势越明显；反之，则劣势越明显。

（3）综合比较优势指数（AAI）。

综合比较优势指数（AAI）是效率优势指数与规模优势指数的综合结果，综合衡量某省某种农作物的相对比较优势，能够较全面地反映某省某种农作物生产的优势度。计算公式如下：

$$AAI_{xy} = \sqrt{SAI_{xy} \times EAI_{xy}}$$ （12 － 3）

其中，AAI_{xy}表示 x 省中药材生产的综合比较优势指数，若 $AAI_{xy} < 1$，则表明 x 省中药材生产与全国平均水平相比处于综合比较劣势；若 $AAI_{xy} > 1$，则表明 x 省中药材生产与全国平均水平相比具有综合比较优势。AAI_{xy}值越大，农作物生产优势越明显；反之，则劣势越明显。

2. 河北省中药材产业的比较优势分析结果

由表 12 － 3 可得出以下结论：

表 12 － 3　河北省中药材产业的比较优势指数

年份	规模比较优势指数	效率比较优势指数	综合比较优势指数
2010	0.42	2.31	0.99
2011	0.45	2.21	1.00
2012	0.42	2.13	0.94
2013	0.48	2.04	0.98
2014	0.46	2.10	0.98
2015	0.58	2.18	1.12
2016	0.59	2.09	1.11
2017	0.69	2.46	1.30
2018	0.72	2.33	1.30
2019	0.75	2.95	1.48

第一，河北省中药材生产专业化程度不断提升，但仍低于全国平均水平。2010～2019年河北省中药材生产的规模比较优势指数呈不断增长趋势，但指数值均小于1，说明河北省中药材生产专业化程度虽然不断提升，但仍低于全国平均水平。

第二，河北省中药材生产效率竞争优势明显。2010～2019年河北省中药材生产的效率比较优势指数也呈不断增长趋势，而且指数值均大于2，表明河北省中药材生产效率较高，在生产效率上具有竞争优势。

第三，河北省中药材生产综合竞争力不断提高，超过全国平均水平。2010～2019年河北省中药材生产的综合比较优势指数呈不断增长，自2015年以来指数值连续大于1，表明河北省中药材生产的综合比较优势在不断增强，并超过全国平均水平。

四、疫情影响下的中药材市场及主要品种价格走势

2020年疫情的暴发对我国中药材市场影响巨大，随着疫情的反复和病毒的变异，跟

疫情相关的中药材品种价格出现较大变化，进而引领整个中药材市场价格波动，造成中药材全产业链产品价格发生波动，对河北省未来中药材产业发展带来重要影响。

据统计，受本次疫情影响的中药材品种达 132 种，由于疫情发生之前，我国中药材生产面积持续增长，很多药材品种处于产能过剩、供过于求的局面，2020 年中药材供应总体充足，比如黄芪、党参、枸杞子、麦冬、山药、百合、丹参、甘草、草果、瓜蒌、黄芩等大批的中药材供需平衡，这些品种应该能占到所有品种的约 50%；供过于求的品种仍然不少，如丹皮、白芍、白及、白术、栀子、槟榔、吴茱萸、山茱萸、蔓荆子、浙贝母、防风（家种）、太子参、大黄、三七、杜仲、厚朴等，这些品种应该能占到所有品种的约 40%。受疫情影响严重的品种有苍术、连翘、薄荷、广藿香、板蓝根、柴胡等，疫情发生之前本身库存不足，疫情暴发需求量猛增，这些品种供应趋紧。具体市场及主要产品价格分析如下：

（一）2020 年中药材市场价格变动趋势

1. 全国中药材市场价格变动趋势

在全球疫情大流行的背景下，2020 年国内中药材行情随疫情的变化而波动，呈现"疫情—粮食—饲料—生猪—农副产品—中药材"价格连锁反应。

2020 年 1 月 1 日，中药材综合 200 指数开盘点位 2273.05 点，之后受疫情影响价格迅速爬升，其间伴随小幅震荡。从 4 月开始，随着国内疫情逐渐趋于稳定，市场流通加快，中药材价格下行压力倍增，价格一路下跌至 2284.34 点，其间伴随小幅反弹。随着秋冬季节疫情流行季节来临，用药需求迅速增加，中药材价格触底反弹迅速爬升，12 月 31 日达 2509.97 点。

总体来看，2020 年中药材价格走势呈现"迅速爬升—平缓下降—迅速爬升"的特点，价格波动较大，年最大涨幅达 10.42%（见图 12－6）。

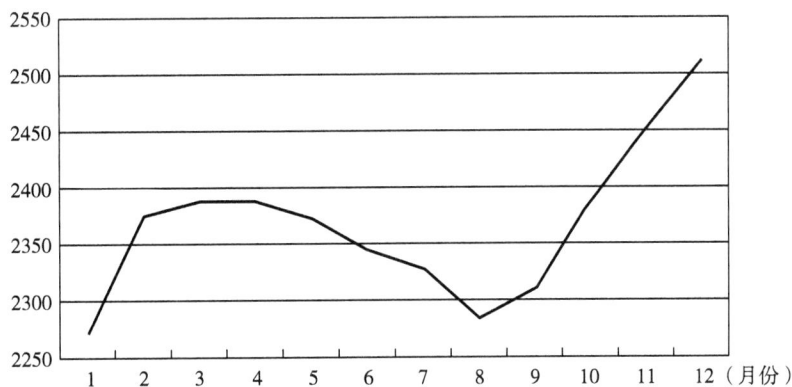

图 12－6 2020 年全国中药材综合价格指数

2. 各省份中药材价格变动趋势

从全国来看，2020 年各省份中药材价格增减不一。根据涨跌幅程度的差异性，可以将全国 28 个省份分为四类。

第一类是存在明显涨幅的省份，包括黑龙江（24.73%）、山东（11.95%）、江苏（9.01%）、山西（6.89%）、新疆（6.59%）、上海（6.35%）、安徽（4.60%）、甘肃（3.46%）、四川（3.18%）、广东（3.12%）、广西（2.41%）、宁夏（2.28%）、云南（2.18%）和河北（2.07%）。第二类是涨幅不明显的省份，包括浙江（1.15%）、内蒙古（0.80%）、湖北（0.75%）、河南（0.27%）、陕西（0.22%）与湖南（0.14%）。第三类是跌幅不明显的省份，分别是江西（-1.18%）与辽宁（-1.34%）。第四类是跌幅明显的省份，包括福建（-12.51%）、海南（-7.74%）、青海（-6.77%）、贵州（-3.87%）、西藏（-3.68%）与吉林（-3.58%）。

综上所述，14 个省份的中药材价格涨幅明显，超过半数；8 个省份的中药材价格并无明显变化，占比为 28.57%；6 个省份的中药材价格跌幅明显，占比为 21.43%。总体来看，全国的中药材价格呈上升趋势，这主要是受趋势性因素的影响，随着经济的不断增加，人工与农资成本逐年增加，价格自然也水涨船高。

3. 河北省中药材市场价格变动趋势

2020 年，河北省中药材价格走势变化落后于全国整体价格走势，但波动幅度更大。2020 年 1 月河北省综合价格指数开盘于 1170.77 点，随疫情防控形势不断严峻，疫用中药材紧俏推动中药材的价格一路走高，4 月触顶 1246.69 点，其间伴随小幅震荡。进入 5 月以后疫情防控形势逐渐缓和，大量地区的中药材开始走货，市场供需矛盾逐渐缓和，中药材价格失去了底部支撑后逐渐回落，8 月到达谷底 1185.71 点，9 月随着北京、大连等地区出现零星病例刺激中药材价格出现小幅反弹后又迅速回落，于 11 月又创本年度新低 1178.99 点。进入 12 月，随着疫情防控形势的严峻，中药材价格强势反弹，最终收于 1200.12 点。综上所述，2020 年河北省中药材价格经历了"快速攀升—缓慢下降—强势反弹"的三个阶段，价格波动大，年最大波幅为 6.5%，明显超过警戒线（1.37%），价格波幅短，更加剧了中药材价格的不稳定性，如图 12-7 所示。

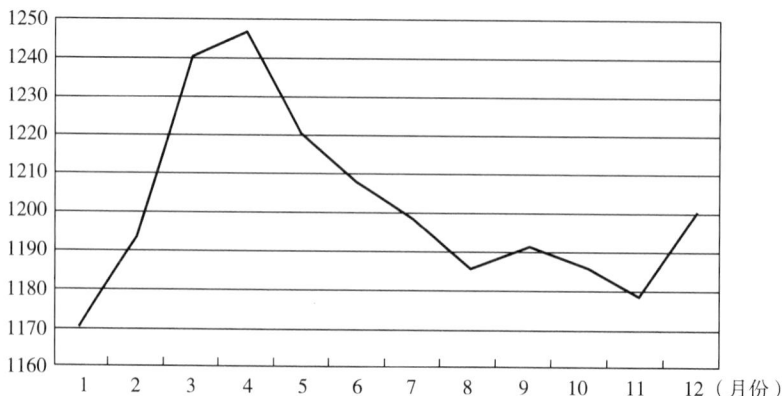

图 12-7　2020 年河北省中药材综合价格指数

（二）河北省主要中药材品种市场走势分析

总体来看，2020 年北苍术、金银花、酸枣仁、山药与连翘的价格均呈不同程度的上涨趋势，祁菊花、黄芩、柴胡、知母与防风的价格均呈不同程度的下降趋势，具体分析如下：

1. 北苍术

2020 年 1~12 月，北苍术价格走势整体呈上升态势，其间经历一次较大波动，最终年涨幅达 27.49%。其中北苍术（光统个）价格上半年在经历平稳前行之后迅速攀升，从 112 元/千克迅速攀升至 160 元/千克，之后缓慢回落至 130 元/千克，下半年价格走势触底反弹，一路走高，最终收官于 150 元/千克，年涨幅达 33.93%。而北苍术（半撞皮个）全年价格走势与北苍术（光统个）相似，但波动幅度较小，年涨幅达 21.05%，如图 12-8 所示。

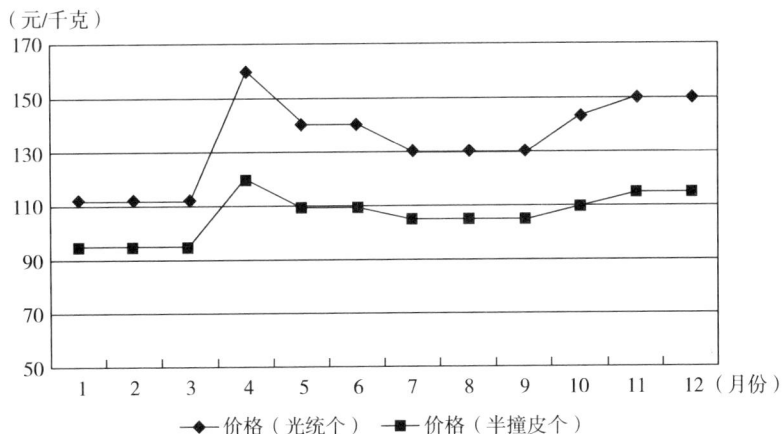

图 12-8 2020 年河北省不同规格北苍术价格波动

2020 年北苍术价格波动主要是由于供求关系紧张所致。一方面，受 2019 年产量减少的影响，今年年初商家库存本就不多，再加之疫情影响，道路封闭交通不便，产地的中药材难以在市场上流通，导致市场供给不足；另一方面，北苍术作为"疫用中药材"，市场需求徒增，两方面的原因共同支撑北苍术价格迅速上浮。随着疫情逐渐稳定，市场流通顺畅，市场需求减小，市场价格逐渐回落至正常轨迹。

未来北苍术价格走势：北苍术价格走势主要受疫情影响，目前北苍术价格已运行至高位，若疫情稳定，北苍术失去了底部支撑，价格回落的可能性较大，如若疫情卷土重来，北苍术价格持续走高的可能性也不大。2020 年北苍术价格上浮 27.49%，极大刺激了农户的积极性，种植面积增加，再加之宏观调控的作用，有效抑制北苍术价格过快上涨。

综上所述，无论哪种情况，2021 年北苍术价格再度大幅上涨的可能性不大，存在下行压力。

2. 祁菊花

2020 年 1 ~ 12 月，祁菊花价格走势整体呈小幅下降趋势，其间伴随一次较大波动，波幅为 17.86%。2020 年祁菊花价格开盘于 28 元/千克，上半年平稳运行。进入到下半年，祁菊花价格一路走低，于 10 月到达 23 元/千克后触底反弹，回升至 27 元/千克，如图 12 -9 所示。

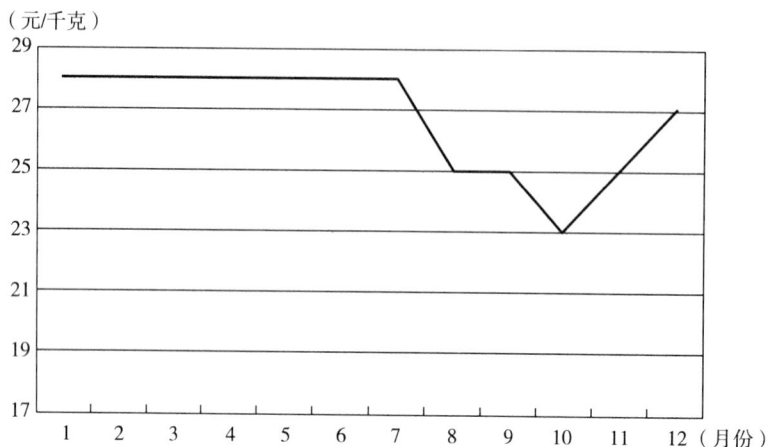

（元/千克）

图 12 - 9 2020 年河北省祁菊花价格波动

2020 年祁菊花价格走势出现较大波动主要是受周期性因素和不确定性因素的影响。2020 年祁菊花价格开盘于 28 元/千克已是高位，上半年，受"倒春寒"影响，祁菊花产量下降，再加之疫情影响，市场流通不畅，这才给了祁菊花价格足够的底部支撑，支撑其持续高位运行。下半年，随着新品上市，库存清仓，祁菊花价格开始走低，随着产新结束，疫情似有抬头趋势，祁菊花作为"疫用中药材"，价格回升，重新攀升至高位。

未来祁菊花价格走势：目前，祁菊花价格已运行至高位，但仍存在上浮空间，随着疫情防控的常态化，其底部支持短时间内不会消失，加之祁菊花种植的周期性因素影响，祁菊花未来价格依旧会坚挺一段时间，但从长期来看，因其底部支撑的不确定性，回落的可能性较大。

3. 金银花

2020 年 1 ~ 12 月，四类金银花价格走势基本一致，整体呈小幅上涨趋势，期间伴随剧烈波动。从 1 月开始，金银花价格逐步攀升，于 3 月到达峰值，随后价格开始下跌，先平稳回落后迅速下跌至谷底。进入下半年，金银花价格持续在谷底震荡前行。11 月，金银花价格强势反弹至高位，但特级白花的价格明显下跌。虽然四类金银花的价格走势类似，但波动幅度存在明显差别，其中色青花的价格波动幅度要明显大于白花，特级货价格的波动幅度要明显大于统货，年均波幅达 77.08%，如图 12 -10 所示。

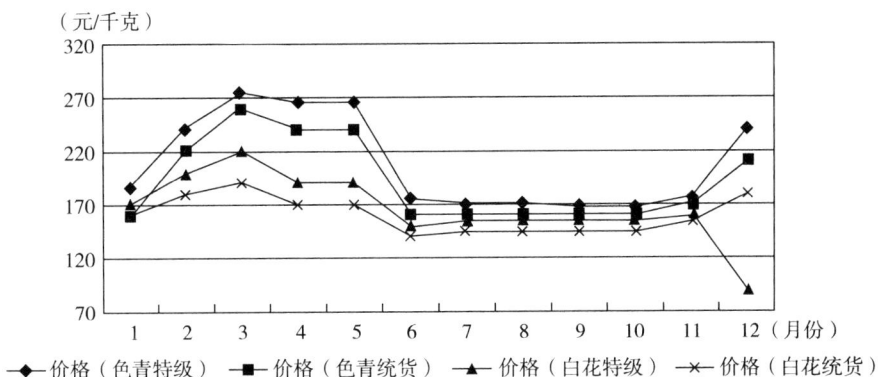

图 12 - 10 2020 年河北省不同规格金银花价格

金银花价格波动剧烈主要受气候、疫情与政策因素的影响。一方面，2020 年春，天气回暖过程中，冷空气侵入，使气温降低零度以下，暴发雪灾，导致金银花主产区受灾严重，头茬花大量减产；另一方面，金银花作为"疫用中药材"，受疫情影响需求骤增，加剧了金银花的供需矛盾，催生金银花价格上涨。随着疫情防控形势好转，市场流通顺畅，二、三、四茬花陆续上市，金银花价格逐渐回落至正常年份。而年底国家药典委发布的 8 个药品标准草案提高了金银花的入药标准，刺激特级金银花价格反弹，统货价格走低。

未来金银花价格走势：目前，药品标准草案提高了金银花的入药标准，为上半年价格的持续走高提供了底部支撑，随着防疫常态化的进行，金银花作为"疫用中药材"，市场需求依旧旺盛。下半年，随着新品上市，底部支撑不足，价格下行压力加大。

4. 黄芩

2020 年 1 ~ 12 月，野生黄芩价格整体呈下降趋势。其中，野生撞皮黄芩开盘于 54 元/千克，随后价格一路下行，中间作短暂停留，于 6 月触底价格为 40 元/千克，下半年价格一直平稳前行，未发生较大波动，年下降幅度为 25.93%。野生未撞皮黄芩与前者走势略有不同，2020 年其价格两次下跌的时间不同，分别出现在 5 月和 10 月，之后价格便平稳前行，年下降幅度为 27.78%。而家种黄芩价格则呈上升趋势。家种统个黄芩上半年价格开盘于 20 元/千克，随后价格逐步上行，于 3 月到达峰值 26 元/千克，高位运行两个月之后缓慢回落，下半年走势平稳，一直维持在约 23 元/千克，未发生大幅度波动，年涨幅为 15%，如图 12 - 11 所示。

野生黄芩与家种黄芩的价格走势截然相反，原因各不相同。其中野生黄芩价格逐年下降是因为周期性因素的影响。自 2018 年野生黄芩价格运行至高位以来，一直居高不下，吸引大量药农改种黄芩，黄芩的种植面积及产量迅速增加，加之仿野生种植技术的成熟，家种黄芩无论是在品质还是在产量上都对野生黄芩产生了巨大冲击，野生黄芩的价格也随之下降。家种黄芪的价格产生波动的原因是受疫情因素的影响，市场流通不畅，造成了短时间内的供需矛盾升级，抬升了价格，随着疫情防控形势的好转，市场流通顺畅，价格逐渐回落到正常价格轨道。

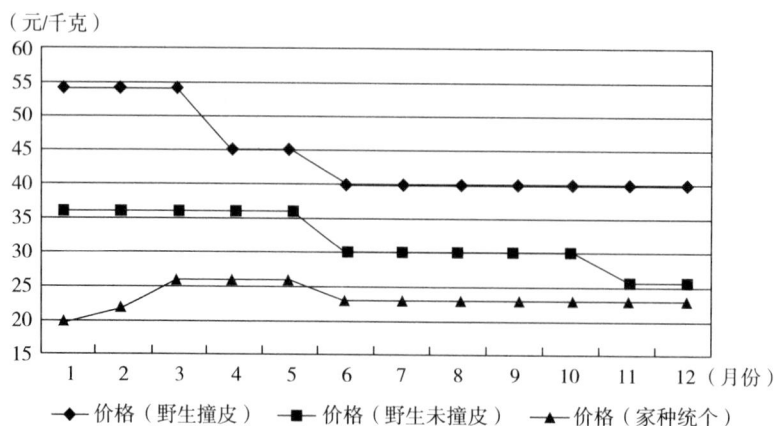

图 12 - 11　2020 年河北不同规格黄芩价格

未来黄芩价格走势：在全球疫情大流行的背景下，黄芩作为"疫用中药材"，其市场需求不断增加。加之仿野生种植技术的成熟，家种黄芩逐渐成为主流，随着人工成本、农资成本的增加，黄芩价格存在上扬空间。

5. 柴胡

2020 年 1~12 月，不同规格的柴胡价格走势不同。其中山西统根价格呈小幅下降趋势。2020 年山西统根价格开盘于 75 元/千克，平稳运行两个月之后价格上行至高位 80 元/千克，在高位保持 3 个月之后，价格迅速下跌至 70 元/千克，之后平稳运行至年末，年下降幅度为 6.67%。而甘肃统根价格持续保持高位运行，一直维持在 60 元/千克，如图 12 - 12 所示。

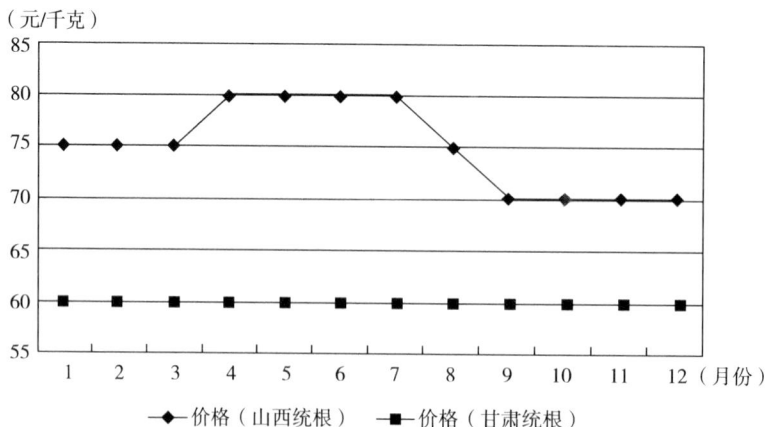

图 12 - 12　2020 年不同规格柴胡价格

山西统根出现波动下降的原因是受疫情因素的影响，市场流通不畅，造成了短时间内的供需矛盾升级，抬升了价格，随着疫情防控形势的好转，市场流通顺畅，价格逐渐回落到正常价格轨道。而甘肃统根保持持续高位运行的原因是受天气因素的影响，2020 年甘肃下雨较往年偏少，出现旱情，导致柴胡减产，给予价格足够的底部支撑其持续高位运行。

未来柴胡价格走势：柴胡价格走势以平稳为主，持续高位运行，兼有小幅波动。在全球疫情大流行的背景下，柴胡作为"疫用中药材"，其市场需求不断增加为其价格持续高位运行提供了足够的底部支撑。

6. 酸枣仁

2020 年 1～12 月，酸枣仁价格呈上升趋势。其中国产酸枣仁涨幅最为明显，为 40%。2020 年，国产统货酸枣仁开盘于 200 元/千克，随后 8 个月价格缓慢上涨，从 9 月开始迅速上涨，最终收官于 280 元/千克。进口酸枣仁价格开盘于 68 元/千克，随后一直保持平稳运行，其间经历一次小幅波动，最终收官于 78 元/千克，年增幅为 14.71%，如图 12－13 所示。

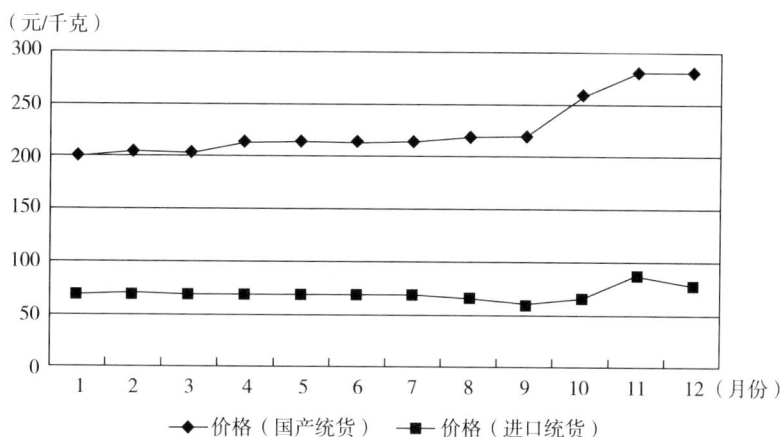

图 12－13　2020 年河北酸枣仁价格

酸枣仁价格攀升主要是受市场因素与成本因素的影响。近年来，随着我国经济社会的发展，人工成本逐年提高，受制于高昂的成本，2020 年酸枣仁出货量较往年减少，加之酸枣仁价格持续走高，不少商人开始囤积酸枣仁，进一步催生了价格的持续上扬。

未来酸枣仁价格走势：未来酸枣仁价格仍有上升空间，但存在陡跌的隐患。受制于人工成本，未来酸枣仁价格会持续走高，但部分商人囤积居奇，一但集中抛售，酸枣仁价格存在断崖式下跌的可能。

7. 山药

2020 年 1～12 月山药价格走势平稳，未发生较大幅度的变化。2020 年统片山药始终维持在约 8.5 元/千克，仅 4 月、5 月价格小幅上升至 9 元/千克，其余时间均维持在 8.5

元/千克。毛条山药出现小幅上涨趋势，涨幅为 6.67%。2020 年毛条山药开盘于 7.5 元/千克，在 3 月上浮到 8 元/千克，之后价格一直维持在 8 元/千克，未发生明显波动，如图 12 - 14 所示。

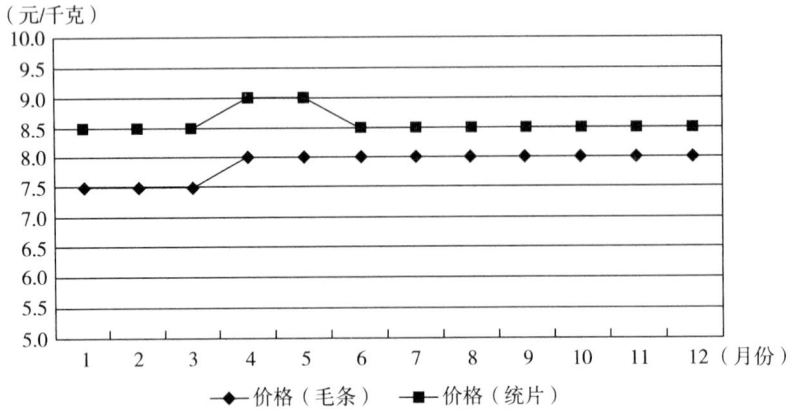

图 12 - 14　2020 年河北不同规格山药价格

山药价格发生小幅波动是受疫情因素与市场需求因素的影响。因疫情防控需要，封闭道路，导致市场流通不畅，造成了短时间内的供需矛盾，抬升了价格，随着疫情防控形势的好转，市场流通顺畅，价格逐渐回落到正常价格轨道。毛条山药价格小幅上涨是因为山药作为药食两用的中药材，近年来，在大健康环境下，通过食疗养生"治未病"的保健市场日益壮大，对山药食用需求量逐年增加，导致毛条山药价格小幅上涨。

未来山药价格走势：存在价格小幅上扬的空间。随着消费者保健意识提高，选择山药进行滋补养生群体增加，食用市场不断壮大，刺激价格上扬；加之环保部门的整顿，加工户纷纷放弃硫黄熏蒸加工方式，增加了山药初加工的成本，因此未来山药价格存在上扬的空间。

8. 连翘

2020 年 1 ~ 12 月连翘价格波动不断，整体成上扬趋势。其中青翘水煮统货连翘的上涨幅度最大，为 64.1%；其次是青翘生晒统货连翘，涨幅为 44.74%；涨幅最小的是黄翘统货，为 26.19%。2020 年青翘水煮统货连翘开盘于 39 元/千克，随后价格迅速拉升至 55 元/千克，之后价格震荡前行至 10 月，其间经历两次波动，波幅分别为 3.63% 与 11.76%，从 10 月开始，连翘价格进一步攀升，最终收盘于 64 元/千克。其余两种连翘价格走势与青翘水煮统货连翘价格走势类似，仅在波动幅度上略有不同，如图 12 - 15 所示。

连翘价格持续走高是受气候因素、疫情因素与市场因素的影响。一方面，2020 年春，在天气回暖的过程中，因冷空气的侵入，使气温降低零度以下，并爆发雪灾，导致连翘大幅减产，加之因疫情防控的需要，道路封闭，市场流通不畅，进一步限制了市场供给；另一方面，连翘作为疫用中药材，市场需求不断增加，催生价格上扬，部分商人开始囤积连翘，进一步刺激了连翘的市场需求，最终导致连翘价格不断上涨。

（元/千克）

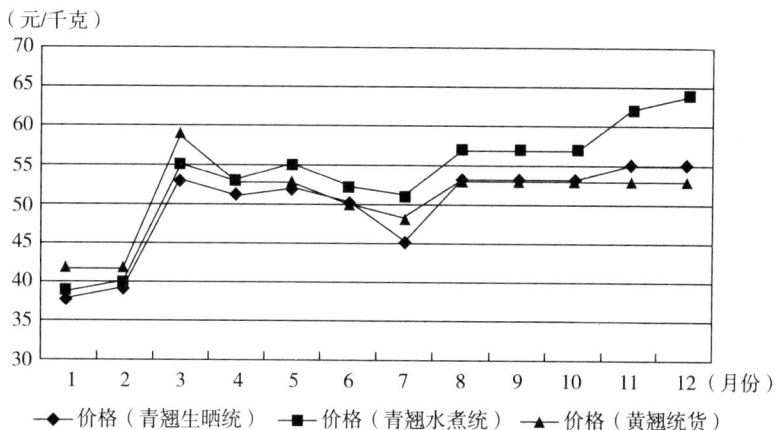

图 12 - 15 　 2020 年河北不同规格连翘价格

　　未来连翘价格走势：存在持续走高的可能。在全球疫情大流行的背景下，连翘作为"疫用中药材"，市场需求旺盛，再加之连翘作为莲花清瘟胶囊等感冒药的主要成分，是居民家中常备药，具有广阔的市场，能给予其足够的底部支撑，支撑其价格维持在高位。

　　9. 知母

　　2020 年 1 ~ 12 月知母整体价格走势呈下降趋势，其中家种统片知母价格年下降幅度为 16.67%，家种统片知母价格年下降幅度为 9.09%。2020 年家中统片知母开盘于 24 元/千克，随后 4 个月价格一直平稳运行，5 月价格出现第一次下降，下降至 22 元/千克，之后 5 个月价格未发生明显波动，在 11 月出现第二次下降，最终收官于 20 元/千克，年降幅为 - 16.67%。家种统个知母价格走势与前者类似，但仅出现一次下跌，发生在 8 月，价格从 11 元/千克跌到 10 元/千克，之后价格一直保持稳定，最终收官于 10 元/千克，如图 12 - 16 所示。

（元/千克）

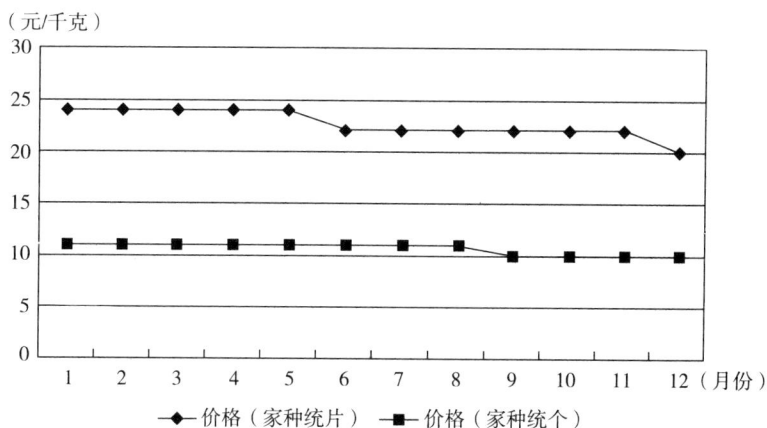

图 12 - 16 　 2020 年河北不同规格知母价格

知母价格之所以出现下降趋势主要是受市场需求疲软的影响。2016～2018 年知母价格暴涨，知母主产区种植面积不断扩大，产量不断增加，市场库存较多，但市场需求并未明显增加，加之疫情影响，采购商纷纷转向"疫用中药材"，进一步加剧了知母的市场需求疲软，故导致知母价格不断下跌。

未来知母价格走势：从短期来看，知母价格仍有下跌的可能；从长期来看，知母价格迟早会触底反弹。目前，知母价格已处于低谷，从成本效益分析，目前药农仍有利润，因此短时间内产量不会断崖式下跌，价格会持续下跌，一但价格低于成本，农户必然会纷纷放弃种植知母，导致知母产量下降，以拉升价格，因此，从短期来看，知母价格仍有下跌的可能；从长期来看，知母价格迟早会触底反弹。

10. 防风

2020 年 1～12 月防风价格整体呈下降趋势。其中秧播防风价格下降 28.57%，籽播防风价格下降 13.33%。2020 年秧播放风开盘于 14 元/千克，之后一路走低，其中 3 月强势反弹一波至 17 元/千克，之后价格一路下行，进入到下半年价格基本稳定在约 10.5 元/千克，最终防风价格收官于 10 元/千克。籽播防风价格走势与前者类似，仅在波动幅度上略有不同，如图 12－17 所示。

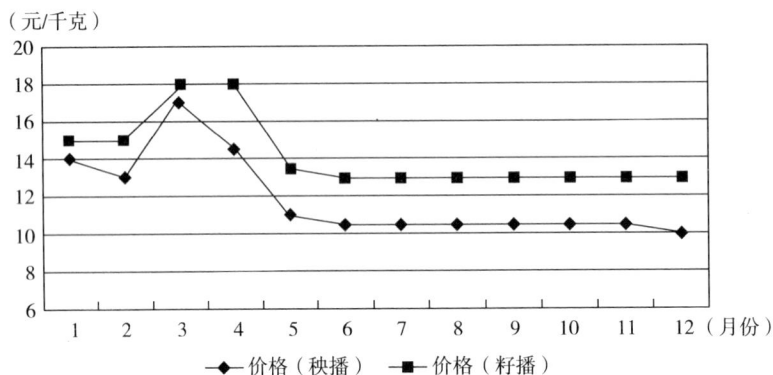

图 12－17　2020 年河北不同规格防风价格

防风价格走势出现波动及走低的原因是受疫情因素及周期性因素的影响。原本防风价格已行至高位，故价格存在下跌的倾向，但因疫情防控需要，封闭道路，导致市场流通不畅，造成了短时间内的供需矛盾，抬升了价格，随着疫情防控形势的好转，市场流通顺畅，价格逐渐回落到正常价格轨道，故而出现价格波动。

未来防风价格走势：防风作为一种常见药材，可解热、镇静、止痛、止汗、通便、止血、通经、祛风解表，市场需求极大。在全球疫情大流行的背景下，需求量增大，又由于目前防风价格仍处于较低价位，预期后市看涨。

五、河北省中药材产业发展对策建议

（一）针对疫情合理调整品种布局

这次疫情涉及的中药材品种很多，其中几个短缺品种是河北省大宗道地药材，如连翘、北苍术、金银花、桔梗、板蓝根等，这次疫情大量消耗了原有库存，已出现明显短缺；还有一部分前期生产面积、库存量都较大，但受疫情影响会消耗大量库存的品种，如柴胡、黄芩、桔梗、瓜蒌、荆芥、半夏、薄荷等。随着疫情的反复，对上述药材的需求会持续较长时间。可以利用河北省大宗道地药材产地的优势，合理增加相关品种种植布局，变"危"为"机"，进一步做大做强河北省中药材产业。

（二）加强质量追溯体系建设

进一步加快推进中药材质量追溯体系建设，实现中药材的种质、种植、采收、加工、质检销售和流通等环节全程质量监控。不断完善河北省中药材产品信息化追溯体系标准，加快数据采集和传输标准建设，建立健全全省统一的云端数据库，将中药材种植生产及饮片生产企业、销售商、消费者和政府监管机构联系在一起，构建从源头到终端的质量控制和可追溯体系，实现从生产源头到消费环节集成化的质量全程控制，满足市场对优质安全安心药材原料的迫切需求。进一步提升现有药品检验机构的中药材检验检测能力，明确检测标准，在中药材主要产区和集散地重点支持建设第三方检验检测机构，确保村有点、镇有站、县有所的三级检验机构。

（三）加强机械化推广应用，提高生产效率

随着人工成本的不断增加，缺少机械装备导致中药材生产效益降低，严重影响产业的整体发展。因此，应加强中药材专用农机产品创新研发，加大对相关研究项目、研究机构的创新政策扶持。依托河北省中药材产业技术体系，针对不同品种、不同地理条件，研发专业的智能机械，特别是针对山地中小型播种、收割等机械的研发和应用。加快机械化程度，减少生产成本，提高生产效率，以科技促进发展。

（四）推进生态栽培

在适宜地区推进生态栽培种植模式。研发仿野生栽培、清洁化生产等生态种植模式，改变传统种植习惯，减少化肥农药的使用量，提高药材品质；推广药—粮（菜）轮作（套种）、林—药套（间）种等立体种养循环模式，提高土地利用率，增加种植效益。严格农业投入品管理，建立健全基地生产档案制度，定期开展中药材质量安全治理行动，建立中药材生产基地信用等级评价制度。

（五）大力引进龙头企业，走产业化经营的道路

河北省中药材种植生产规模虽然逐年增加，但栽培管理粗放，采收、加工、包装、仓储等技术落后。为保证中药材的产量、质量与销售渠道，应通过引进龙头企业，实现产业化经营。产业化经营能充分发挥信息、营销和人才优势，优化中药材品种、品质结构和产业结构，带动规模化生产和区域化布局。龙头企业可以和中药材种植户签订利益共享合同，自觉守信，从而实现龙头企业和种植农户的双赢，既能保证农民的经济收入，又能实现稳定生产。

（六）加大科研投入，提高中药材产量和质量

在形成产业链的同时，还应重视中药材的品质差异问题。中药材种植应同时注重质和量两方面：一方面，通过品种改良、选种育种、生境优化、栽培管理模式优选等方式切实提高产量和种植效率，以满足不断增加的市场需求；另一方面，积极探索提高中药材品质的途径，切实提高产品品质等级，优化品种结构，提高产品的市场竞争力。

（七）深度开发资源，延伸产业链条

近年来，河北省中药材种植面积不断增大，为了扩大市场需求，稳定供需关系，应积极推进中药材深加工的研究。目前随着社会的进步和科学技术的发展，人们对中药材综合开发利用的研究已较为深入，从原始的药用价值、发展为饮料食品、日用化工产品的开发生产，继而发展到旅游观光和生态农业工程建设上。例如，以金银花为原料，可生产金银花茶、金银花饮料、金银花复合酸奶、金银花保健酒和金银花保健食品、牙膏、痱子粉、香水、沐浴露、精油等。河北省各级政府应依托当地中药材资源，给予企业相应的政策优惠，吸引更多的深加工企业入驻，前延后伸，建设中药材种植基地，不仅使种植方法更加科学，还减少了交易中间环节，提高产品附加值，扩大市场需求量。

（八）抢抓"互联网+"发展机遇，助推品牌推广

河北省虽然有涉县柴胡、涉县连翘、承德热河黄芩、邢台酸枣仁、巨鹿金银花等众多特色中药材品牌，但通过网上调研发现，河北省中药材网络可见度低。例如，作为金银花三大产地之一的巨鹿，并未受到很多人的关注。而随着互联网的普及，越来越多的人习惯通过互联网了解并购买产品，因此有必要通过互联网进行品牌的建立和推广，融合"互联网+"、众筹、众创空间、创容、O2O、微营销等最前沿的互联网思维手段打造河北省中药材产业。

（九）结合当地发展定位，打造中药材特色康养小镇

河北省大部分中药材适应能力较强，可在干旱、盐碱及沙滩等地带种植，具有增加土壤有机质含量，蓄水保墒、熟化土壤的作用，对于改善生态环境有着重要意义。当前我国

着力改善生态环境，打造文化休闲康养圣地，河北省各级政府可以此为契机，以健康旅游产业为核心，结合各中药材的效用，将健康、养生、养老、休闲、旅游等多元化功能融为一体，形成一个融医疗保健、健康养生为特色的生态环境较好的特色康养小镇。通过打造万亩中药材花海、中药材主题观光农业、中药材园艺小镇、中药材特色产品专卖店、中药材宴、中药材SPA、足疗等系列项目，让游客在优美的环境中，体验健康的"吃住行游购娱养闲"。

撰稿人员：王建忠 王文青 王 斌

指　导：谢晓亮

参编人员：魏子琨 贾 悦 陈 阳 韩 乔 朱嘉伟 王 畅
　　　　　　唐聪佳

第十三章　河北省奶牛产业发展报告

一、河北省奶牛产业发展现状及形势分析

（一）河北省奶牛养殖业发展现状及形势分析

1. 原料奶生产稳步增长

据国家统计局数据显示，2020年我国生鲜牛乳产量3440万吨，同比增长7.5%。2020年河北省奶牛存栏122.262万头，同比增长6.5%，生牛奶产量483.404万吨，同比增长12.8%。将竣工10吨以上高产奶牛核心群120个，奶牛平均单产超过8.1吨。坝上草原牧区、山前平原农牧结合区、黑龙港流域农草牧融合区三大奶牛养殖聚集区的奶牛存栏占全省奶牛存栏90%以上。随着河北省粗饲料本地化、金融支持等一系列奶业振兴政策的实施，奶牛养殖形势明显好转，这些因素都将大大促进奶牛产业发展。预测2021年河北省奶牛存栏量将稳定增长，养殖区域进一步向优势区域集聚，标准化规模化和奶牛单产水平将进一步提升，生鲜乳产量将继续增长，养殖效益保持较好水平。

2. 规模化牧场成为河北省奶牛养殖的主要发展方向

目前，集团化养殖模式已成为我国奶牛养殖的主要发展方向。2018年大牧业集团奶牛存栏同比增长6.7%，2019年同比增长1.6%。2020年仍在加速增长，规模牛场商品奶产量为6.8万吨/天，供奶约占日收奶量的50%以上。单产超11吨牧场有52%集中在1000~3000头规模牧场。2019年，河北省奶牛养殖场共845家，其中300头以上规模养殖场奶牛存栏量占全部存栏量的98.2%。存栏数量为500~1000头的牧场成为河北省奶牛养殖的主体。以此为基础，乳品企业投资入股养殖场，统一饲料、统一兽药、统一冻精、统一服务、统一收购"五统一"的养殖、加工一体化经营，以及在家庭牧场基础上，组建奶农合作社，"奶农＋合作社＋公司"的奶业发展模式都是即将探索的奶牛养殖模式发展方向。

3. 饲料成本总体呈上涨趋势

随着疫情的常态化，饲料原料的供应受到冲击，饲料成本总体呈上涨趋势。如图13－1所示，2020年玉米价格同比增长率均为正，11月达到了最高值，为21.5%；豆粕价格除

8 月外同比增长率也基本为正，4 月达到了最高值，为 11.1%。苜蓿、燕麦草等饲料原料需要从国外进口，受国际贸易摩擦和疫情影响，价格整体上涨。据中国海关数据统计，2020 年 1～11 月我国进口干草平均到岸价 359.06 美元/吨，同比增长 5.35%；进口苜蓿平均到岸价 361.84 美元/吨，同比上涨 7%；进口燕麦平均到岸价 347.82 美元/吨，同比增长为负。

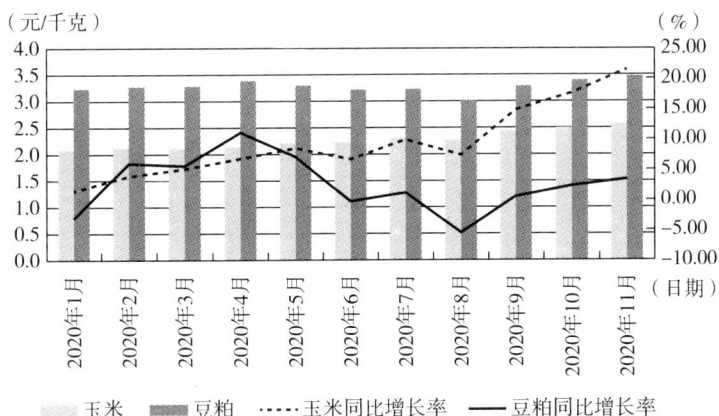

图 13－1　2020 年 1～11 月玉米、豆粕价格

资料来源：中国奶业经济月报。

4. 生鲜乳交易价格总体趋势是先降后升

随着疫情对生鲜乳交易和乳制品销售影响的减小，乳制品市场回暖、居民乳制品消费需求旺盛，河北省生鲜乳交易均价下半年增长态势明显。由图 13－2 可知，河北省 2020 年 9～12 月生鲜乳交易均价超过了 2019 年的同期价格水平。由图 13－3 可知，河北省 2020 年

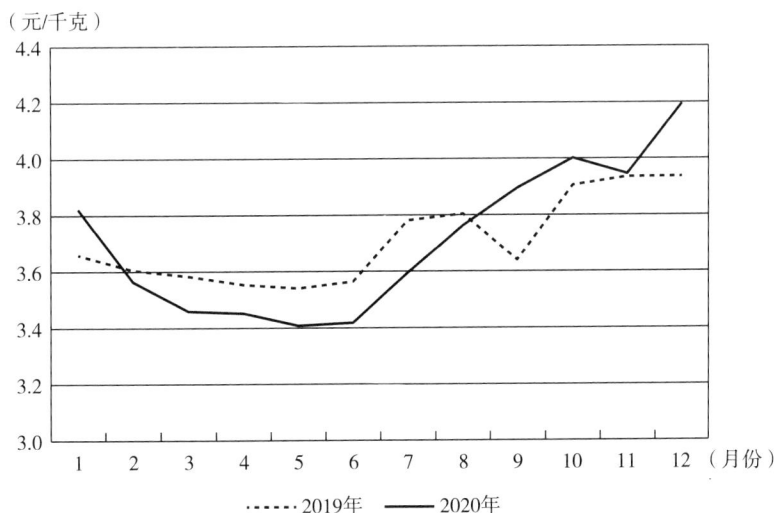

图 13－2　2019 年和 2020 年河北省生鲜乳交易均价

资料来源：河北团队奶牛场动态信息检测信息。

（元/千克）

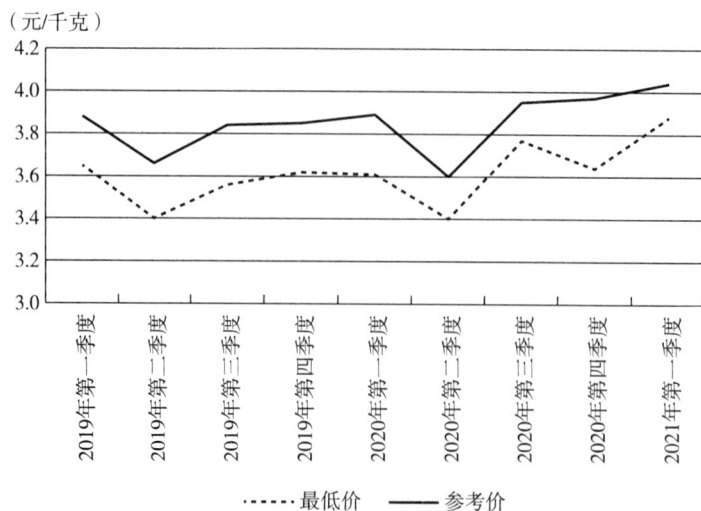

图 13 - 3　2019～2021 年河北省鲜乳交易参考价格

资料来源：河北团队奶牛场动态信息检测信息。

四个季度生鲜乳交易参考价格分别为 3.89 元/千克、3.6 元/千克、3.95 元/千克和 3.97 元/千克，且 2021 年第一季度的生鲜乳交易参考价格高于 2020 年第四季度。随着年末产量出现季节性峰值回落，生鲜乳产量将接近季节性低点。受疫情影响和随后春节的到来，居民对乳制品提高免疫力有了进一步的认识，居民乳制品消费需求会增加。

（二）乳制品加工业生产经营状况及形势分析

1. 乳制品总体生产情况

乳制品产量先降后升，市场逐步恢复。2020 年上半年，受疫情影响乳制品消费终端受限，河北省乳制品产量有所下降。1～4 月，乳制品同比增长均为负值，如图 13 - 4 所示，

（万吨）　　　　　　　　　　　　　　　　　　　　　　　　　（％）

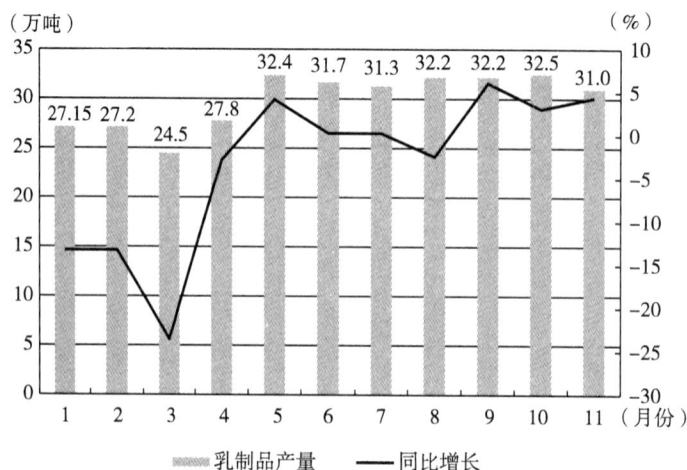

图 13 - 4　2020 年 1～11 月河北省月乳制品产量

3 月同比增长率达到最低点，为 - 23.6%。5 月乳制品产量为 32.4 万吨，同比增长 4.2%，预示着行业回暖，乳制品消费市场逐步恢复正常。但 1 ~ 7 月乳制品产量为 202.1 万吨，同比增长均值为 - 5.84.0%，表明疫情对乳制品行业的影响较深，需要一个长期的恢复过程。9 ~ 11 月同比增长均为正值，恢复速度较快。

2. 液态奶产量变化情况

2020 年 1 ~ 12 月全国液态奶产量 2599.43 万吨，同比增长 3.28%，液态奶产量排名前十的省份中，同比增长的省份有 6 个，10 省合计 1769.78 万吨，同比增长 3.42%，占全国总产量的 68.08%。河北产量 347.56 万吨，同比增长 2.32%，占全国总产量的 13.37%，位居全国第一位。

3. 奶粉产量变化情况

2020 年 1 ~ 12 月全国奶粉产量 101.23 万吨，同比下降 9.43%，奶粉产量排名前五的省份中，同比增长的省份有 3 个，5 省合计 79.32 万吨，同比下降 9.67%，占全国总产量 78.36%。黑龙江产量第一，40.01 万吨，同比增长 3.02%，占总产量的 39.52%；河北省月产量为 10.47 万吨，同比增长 9.67%，位居全国第三位。

4. 干乳制品产量变化情况

2020 年 1 ~ 12 月全国干乳制品产量 180.95 万吨，同比下降 3.09%，干乳制品产量排名前十的省份中，同比增长的省份有 5 个，产量合计 146.72 万吨，占全国总产量的 81.08%。黑龙江产量最高，41.05 万吨，同比增长 5.44%，占全国总产量的 22.69%。河北省 1 ~ 12 月干乳制品产量为 10.80 吨，同比增长 11.32%，位居全国第六位。

（三）河北省奶业贸易现状及形势分析

1. 全国乳制品进口状况

2020 年 1 ~ 12 月我国共计进口各类乳制品 328.12 万吨，同比增长 10.4%，进口额 117.06 亿美元，同比增长 5.2%。其中，干乳制品 220.93 万吨，同比增长 7.8%，进口额 103.4 亿美元，同比增长 3.8%；液态奶 107.19 万吨，同比增长 16%，进口额 13.67 亿美元，同比增长 17.8%。从进口的主要品类来看，大包粉、婴配粉进口量略减，其余多数品类，尤其是奶油、乳清进口量涨幅大，奶酪和包装牛奶有所增长，如表 13 - 1 所示。

表 13 - 1　2020 年 1 ~ 12 月中国乳制品进口状况统计　　　　单位：万吨，%

		2020 年 1 ~ 12 月进口	同比增长
乳制品	合计	328.12	10.4
干乳制品	合计	220.93	7.8
	奶粉	97.93	- 3.5
	婴配粉	33.50	- 3.0
	炼乳	2.38	- 31.6

续表

		2020 年 1~12 月进口	同比增长
干乳制品	乳清	62.64	38.2
	奶油	11.56	35.2
	奶酪	12.93	12.5
液态奶	合计	107.19	16
	鲜奶	103.98	16.8
	酸奶	3.21	-4.9

资料来源：根据《奶业经济观察——中国奶业贸易月报》整理。

据中国海关统计，2020 年 1~12 月我国共进口包装牛奶 103.98 万吨，同比增加 16.8%，进口额 13.09 亿美元，同比增长 18.9%，平均价格为 1259 美元/吨，同比上涨 1.8%；进口大包奶粉 97.93 万吨，同比减少 3.5%，进口额 32.91 亿美元，同比增长 5.4%，平均价格为 3361 美元/吨，同比上涨 9.2%；进口婴配粉 33.50 万吨，同比减少 3%，进口额 50.53 亿美元，同比下降 2.7%，平均价格为 15084 美元/吨，同比增加 0.4%。包装牛奶、大包奶粉以及婴配粉 2018~2020 年月度进口数量及价格变化趋势如图 13-5 至图 13-7 所示。

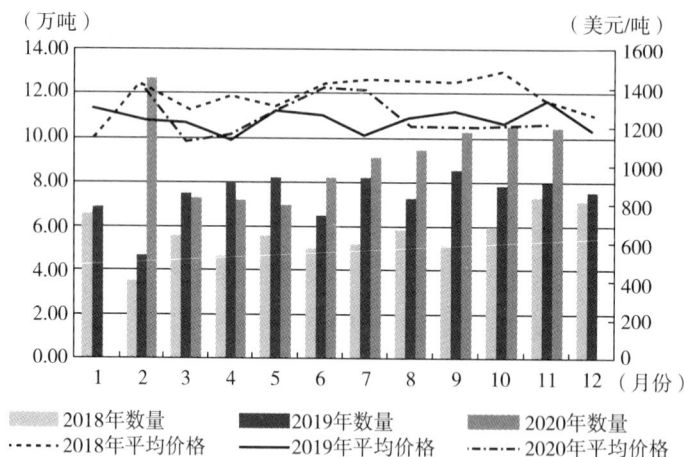

图 13-5　我国包装牛奶月份进口数量及价格变化

2. 全国乳制品出口状况

2020 年 1~12 月我国共出口各类乳制品 4.29 万吨，同比减少 21.1%，出口额 2.20 亿美元，同比下降 49%，其中，出口干乳制品 12958.49 吨，同比减少 49.6%，出口额 18754.56 万美元，同比下降 53.2%。出口液态奶 29982.35 吨，同比增加 4.6%，出口额 3257.59 万美元，同比增长 8.2%。2018~2020 年婴配粉和液态奶月度出口数量及价格变化趋势如图 13-8、图 13-9 所示。

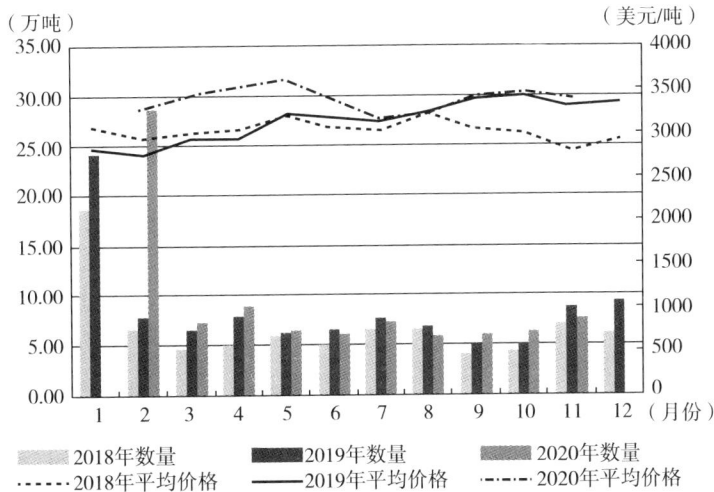

图 13 - 6　我国大包粉月份进口数量及价格变动

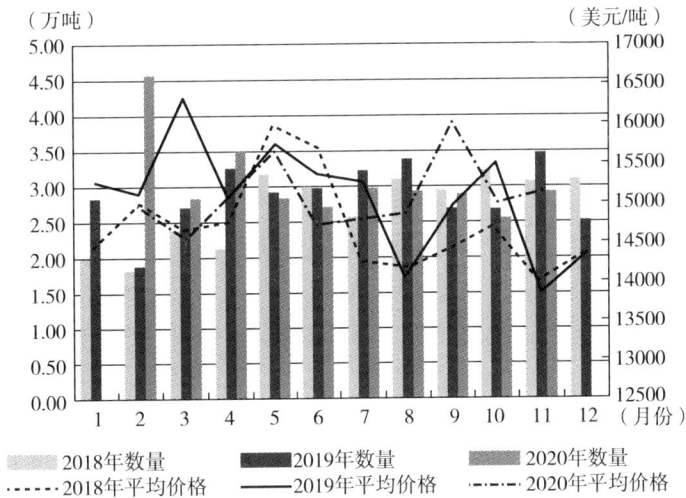

图 13 - 7　我国婴幼儿配方奶粉进口数量及价格变动

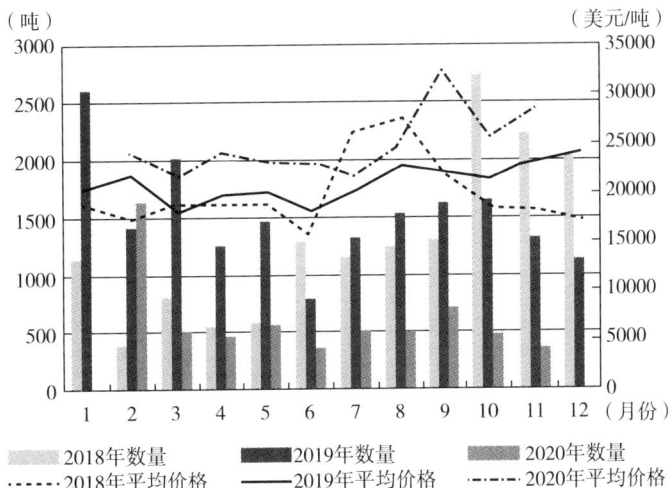

图 13 - 8　我国婴幼儿配方奶粉月份出口数量及价格变动

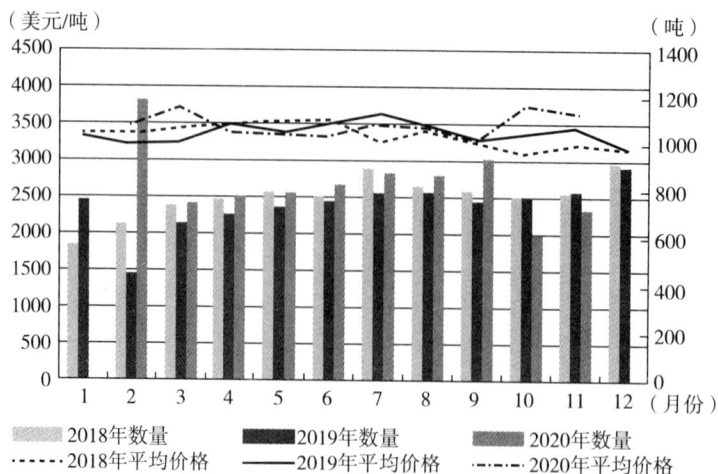

图 13 - 9　我国液态奶月份出口数量及价格变动

（四）河北省乳品消费现状及形势分析

1. 疫情对乳制品消费情况的影响程度

据调研，有 67.29% 的消费者认为疫情对乳制品消费购买行为的影响一般，12.33% 的消费者认为有较大影响，5.42% 的消费者认为影响非常大，14.96% 的消费者认为没有影响。在疫情期间，由于乳制品供应中断和居家隔离减少出行，导致乳制品的消费频率和消费金额变化受疫情影响较大。在后疫情时代，随着消费者对营养以及免疫力的重视，对乳制品的消费不断提升。

2. 线上电商乳制品消费有所增长

特殊时期经历较长时间的闭门居家生活，不少消费者的购买习惯开始从线下转移到线上。在后疫情时代，网络直播购物、手机微商和社群电商等线上购买乳制品也逐渐成为一种主流。在"6·18""双十一""双十二"等购物节活动中乳制品的消费量显著提升。

3. 功能性乳制品成为消费新热点

在疫情期间，有很多营养专家呼吁人们合理饮食，膳食搭配应营养均衡。饮用乳制品可以增加蛋白质的摄入量，提高自身免疫力，对病毒有预防作用。一些保健功能标注明显的乳制品格外受消费者青睐，在乳制品细分市场中逐渐脱颖而出。另有部分年轻消费者期望通过食用乳制品达到改善肤色和保持身材的作用。据调查，河北省乳制品消费者追求美容、瘦身、健身等功能的比例达 26.38%。随着乳制品消费人群结构的变化，年轻人的消费需求不容忽视。青少年不仅饮用液态乳制品，对黄油、奶酪、冰淇淋等口感、口味更丰富的产品需求也很大。

二、河北省奶牛产业竞争力分析

（一）单位奶成本居高不下，养殖成本竞争力下降

我国奶价从 2018 年底不足 3.50 元/千克，持续上涨到 2020 年 12 月的 4.15 元/千克，同比上涨 8.2%，带动了购牛的积极性。同时，在奶业振兴政策红利下大中小型牧场加大建设投资。河北省 456 家被调研的养殖场中，有 210 家表示在有资金支持、贷款政策放宽的条件下会增加奶牛数量，扩大规模。海关数据显示，2020 年 1~9 月我国进口活牛 20.8 万头，其中来自澳大利亚 11.48 万头，采购成本同比增加 23%。目前进口奶牛价格约为 2.4 万元/头，处于历史高位。玉米、苜蓿等饲草料价格的上涨，饲料成本居高不下。在河北省 11 个市随机抽取大、中、小 3 个规模奶牛场进行成本测算，结果显示，2020 年单位奶成本总体高于 2019 年，第四季度千克奶成本约为 3.877 元/单位，达到了自 2019 年以来的最高水平。

（二）乳品品质不断提高，质量竞争优势提升

河北省农业农村厅上半年对 5 个市进行了 7 次抽检，抽样近 500 个批次，抽检合格率达 100%。市场监管局抽测了 324 个批次，婴幼儿配方奶粉是 21 个批次，合格率都达 100%。生鲜乳的蛋白水平达 3.9，蛋白水平达 3.33，脂肪达 3.89，体细胞在 22 万，均高于发达国家水平。

（三）疫情加剧了乳企之间的分化，本土中小型乳企竞争力更弱

受疫情影响最为严重的一季度，近 7 成上市乳企营收、净利均大幅下降。随着疫情防控形势好转、商业秩序恢复及压抑的消费需求被逐步释放，大型乳企更能抓住机会，迎合趋势越做越好，如蒙牛通过开发各种新型营销模式，大力发展电商和"O2O"到家业务，并和生鲜电商合作，实现销售额同比增长 5.6%。君乐宝上半年销售额同比增长 10% 以上，利税增长 20% 以上。婴幼儿奶粉产量同比增长 10% 以上。另外，疫情并没有影响到奶粉的高端化趋势，高端市场竞争已从品类红利转向品牌红利，提前进行多元化布局的企业，保健品板块增速较快，并且这一趋势在后疫情期仍将持续。而只专注于线下渠道、品种单一、低端产品较多，高端产品较少的中小型企业，只能将市场拱手相让，举步维艰。

（四）乳制品贸易逆差将继续增大，乳制品出口竞争力下降

由于奶牛养殖原材料价格上涨，人力成本的提高，同时受疫情影响，生鲜乳的收购价格仍会居高不下，导致乳制品平均价格都有所提高。不仅导致国内乳制品出口竞争力的下降，也必然会使国外乳制品进一步抢占我国市场。因此，如何守住国内市场，逐步打开国外市场，是国内奶业整个产业链面临的严峻课题。

三、河北省奶业发展存在的问题及原因分析

（一）饲料价格上涨导致单位奶成本居高不下

自 2020 年以来，玉米期货价格上涨了 40% 以上，约达 2600 元/吨，达到了十年来价格新高点。豆粕价格从 3000 元/吨以下上涨到 3300 元/吨，且仍存在上涨潜力。进口干草价格也处在高位，青贮作为性价比最高的优质饲料，2020 年平均每吨也上涨了 50 ~ 80 元。调研数据显示，苜蓿成本占饲料总成本约 13%，占养殖总成本 8% ~ 9%；豆粕占饲料总成本约 20%，约占单位奶总成本 12%。在河北省 11 个市随机抽取大、中、小 3 个规模奶牛场进行单位奶成本测算，结果显示 2020 年一至四季度的单位奶成本分别为 3.422 元/千克、3.662 元/千克、3.452 元/千克和 3.876 元/千克，整体上呈上升的变化趋势。

（二）资源环境约束日益严峻

河北省地表总面积 18.77 万平方千米，其中山地和丘陵占全省总面积的 42.2%，平原面积占 35.5%。奶牛养殖主要分布在坝上高原、太行山山麓和河北平原地区，而这些地区也是人口聚集、工业发展和农业生产的主要地区，稀缺的土地资源影响奶牛养殖的土地成本，也会导致饲草种植资源满足不了实际需求，进口饲草使饲料成本和养殖成本居高不下。同时，一头成年奶牛每天会排放 30 ~ 50 千克粪便，河北省奶牛养殖场一年会至少产生 4236 吨牛粪。牛粪散发的有害气体包含氨、硫化氢、甲烷、二氧化硫和二氧化碳等，会对空气造成污染，污水若未正确处理随意排放，也会对地表水、地下水以及土壤造成污染。

（三）养殖场融资难、融资贵、风险大

随着现代奶牛养殖业的规模化、标准化、智能化水平的日益提高，奶牛养殖场改造升级资金需求大，尤其是环保设施改造升级资金投入大。由于牧场缺乏标准抵押物，政府担保机制不健全，银行信贷资本难以获得。个别养殖场只能通过利息高昂的民间借贷融资，借贷成本高还款压力大。蒙牛、伊利虽然给予牧场预付奶款、信用担保、贷款贴息等支持，但贷款额度低、用途限制严格，并以产奶量作为贷款额度依据，无法整体解决牧场资金短缺问题。政策性奶牛保险尽管覆盖率较高，但保险保障额度低，每头牛最高赔付 8500 元，仅为奶牛价值的 1/3，保险的增信功能尚未充分发挥。

（四）大型乳企一体化奶源占比持续提升，中小牧场一体化尚未破局

目前，我国下游乳企均在扩大自有、可控奶源基地比例，龙头乳企在 2020 年基本完成了对大牧业集团的奶源掌控，产业一体化提速。河北省君乐宝现有社会牧场产奶量约占比 51%，合作的大型万头牧场产奶量占比 10%，自有牧场占比 35% ~ 40%。目前在行唐

建有一个机牧场厂，并分别在邯郸大名、石家庄平山、正定、晋州、张家口崇礼、邢台柏乡落地在建牧场。计划未来三年内，建设 100 个存栏 1000 头的家庭牧场，每年建一个万头牧场以满足扩大产能的需求，同时计划在唐山新建存栏 15000 头牧场、威县二牧扩建 2000 头牛位专用于 A2 型奶粉的生产。随着奶源结构升级，中小牧场一体化尚未破局，未来在奶业低谷期将面临更大的风险。

（五）乳企和奶农利益联结机制仍较脆弱

在河北省生鲜乳收购主要集中在六七家大型乳企。虽然奶业振兴规划纲要明确鼓励规模养殖场建立乳品加工企业，而由于乳制品行业的准入门槛极高，且乳制品市场开拓与品牌打造难度大，新进入企业或中型企业的改建（扩建）无法达到标准，大型乳企的寡头垄断地位短期内难以动摇。多数乳品加工企业与奶牛养殖场之间为合同收购关系，尚未形成养殖与加工互为依存、风险共担、利益共享的共同体。

（六）乳制品产品结构和消费结构失衡

一是当前乳制品市场中，低端奶市场趋于饱和，90.00% 以上为普通液态奶。虽然君乐宝乳粉快速发展，但河北省乳制品中功能性产品产量少，高附加值产品欠缺，高端乳制品市场供给能力不足。二是居民消费超高温灭菌奶的数量频率远超于巴氏杀菌奶。据调研，酸奶的受欢迎程度最高，其次是超高温灭菌奶，巴氏消毒奶最低。究其原因，在于巴氏消毒奶的保质期较短，对运输销售造成了较大的困难，使各大乳品企业生产巴氏灭菌乳产品的数量大大降低。而消费者对于巴氏消毒奶、超高温灭菌奶营养价值的区别认识不够深入，导致乳制品消费结构不合理。三是居民消费液态奶数量频率远超黄油奶酪等固体奶。黄油奶酪等乳品往往在西餐或者西式快餐如汉堡、披萨等餐食中使用，居民在日常生活中对黄油奶酪认识不多，接触不多，在如何食用烹饪固态乳制品存在疑惑，消费量明显不足。

（七）知名品牌较少，区域型乳企发展缓慢，君乐宝"一枝独秀"

在奶业振兴的背景下，本土乳企君乐宝发展进入加速期，华北市场份额不断扩大，营收持续增加，资产已过百亿元，超过三元、新希望等诸多区域性企业，但与我国乳企龙头相比，仍有一定差距。君乐宝品牌在河北省呈现"一枝独秀"态势，其他众多本土乳企产品结构单一、缺乏差异化战略、缺少核心竞争力、缺乏品牌知名度。加之众多外省知名乳企入驻河北，抢占奶源，使得本土乳企被大品牌在广告资源、成本优势、开发渠道等方面碾压，缺乏发展空间，短时间难以成长。扶持君乐宝带动本土乳企发展虽然初见成效，但总体市场品牌影响力不强，整体竞争力较弱，完成河北省奶业品牌一流的振兴目标仍任重而道远。

（八）城乡居民乳制品消费结构不均衡

由于河北省农村居民的收入水平和城市居民有较大差距，在乳制品消费上的差异也十分明显，如图 13 - 10、图 13 - 11 所示。河北省乳制品的销售市场大部分都集中在城市地区，可能是因为城镇居民大部分都养成了按时喝奶的习惯，乳制品对他们来说更像是一种生活必需品。各大乳企对农村地区的市场开拓不够，对乳制品在农村中的宣传推广不到位，没有深入改变农村居民的消费观念和饮食习惯。

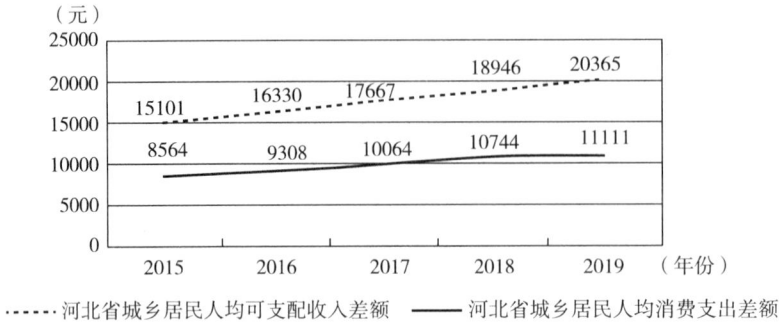

图 13 - 10   2015 ～ 2019 年河北省城乡居民人均可支配收入差额

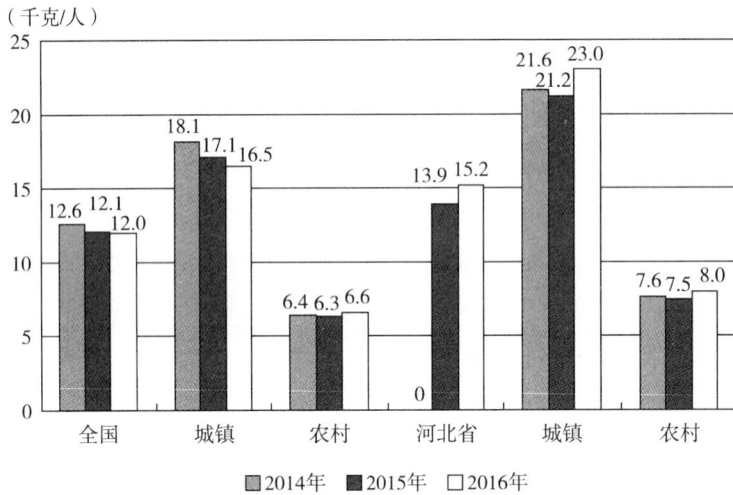

图 13 - 11   2014 年、2015 年、2016 年人均乳制品消费结构

四、河北省奶业发展对策建议

（一）培育本土优质饲料饲草业，降低养殖成本

饲草饲料在奶牛养殖成本中占 60% 以上，因此，大力培育本地优质饲料饲草业，降低养殖成本。积极推进"种养"结合一体化发展模式，结合农区种养情况，试行养殖区

半舍饲、半放牧形式，探索农牧相互交替和以种草养牛为主的经营模式。积极推进"粮改饲"政策，加速全株玉米青贮本土化进程。加大科研创新，大力研发苜蓿等饲草料种植技术和收获加工机械，提升本土苜蓿等饲草料的质量和产量。总结并推广成功降低饲草料成本的典型案例，引导养殖户"节本增效"，增强河北省奶牛养殖业的竞争力。

（二）建立完善的粪污资源化处理系统，积极推动奶牛养殖场的绿色化发展

对于中小规模的奶牛养殖场，因其粪污处理能力有限，政府可以建立粪污处理中心，帮助中小型牛场收集和专业化处理。再将无害化、资源化处理后的有机肥卖给农户，用于农作物的种植，实现资源利用最大化。而对于较大规模的奶牛养殖场，可借鉴欧美大型奶牛养殖场的粪污处理模式，将粪污处理后还田或用作能源。美国的大部分大型奶牛场都是农牧结合型的，养殖业规模决定着种植业结构的调整，养殖业与种植业之间在饲草、饲料、肥料三个物质体系中相互促进、相互协调。将奶牛养殖场产生的粪污经过厌氧发酵处理，不仅可以杀死病原微生物和寄生虫，消除环境污染，而且产生的沼气可作燃料和发电照明使用，直接为奶牛场营造经济效益和生态效益。无论将粪污处理成肥料还是能源，都是变废为宝，不仅杜绝了粪污造成的环境污染，还实现了奶业的可持续发展。

（三）创新金融支持模式，加大政府补贴力度，破解资金制约"瓶颈"

一是创新投融资模式，盘活社会资本，为奶业振兴提供资金保障。用足用好农业发展银行、国家开发银行等优惠信贷政策，鼓励金融机构开展奶畜活体抵押贷款等信贷产品创新。二是以产业链为基础，建立奶业产业化联合体，由省、地方财政共同出资成立奶业贷款担保基金，鼓励产业龙头企业为养殖户提供贷款担保，或龙头企业独立组建担保公司，与财政资金主导建立的担保公司一起，共同支撑奶业养殖贷款担保任务。三是争取农业农村部加大对河北省"粮改饲"和苜蓿种植的财政补贴，统筹整合涉农、扶贫财政资金，建立奶业振兴的"资金池"。

（四）支持中小牧场联合发展乳制品加工，降低经营风险

政府部门应积极修订《乳制品工业产业政策（2009年修订）》，放宽乳制品加工行业准入条件，大力支持有条件或有基础的奶牛养殖场或合作社发展乳制品加工业。养殖场或合作社按照严格的食品安全标准、生产卫生许可等安全标准生产，以保障乳制品的质量安全为前提，实行生产、加工、销售一体化的经营模式。树立奶牛养殖场发展"自有牧场＋奶吧"等产销模式示范点，在城市和人口密集区开展巴氏奶生产、销售，培育巴氏奶等消费群体。大力发展饭馆、饭店、小区、学校饭堂、酒店及商店等乳制品供应，以生产奶酪、发酵乳和巴氏杀菌乳等乳制品为重点。

（五）推进"家庭牧场＋合作社＋公司"奶业链运营模式，创新利益联结机制

充分挖掘种养一体化家庭牧场在生产组织、自动化养殖和低成本高效率等方面的优

势，实现土地、水源、奶源、环境相互配套，促进河北省奶业的高质量发展。结合三大饲草聚集区，集中打造家庭牧场。推动中小规模奶牛家庭牧场组建奶农专业合作社，奶农合作社联合兴办乳品加工企业，或者奶农通过合作社入股乳品加工企业，形成股份制联合体，从而保障养殖与加工互为依存、风险共担、利益共享。

（六）引导消费升级，调整产品结构拓展功能

一是抓住消费者经历过疫情后的消费心理和消费习惯变化，积极引导乳制品消费升级。各大乳品企业可以联合河北省政府相关管理部门和河北省奶业协会加大宣传巴氏奶、奶酪、黄油等营养价值高的品类。引导对奶酪接受度高的年轻消费者，培育省内奶酪市场的逐渐发展。二是积极推动产品结构差异化和高端化。在巩固常温奶市场份额的同时，河北省乳品企业需加大奶粉、奶酪等高附加值乳品的研发力度，将生产重心从生产液态奶转到奶酪黄油等方面，加快高端奶市场开拓进程。

（七）加大营销力度，创建名优乳品品牌

受疫情的影响，公众对均衡营养提升免疫力空前关注，超过96%的公众认为乳制品对提升免疫力作用很大，近50%的公众增加了乳制品摄入的种类，并坚持每天足量喝奶，给奶业市场带来了很大的发展机会。因此，乳制品企业要抓住此机遇，做好乳品品牌建设，建立消费者对乳企的信任。一是通过各式营销手段、社会慈善事业扩大知名度和美誉度，塑造良好的社会形象，从而提高乳品品牌的社会认可度。二是各乳品企业需在品味及营养保健成分上积极开拓，以满足购买者消费偏好、口味以及消费水平方面的差异。三是中小企业可以选择线上线下相结合，积极探索"会员营销""社群营销""O2O到家"等新零售模式，以提高交易效率，降低交易成本。

（八）加快区域型乳企兼并重组，引导其错位竞争

河北省多数本土乳企"默默无闻"，市场优势并不明显。目前中国乳业又受到社会各界资本的青睐，大量资金涌入乳业市场，加快了中国奶业振兴的步伐。河北省本土乳企应以此为契机，一是倡导龙头企业对实力薄弱、特色模糊、盈利能力较弱的乳品企业进行并购重组、资产整合。二是引导具有品牌、技术、特色资源和管理优势的中小乳企通过交叉控股、区域联盟等多种方式做优做强。三是在品牌、渠道、奶源各自拥有较强优势的区域龙头企业，通过产业联盟等方式跨区域合作。四是相关部门要扶持特色乳企的创新发展，大力发展培育本地奶业龙头企业，做大做强君乐宝等河北本地奶业品牌，努力开拓国内市场，形成骨干龙头企业，带动产业集群发展的新格局。五是发挥地方品牌区域覆盖优势，加工"低温奶"，提供差异化的产品，实现与全国性品牌的错位竞争。

（九）加大宣传力度扩大农村市场

河北省居民对乳制品的消费量和我国平均乳制品消费水平相比有一定差距，和发达的

西方国家相比差距更大。随着我国经济的快速发展，河北省农村居民的生活条件越来越好，农村消费仍具有很大的潜力。针对农村居民的文化水平普遍不高，导致对乳制品营养了解不够、饮奶观念淡薄、没有饮奶习惯等现状，乳品企业要和农村的小卖部、小超市发展合作关系，保证农民购买乳制品的便利性；做好农村市场调研，实地考察了解村民的饮奶观念和村民对乳制品相关信息的了解程度；在农村举办试喝等小型活动，了解其消费偏好。通过以上途径加大乳制品在农村的推广力度，逐渐培育农村消费者的乳制品消费习惯。

撰稿人员： 张晓忠　刘宇鹏　王　洁　祝丽云　牛林伟　赵君彦
　　　　　　 张艳新　李　彤
指　　导： 倪俊卿

第十四章　河北省生猪产业发展报告

2020 年，河北省生猪产业遭遇非洲猪瘟疫情和新冠肺炎疫情的冲击，面对严峻的"双疫情"防控形势，河北省生猪市场的稳定受到了极大挑战，生猪和猪肉价格出现大幅波动。与此同时，危中有"机"，河北省生猪养殖主体加快了淘汰落后生产方式的步伐，加速了河北省规模化养猪的发展进程，使河北省生猪产业在尽可能稳产保供的基础上，逐步实业产业发展的转型升级。

一、河北省生猪产业发展现状及形势分析

（一）河北省生猪生产情况

1. 生猪存栏和出栏

河北省近年来生猪存栏数量大体在 1800 万 ~ 2000 万头，如图 14 - 1 所示。由于 2018 年 8 月我国非洲猪瘟疫情发生并随之蔓延，河北省养殖场（户）出于恐慌心理纷纷减产和

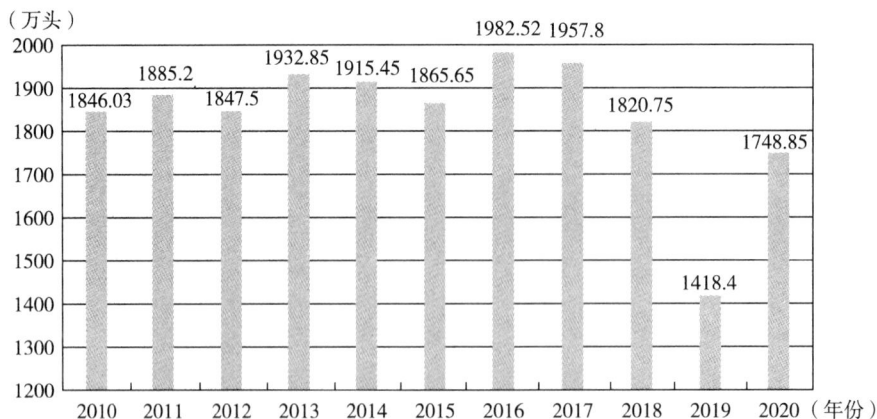

图 14 - 1　2010 ~ 2020 年河北省生猪存栏情况

资料来源：《河北省统计年鉴》（2010 ~ 2019 年），2020 年存栏量来自河北省统计局。

清栏，导致河北省 2018 年生猪存栏为 1820.75 万头，同比减少 7.0%。2019 年跌至 1418.4 万头，同比减少 22.1%，为 2010 年来的最低值。随后在养殖用地、环评和信贷等各方面的政策支持下，2020 年末河北省生猪存栏回增至 1748.85 万头，同比增幅达 23.3%，已经恢复到非洲猪瘟疫情前 2017 年（近十年河北省存栏最高值）的 89.3%。

如图 14-2 所示，2010～2017 年，河北生猪出栏量的总体趋势是波动增加的。2017 年出栏量为 3785.3 万头，为近年来的最高值。2018 年因非洲猪瘟疫情，河北省生猪出栏量较同比下降 2.0%，为 3709.59 万头，2019 年进一步减少为 3119.8 万头，同比减少 15.9%。2020 年虽然非洲猪瘟疫情发展强度和造成的损失均有明显的下降，但由于 2019 年能繁母猪存栏量下降较多，钳制了育肥猪的出栏量，导致 2020 年河北省生猪出栏进一步下降为 2907.62 万头，同比下降 6.8%。

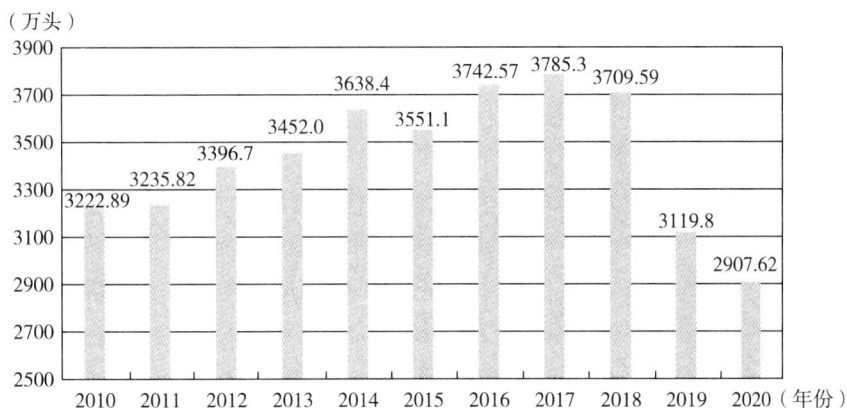

图 14-2　2010～2020 年河北省生猪出栏量变化趋势

资料来源：《河北省统计年鉴》（2010～2019 年），2020 年出栏量来自河北省统计局。

2. 能繁母猪存栏

如图 14-3 所示，2013～2017 年，河北省能繁母猪存栏量呈缓慢下降态势，但生猪的年出栏量却在增加，表明河北省能繁母猪的 PSY 和 MSY 均在提高。2018 年由于非洲猪瘟疫情和猪生长周期波谷的叠加因素影响，使河北省母猪存栏量跌至 173.9 万头，跌幅为 7.0%。2019 年更是进一步清栏和淘汰至 141.4 万头，同比下降达 18.7%。随着非洲猪瘟疫情暴发强度的降低和 2019 年下半年行情的高涨以及政策的带动下，河北省能繁母猪存栏量达 187.0 万头，同比增幅 32.25%，达到 2017 年疫情前的水平。需要考虑的是，能繁母猪存栏中三元母猪占有一定的比重。

3. 猪肉产量

2010～2018 年，猪肉产量呈波浪式发展态势，与生猪出栏量变化趋势保持一致，如图 14-4 所示。2010～2014 年河北省猪肉产量一直保持递增态势，2015 年小幅下挫后 2017 年增至 291.5 万吨，2018 年受非洲猪瘟疫情影响，猪肉产量为 286.3 万吨，同比下

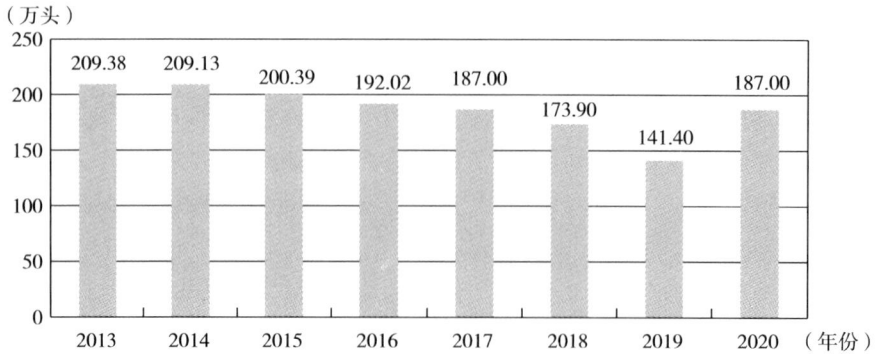

图 14 - 3　2013～2020 年河北省能繁母猪存栏量变化趋势

资料来源：《河北省统计年鉴》（2013～2019 年），2020 年存栏量来自河北省统计局。

跌 1.8%。2019 年在非洲猪瘟损失和恐慌清栏下河北省猪肉产量下滑至 241.9 万吨，降幅达 15.5%。2020 年进一步下降为 226.9 万吨，同比下降 6.2%。2015～2017 年，河北猪肉产量占河北肉类（猪牛羊禽肉）产量比重呈现上行趋势，2016 年突破 60%，达 61.27%，2018 年进一步升至 61.94%。自 2019 年下半年以来，由于猪肉价格暴涨对猪肉消费的抑制作用极其明显，伴随替代品需求增加，2019 年和 2020 年猪肉产量占肉类产量的比重分别下降至 56.31% 和 54.57%，降幅显著。

图 14 - 4　2010～2020 年河北省猪肉产量变化趋势

资料来源：《河北省统计年鉴》（2010～2019 年），2020 年产量来自河北省统计局。

4. 生产形势研判及发展趋势分析

据农业农村部数据，截至 2020 年 12 月末，全国能繁母猪存栏已连续 15 个月增长，生猪存栏已连续 11 个月增长，全国生猪出栏已连续 10 个月增长，包括河北在内的 23 个省份提前完成产能恢复任务目标，生猪生产基本恢复到接近常年水平，猪肉供给情况改善明显。调研表明，河北省有一部分的养殖场复产补栏主要以"商转母"（即用三元商品猪代替二元种母猪使用为主）方式。前述能繁母猪数据是包含三元母猪的，而其性能远低于二元能繁母猪，据此判断产能恢复数据或些许乐观。笔者认为，2019 年 10 月国内能繁母猪存栏量开始止跌转升（二元能繁＋三元能繁），但真正的二元能繁止跌回升约在2020年9月，目前产能恢复可能有些高估。

2021年产能研判：1月各大养殖集团出栏量初步预计增加17%～18%，且育肥户将陆续集中放量，供应面预期宽松。2月初进入春节前的集中备货期，在此阶段生猪屠宰量或增加50%～100%；同时"年猪"继续大批量出栏，供需两高下行情或震荡运行。3月历来属消费淡季，生猪养殖端复产效果继续体现在市场上，若无较大的非洲猪瘟疫情及其他猪病流行，生猪供应二季度将呈全面增加状态。2021年下半年能繁母猪及生猪存栏量基本能恢复正常年份水平，产能释放或加速。以上分析结合当前市场供需情况进行判断，如遇疫情、极端天气、突发政策等因素，行情或发生改变。

在本轮生猪生产恢复中，同时实现了生猪产业加快转型升级。大型企业特别是一些头部企业，加快了优势区域布局，且在猪场的设施改造、技术升级方面有序推进。未来规模化程度会进一步提高，未来会是大中小养殖场户共存的合理的产业结构。

生物安全（疫病）及绿色发展（环保）是未来生猪产业发展的两大硬约束。非洲猪瘟疫情冲击下，各梯队猪场的管理水平、生物防控技术、养殖效率差距越来越凸显，成本差距越来越大。企业的管理方式和水平、饲养技术、生产模式、防疫水平等都是影响生产成本的关键因素。成本竞争下，抗风险能力更高的龙头企业在促使产业转型升级、新技术应用、市场集中度提升方面主导着市场走势。此外，"调猪"向"调肉"的转变，未来屠宰场将配套养殖场布局，产业上下游结合发展成为新趋势。

（二）生猪市场形势分析

1. 生猪价格和猪肉价格均高位震荡

回顾2020年的生猪市场行情，整体上大致呈现"W"形。生猪价格和猪肉价格分别如图14-5和图14-6所示，具体如下：1月因春节需求带动，生猪价格稳中有升。2月

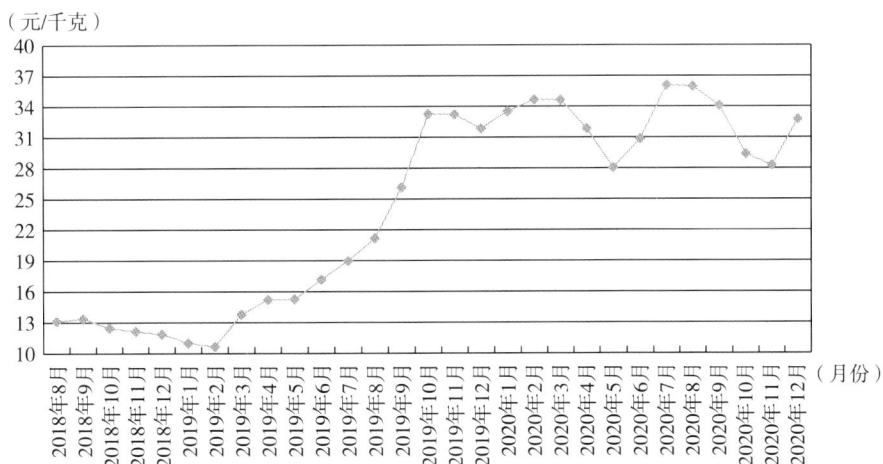

图14-5　2018年8月～2020年12月河北省生猪价格趋势

资料来源：根据河北省生猪价格监测数据整理。

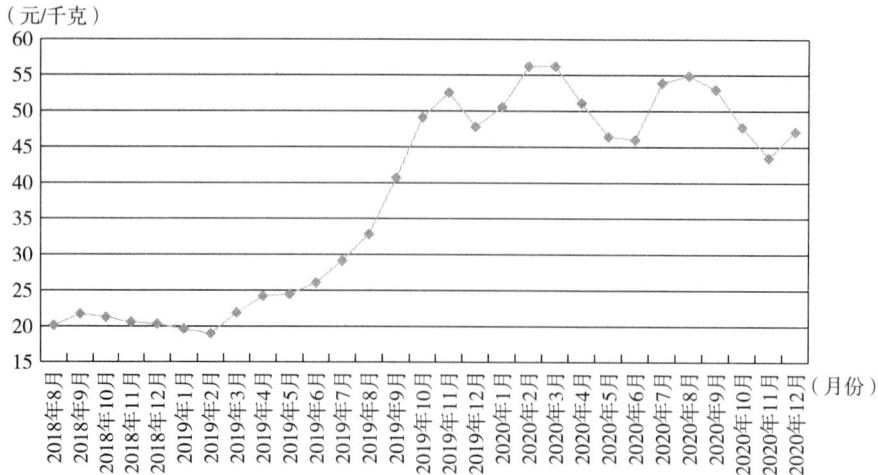

图 14 - 6　2018 年 8 月 ~ 2020 年 12 月河北省猪肉价格趋势

资料来源：根据河北省生猪价格监测数据整理。

因新冠肺炎疫情影响，河北省采取了较为严格的隔离措施，交通不畅导致生猪价格出现阶段性的上升，2 月下旬活猪和猪肉均价分别站上 35.1 元/千克（集市价格，下同）和 58.87 元/千克的高位。

经 3 月猪价高位盘桓后，4 月至 5 月中旬，生猪价格和猪肉价格迎来深度下跌，跌幅分别达 8.7 元/千克和 15.0 元/千克，主要原因是新冠肺炎疫情推迟了企业复工、学校开学和外出餐饮等，猪肉的堂食需求大幅减少，仅以零散的家庭消费支撑为主，此外，消费端收入的减少对高猪价的抵触促成"淡季更淡"现象。5 月下旬至 7 月中旬，猪价和猪肉价格再度回暖，直逼前期高点，一方面，前期猪源逐渐出清，供应偏紧；另一方面，下游的复工复产也逐渐正常化。7 月下旬至 8 月底，活猪价格和猪肉价格在高位弱势震荡，开始出现回调迹象。屠宰企业开工率达到历史极低位置，终端消费尚处在消费淡季，且养殖场户也在积极出栏，另外，养殖端挺价抗价的氛围仍在，价格偏离度再次回升。9 月至 10 月底价格再次回落，主要力量是来自母猪产能的逐渐释放，供应偏紧的情况开始缓解。经 11 月低位震荡后，12 月市场需求开始呈季节性的好转，并且囿于生猪产能释放初期的增长有限，需求增量大于供给增量，价格再度回升，12 月下旬已接近 2020 年春节期间的价格水平。

2. 仔猪价格大幅震荡

2020 年仔猪市场行情整体上大致呈倒"U"形，并在年末带有典型的翘尾特征，如图 14 - 7 所示。伴随猪价高升叠加非洲猪瘟疫情发展强度和造成的损失均明显降低，能繁母猪匮乏导致严重缺少仔猪，成为河北省 2020 年生猪产业发展的"瓶颈"。2019 年仔猪价格较 2019 年进一步上涨，2 月均价 74.22 元/千克，已超过 2019 年 11 月的最高价格，3 ~ 4 月上涨尤其明显，4 月中下旬已达 97.3 元/千克。5 月仔猪均价微幅下调，但进入 6 月又开始大幅攀升，6 月底 7 月初已破百元窗口。由于三季度养殖户补栏需求旺盛，虽然新生仔猪持续增加，但供应仍然紧俏，价格继续上涨，8月上旬河北省仔猪价格创纪录地达到114.61元/千克，9月中下旬以来由于猪价下降及能繁母猪产能的逐渐释放，仔猪供给供应偏紧的情况开始缓解，仔猪价格快速回落，11月末降至70.21元/千克。进入12月，伴随猪价和肉价回升，市场看涨预期逐步提升，仔猪市场成交再次发生转变，12月最后一周仔猪价格已反弹至79.03元/千克，虽然这一时期仔猪价格处于年内较低的水平，但仍高于2019年同期价格。

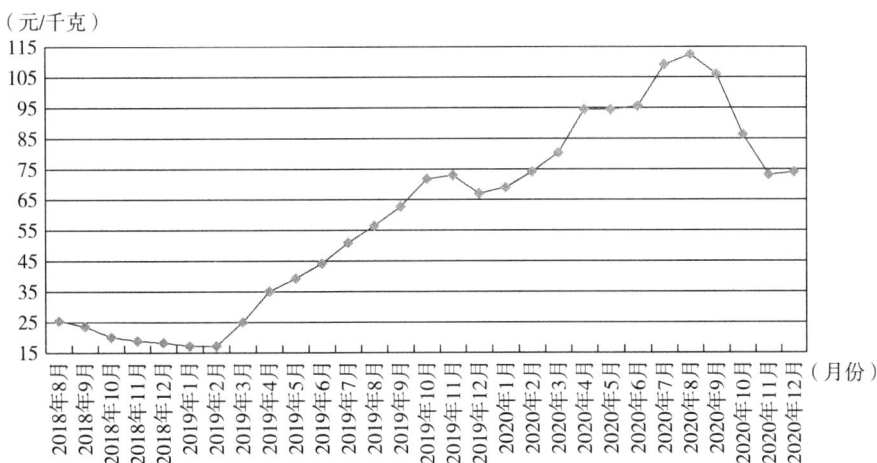

图14-7　2018年8月~2020年12月河北省仔猪价格趋势

资料来源：根据河北省生猪价格监测数据整理。

3. 猪饲料原料价格涨幅显著

2020年饲料原料价格持续走高，2020年12月第5周，豆粕价格3490元/吨，较年初上涨14.2%；玉米价格2650元/吨，较年初上涨了36.3%，创6年来新高。国家累计投放政策性玉米7000多万吨稳定市场。推动2020年玉米价格持续上涨的因素有以下几个方面：一是生猪产能持续恢复，下游玉米饲料加工需求明显增加；二是玉米当年产需存在缺口，市场看涨预期增强，资本炒作和贸易商囤粮加剧；三是东北三省部分地区玉米因台风倒伏，台风对玉米产量影响不大，主要是增加了近0.4元/千克的收获成本。

2020年猪饲料产量已恢复到正常水平的80%以上。中国饲料工业协会公布的数据显示，2020年1~11月的猪料累计产量7714万吨，同比增长9.5%，达到2017年和2018年同期的81%，1~11月，仔猪料累计同比变化4.2%，母猪料同比增加49.4%，育肥猪料同比增加3.8%。这个数据或可说明，大量的三元母猪被留下当了种猪。从农业农村部公布的育肥猪饲料价格周报来看，育肥猪饲料价格基本上保持增长，从年初的3.07元/千克到12月第5周3.41元/千克，增长11.08%。

因饲料原料持续上涨，正大、正邦、双胞胎等15家饲料企业2019年进行了9轮饲料涨价。数据显示，进入2020年四季度，生猪养殖的饲料成本压力整体上升5个百分点，同时预期养殖盈利水平较上季度平均下降近700元/头。由于生猪市场价格仍然较高，因此饲料成本压力暂时对养殖端的影响并不显著。

4. 市场形势研判分析

本轮猪周期交织了三个因素：一是 2018 年 3 月开始的养殖亏损，使养殖场户自发地调减产能。二是 2018 年 8 月传入我国的非洲猪瘟疫情，致死率高且无疫苗，对养殖场户的心理冲击较大。三是因为近十年生猪市场供应比较充裕，个别地方忽视养猪业。三个因素交织，导致这一轮猪周期产能下滑幅度比较大，价格上涨幅度也就比较大。

结合市场供需情况进行研判分析如下：在不发生重大疫情疫病、极端天气和重大政策变动的前提下，2021 年猪价或呈整体下行的态势。虽然 2020 年猪价整体上在高位震荡，但 9 月之前猪价只是季节性回升，并未超过 2019 年 10 月底及 2020 年 2 月的价格，猪价的最高峰值已过，总体已呈回落态势。2020 年末 2021 年初生猪市场仍然还是卖方市场，产能虽然基本恢复正常年份的水平，但终究是没有完全恢复。同时，新冠肺炎疫情发展下，进口冻肉面临消费难题，使国内猪肉供应缺口有所拉大，成为推动价格上涨的重要原因。

2021 年春节为 2 月 12 日，对 1 月行情提振力度有限，叠加部分疫区学校放假早、开学晚等侧面影响猪肉刚需因素，需求方面涨势乏力。2 月初进入春节前的集中备货阶段，供需两高，行情或震荡运行。3 月历来属于消费淡季，生猪养殖端复产效果继续体现在市场上，若无较大的非洲猪瘟疫情及其他猪病发生，生猪供应量将呈全面增加的状态，二季度猪价会出现较明显下跌（春节后消费减少及进入 2019 年扩建场的产能释放高峰期）。

2021 年下半年产能释放或加速，虽然 2021 年 9 月底恰逢中秋节提振、行情存在小涨可能，但总体预计 2021 年 9 月全国生猪均价或在 21.5 ~ 22.5 元/千克。相比 2020 年的"天花板"价，2021 年生猪价格将进入下降通道。2021 年下半年市场不确定因素有二：一是冻肉进口量是否进一步放量；二是能繁母猪和生猪存栏量情况。预计下半年，能繁母猪及生猪存栏量基本能恢复正常年份水平，价格预期保持在 19 ~ 23 元/千克。

此轮猪周期中猪价的真正下跌，将在 2022 年后开始，未来两年仍将有较好盈利，虽整体猪价趋势处于下行，但价位仍高于历史价格。当前产能虽在恢复，但被一定程度高估，因此本轮猪周期将会延长。此轮猪周期经历了 2019 年和 2020 年的价格上涨；在非洲猪瘟疫情稳定的前提下，根据能繁母猪存栏量，预计 2021 年和 2022 年将处于震荡下行，2023 年或将出现价格低谷。2024 年价格开始反弹，开启下一轮猪周期。

二、河北省生猪产业竞争力分析

（一）生产竞争力分析

选取生猪出栏量、存栏量和猪肉产量占全国的比重及在全国的排名、成本利润率、劳动生产率等指标来反映生猪产业生产竞争力。

如表 14 - 1 所示，自 2016 年以来，河北省生猪出栏量占全国的比重在 5.01% ~ 5.73%，在全国的排名在 6 ~ 8 位，2019 年比重高于前三年，且在全国的排名升为第 6 位；河北省生猪年底存栏量占全国的比重在 4.18% ~ 4.57%，2019 年最高，为 4.57%，在全国的排名 2019 年为第 8 位，其余年份均排名第 9 位；河北省猪肉产量占全国的比重在 5.01% ~5.68%，2019 年最高，为 5.68%，在全国始终排名第 7 位。

表 14-1 河北省生猪出栏量、存栏量和猪肉产量在全国的地位 单位：%

| 年份 | 河北省生猪出栏量 | | 河北省生猪年底存栏量 | | 河北省猪肉产量 | |
	占全国比重	在全国排名	占全国比重	在全国排名	占全国比重	在全国排名
2016	5.01	7	4.18	9	5.01	7
2017	5.39	7	4.43	9	5.35	7
2018	5.35	8	4.25	9	5.30	7
2019	5.73	6	4.57	8	5.68	7

资料来源：根据《中国统计年鉴》数据计算所得。

就不同规模生猪养殖的成本利润率来看，如表 14-2 所示，2016~2018 年，除了 2017 年的散养生猪以及 2016 年和 2018 年大规模生猪养殖的成本利润率河北省高于全国平均水平外，其余年份、不同规模生猪养殖成本利润率均是河北省低于全国平均水平，说明多数情况下河北省生猪产业经济效益低于全国平均水平。

表 14-2 河北省和全国不同规模生猪养殖成本利润率 单位：%

| 年份 | 散养生猪 | | 小规模生猪 | | 中规模生猪 | | 大规模生猪 | |
	河北省	全国平均	河北省	全国平均	河北省	全国平均	河北省	全国平均
2016	6.41	7.99	17.01	20.36	20.67	23.13	25.29	25.17
2017	-8.10	-8.98	1.54	3.55	6.73	7.86	6.43	8.83
2018	-12.64	-12.57	-5.67	-2.75	-2.39	2.02	3.89	2.87

资料来源：中国农业农村部官网。

就不同规模生猪养殖的劳动生产率来看，如表 14-3 所示，自 2016 年以来，除了中规模生猪养殖劳动生产率 2017 年河北省与全国平均水平相等以及 2018 年河北省低于全国平均水平外，其他年份、不同规模生猪养殖劳动生产率，均是河北省高于全国平均水平。

表 14-3 河北省和全国不同规模生猪养殖劳动生产率 单位：%

| 年份 | 散养生猪 | | 小规模生猪 | | 中规模生猪 | | 大规模生猪 | |
	河北省	全国平均	河北省	全国平均	河北省	全国平均	河北省	全国平均
2016	0.22	0.20	0.46	0.38	0.62	0.59	1.02	0.91
2017	0.23	0.20	0.43	0.39	0.61	0.61	0.94	0.92
2018	0.28	0.20	0.41	0.39	0.54	0.60	1.17	0.90

注：此处采用人工成本的倒数反映劳动生产率。

资料来源：根据《全国农产品成本收益资料汇编》数据计算所得。

（二）市场竞争力分析

选取国际市场占有率、国内市场占有率和价格指标反映生猪产业市场竞争力。就国际市场占有率来看，自2016年以来，河北省猪肉出口量均为零，所以国际市场占有率指标数值为零，也说明河北省猪肉无国际竞争力。

就国内市场占有率来看，如表14-4所示，选取四川、湖南、河南等猪肉产量居全国前三位的省份进行对比分析，可以看出，自2016年以来，河北省猪肉的国内市场占有率与其他三省相比差距较大，且有下降趋势，国内市场竞争力有待提升。

表14-4 养猪大省猪肉国内市场占有率 单位：%

年份	河北省	四川省	湖南省	河南省
2016	9.79	18.24	15.98	16.61
2017	10.43	16.90	16.02	16.70
2018	9.00	15.12	14.02	15.04
2019	8.51	12.43	12.25	12.11

资料来源：根据《中国统计年鉴》、商务部《中国农产品出口月度统计报告》计算所得。

就价格指标来看，如表14-5所示，自2016年以来，河北省猪肉价格和待宰活猪价格均普遍低于全国平均水平；仔猪价格除了2018年和2020年河北省低于全国平均水平外，其余年份高于全国平均水平。由此看来，河北省猪肉和待宰活猪具有一定的价格竞争力。

表14-5 河北省和全国猪肉、仔猪和待宰活猪价格 单位：元/千克

年份	猪肉价格		仔猪价格		待宰活猪价格	
	河北省	全国平均	河北省	全国平均	河北省	全国平均
2016	28.46	29.34	45.61	43.35	18.29	18.59
2017	23.68	25.72	37.98	37.08	14.88	15.36
2018	20.19	22.46	24.10	25.67	12.11	12.96
2019	32.29	33.73	46.49	46.39	20.68	21.16
2020	50.57	52.41	89.11	93.44	32.51	33.93

资料来源：根据河北省农业农村厅和国家农业农村部官网每周数据平均计算所得。

（三）技术竞争力分析

选取每头母猪提供上市猪的头数、种猪场个数排名、畜牧兽医站技术员所占比重等指标反映生猪产业技术竞争力。

如表 14-6 所示，自 2016 年以来，河北省每头母猪提供上市猪的头数 2017 年达到一个小高峰，之后逐年下降，但均高于全国平均水平。这说明河北省生猪生产效率高于全国平均水平，也进一步说明河北省生猪养殖技术水平高于全国平均水平。

表 14-6　每头母猪提供上市猪的头数　　　　　　　　单位：头

年份	2016	2017	2018	2019
河北省	18.5	21.6	19.8	17.9
全国	14.9	15.8	15.5	12.8

资料来源：根据《中国统计年鉴》和布瑞克数据库生猪出栏和能繁母猪存栏计算所得。

种猪是生猪养殖业的战略高地，从种猪场个数排名指标来看，2016 年、2017 年和 2018 年河北省排名分别为第 18 位、第 18 位和第 13 位，由此可见，河北省种猪场个数排名有所提升，但排名较靠后，这在一定程度上说明河北省生猪育种水平有待提升。

如表 14-7 所示，自 2016 年以来，河北省畜牧兽医站技术员占其职工人数的比重普遍高于全国平均水平，与前两年相比 2018 年河北省这一指标数据达到一个小高峰。说明河北省在生猪疫病防控、新技术推广等方面具有一定的人员和技术优势。

表 14-7　畜牧兽医站技术员所占比重　　　　　　　　单位：%

年份	2016	2017	2018
河北省	15.83	15.76	16.71
全国	15.01	15.10	14.55

资料来源：根据布瑞克数据库数据计算所得。

总之，与全国平均水平相比，河北省生猪产业在生产、市场和技术等方面具有一定的竞争力，但仍需不断培育新的竞争优势，促进生猪产业高质量发展。

三、河北省生猪产业存在的问题及原因分析

（一）双重疫情影响下养殖压力加大

自我国 2018 年 8 月初暴发非洲猪瘟疫情以来，河北省生猪从业者精神一直高度紧绷，2020 年初新冠肺炎疫情的暴发蔓延又为生猪从业者提出新的挑战。在双重疫情影响下的特殊时期，河北省猪场经营者既要努力构筑猪场生物安全防线，努力维持正常的生产经营、资金和物资周转及销售运营，又要关心员工身心健康，最大限度地减少双重疫情对猪场经营带来的影响。因此，一年来在非洲猪瘟和新冠肺炎"双疫情"常态化下，猪场经营者承受了倍增的压力。

（二）饲料供应体系尚待完善

当前饲料行业发展制约着河北省畜牧业的发展。一是饲料原料供应存在缺口。受制于河北省的土地资源条件，难以提供足够的能量饲料与蛋白质饲料，短时期内，部分饲料原料仍需外调甚至进口。二是饲料质量有待提高，饲料产品中药物添加剂、假冒伪劣等时有发生，饲料产品质量也参差不齐。三是饲料工业科技创新能力不强，自主研发产品和技术工艺少；有关动物营养与饲料科学的基础性、前沿性的研究匮乏，严重制约饲料工业的可持续发展。

（三）养殖效率有待提高

一是养殖方式落后。大多数养殖场采用传统集约化养殖方式，不能按计划按批次做到"全进全出"。二是猪场设施设备落后。多数猪场缺乏基本的设施，或设施设备不规范，养殖效益及生产水平低。三是小规模养殖户占比大，在防疫和管理不到位。四是饲养品种、饲料营养水平、环境条件、保健措施及防疫等相互之间脱节，使生产水平受限。五是从业人员文化素质低。很多猪场缺乏技术人员，导致在饲养管理、卫生防疫等措施上不到位，疾病多、死亡率高、猪场生产效益差。

（四）环保问题日益凸显

随着河北生猪产业的规模化、集约化养殖方式逐步占据主导地位，粪污的产出的集中增大了无害化和资源化利用的难度。一是养殖场户过分重视经济效益上，忽视社会效益和生态效益。二是养殖企业粪污处理设施投入不足，政府投入也较少。三是当前粪污的减排与无害化处理的新工艺模式、共性关键技术、配套设施和装备方面亟须实现重大突破。河北省既要"金山银山"，又要"绿水青山"，对生猪养殖来说，既要保供给又要保环境，既是眼下之急，更是长远之计。

（五）屠宰加工与流通滞后

自非洲猪瘟疫情发生以来，猪肉供需不平衡加速流通市场由"调猪"变为"调肉"，调肉已逐渐成为主要的生猪产品流通模式，产销格局、流通方式和消费习惯均在进行被动调整，非洲猪瘟疫情触发"生猪屠宰＋冷链运输＋冷鲜上市"模式加快发展。但目前河北省的定点屠宰企业中，落后产能占比较高，仅10%屠宰场实现全机械化，70%屠宰场仍为手工屠宰，规模以上定点企业屠宰量占全省屠宰量的比重只有三成左右。流通销售中以白条肉、热鲜肉为主，由于冷链物流体系不完善，难以支撑迅速发展的冷鲜肉需求。

（六）生猪交易方式较传统

河北省生猪的流通主要是通过传统的猪经纪和猪贸易商中介来完成，在流通过程中多采用"钱货两清"的模式。传统的交易模式弊端有三。一是各环节主体信息不对称。养猪户、屠宰企业和中介均无法全面掌握市场供求信息，各主体都无法获得最大收益，造成产业效率低下。二是缺乏系统性电子记录。传统交易虽然频繁，但生猪流通大数据严重缺失，不能精确匹配生猪供求、提高流通效率，也无法对价格进行预测、预警。三是不能实现全程追溯，容易导致食品安全问题。

四、河北省生猪产业发展对策建议

（一）积极引导正常化经营，有序推进产能恢复

一是保障物资正常供应。对检疫合格的饲料、兽药疫苗加工企业开通绿色通道，保障猪场的正常需求，切实保障生猪产业恢复性生产和经营。二是拓宽销售渠道。搭建业务培训和产销对接服务平台，鼓励建立"点对点"式调运制度，订单式生产，强化产销对接，保障市场供应。三是推进金融支持力度。加大对生猪生产龙头企业和扩大产能建设项目的资金补助、贷款贴息、续贷续产和生猪保险的支持力度，引导龙头企业帮带中小养殖户恢复生产。四是加强员工健康管理。提高员工自我保护意识和水平，做到科学防控，精准防控，全力维护猪场正常经营秩序，保障猪场生产活动顺利运行。

（二）加快发展饲料工业，健全饲料供应体系

以"粮改饲"为抓手，建设品全质优效高的饲料供应体系。一是制定饲草产业发展规划，以市场需求为导向，以青贮玉米、苜蓿、燕麦草等为主导品种，兼顾其他饲草品种，加快现代化饲草产业体系建设。二是系统开展饲料资源调查，健全饲料原料营养价值数据库，为精准配料、精准用料创造更好条件。三是优化创新环境，强化政策支持，引导加快生物饲料、安全高效饲料添加剂等新技术的研发应用，提升产品品质和利用效率。四是加强技术集成与推广服务，引导饲料企业更好统筹利用国际国内两个市场、两种资源，积极推进饲料配方结构多元化，促进玉米、豆粕减量替代，增强适应饲料原料市场波动能力。

（三）规模化与组织化并举，提高养殖效率

一是要提高生猪产业生产规模化、标准化程度。鼓励和支持承包土地向专业大户、家庭农场和农民合作社流转，发展多种形式的适度规模经营。由传统的农户分散养猪方式向产业化养殖转型，推行标准化养殖和生态养殖。二是解决散户在养殖中遇到的难题，提高散户组织化程度。在传统产业化模式中支持养猪户发展专业合作组织，改变其弱势地位。三是完善生猪产业链，构建以产业链的龙头企业为主导的"饲料、种猪、商品猪、屠宰、加工、分销"一条龙的"品牌产业链"模式，提高抗风险和盈利能力。四是结合各地资源禀赋，提高生猪生产的整体计划性。探索"配额制"养猪，合理确定各地养殖规模。

（四）全面推动粪污资源化利用，养殖环保谋两全

一是加大中央和省市资金投入与补助，提高畜禽粪污综合利率和规模养殖场粪污处理设施配套率。二是规模场推广"种养结合、农牧循环"发展模式，实现粪污就近消纳，区域内种养基本平衡。三是联合省农机局组建技术服务团队，进行技术集成攻关，推广经济适用、实用管用、综合配套技术；举办全省资源化利用培训班，提高基层人员业务水平；组织专家深入规模场户开展技术服务，指导养殖大县资源化利用整县推进项目。四是制定全省规模猪场粪污设施配套与建设标准和畜禽粪污全量还田技术规程、设施农业生产施用畜禽粪污沼渣沼液技术规程等地方标准，为河北省粪污资源化利用和种养结合提供技术支撑。

（五）加快屠宰加工产业升级，健全冷链物流配送体系

屠宰加工和流通环节是整个产业链承上启下的关键环节。推进现代加工流通体系建设，一是加强屠宰行业清理整顿，规范行业秩序。开展生猪屠宰标准化示范创建，加快屠宰行业转型升级步伐，提升行业整体水平。二是加快屠宰产能布局优化，健全冷链配送体系。引导优势屠宰产能向唐石、保邯等养殖集中区域转移，推动畜禽就地就近屠宰，补齐"冷链配送体系"的短板，促进"运畜"向"运肉"转变。三是积极争取有关支持政策，完善保障措施。通过中央财政转移支付等现有渠道，加强对生猪屠宰标准化示范创建和畜禽产品冷链运输配送体系建设的支持。会同有关部门落实相关环节用水、用电优惠政策。

（六）积极参与生猪交易新模式，促进产业健康发展

2021年1月8日，生猪期货在大连商品交易所挂牌上市，这是我国期货市场第一个活体交割品种。河北省生猪养殖规模化和标准化程度较高，具备开展期货交易的现货基础，因此应主动筹划将河北作为第二批交割仓库，各生猪产业经营主体应加大培训力度，尽快熟悉期货交易知识和流程，积极引导规模猪场适时参与生猪期货交易，帮助养殖企业更好应对猪价大涨大跌带来的风险。深入推进生猪期货期权市场建设，稳步扩大"保险＋期货"试点，降低经营风险。引导养殖户通过农业企业或合作社等逐步参与期货市场，提高自身风险意识和风险管理能力，为河北省恢复生猪产能提供有力支持，促进河北生猪行业健康发展。

撰稿人员： 路　剑　张红程　邵红岭　周勋章　杜英娜　丛　林　
　　　　　杨向辉

指　　导： 苗玉涛　李广东

参编人员： 孟宪华

第十五章　河北省羊产业发展报告

近几年，生猪市场供应减少，拉动了居民对羊肉的消费需求，羊肉价格高位运行，带动羊产业的稳步发展。据《中国农村统计年鉴》显示，2019 年全国羊出栏量持续增加，达 31699 万只，比 2018 年增加 688 万只，增长 2.2%；羊肉产量达 488 万吨，比 2018 年增加 12 万吨，增长 2.6%。2019 年末全国羊存栏 30072 万只，同比增加 359 万只，增长 1.2%。河北是养羊大省，2019 年全国羊业产值为 2973.7 亿元，河北省达 224.1 亿元，仅次于内蒙古和新疆，在全国排第三位。2019 年河北省肉羊出栏量为 2234.5 万只，在全国位居第五；羊肉产量 31 万吨，在全国位居第四；羊存栏量为 1194.9 万只，在全国位居第九。

一、河北省羊产业发展现状及形势分析

（一）羊产业发展基本情况

1. 羊存栏量情况

据《河北省农村统计年鉴》显示，河北省羊存栏量自 2014 年达 1502.99 万只的高峰后，一直呈下降趋势，2018 年降到 1179.56 万只，后由于养羊价格上涨，羊羔短缺，一些大中型养殖公司通过产业扶贫或"龙头企业＋养殖户"模式，开展"投母收羔"活动，羊存栏量有所恢复，2019 年增长到 1194.9 万只。

2. 羊出栏量情况

河北省羊出栏量在 2016 年达 2259.7 万只的高点后，2017 年下降到 2168.91 万只，2018 年羊价上涨，羊出栏量增加到 2201.44 万只，2019 年增长到 2234.47 万只，比 2018 年增长 1.5%。主要原因是 2014 年小反刍疫病导致 2015 年、2016 年羊价大跌，2016 年虽然出栏量较大，但是养殖户赚钱效应不明显，甚至很多养殖户养羊处于严重亏损状态，出栏后不再养羊，导致 2017 年养羊减少。

3. 羊肉产量情况

河北省羊肉产量在 2016 年达 31.75 万吨的峰值后，2017 年下降到 30.09 万吨，2018 年恢复性增长到 30.54 万吨，2019 年增长到 31 万吨。羊肉产量上升的原因是，2018 年大

量消费者由消费猪肉转向牛羊肉，而羊肉数量较少，出现供需不平衡状态，推高羊肉价格，养羊户为获得短期高额收益，直接进行育肥养羊。

（二）羊产业生产布局情况

保定市养羊数量排第一位，2019 年存栏量为 212.22 万只，出栏量 463.47 万只，羊肉产量 5.97 万吨。邯郸市排第二位，2019 年羊存栏量为 167.63 万只，出栏量为 319.58 万只，羊肉产量 4.25 万吨，比 2018 年和 2017 年存栏量、出栏量和羊肉产量均有所下降。张家口市排第三位，2019 年羊存栏量为 167.63 万只，出栏量为 259.93 万只，羊肉产量 3.57 万吨。秦皇岛市排在第四位，2019 年羊出栏量较多，为 192.29 万只，羊肉产量 2.73 万吨排在第四位。沧州市排在第五位，2019 年存栏量为 107.01 万只，羊肉产量为 2.67 万吨。

1. 保定市养羊以唐县为主向外县区辐射

2019 年，保定市养羊主要集中在唐县（出栏量为 219.27 万只，羊肉产量是 3.28 万吨）、曲阳县（出栏量为 57.72 万只，羊肉产量是 0.83 万吨）、易县（出栏量为 25.07 万只，肉羊产量是 0.3 万吨）等地，以育肥为主。唐县有振宏、瑞丽、唐发 3 个较大的屠宰企业，年屠宰量占河北省屠宰量的 60%，带动周边如曲阳县、易县等地养羊业的发展。

2. 邯郸市各县区羊存栏量和出栏量分布比较均匀

邯郸市存栏量较多的县（或区）主要集中在魏县（25.45 万只）、成安县（19.87 万只）、邱县（16.91 万只）；出栏量较多的县（或区）集中在永年县（44.7 万只）、成安县（37.57 万只）、大名县（29.76 万只）、肥乡区（29.01 万只）、邱县（28.02 万只）、曲周县（25.82 万只）、永年区（25.01 万只）；羊肉产量较多的县（或区）集中在临漳县（0.56 万吨）、成安县（0.46 万吨）、大名县（0.41 万吨）、肥乡区（0.4 万吨）等。

3. 张家口市羊出栏量和羊肉产量以康保县为主，其余数量相差不大

张家口市 2019 年存栏量较多的县是张北县（24.53 万只）、康保县（21.45 万只）、阳原县（21.16 万只）；出栏量较多的县是康保县（57.72 万只）、阳原县（25.62 万只）、蔚县（23.78 万只）、张北县（22.73 万只）、宣化区（19.76 万只）、尚义县（19.57 万只）；羊肉产量较多的县是康保县（0.79 万吨）、阳原县（0.36 万吨）、蔚县（0.34 万吨）、张北县（0.29 万吨）、宣化区（0.28 万吨）。

（三）羊产业发展形势分析

1. 疫情影响流通，羊肉价格和活羊价格高位运行

受猪肉价格、产量和疫情的影响，2020 年河北省羊肉价格总体在高位运行。2020 年 1 月羊肉价格为 75.89 元/千克，环比增长 0.3%；2 月节日效应明显，羊肉价格涨到 76.41 元/千克。出现疫情后，活羊运输困难，屠宰场停工，羊肉和活羊价格均出现下降趋势，3 月活羊价格下降到 30.21 元/千克，羊肉价格下降到 76.03 元/千克；价格下降趋势一直到 6 月，羊肉价格跌到 74.25 元/千克，环比下降 0.01%；活羊价格也跌到 29.62

元/千克。2020 年 7 月，疫情有所缓解，羊肉消费增加，养殖户竞相购买羊羔育肥，羊肉和活羊价格均出现上涨趋势，羊肉上涨到 75.47 元/千克，环比上涨 1.64%；活羊上涨到 30.02 元/千克，环比上涨 1.35%。后持续上涨，到 12 月，羊肉价格涨到 77.8 元/千克的高价，环比增长 2.22%；活羊价格增长到 31.92 元/千克，环比增长 2.97%。如图 15-1 所示。

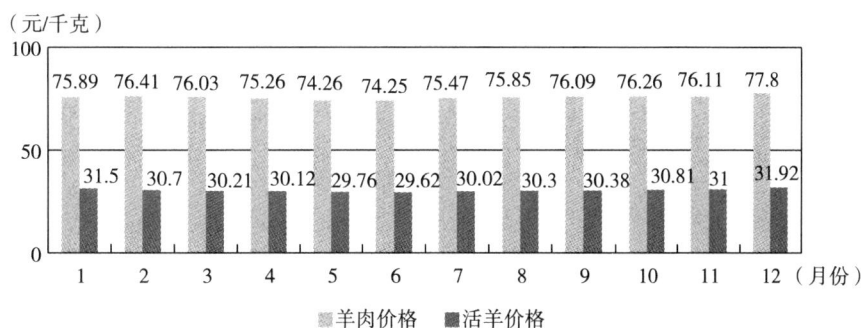

图 15-1　2020 年河北省羊肉和活羊价格波动情况

资料来源：河北省农业厅监测数据。

2. 饲料价格稳步上升

从图 15-2 可以看出，2020 年初，农民出售玉米较多，河北省 1 月玉米价格为 1.95 元/千克，同比下降 0.39%；2 月和 3 月均为 1.94 元/千克，下降幅度不大。4 月库存饲料减少，养殖户刚性需求增加，饲料价格上涨到 1.97 元/千克，同比上涨 1.55%。5 月疫情有所缓解，养殖户购买羊羔育肥，加大了养殖力度，对饲料需求增大，玉米供应出现紧张状态，价格上升到 2.03 元/千克，环比增长 3.05%；后玉米价格持续上涨，8 月涨幅达到 7.41%，玉米价格涨到 2.32 元/千克；9 月、10 月、11 月玉米价格出现由慢增长向快速增长转变，11 月玉米价格达 2.47 元/千克，涨幅为 3.78%；主要原因是玉米期货价格走高，推动玉米市场价格上升。12 月上升幅度不大，仅上涨 0.81%。

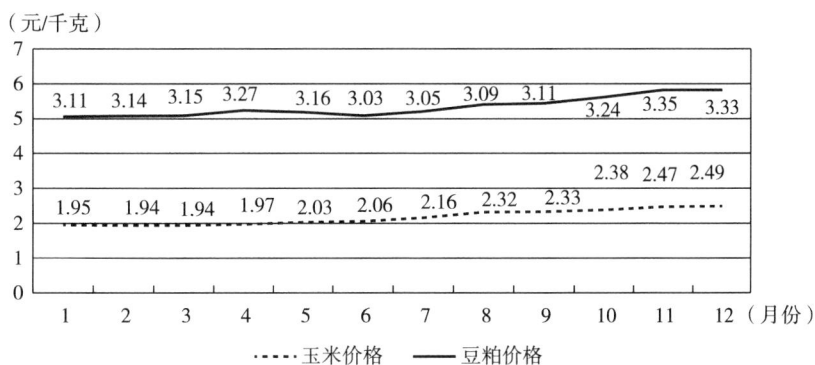

图 15-2　2020 年河北省玉米和豆粕价格波动情况

资料来源：河北省农业厅监测数据。

豆粕价格在 2020 年经历了先上升、后下降、又上升的变化状态。1 月河北省豆粕进入传统消费性淡季，豆粕价格环比下跌 0.48%，2 月、3 月受疫情影响，豆粕运输受阻，价格上涨，但涨幅不大，2 月涨 0.96%，3 月涨 0.32%。4 月养殖户对豆粕需求迅速增加，豆粕价格上涨 3.81%，达到 3.27 元/千克；5 月油厂的大豆库存迅速增加，豆粕价格下降到 3.16 元/千克，降幅 3.36%；6 月持续下滑到 3.03 元/千克，下滑 4.11%。第三季度豆粕市场比较平稳，价格略有回升。10 月豆粕价格大幅上涨到 3.24 元/千克，涨幅 4.18%；11 月豆粕价格持续上涨到 3.35 元/千克，涨幅 3.4%；12 月略有下降，环比下降仅为 0.6%。

3. 河北省玉米价格在全国呈上升趋势，豆粕价格在全国有比较优势

通过对河北省 2020 年玉米价格变化趋势及与全国价格最高和最低省份的比较。与全国玉米价格相比，河北省玉米价格总体呈上升趋势，增长幅度较为稳定，全国玉米价格最低的省份主要集中于东北地区，以黑龙江省为主，均价每吨低 100～200 元，而四川省、湖南省，玉米价格相对较高。在实地调研中发现，河北省很多肉羊养殖户会从玉米价格较低的东北地区购入玉米作为饲料，一方面能够满足自给饲料不足，另一方面也有效降低了养殖的粗饲料成本。

通过对河北省 2020 年豆粕价格水平及与全国价格最低和最高省份的比较，可以看出，河北省豆粕价格具有一定的比较优势，豆粕价格最低的省份集中于广东地区，每吨均价约为 3200 元，主要原因是豆粕的需求量较少，价格较低。新疆地区豆粕价格最高，其豆粕均价超过了 3600 元/吨，主要原因是新疆地区不仅是畜牧业养殖大省，也是我国的肉羊养殖大省，其肉羊养殖量和出栏量在全国一直都处于前列，豆粕需求量大而供给量小，价格较高。河北省豆粕价格与全国水平相比处于较低水平，主要原因是河北省大豆种植面积近几年呈恢复性增加，大豆供应比较充足。

（四）羊产业成本收益分析及预测

1. 肉羊养殖场成本收益水平变化分析

（1）养殖成本随玉米、豆粕等饲料成本的上升而持续增长。

随着疫情逐渐缓解，肉羊养殖的相关企业逐渐恢复生产，肉羊的存栏量迅速增加，饲料需求量也随之大幅增加。玉米、豆粕等大宗饲料价格均出现不同程度的上涨，玉米价格受疫情及资本炒作和贸易商非理性的囤粮共同影响，出现较大幅度的上涨；豆粕价格的上涨主要在于我国对美国大豆购买量的增加。两者共同导致养殖成本的持续增长。

（2）肉羊市场需求源源不断，肉羊价格小幅提升。

随着疫情的好转及季节性因素影响，市场消费能力得到释放，消费需求也愈加旺盛。餐饮店、屠宰场等正常经营生产，养殖（场）户逐渐能够正常的销售、购买肉羊，消费者对肉羊的需求只增不减，肉羊市场的形势稳步向好。截至 2020 年第四季度末，全国肉羊的价格逐步出现好转，肉羊价格开始有所提升，在一定程度上提高了养殖收益。

2. 未来河北省肉羊养殖成本收益分析及预测

（1）市场消费量将持续增加，羊肉价格上涨，增加养殖收益。

根据在承德市围场县产业扶贫调研数据显示，如果一个贫困户份养 20 只母羊，按照每斤 15 元的市场价格销售，贫困户养殖 2 年可获得纯收入 8.8 万元，平均 1 年纯收入 4.4 万元。根据保定市阜平县调研数据，不计算人工成本，2020 年养羊户养一只育肥羊可获得约 300 元纯利润，自繁自养的基础母羊可获得约 1700 元的纯利润。

2020 年第四季度，随着国内疫情的逐渐缓解，羊肉消费的逐渐升温。生猪产能的逐渐恢复，猪肉的价格将小幅回落，猪肉的市场需求量将增加，对羊肉的市场消费量有一定影响，但受年底元旦和春节的季节性因素和中国传统节日到来的影响，羊肉消费量仍将增加，市场价格还有一定上涨空间，羊价将持续上涨，肉羊养殖收益将持续增加。

（2）生猪及肉羊存栏量增加，拉动主要饲料需求量和市场价格。

2020 年第四季度，随着生猪产能的逐渐恢复，其存栏量不断增加，对饲料的需求量也随之增加。据全国畜牧总站行业统计分析处 12 月监测数据显示，全国羊肉平均价格 79.92 元/千克，同比上涨 12.3%，环比上涨 1.3%，环比连续 2 个月上涨。河北、内蒙古、山东、河南和新疆等主产省份羊肉平均价格 76.02 元/千克，同比上涨 10.3%，环比上涨 1.5%。上海、浙江、福建、江西和广东等非主产省市羊肉平均价格为 85.43 元/千克，同比上涨 15.1%，环比上涨 0.5%。从各省份情况看，除天津、江西、广东下跌，其余省份均出现上涨。

肉羊存栏量受生猪产能增加及自身需求量增加的影响，对饲料的需求也同步上涨，预计玉米、豆粕等主要饲料的价格不会大幅度下降，另外，国内大豆种植量增加，进口多元化发展，玉米库存量充足，主要饲料的价格也不会发生大幅度上涨，对肉羊养殖收益的影响不会太大。

二、河北省羊产业竞争力分析

（一）河北省羊产业比较优势分析

1. 省内外羊存栏量和出栏量比较

2020 年最新统计分析表明，河北省存栏量较 2019 年度有所上升，2020 年羊存栏量为 1270.3 万只，比 2019 年的 1194.9 万只增长 6.3%。2020 年河北省山羊存栏量为 365 万只，比 2019 年的 364.3 万只略有增长，但增长幅度不大，仅增长 0.2%；2020 年河北省绵羊存栏量为 905.3 万只，比 2019 年增长 9%。通过羊存栏量比较分析可以看出，羊存栏量较高的省份主要包括内蒙古、新疆、甘肃、宁夏等草原牧区省份，地处农区的舍饲养羊大省主要是山东、河北、河南、四川。其中，存栏量最大的牧区前三位分别是内蒙古、新疆和甘肃。存栏量最大的农区前三位分别是山东、河南和四川。河北省是农区舍饲养羊大省，目前存栏量相对稳定，随着疫情的缓解，肉羊的市场需求量恢复式增长。

2. 需求条件分析

随着羊肉的营养价值逐渐被挖掘及居民收入水平增加和膳食结构的升级，近年来，国内肉羊及其制品的消费量持续增长。截止到 2020 年第三季度末，全国羊肉平均价格达 80.66 元/千克，其中河北、内蒙古、山东、河南和新疆等主产省份羊肉平均价格较低，为 76.52 元/千克；上海、浙江、福建、江西和广东等省份平均价格达 86.01 元/千克的高价。河北省肉羊价格低于全国平均水平，羊存栏量、出栏量、羊肉产量均在不断增加。近年来随着收入水平的提高，河北省羊肉消费需求日益增加。河北省毗邻京津雄，担负着向其输送优质农牧产品的重要任务，未来对羊肉的需求量还将增加。

3. 羊制品知名品牌加工业比较

受肉羊养殖区域化和饮食习惯的影响，我国羊肉加工企业分布具有一定的地域性，多分布在内蒙古、河北、甘肃、新疆等地。羊制品加工业包括羊肉、羊绒、羊毛加工企业。目前羊制品加工行业以小微企业为主。图 15-3 为河北省近十二年肉羊产品及其副产品产值变动趋势，从两者所占比重分析，河北省肉羊多年来呈现"肉为主、毛为辅"的产值比重结构。关于主产品产值占总产值的比重分析，2008~2018 年都维持在 97% 以上，最高达到了 98.86% 水平，近十二年占比平均值为 98.32%。关于副产品产值占比分析，十二年内最高占比为 2009 年 2.39%，最高占比不足 2.5%，平均水平为 1.68%。可以看出，主产品产值占比较大，显示出河北省肉羊产值占比是以"肉为主、毛为辅"的结构。尤其到 2018 年，主产品产值比重占 99.14%。依据全国企业名录数据库，2017 年，内蒙古、甘肃和新疆的羊制品加工企业都在 50 家以上，但河北省目前对于羊绒和羊毛制品的加工业还相对薄弱，存在一定差距。

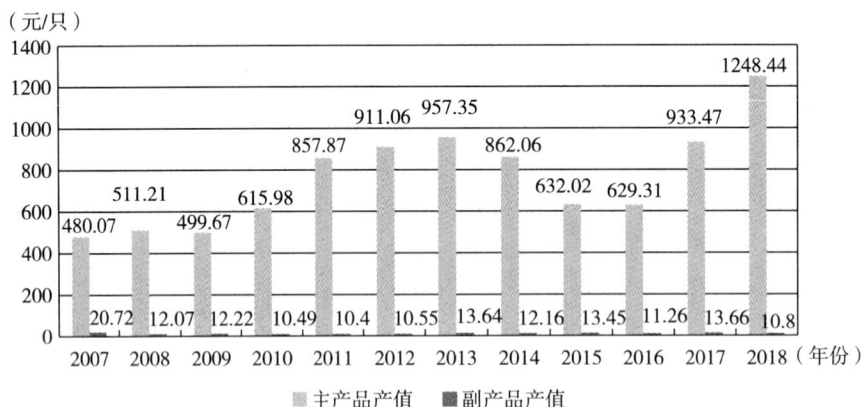

（元/只）

图 15-3　2007~2018 年河北省肉羊产品产值和副产品产值

河北省唐县羊肉加工占全国 60%，但没有诸如锡盟的"苏尼特羊肉、乌珠穆沁羊肉、察哈尔羊肉"、呼伦贝尔的"西旗羊肉"等具有地理标志的三大羊肉产品品牌；河北省虽然有全国最大的清河羊绒产业集聚地和辛集市羊皮革产销基地，但仅限于低端加工，没有诸如内蒙古"鄂尔多斯"羊绒衫等高端羊绒产品和品牌。因此，河北省羊制品知名品牌加工业比较薄弱。

（二）羊产业竞争优势分析

1. 肉羊单产竞争力分析

表15－1为近十一年河北省肉羊养殖单产水平与全国比较，通过河北省肉羊单产产值与全国最低水平的比较，可以看出，最低水平的省份主要集中在河北省与山东省，河北省自从2013年开始已经连续五年单产产值为全国最低水平。从图15－4可以看出，雷达图表示一共四条折线，但是由于河北省总产值水平有7年是全国最低水平，剩余三年高出全国最低水平微小，所以全国最低水平与河北省的总产值的两条折线，在图上所显示的效果是基本重合的，因此，从产值分析，河北省与全国相比比较优势较差。

表15－1　2008～2018年河北省肉羊养殖单产产值与全国比较　　　单位：元/只

年份	河北	全国最低	全国平均	全国最高
2008	523.28	515.94（山东）	660.17	974.45（陕西）
2009	511.89	511.89（河北）	632.68	832.32（新疆）
2010	626.47	626.47（河北）	775.41	937.91（新疆）
2011	868.27	866.57（山东）	994.7	1155.25（新疆）
2012	921.61	915.18（山东）	1178.3	1464.36（宁夏）
2013	970.99	970.99（河北）	1245.57	1466.34（陕西）
2014	874.22	874.22（河北）	1123.72	1414.33（陕西）
2015	645.47	645.47（河北）	936.08	1215.36（新疆）
2016	640.57	640.57（河北）	949.07	1234.67（陕西）
2017	947.13	947.13（河北）	1102.2	1265.81（新疆）
2018	1259.24	1162.00（黑龙江）	1246.43	1408.97（新疆）

资料来源：《全国农产品成本收益资料汇编》（2009～2019年）。

我国肉羊养殖总产值占优势省份为中西部地区，主要以新疆、宁夏、陕西三省为代表。11年间，河北省较全国最高水平差距较大，平均差距达到443.09元/只。尤其是2016年差距非常显著，比全国最高水平低594.1元/只，2011年差距最小为286.98元/只。因此，河北省肉羊总产值较全国最高水平相比不具有显著优势。与新疆、宁夏、陕西等优势省份相比，在单产产值方面处于相对劣势地位。

2. 羊毛、羊绒产量分析

由于河北省羊产业是肉为主、毛为辅的局面，其羊毛和羊绒产量较低，与内蒙古、新疆等地，比较优势较差，内蒙古在羊毛羊绒产量方面表现仍然很突出，位居第一，新疆的羊毛羊绒产量仅次于内蒙古。其他省份与内蒙古、新疆的差距较大。河北省的羊毛羊绒产量虽与内蒙古、新疆相差甚远，但也远超甘肃、山东、河南等省份，位列第三，说明河北省在羊毛羊绒产量方面，相对于内蒙古、新疆两个羊毛羊绒主产地来说缺乏竞争力。

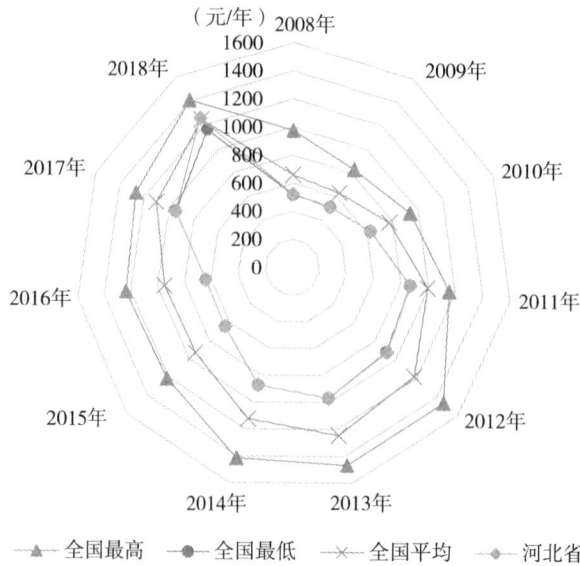

图 15－4　2008～2018 年河北省散养肉羊总产值与全国比较

（三）河北省羊产业显示性比较优势分析

美国经济学家巴拉萨的显示性比较优势指数（RCA）方法通过该产业在该国出口中所占的份额与世界贸易中该产业占世界贸易总额的份额之比来表示，剔除了国家总量波动和世界总量波动的影响，可以较好地反映一个国家某一产业的出口在世界出口水平上的相对优势。

经测算，八个肉羊主产省份的 RCA 值，高于全国平均比较优势指数的省份依次为：内蒙古、新疆、甘肃、宁夏、河北。河北省的显示性比较优势指数为 1.386，虽然高于全国平均水平，与其他省份相比，具有明显的比较优势，但仅相当于内蒙古的 30.1%（内蒙古比较优势指数为 4.603），新疆的 35.8%（新疆比较优势指数为 3.870），也明显低于甘肃（甘肃省比较优势指数为 3.424）、宁夏（宁夏比较优势指数为 3.252）等省份。说明河北省发展肉羊养殖产业的比较优势与内蒙古、新疆、甘肃、宁夏等省份还存在较大差距。河北省今后在养殖方面的潜力不在于存栏头数的增加，而应注重单产的提高；在羊制品加工和销售方面应加强。

三、河北省羊产业发展中存在问题及原因分析

（一）羔羊对外依存度较高，制约河北省羊产业发展

2014 年之前，河北省很多地区自繁自育养羊，发生小反刍疫病后，很多养羊户亏损严重，还有些养羊户养羊致贫，退出养羊行业。因为育肥羊不需要太高的养殖技术，养殖

速度快，一年周转三次，赚钱效应明显，2018 年，羊价上升后，很多新进入的养殖户养殖育肥羊，导致羔羊需求量偏大。育肥规模最大的唐县，自产羔羊不足 100 万只，只能依靠全国各地调运。在 2020 年全国疫情运输不畅的情况下，调运的羔羊年龄小、成活率低，严重制约了河北省羊产业发展。

（二）河北省高繁母羊规模化程度低，政策支持力度小

高繁母羊饲养具有扩繁速度慢、资金周转慢、饲养技术难度高的特点，同时，规模化高繁母羊基础设施还需要具备怀孕母羊舍、母羊哺乳舍、母羊产房、种公羊舍、育成羊舍、育肥羊舍等场地，还需要有人工受精室，排水、粪便处理设施，药浴设备，实验检验室，员工培训室，路面硬化等一系列配套设施，远比育肥养殖场复杂得多。而河北省规模养殖场大多数为 200~1000 只，为降低养殖风险，规模养殖场大多会选择 3~4 个月可以出栏、养殖技术简单且技术含量低的育肥养殖。只有一些小型家庭养殖户进行繁育养羊。高繁母羊补贴少，政策支持力度小，饲养难度大，严重制约了河北省扩繁养殖技术的发展。

（三）缺乏专业的营销策划，河北省知名品牌产品较少

据调查，河北省养殖户大部分依靠羊经纪人到本地收购才能出售活羊，讨价还价能力不足。还有些羊品质较好的地区，由羊经纪人低价购入后作为内蒙古的锡盟羊高价出售，攫取知名品牌产品的高额利润。而河北省虽然有唐县三个大型屠宰企业唐发、瑞丽、振宏食品有限公司，但销售渠道仅限于批发市场、小型超市、餐馆等地区。衡水志豪、津垦奥以及乐拓、爱尚羊等大型牧业公司虽然有自己的食品加工公司，但知名度不高，仅限于在本地区销售，专业的营销策划能力较弱。因此，加大营销策划力度，培育河北省本地知名品牌刻不容缓。

（四）小养殖户科学养殖技术不足，养羊标准化程度低

河北省 100 只以下的小养殖户占比最多，但很少接受养殖技术培训。据调查，大多数小养殖户年龄为 45~70 岁，在自家院内搭棚围圈养羊，问及是否参与养羊技术培训时，很多养殖户表示不知道有技术培训，也有的养殖户认为自己养殖技术不错，不需要参加培训；还有些养殖户感觉自己年龄大，技术培训学不会。养殖户依靠养殖经验养羊，养殖标准、饲料品质和营养配方不统一，投放市场的羊肉品质参差不齐，饲料配方的非标准化直接影响了羊只的健康状况和羊肉品质。小养殖户标准化养羊程度低，抵御疾病和市场风险能力弱，影响了养殖效率。

（五）河北省饲草料虽然丰富，但与养殖区的匹配度较低

河北省 2018 年玉米播种面积为 343.8 万公顷，玉米总产量为 1941.2 万吨，主要集中在保定、邯郸、石家庄、沧州、邢台和衡水等市。花生播种面积为 25.8 万公顷，主要集

中在唐山、保定、邯郸、石家庄、邢台、衡水等市。2018 年大豆播种面积约 8.8 万公顷，比 2017 年增长 24.9%，产量为 21.2 万吨，主要集中在石家庄、廊坊、沧州、保定、邢台、衡水等地区。而羊养殖区主要集中在邯郸、张家口、保定、秦皇岛等市。河北省饲草资源与羊养殖区匹配度较低，很多养羊户外购饲料较多，推高了养殖成本。

四、河北省羊产业发展对策建议

（一）推进高繁母羊的标准化培育和养殖技术推广，加大规模化程度

河北省家庭养羊历史悠久，散户自繁育养羊较多，但是缺乏科学的饲养技术，繁殖率低。通过建设繁育园区，开展养殖技术培训，借助龙头企业或合作社，将自繁育家庭养羊组织到一起，形成统一的养殖方式和养殖技术，统一销售，逐步扩大养殖规模，增强羊产业竞争力。建立高标准繁育场，引进优良品种，培育自有品种，通过新型经营主体，积极推行放母收羔模式，形成"公司（合作社）＋农户"的运作模式，实现双赢，增强河北省羔羊供给能力，实现河北省高繁母羊的现代化、规模化和标准化养殖。

（二）加大能繁母羊的政策支持力度，加强繁育场的金融保险支持

养殖能繁母羊投资大、周期长、技术含量高、投资回收慢，制约了养殖户的养殖热情，因此，应从源头抓起。首先，整合财政支农资金，从农业综合开发、农业技术服务等渠道整合资金用于支持羊品种改良。其次，安排专项财政资金对养殖场（户）栏舍基础设施建设进行补助，同时对能繁母羊进行补贴。再次，将能繁母羊纳入政府扶持保险范畴，保费由农户和财政按一定比例共同负担。最后，给予能繁母羊养殖场（户）一定的金融贷款支持，按照养殖周期，延长贷款期限，确保养殖场（户）获得稳定收益，激励规模养殖户加大繁育养羊。

（三）做好区域市场布局与营销，打造国家知名品牌

以唐县唐发、瑞丽、振宏食品公司为龙头，立足资源优势，推进优质品种、良种繁育、绿色饲草、现代加工、示范推广建设，实现由战略规划到战略布局再到加速崛起的重大跨越，聚力打造全省肉羊产业集群龙头县。申请羊肉地方性标志产品。建立以志豪、兰海、津肯奥、乐拓、爱尚羊等牧业公司为中心的"龙头企业＋农户"养殖模式，构建以产销企业为龙头，专业养殖户为支撑、合作组织为纽带、饲草饲料为基础的现代肉羊全产业链。坚持龙头带动，品牌经营，组建销售团队，打造国家知名品牌。

（四）强化科技支撑，加大技术推广力度

对于中小型养羊（场）户，应对照羊的疾病，采取实地观摩或实际操作练习等技术培训，强化科技支撑；组织中小养羊户外出考察学习，培育其懂技术、善经营的理念，加

大对饲草料配方、羊圈设计及饲养管理、高效繁殖及改良技术、常见羊病预防和控制等技术的推广力度。有条件的地方，建立高标准养殖场或养殖小区，在厂址布局、栏舍建设、生产设施配备、良种选择、卫生防疫、粪污处理等方面建立地方标准。在标准化示范养殖场应用和普及人工授精、早期断奶、同期发情、配合饲料、免疫程序、全混合日粮（TMR）等技术，提升养殖水平。加强饲料、饲草本地化技术和饲料研发，充分开发利用当地资源，挖掘优质饲草种植，降低成本，建立循环经济。

（五）调整种养结构，大力发展草食畜牧业

根据统计资料，邯郸市小规模养殖户较多，年出栏量大多在100只以下，外购饲草料较少。张家口市年出栏量在100～499只的养殖场较多，饲草资源丰富，对饲料有一定依赖。秦皇岛市年出栏量大多数在500只以上的养殖场较多，饲草料对外依赖严重；保定市年出栏量在1000只以上的养殖场最多，基本依靠外购饲草料。在疫情常态化状态下，河北省亟须调整种养结构，大力发展草食畜牧业，走"大农业"之路，宜农则农、宜牧则牧、益林则林，因地制宜，相互补充，减少外省饲草料调运带来的损失及危害。

撰稿人员：薛凤蕊　李　珍　董　谦
指　　导：赵慧峰
参编人员：周志敏　董　晨

第十六章　河北省肉牛产业发展报告

肉牛产业是我国畜牧业的重要组成部分，对促进国民经济发展、资源利用及居民膳食结构改善等都发挥着积极作用。随着居民生活水平提高和消费习惯改变，消费者对动物蛋白来源的肉类及其制品更加青睐，特别对牛肉的需求明显上升。我国作为世界第三大牛肉生产国，牛肉生产和消费市场较大。河北省是全国养牛大省，是我国肉牛主产区之一。

一、河北省肉牛产业发展现状及形势分析

（一）河北省肉牛生产情况

1. 肉牛存栏和出栏情况

（1）河北省存、出栏总况及在全国地位。

河北省肉牛年末存栏自 2010 年以来先降后升，2013 年达到最低值。随后有一定程度增加，从 2013 年的 153.1 万头，增加到 2019 年的 203.1 万头，增长了 32.66%。平均年增长 5.4%。存栏量居全国第 16 位，占全国总存栏比重为 2.9%。由 2016~2019 年的数据看出，河北省肉牛存栏量占全国的份额约为 2%~3%，属较低水平（见表 16-1）。

表 16-1　2010~2019 年河北省及全国肉牛存栏量统计表　　单位：万头

年份	2010	2011	2012	2013	2014	2015	2016	2017	2018	2019
全国	—	—	—	—	—	—	6181	6617.9	6618.4	6998
河北省	157.8	154.5	155.0	153.1	158.8	171.8	174.9	196.4	199.3	203.1

资料来源：2016~2018 年全国数据来自《中国农村统计年鉴》（2019），国家统计局对 2010~2015 年牛存栏量进行了调整，但未发现肉牛存栏量数据。2010~2017 年河北数据来自河北省畜牧兽医局；2018 年数据来自河北省农调队；2019 年数据来自《中国农村统计年鉴》（2020）。

河北省肉牛出栏量自 2010 年以来一直名列前茅，保持在 320 万~370 万头，始终排在全国第 3~4 位（见表 16-2）。2019 年河北省肉牛出栏 349.1 万头，仅次于内蒙古，排全国第二位。河北省肉牛出栏量变化幅度更小，非常稳定。从河北省肉牛出栏量和年末出

栏量的关系可以看出，河北省在肉牛养殖模式上是以购买架子牛育肥为主。2019 年全国平均肉牛出栏与年末存栏之比为 0.65，而河北省却高达 1.72。这与河北省本地养殖习惯、饲料秸秆资源丰富、大量育肥牛屠宰的生产模式等多种因素有关。

表 16－2　2010～2019 年河北省及全国肉牛出栏量统计表　　　单位：万头

年份	2010	2011	2012	2013	2014	2015	2016	2017	2018	2019
全国	4318.3	4200.6	4219.3	4189.9	4200.4	4211.4	4265.0	4340.3	4397.5	4533.9
河北省	361.2	339.0	340.3	325.3	320.6	325.4	331.9	340.5	345.6	349.1

资料来源：全国数据来自国家统计局网站。2010～2017 年河北数据来自河北省畜牧兽医局；2018 年数据来自河北省农调队；2019 年数据来自《中国农村统计年鉴》（2020）。

（2）河北省各市存栏、出栏情况。

河北省肉牛养殖区域分布总体上比较均衡，从 2013～2017 年的统计数据可以看出，承德市、唐山市肉牛出栏量始终排在前两位，石家庄和张家口紧随其后，秦皇岛市、邢台市在地级市中始终排在最后两位。2019 年河北省肉牛存栏前 3 位为承德、唐山和张家口，如表 16－3 所示。

表 16－3　2013～2017 年河北省各市肉牛出栏统计表　　　单位：万头

年份	石家庄	唐山	秦皇岛	邯郸	邢台	保定	张家口	承德	沧州	廊坊	衡水	定州	辛集
2013	39.15	45.35	12.50	19.41	15.72	22.79	33.37	45.96	30.83	28.39	22.74	6.44	2.60
2014	37.19	45.58	12.56	19.01	16.36	23.64	35.29	44.72	26.52	27.97	22.23	6.93	2.62
2015	36.83	45.47	12.48	18.96	16.91	24.23	35.66	49.60	25.68	26.75	21.89	8.22	2.74
2016	37.26	46.46	11.08	19.65	17.37	26.66	38.18	57.91	19.20	24.16	22.49	8.36	3.15
2017	46.66	49.89	10.93	24.19	17.69	24.49	41.79	59.59	18.50	14.88	24.17	5.00	2.71

资料来源：河北省畜牧兽医局（农调调整后的数据）。

从 2014～2016 年河北省各地市肉牛存栏量统计数据可以看出，承德市始终强势排在第 1 位，2014 年沧州排在第 2 位，但沧州市自 2015 年肉牛存栏量下滑严重。石家庄、唐山、衡水、邯郸肉牛存栏量基本处于第 2～6 位，如表 16－4 所示。

表 16－4　2014～2016 年河北省各市肉牛（含役用牛）存栏统计　　　单位：万头

年份	石家庄	唐山	秦皇岛	邯郸	邢台	保定	张家口	承德	沧州	廊坊	衡水	定州	辛集
2014	36.24	34.15	16.75	30.97	18.08	16.75	20.68	66.08	45.04	25.88	32.22	0.17	0.18
2015	36.24	29.01	14.03	29.32	17.90	16.69	18.55	66.18	39.64	22.38	31.59	0.10	0.18
2016	33.60	31.63	11.76	28.33	16.52	16.15	16.04	68.82	25.70	16.38	28.72	0.10	0.18

资料来源：《河北农村统计年鉴》（2016～2017）（《河北农村统计年鉴》（2018）只有各市牛存栏数据），国家统计局对 2008～2017 年数据进行了调整。这些数据具有部分参考意义。

2. 河北省肉牛规模养殖情况

（1）河北省规模养殖总体情况。

从全国不同省份规模化养殖程度看，2017 年河北省肉牛养殖规模化程度处于全国中等偏上水平，如表 16 - 5 所示。

表 16 - 5　2017 年各省不同规模肉牛养殖场所占比例　　　　　单位:%

年出栏规模 场（户）数占比	1 ~ 9 头	10 ~ 49 头	50 ~ 99 头	100 ~ 499 头	500 ~ 999 头	1000 头以上	规模养殖 场占比
全国	95. 39	3. 79	0. 60	0. 20	0. 03	0. 01	4. 61
河北	92. 74	6. 67	0. 39	0. 19	0. 03	0. 01	7. 26

资料来源：依据 2017 年中国畜牧业统计数据计算得出。

河北省肉牛规模化养殖场户数占比自 2013 年起不断上升，到 2017 年河北省肉牛规模化养殖场户数又上升到 7.48%，如表 16 - 6 所示。

表 16 - 6　2013 ~ 2017 年河北省不同规模肉牛养殖场所占比例　　　单位:%

年出栏规模 场（户）数占比	1 ~ 9 头	10 ~ 49 头	50 ~ 99 头	100 ~ 499 头	500 ~ 999 头	1000 头以上	散户占比	规模养殖 场占比
2013	95. 4226	3. 8218	0. 5616	0. 1755	0. 0278	0. 0122	95. 42	4. 58
2014	95. 3246	3. 9558	0. 5149	0. 1868	0. 0262	0. 0121	95. 32	4. 68
2015	94. 4044	4. 7595	0. 6194	0. 2123	0. 0234	0. 0105	94. 40	5. 60
2016	93. 6770	5. 3594	0. 7372	0. 2235	0. 0311	0. 0113	93. 68	6. 32
2017	92. 5245	6. 6695	0. 6139	0. 1903	0. 0307	0. 0120	92. 52	7. 48

资料来源：《中国畜牧业统计》（2013 ~ 2017）。

（2）河北省各市肉牛规模养殖状况。

河北省各市规模养殖状况差异较大。2017 年规模养殖（出栏 10 头以上）出栏数占比为 53.87%。而廊坊市规模养殖出栏数占比高达 92.99%，廊坊市的散养非常少，基本达到规模养殖。衡水市紧随其后，规模养殖出栏数占比也高达 72.39%。排在第 3 位的是辛集市，规模养殖出栏数占比为 70.87%。规模养殖出栏数占比最低的是张家口市，规模养殖出栏数占比只有 17.07%，如表 16 - 7 所示。

表 16 - 7　2017 年河北省各市不同规模肉牛养殖场出栏数所占比例　　单位:%

年出栏 数占比	1 ~ 9 头	10 头以上	50 头以上	100 头以上	500 头以上	1000 头以上	规模养殖出 栏数占比
全省	53. 87	46. 13	20. 07	13. 84	6. 38	3. 40	46. 13

年出栏 数占比	1~9头	10头以上	50头以上	100头以上	500头以上	1000头以上	规模养殖出 栏数占比
石家庄市	58.49	41.51	14.13	5.67	1.55	0.49	41.51
辛集市	29.13	70.87	34.37	28.00	13.96	0.00	70.87
唐山市	60.92	39.08	14.56	9.05	3.82	1.59	39.08
秦皇岛市	61.57	38.43	20.85	14.36	5.23	1.47	38.43
邯郸市	57.45	42.55	17.29	10.11	3.65	0.86	42.55
邢台市	64.64	35.36	21.56	12.81	1.75	0.68	35.36
保定市	42.52	57.48	26.56	24.12	12.41	6.94	57.48
定州市	53.62	46.38	24.75	23.72	10.11	0.00	46.38
张家口市	82.93	17.07	8.01	4.44	1.50	0.00	17.07
承德市	44.26	55.74	15.36	10.88	3.69	2.55	55.74
沧州市	69.04	30.96	19.03	10.33	3.38	2.03	30.96
廊坊市	7.01	92.99	71.19	66.77	51.00	32.15	92.99
衡水市	27.61	72.39	43.20	30.75	15.89	9.45	72.39

资料来源：河北省畜牧兽医局。

（二）河北省牛肉产量

1. 河北省牛肉产量及地位

河北省是肉牛养殖（育肥）大省，同时也是牛肉生产大省。2008 年前，河北省牛肉产量一直排名河南省、山东省之后，位居全国第 3 名，直到 2016 年，内蒙古以微弱优势超越河北省，把河北省挤出前三名。总体上说，河北作为全国牛肉生产大省的地位没有动摇，如表 16-8 所示。

表 16-8　2009~2019 年河北省及全国牛肉产量统计表　　　　单位：万吨

年份	2011	2012	2013	2014	2015	2016	2017	2018	2019
全国	610.7	614.8	613.1	615.7	616.9	616.9	634.6	644.06	667.3
河北省	54.46	55.3	52.3	52.4	53.2	54.3	55.6	56.46	57.2

资料来源：国家统计局网站。

2. 河北各市牛肉产量

河北省各市牛肉产量差异较大。数据显示：除了廊坊市、沧州市牛肉产量持续下降外，其他地市牛肉产量变化不大。承德市、唐山市、石家庄市牛肉产量始终名列全省前三位。秦皇岛和邢台市牛肉产量始终排在地级市最后两位，如表 16-9 所示。

表 16-9　2013~2017 年河北省各市牛肉产量统计表　　　单位：吨

年份	石家庄	唐山	秦皇岛	邯郸	邢台	保定	张家口	承德	沧州	廊坊	衡水	定州	辛集
2013	6.30	7.29	2.01	3.12	2.53	3.66	5.36	7.38	4.96	4.57	3.66	1.04	0.42
2014	6.08	7.45	2.05	3.11	2.67	3.86	5.77	7.31	4.34	4.57	3.63	1.13	0.43
2015	6.02	7.43	2.04	3.10	2.76	3.96	5.83	8.11	4.20	4.37	3.58	1.34	0.45
2016	6.09	7.59	1.81	3.21	2.84	4.36	6.24	9.46	3.14	3.95	3.67	1.37	0.52
2017	7.63	8.15	1.79	3.94	2.89	4.00	6.83	9.74	3.02	2.43	3.95	0.82	0.44

资料来源：河北省畜牧兽医局。

（三）河北省牛肉消费量

除了四川省外，其他省的消费水平无论城镇还是农村，各省之间差异不大，相对来说，城镇居民肉类消费稍多于农村居民。除了新疆和青海外，其他省份城镇居民牛肉人均消费量大大高于农村地区，如表 16-10 所示。

表 16-10　2017 年河北及主要省份人均牛肉消费量　　　单位：千克/人，%

	城镇			农村		
	肉类	牛肉	占比	肉类	牛肉	占比
四川	39.15	2.67	6.82	37.48	0.61	1.63
陕西	14.40	1.10	7.64	8.40	0.20	2.38
河北	17.94	2.40	13.38	12.39	0.50	4.04
辽宁	25.90	3.60	13.90	19.76	0.71	3.59
吉林	19.32	3.33	17.24	17.90	0.86	4.80
青海	26.50	5.40	20.38	26.70	4.60	17.23
新疆	26.03	5.34	20.51	20.57	4.33	21.05

资料来源：《河北统计年鉴》（2018）、《四川统计年鉴》（2018）、《陕西统计年鉴》（2018）、《辽宁统计年鉴》（2018）、《吉林统计年鉴》（2018）、《青海统计年鉴》（2018）、《新疆统计年鉴》（2018）。

河北省牛肉消费在全国处于中等偏下水平，城镇牛肉消费占肉类消费之比为 13.38%，农村牛肉消费占肉类消费之比为 4.04%，可见，河北城镇居民对牛肉的消费能力和消费水平远远大于农村居民。原因之一是居民更习惯消费猪肉、鸡肉等其他肉类；原因之二是居民收入水平偏低，对价格相对较高的牛肉消费不强。

（四）河北省肉牛价格分析

1. 市场形势与价格分析

2020 年全国活牛及牛肉市场价格保持高位运行。在疫情影响下，河北省肉牛业生产经历了短暂的低谷期，随着复工复产，全年活牛及牛肉市场价格再创历史新高。

（1）河北省活牛价格变化趋势分析。

2020年开始，1月河北省的活牛价格呈下降走势，2～6月活牛价格较为平稳，维持在30～32元/千克，到第三季度活牛价格突破32元，并持续上涨，到第四季度12月末达到最高价格35元/千克。相较于2019年，第四季度价格走势趋于一致，2020年活牛价格整体高于2019年，价格变化幅度小，价格波动平稳，如图16-1所示。

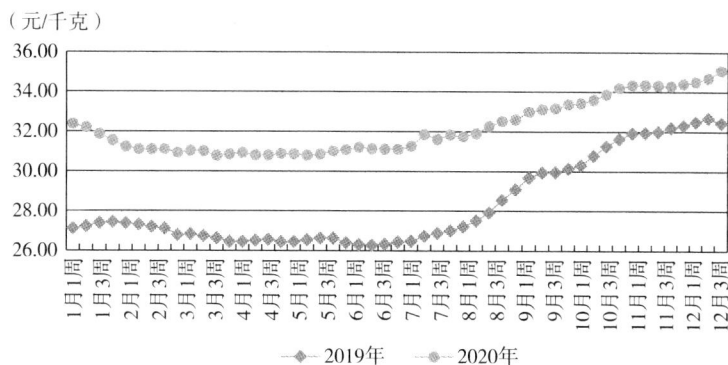

图 16-1　河北省2019～2020年活牛价格走势

（2）河北省牛肉价格变化趋势分析。

2020年1～4月价格变动较为平稳，维持在71～72元/千克，5～7月牛肉价格回落至70元/千克，8～12月牛肉价格持续上涨，并在12月底达到最高峰75元/千克。与2019年相比，2020年牛肉价格变动平稳，均高于2019年，同比增长17%。2020年牛肉价格的变动趋势与活牛价格的走势基本趋于一致，活牛价格的变动是牛肉价格变动的直接影响因素。一方面是我国牛肉的消费群体正在逐步扩大，人们对牛肉的需求量日益增加；另一方面随着疫情对生产的影响，也导致了牛肉价格的变动。如图16-2所示。

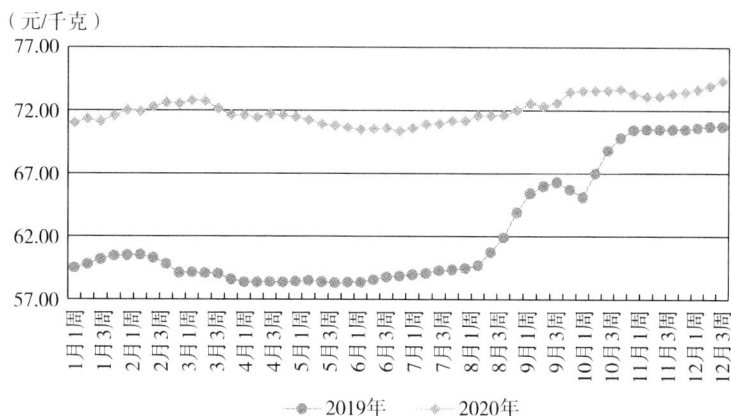

图 16-2　河北省2019～2020年牛肉价格走势

（3）河北省饲料价格变化趋势分析。

2020 年初受疫情和需求量影响，玉米价格较低，后随着生猪、活牛产能逐步恢复，玉米价格逐步上涨；由于季节性因素，冬季玉米运输成本高，也带动了玉米价格上涨。年初因遭遇了疫情影响，交通运输严重不畅，导致需方豆粕货源紧缺，价格上升；但随着复工复产进行，大多厂家缺货已经得到缓解，价格有所下降，导致了上半年的大幅度波动。并且 2020 年受到大豆进口减少影响，我国市场上大豆供应有限，以及农户和生猪、活牛养殖场存储不断增加，导致豆粕价格在不断上涨，如图 16 - 3 所示。

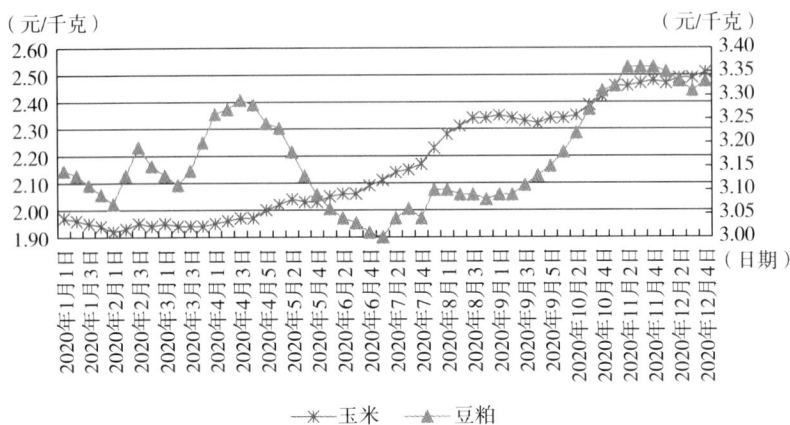

图 16 - 3　2020 年河北省饲料价格走势

2. 市场价格变动的影响因素分析

2020 年初疫情导致活牛运输不畅，使第一季度活牛价格持续下降，伴随着复工复产，第三季度价格开始上涨，随着饲料、人力等成本出现大幅上涨，导致肉牛养殖成本增加，加之养牛前期投资大、肉牛生长周期长等因素的影响，可出栏的育肥牛数量较少，造成肉牛存栏量大幅下滑，活牛供应量出现短缺。与此同时，肉牛收购企业增多也推高了牛肉价格。疫情也对肉牛价格造成了一定影响，复工复产使得价格相对回落，随着疫情防控常态化，省内各类餐饮消费恢复，促使牛肉价格阶段性上涨。进口同样也是影响纳入价格的一个重要因素，受疫情影响，我国牛肉进口量大幅度减少，走私减少，我国海关对进口食品，尤其是冷链食品严格检查，导致进口减少，因此导致牛肉价格持续上涨。

二、河北省肉牛产业竞争力分析

（一）河北省肉牛产业比较优势分析

1. 肉牛存栏量比较

自 2011 年以来，河北省肉牛存栏量一直排在全国 14 位，河北省在肉牛存栏方面没有比较优势，如表 16 - 11 所示。

表 16 - 11　2011 ~ 2018 年河北省及相关省份肉牛存栏量　　　单位：万头

年份	2011	2012	2013	2014	2015	2016	2017	2018
全国	6646.4	6698.1	6838.6	7040.9	7372.9	7441.0	6617.9	6618.4
河北	152.1	152.0	149.7	154.8	166.9	169.4	196.4	199.3
内蒙古	342.1	346.4	369.9	388.3	423.2	444.8	526.5	489.8
四川	490.3	477.4	487.9	529.4	561.8	552.8	494.8	476.2
云南	670.0	675.1	658.9	681.3	688.2	721.8	747.7	755.8
西藏	461.9	451.3	467.5	467.5	471.3	466.6	470.0	498.4
甘肃	403.8	385.9	402.1	423.8	420.1	416.4	394.1	410.5

资料来源：布瑞克农业数据终端。

2. 需求条件分析

从肉类消费总量和人均消费看，除了青海和新疆外，其他省的消费水平无论城镇还是农村，各省之间差异较大，相对来说，城镇居民肉类消费稍多于农村居民，如表 16 - 12 所示。

表 16 - 12　2019 年各省份城镇、农村居民人均牛肉消费量　单位：千克/人，%

	城镇			农村		
	肉类	牛肉	占比	肉类	牛肉	占比
四川	40.6	2.8	6.90	38.3	1.0	2.61
陕西	18.9	1.9	10.05	12.20	0.4	3.28
河北	24.5	2.4	9.80	16.8	0.5	2.98
辽宁	27.1	3.5	12.92	22.8	1.0	4.39
吉林	24.0	3.6	15.00	21.9	1.1	5.02
青海	24.6	9.2	37.40	24.0	8.9	37.08
新疆	24.6	6.0	24.39	20.4	4.1	20.10
全国	28.7	2.9	10.10	24.7	1.2	4.86

资料来源：《中国统计年鉴》(2020)。

3. 肉牛屠宰加工业比较

河北省肉牛屠宰加工业企业以中小型企业为主，大部分屠宰加工企业目前面临的主要问题是牛源问题，致使许多屠宰加工企业花很大精力到省外买牛，造成开工不足甚至生产停滞。而且，总体上加工水平参差不齐，大部分屠宰加工企业以屠宰分割为主，加工深度不高。

（二）河北省肉牛产业竞争优势分析

1. 肉牛单产分析

河北省和黑龙江省单产水平一直处于前两位，自 2015 年以来，河北省更是超越黑龙江省，跃至第一位，远远高于全国平均水平。表明河北省有着养殖传统和丰富的养殖经验，近年来，更是不断提升架子牛育肥水平，使单产水平不断突破。另外，也说明河北省更注重架子牛育肥，忽视了种牛饲养和良种繁育等基础工作，如表 16 – 13 所示。

表 16 – 13　各地区散养肉牛主产品单产量　　　　　　单位：千克

年份	2011	2012	2013	2014	2015	2016	2017	2018
河北	499.22	491.46	498.44	505.05	510.61	524.34	549.48	617.86
黑龙江	528.80	488.32	500.50	508.50	509.17	509.50	512.67	509.42
河南	383.70	393.40	399.65	410.48	412.82	418.16	421.37	428.60
陕西	384.47	386.97	387.37	387.52	390.00	396.78	397.78	399.22
新疆	311.89	315.26	410.57	323.99	358.47	355.08	345.14	348.56
宁夏	296.16	305.43	311.56	310.85	314.29	314.87	319.08	336.32
全国	400.71	396.89	418.01	407.73	415.89	419.79	424.25	440.00

资料来源：《全国农产品成本收益资料汇编》（2012～2019 年）。

2. 成本收益分析

河北等省肉牛散养成本明显高于其他省份。河北省肉牛散养净收益处于中游偏上水平，忽高忽低，不太稳定。河北省肉牛养殖成本利润率处于中等偏下水平，说明河北省散养肉牛养殖盈利能力不强，如表 16 – 14 和表 16 – 15 所示。

表 16 – 14　2014～2018 年河北及主要省份散养肉牛成本收益情况　　　单位：元

年份	2014		2015		2016		2017		2018	
	总成本	净收益	总成本	净收益	总成本	净收益	总成本	净收益	总成本	净收益
新疆	8741.3	645.73	8921.6	469.12	9011.7	754.11	9023.4	608.62	9451.2	372.6
黑龙江	10655.0	2025.80	10367.0	1674.80	10109.0	2003.30	10260.0	1750.90	10807.0	1997.9
宁夏	6253.3	2346.60	6296.9	2296.90	6154.3	2377.0	6080.9	2323.90	6426.4	3085.8
河北	10694.0	2392.10	10589.0	1989.20	10192.0	2461.1	12135.0	1766.5	13505.0	3179.7
陕西	7788.1	3309.30	7532.1	2667.00	7634.0	3022.7	7695.9	3261.3	7783.3	3221.3
河南	7479.5	3506.40	7597.0	3578.70	7475.1	3560.4	7651.5	3608.0	7905.9	3832.8

资料来源：《全国农产品成本收益资料汇编》（2015～2019 年）。

表 16 - 15　2014 ~ 2018 年河北及相关省份肉牛养殖成本利润率　　单位:%

年份	2014	2015	2016	2017	2018
新疆	7.39	5.26	8.37	6.74	3.94
黑龙江	19.01	16.15	19.82	17.06	18.49
宁夏	37.53	36.48	38.62	38.22	48.02
河北	22.37	18.79	24.15	14.56	23.54
陕西	42.49	35.41	39.59	42.38	41.39
河南	46.88	47.11	47.63	47.15	48.48

资料来源:《全国农产品成本收益资料汇编》(2015 ~ 2019 年)。

3. 肉牛制品质量分析

河北省肉牛制品以大众化制品为主,加工企业以中小企业居多,加工制品的加工深度低,以屠宰分割为主,附加值低,基本没有形成全国知名品牌。因此,河北省肉牛制品质量无明显优势。

(三) 河北省肉牛产业竞争力表现分析

1. 市场占有率分析

河北省肉牛市场占有率一直比较稳定,保持在 7.5% ~ 9.0%。应该说,河北省肉牛养殖从市场占有率看也表现出一定竞争力,如表 16 - 16 所示。

表 16 - 16　2011 ~ 2017 年河北及相关省份牛肉市场占有率　　单位:%

年份	2011	2012	2013	2014	2015	2016	2017
山东	10.22	10.12	10.56	9.66	8.27	9.35	12.15
河北	8.42	8.35	8.13	7.60	7.60	7.58	8.90
内蒙古	7.68	7.73	8.05	7.91	7.56	7.76	9.53
新疆	5.22	5.47	5.88	5.69	5.81	5.93	6.88
河南	12.66	12.14	12.53	11.91	11.80	11.58	5.60
黑龙江	6.07	5.99	6.17	5.89	5.94	5.93	7.03
吉林	6.70	6.79	7.00	6.67	6.66	6.57	6.08
四川	4.46	4.42	4.84	4.85	5.06	5.15	5.33
云南	4.74	4.82	4.94	4.88	4.90	4.91	5.73

资料来源:《中国畜牧业统计》(2011 ~ 2017)。

2. 显示性比较优势分析

河北省牧业产值均超过了 2000 亿元,是典型的牧业大省,所以河北省的牧业体量比较大。河北省肉牛产值为 306.20 亿元,处于中上游水平。河北省牛肉产值占牧业产值比重只有 15.04%,比较优势系数仅为 1.17,仅高于全国平均水平,如表 16 - 17 所示。

表 16－17　2019 年肉牛养殖省份显示性比较优势分析　　　单位：亿元，%

省份	牧业产值	肉牛产值	占比	比较优势指数	排序
西藏	108.40	59.50	54.89	4.27	1
吉林	1239.60	400.80	32.33	2.52	2
甘肃	395.60	121.00	30.59	2.38	3
内蒙古	1390.50	393.30	28.28	2.20	4
黑龙江	1691.80	449.60	26.58	2.07	5
云南	1600.70	343.70	21.47	1.67	6
河北	2035.40	306.20	15.04	1.17	7
河南	2316.50	303.50	13.10	1.02	8
全国	33064.30	4250.20	12.85	1.00	

资料来源：《中国农村统计年鉴》（2020）。

（四）主要结论、发展方向和重点预测

1. 河北省肉牛产业竞争力基本结论

河北省肉牛产业比较优势较弱，肉牛产业发展基础条件不佳；河北省肉牛产业竞争优势偏弱，无法支撑肉牛产业发展；河北省肉牛产业整体竞争力不强。

2. 河北省肉牛产业发展方向和重点预测

河北肉牛未来发展的基本方向是育养并重，养加联结的基本思路。加强肉牛繁育工作；推进肉牛养殖良性发展；壮大牛肉加工产业发展；建立肉牛养殖业和屠宰加工业良好的利益联结机制。

三、河北省肉牛产业发展中存在问题及原因分析

（一）肉牛良种覆盖率低，缺乏长远肉牛遗传育种规划

我国本地良种肉牛及外来改良牛之和仅占35%，黄牛改良不足20%，良种化程度较低。随着各地对牛种进行杂交改良，许多地方牛品种的纯种基因难以保留，优良性状损失较为严重。河北省母牛繁育为主的边远山区，以当地黄牛为主，黄牛生长速度慢、品相不佳，市场价格和经济效益远远赶不上优良品种。河北省规模育肥场肉牛超过50%牛源来源于外省，肉牛品种混杂，以杂交牛为主。肉牛个体小、生长缓慢，品种退化严重，质量参差不齐。

（二）饲养管理粗放，标准化、流程化、机械化程度低

肉牛生产养殖总体上仍以农户为单位的小规模饲养方式为主，饲养规模小而且分散，

缺乏规范化、科学化的养殖管理方式，无法有效保证肉牛饲料利用效率和肥育效果，难以提高肉牛质量与肉牛饲料利用效率和肥育效果，难以提高肉牛质量。放牧饲养的繁殖牛群中，公母混合放牧，自繁自配现象严重。肉牛日粮配方随意性强，营养不能满足肉牛需要或过剩。设施简陋，人畜混居，粪污染严重。生产方式和技术落后，资源环境约束趋紧，肉牛标准化养殖粪便综合利用率不高，局部地区环境污染问题突出，环境保护压力较大。

（三）利润低风险高，社会融资困难

肉牛养殖业是产业链长、高投入、高风险、低效益的传统产业，受国际和国内大环境影响日益加大，在生产过程中面临多种不确定性。如疫情暴发带来交通受阻、销售不畅、工人工资成本上升的难题；日益严峻的环保压力增加了生产的不稳定性和生产成本；中美贸易的不确定性也使得肉牛生产风险增加。肉牛产品承受着价格和成本的双重挤压。同时，生物资产、养牛设施不能抵押贷款，社会融资非常困难。

（四）产品加工能力不高，品牌建设有待加强

河北省肉牛屠宰加工业企业以中小型企业为主，规模加工企业不多，总体上加工水平参差不齐，大部分屠宰加工企业以屠宰分割为主，缺乏牛肉精细化分割技术，普遍未使用牛肉品质分级标准，销售以四分体、冻品为主，高档牛肉相对较少。缺少深加工产品，无法实现对肉牛养殖产业的带动作用。屠宰加工企业的产品销售以批发商、农贸市场等低端市场为主，市场消费层级低。由于屠宰的肉牛来源复杂，加之淘汰奶牛成为牛肉生产的重要来源，牛肉品质差异比较大，没有形成具有河北省肉牛特征的稳定性状，因此难以产生有影响力的牛肉品牌。虽然建立了福泽、北戎等省内外较有影响力的品牌，但是其品牌影响力、营销创新能力和辐射带动能力严重不足。

（五）冷链物流发展滞后，影响产业升级

冷鲜肉作为档次更高的牛肉产品，价格也明显高于冷冻产品，而由于进口冷鲜肉对于生产作业特别是远途冷链运输的要求十分苛刻，投入成本显著增高，极大削弱了进口价格优势。目前我国冷鲜肉市场份额占比极小，发展潜力巨大，应作为河北省品牌牛肉企业破解价格与技术"瓶颈"主攻方向之一。当前，河北省冷链资源众多，冷链行业发展迅速，但同样存在标准体系不完善，组织化程度较低等问题，冷链"不冷""断链"现象十分严重。其根本原因就是，与上游生产企业合作不紧密，资源信息对接不畅。

（六）产品价格风险增大，行业稳定性受到影响

饲料价格的波动会影响肉牛养殖者的生产稳定性，价格的大幅上升，会带动肉牛养殖成本的提高，在活牛价格、牛肉价格涨幅不高情况下，将会挤压肉牛养殖者、生产者利润空间。2019～2020年，受国际贸易摩擦、对未来市场预期、非洲猪瘟和新冠肺炎疫情影响，肉牛养殖的犊牛、重要饲料玉米和豆粕价格波动幅度较大，并且与历年走势不符，造

成养殖者养殖成本的不确定性增大，进而影响肉牛及牛肉市场价格和获利能力。

四、促进河北省肉牛产业健康发展的对策建议

（一）做好战略布局，建立健全肉牛良繁体系

利用好现有奶牛资源，坚持河北省肉牛北繁南育、西繁东育、山繁川育的总体思路，在北部和西部山区及坝上地区繁育纯种肉牛和杂交牛后代，形成母畜繁育区。在平原农区、黑龙港流域，以石家庄、保定、唐山市肉牛养殖优势区域为中心开展育肥，形成肉牛规模育肥区。培养发展六大肉牛优势产区，重点支持28个肉牛养殖重点县。初步建立河北省肉牛数据库，强化种牛生产性能测定工作的实施，加大杂交改良推广应用范围和力度，增加向基层牧民的推广力度并扩大应用范围。制定河北省肉牛遗传育种发展规划，积极开展河北省肉牛品种登记、性能测定、遗传评估系统、数据收集系统等基本工作。制订选育计划，开展不同肉牛品种杂交组合筛选试验，以期尽快筛选出适合不同市场需求的杂交肉牛组合，提高肉牛生产经济效益。引进肉牛活体、冻精和胚胎，扩繁纯种基础母牛群。依托种公牛站和基层改良站点进行良种推广，使用西门塔尔和安格斯等主导品种对现有本地肉牛进行杂交改良，提高产肉量和牛肉品质。

（二）提升产业科技含量，实现精细化饲养管理

普查河北省饲草饲料资源，如杂谷秸秆、红薯秧、马铃薯渣和大豆渣混贮、菌棒等资源，建立粗饲料资源营养成分数据库，在规模化肉牛场推广阶段饲养技术和TMR日粮使用技术。积极配合国家推行的"粮改饲"等政策落实，将粮食作物改为饲料作物，推广全株玉米青贮的制作。开展重要疫病流行情况调查，摸清河北省肉牛场重大疫病流行态势，建立河北省肉牛疾病流行和防控数据库，重点实施肉牛布病、口蹄疫、焦虫病等为代表的重点疫病净化，加强肉牛犊牛腹泻和呼吸道疾病的技术攻关，肉牛运输热应激防控等工作。集聚现代肉牛产业技术体系、科研院所和企业力量，加强肉牛良种繁育、标准化规模养殖、重大动物疫病防控、优质饲草料种植与加工等核心技术与设施装备的联合攻关和研发，突破关键领域的技术瓶颈，提升产业竞争力。加强基层畜牧技术推广体系建设，提升基层技术推广骨干的服务能力，提高基层推广机构和人员的能力素质，加强科研攻关的力度，加快科研成果转化，解决生产中遇到的难题。

（三）整合财政资金，创新金融服务

首先要加强财政资金的统筹整合，撬动更多的社会资本参与畜牧业发展。发挥规划统筹引领作用，多层次、多形式推进涉农资金整合，推进专项转移支付预算编制环节源头整合改革，探索实行"大专项＋任务清单"管理方式。尽快将工商资本、金融信贷、保险基金、风险投资基金、产业投资基金等引导到河北省优势特色畜牧产业集群建设上来。同

时在畜牧产业领域，积极推广"政银企互保""政银担"等金融合作服务模式，激发各金融机构的服务效能，尤其是大力开展政策性养殖保险，借助"银保合作"实现信贷融资、租赁融资以及其他社会资本融资。引导河北省金融服务机构积极探索畜牧养殖设备融资租赁、活体生物资产抵押融资、项目周转资金额度借贷等金融服务新方式中的合作关系，满足河北省畜牧业发展的资金需求。要健全农担风险分担机制，解决畜牧业抵押担保难、银行信贷风险大的问题。在明确担保对象、担保比率等基本内容的基础上，创新性提高农担的风险容忍度，更多地承担风险损失，以引导银行适当放宽增信主体的贷款条件，适当调高授信额度，扩大信贷规模。扩大农担服务范围，进一步将家庭农场、合作社和中小型种养户纳入担保范围，并强化产品分类设计，开发更多的具有季节性、时效性、区域性的差异化担保产品。

（四）提升屠宰加工水平，打造河北牛肉品牌

首先，要采用高端的科学饲养管理技术，淘汰落后品种，加大良种普及率；研究高档肉牛品种、育肥、屠宰、分割、加工方式，使用先进屠宰分割设备，具备完善胴体分割标准；研究并推广原切牛排等高档牛肉，降低初始微生物、精准包装、－1℃冰鲜保鲜等延长货架期新技术，建立肉制品安全控制体系，保障食品安全。以"品质差异化打造"为主体开展主体牛肉目标市场对应性分割技术研究、酶法嫩化技术研究、传统酱卤安全制造技术研究工作。其次，以"目标市场需求"为主体开展目标市场产品层级、品质特征等需求、潜在消费者需求特点等系列调研工作；对接餐桌进行精细化分割加工，严格采用食品质量安全追溯系统；增强服务意识、树立肉牛品牌，利用网售工具、提高副产物加工增值，最终提高行业利润。最后，开展品牌创建，面向京津开拓差异化高端市场。完善区域营销规划，形成品牌体系。以品牌促收益，通过农博会、展览会、洽谈会等形式，做优做精特色品牌，做大做强企业品牌。

（五）提升冷链物流组织化程度，保障牛肉消费质量

打通以"农业生产＋冷链物流"为核心的产业链上下游，形成全国冷链运营体系，完善有关标准，实现资源有效整合。在产业下游，以集中屠宰、品牌经营、冷链冷鲜为主攻方向，推进肉牛标准化屠宰，优化牛肉及其制品结构，加快推进肉品分类分级，扩大冷鲜肉和分割肉市场占有率。鼓励和支持企业收购、自建养殖场，延伸产业链，带动合作社、专业大户、家庭牧场等经营主体，推进多种经营模式，为农牧民提供资助，完善利益联结。积极探索"互联网＋"与各类肉牛养殖生产经营主体深度融合，构建多元产品流通网络，加强产加销有序连接。冷链运输是衔接冷鲜牛肉生产与流通销售的核心技术，鼓励河北省内品牌牛肉企业积极参与到该体系中来，充分汲取冷链运营资源，为升级冷鲜牛肉技术，扩大冷鲜牛肉市场份额，从而为增强自主牛肉品牌核心竞争力积蓄能量。

（六）加强关联市场预警调控，保证肉牛产品市场价格稳定

建立完善相关市场预警机制，积极防范不确定事件对牛肉市场及价格的冲击。首先，完善替代品及原饲料市场预警与调控机制。将牛肉市场的预警调控与猪肉、鸡肉、羊肉等替代品，玉米、豆粕等原饲料的预警调控机制有效结合，确保整个畜牧业价格系统平稳运行。其次，适时适度地实施相关经济政策。鉴于政府相关政策会影响到牛肉市场参与者的行为及其预期，在市场健康运行的情况下，应尽量减少市场干预。在实施必要的政策调控时，要确保政策的前瞻性、适时性和适度性。最后，利用地域优势发展河北省牛肉品牌，提高生产者收益。河北省地处京津冀协同发展核心区域，应充分利用地域优势，开发京津市场，通过农博会、展览会、洽谈会等形式，做优做精特色品牌，做大做强企业品牌，通过品牌营销进入市场消费领域，提供能满足现代生活需求的高品质牛肉产品。

撰稿人员：高　彦　马长海　王秀芳　崔　娃

指　　导：赵慧峰　李树静

参编人员：李秋凤　史秋梅

第十七章　河北省 2020 年蛋肉鸡产业发展报告

一、河北省蛋肉鸡产业发展现状及形势分析

（一）蛋鸡产业发展现状及形势分析

1. 生产现状及形势分析

近年来，河北省蛋鸡产业进入稳定调整阶段，蛋鸡存栏量和鸡蛋产量增速逐渐放缓，蛋鸡产业对畜牧业和农业的贡献增长率呈下降趋势。根据主要畜禽生产情况的统计数据，2019 年全省蛋鸡存栏 27940 万只，2020 年全省蛋鸡存栏 28467.3 万只。根据对河北省 2000 只以上规模 13000 余个养殖场调查，2000 只以上规模的养殖场蛋鸡存栏量占总存栏量的 54.26%；1 万～5 万只规模场数量占 2000 只以上规模场数的 17.32%，存栏量占 37.51%；5 万～10 万只规模场数量占 2000 只以上规模场数的 0.83%，存栏量占 6.94%；10 万只以上规模场数量占 2000 只以上规模场数的 0.41%，其存栏量占 10.83%。总体来讲，2020 年蛋鸡养殖规模较之前稳中有升。

据调研所得数据，2020 年全省有祖代蛋种鸡场 8 个，存栏 17 万套；父母代蛋种鸡场约 75 个，存栏量 390 余万套。蛋鸡养殖品种丰富，引进品种有：海兰、罗曼、尼克、伊莎、海赛等系列；国内培育品种有：京红、京粉、农大 3 号、农大 5 号和大午粉 1、大午金凤等系列；地方品种有：太行鸡、坝上长尾鸡、北京油鸡、绿壳蛋鸡等。

根据河北省主要畜牧统计数字的统计情况，2014～2020 年河北省蛋鸡存栏和鸡蛋产量如表 17 - 1 所示。从表 17 - 1 可以看出，2014～2020 年河北省蛋鸡存栏在 26320 万～28467 万只平稳发展，鸡蛋产量均位居全国前三位。虽然连续六年的年存栏量相对平稳，但根据河北省畜牧兽医局资料显示，2017 年上半年蛋鸡养殖深度亏损，提前淘汰使得产蛋鸡存栏至低位，自 2017 年 8 月开始盈利直到 2019 年 12 月，持续 29 个月连续盈利，突破历史纪录，盈利能力达到近十年最高，养殖场（户）资金充裕，补栏积极性高，补栏数量同比大幅增加，鸡蛋供应增加，但是，由于 2019 年底暴发了新冠肺炎疫情，对蛋鸡

行业造成重大影响，2020 年蛋鸡生产全年盈利状况不佳。

表 17 - 1　2014 ~ 2020 年蛋鸡存栏和鸡蛋产量　　　单位：万只，万吨

年份	蛋鸡存栏	鸡蛋产量
2014	26320. 4	309. 40
2015	25884. 7	318. 60
2016	26920. 1	352. 84
2017	27578. 0	326. 93
2018	27258. 5	322. 00
2019	27940. 0	328. 80
2020	28467. 3	333. 90

资料来源：河北省畜牧统计数字整理。

2. 市场行情现状及形势分析

据调查，2020 年河北省鸡蛋价格起伏波动较大，最低价格约 2.16 元/斤，最高价格约 4.42 元/斤，具体如图 17 - 1 所示，虚线代表移动平均的趋势线。

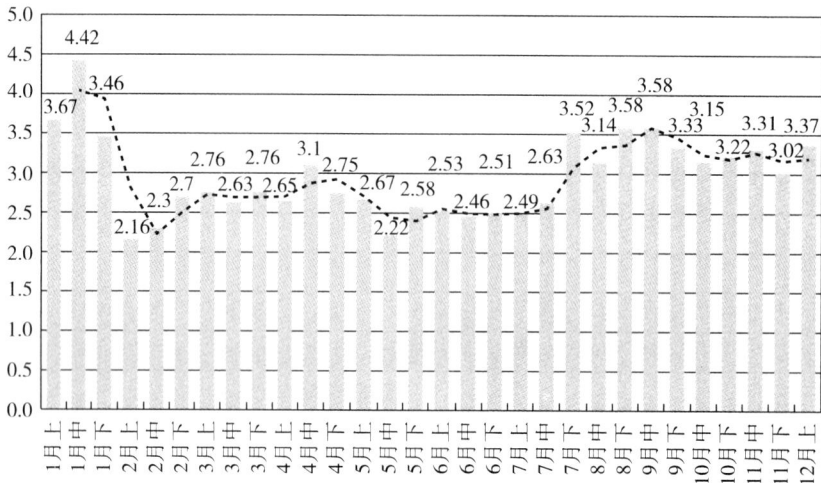

图 17 - 1　2020 年 1 ~ 12 月的鸡蛋价格

2019 年的蛋肉鸡养殖行业，由于受到非洲猪瘟疫情影响的利好，迎来了超级鸡周期，鸡蛋、淘汰蛋鸡、蛋鸡苗、肉毛鸡、商品鸡苗价格相继创下了历史新高。然而，在行业从业者对 2020 年市场持乐观态度的时候，受 2020 年新冠肺炎疫情的突袭，蛋鸡产业受影响较大。自 2020 年 1 月以来，随着新冠肺炎疫情的扩大发展，全国多地相继采取了关闭活禽市场、封城封路、延迟复工等防控措施，蛋鸡产业再次被牵连，影响淘汰鸡正常出栏，鸡蛋产量增加，供应压力加大，蛋价直线下跌，2 月蛋价跌至近年最低。进入二季度，随着疫情得到有效防控，企业复工、学校复学、部分餐饮逐渐恢复，蛋价挑头走高，7 月内蛋价涨幅超 60%，也将亏损半年的蛋鸡行业重新拉回盈利状态，但因为蛋价涨幅未能快速被终端市场消化，蛋价被迫下调。进入三季度，但相比 2019 年同期供给方面，淘汰鸡

出栏量较多，蛋鸡存栏量减少，但是，蛋价涨至成本线以上后，淘汰鸡有限，去产能速度减慢，蛋价仍未有明显上涨。进入四季度，鸡蛋供应量受到气候因素影响，但前期蛋鸡存栏量较多，供给充足，需求有限，直到年底蛋价仍处于 3 元时代。总的来讲，由于 2019 蛋鸡养殖的高利润，多数养殖场扩大生产规模，大量资本进入蛋鸡产业，发展规模化养殖场，造成 2020 年蛋鸡存栏量较大，供过于求。受疫情影响，消费需求明显下降，加上饲料价格上涨，销售价格长时间在成本线以下，造成众多养殖户、养殖企业均遭受不同程度的损失。

3. 蛋鸡疫病现状及形势分析

在非洲猪瘟疫情持续发酵的特殊形势下，蛋鸡养殖也面临新的挑战和机遇，而疫病流行的经常化成为制约河北省乃至我国养鸡业健康发展的主要原因之一。目前，蛋鸡发病有如下特点：

第一，禽流感与传染性支气管炎等病毒性疫病仍是养鸡生产中最大的威胁。禽流感病毒亚型众多，且变异频繁，不同亚型的病毒、相同亚型的不同变异分支之间交叉保护力很低，为此，需不断进行禽流感疫苗毒株的更换。传染性支气管炎病毒因基因组高度变异性、血清型众多，且新的血清型不断出现，当疫苗毒株与当前流行毒株不一致时，不能产生针对流行毒株的特异性抗体，从而导致鸡群发病，增加了防控难度。

第二，支原体病依然困扰着养殖场。支原体病主要由鸡毒支原体（MG）和滑液囊支原体（MS）引起，其中滑液囊支原体的流行和传播速度均呈上升趋势，成为制约鸡群成活率和产蛋率的重要疾病。

第三，大肠杆菌、沙门菌等细菌性疾病普遍存在，反复发生。大肠杆菌是一种条件性病原菌，当饲养管理不当，天气突然变化，机体抵抗力下降或感染其他疾病时，均可诱发该病。随着养殖场管理措施的加强，伤寒和副伤寒沙门菌的发病率较低，但鸡白痢却时有发生。由副嗜血杆菌引起的鸡传染性鼻炎在部分地区的发病率较高。药物治疗导致病原菌出现不同程度的耐药性、造成的药残及食品安全问题不容忽视。

第四，寄生虫病时有发生。常发的寄生虫病主要有球虫病、绦虫病等，不仅散养鸡普遍发生，笼养鸡也屡见不鲜。其中，球虫病可导致较高的死亡率，绦虫病虽死亡率不高，但生长迟缓，产蛋率降低，也不容忽视。

第五，地方品种种源疫病的阳性率依然较高。鸡白痢和禽白血病是严重危害家禽生产的两种重要的种源性疫病，尤其是地方品种鸡群因受检测成本和技术的制约尚未系统开展禽白血病的净化，使禽白血病抗原的携带率较高，严重影响优质地方品种鸡的发展。

（二）肉鸡产业发展现状及形势分析

1. 生产现状及形势分析

2018～2019 年，受到非洲猪瘟影响，生猪产量减少，生猪养殖态度谨慎，鸡肉产品在一定程度上替代猪肉。目前由于国家对本产业的重视度提高，宣传力度加大，消费者对肉鸡产品认知度的提高，消费量看好。据布瑞克农产品集购网数据，目前，我国鸡肉市场有近2000万吨左右的增长空间，约相当于目前国内消费量的两倍。无论是与发达国家对比，还是和亚洲国家和地区相比，我国鸡肉消费上升潜力巨大。2020年由于非洲猪瘟影响得到缓解，肉猪存栏量基本稳定，猪肉价格回落，人们对猪肉的购买欲增强，影响肉鸡产品销售；另外，受新冠肺炎疫情的影响，冷链肉类产品消费受损。

河北省肉鸡产业链条已基本形成，产业化程度较高，养殖场（户）收益比较稳定。近几年由于受到产能过剩调控、疫情封关、祖代锐减以及其他政策性因素影响，河北省鸡肉产量略有下降，但规模化水平不断提升。据调研所得数据，截至目前，河北省存栏5万只以上规模企业数量占总数量的60%以上，年出栏10万只以上达50%，年出栏50万只以上达20%以上，年出栏超过100万只的占10%以上。根据规模化养殖情况显示，河北省肉鸡养殖方式已经从旧作坊养殖走向标准化、规模化、机械化养殖。三层肉鸡立体笼养饲养方式发展较快，实现了自动饮水、喂料、清粪以及环境控制等，生产技术水平不断得到提高。生产效率已接近国际先进水平，部分养殖场商品肉鸡料肉比可达1.5：1。同时，四层笼养方式不断增加，单位空间饲养数量逐渐加大。

根据河北省主要畜牧统计数字显示，2013～2020年河北省肉鸡存栏、活鸡出栏、禽肉产量和鸡肉产量如表17－2所示。从数据上看，2013～2017年肉鸡生产情况相对平稳。2018～2019年肉鸡存栏量相对上升，活鸡出栏量有较大幅度提高，禽肉和鸡肉产量创近年来新高，这是受非洲猪瘟疫情持续、禽肉替代作用显现等因素影响，后期肉鸡存出栏量还有一定空间。

表 17－2　2013～2020 年肉鸡类品的数量　　　　　单位：万只，万吨

年份	肉鸡存栏	活鸡出栏	禽肉产量	鸡肉产量
2013	8148.50	48070.44	86.60	74.40
2014	8433.70	48935.66	88.20	75.80
2015	8071.05	47956.95	87.01	74.75
2016	7990.34	50780.43	92.13	76.19
2017	8237.00	49764.76	90.29	77.57
2018	7481.90	49018.30	88.90	76.40
2019	7706.40	55243.60	99.50	86.20
2020	7567.30	57524.30	102.00	89.30

资料来源：河北省畜牧统计数字整理。

2. 肉鸡市场行情现状及形势分析

据调查，2020年一季度新冠肺炎疫情对肉鸡存栏影响较大，短期市场供应充足。2020年二季度活鸡平均价格约9～10元/千克，白条鸡平均价格约16～17元/千克。活鸡和白条鸡价格处于稳步微降状态，疫情虽然得到控制，但肉鸡市场供应还处于充足状态。下半年肉鸡市场供求仍显平淡，三季度活鸡价格比二季度略有增长，白条鸡的平均价格上升到约20元/千克。2020年活鸡和白条鸡价格整体走低，维持微涨和微落态势，与2019

年相比，价格处于较低水平。2020年全年肉鸡供给充足，但消费力远不及往年。肉鸡市场价格波动与其生产供应紧密相关。

3. 肉鸡疫病现状及形势分析

为掌握河北省肉鸡疫病流行规律，现将肉鸡疫病方面有关疾病的特点、重大疫病预警等总结如下：

（1）肉鸡疫病发病特点。

①温和型禽流感依然持续高居，做好鸡舍环境控制。2020年禽流感H9发病率还处于较高态势。2020年1~4月和11~12月肉鸡呼吸道疾病在大部分养殖场不同程度发生。做好禽流感疫苗免疫的同时，适时关注流行毒株。虽然目前疫苗类型与流行毒株有较好同源性，但市场严重禽流感也存在变异株，要时刻关注市场疾病流行毒株及疫苗的更新情况，便于及时进行调整。②非典型新城疫依旧会是新城疫疾病的主要表现。随着养殖场规模的加大，生物安全的缺失，非典型新城疫的发病率仍然占有一定比例，其防控需要根据实际情况制定详细的生物安全措施。③传染性支气管炎、法氏囊病等病毒性疾病继续呈散发状态。尽管商品肉鸡目前传染性支气管炎、法氏囊相对较少，但是肉种鸡特别是青年鸡场更应加大关注度。④细菌性疾病抬头趋势依旧持续。随着耐药菌株增多，细菌性疾病或将成为家禽因病致死或继发感染致死的主要原因。大肠杆菌、沙门氏菌以及厌氧梭菌引起的肠道感染在部分中小规模养殖场（户）发生较多，需进一步加强环境控制和生物安全措施。⑤支原体病例明显增加。发病日龄主要集中在青年鸡阶段，养殖场引进雏鸡前应对支原体等进行实验室监测筛查，可使用敏感药物进行预防，对于污染严重区域，可使用商品疫苗进行早期免疫，在野毒感染之前建立良好免疫力，避免在鸡群中进行传播。⑥免疫抑制性疾病较为普遍。禽白血病、传染性贫血、网状内皮增生症、圆环病毒、禽霉菌毒素等是肉鸡的主要免疫抑制性疾病，需加强疫苗免疫或生物安全防控措施。据调查，2020年10~11月，部分鸡场尤其是产蛋种鸡及部分蛋鸡场出现了以肝脾肿大、肠道出血、卵泡坏死为特点的疾病，持续死亡率达30%以上，虽诊断不出有沙门氏菌、白血病感染，但存在其他感染的可能性。⑦营养代谢性疾病时有发生。由于目前肉鸡产业片面追求生长速度快、饲料转化率高，严重影响了肉鸡体内的生理平衡，导致营养代谢病的发生率呈上升趋势。常见的营养代谢性疾病主要有肉鸡腹水综合征、猝死症及腿病等。⑧腺病毒引起的包涵体肝炎、心包积液—肝炎综合征等导致的危害需给予重视，注意有效疫苗防控，建议采用"新—流—法—腺"四联疫苗免疫。

（2）肉鸡重大疫病预警。

①禽流感仍将是威胁河北省肉鸡养殖的重要疫病，在做好高致病禽流感免疫防控的同时，2020年冬季到2021年春季，H9N2亚型禽流感为主的病原引起的呼吸道疾病仍然是危害肉鸡健康养殖的重点疾病。②腺病毒感染也是潜在重点疾病之一，传染性支气管炎、非典型性新城疫在部分肉鸡场仍呈散发性流行。③肉鸡支气管栓塞与支原体感染将继续流行。④沙门氏菌病、禽白血病、支原体病等垂直传播性疾病仍会增多。加强种源性疾病的净化需要进行重点关注。⑤气候变化、温差应激引起的肉鸡呼吸道疾病比例有可能增加。

⑥致病性大肠杆菌在肉鸡的发病率明显。⑦圆环病毒、肉毒梭菌感染可能进一步增加。

总体来看，2020年肉鸡发病情况主要是由于气候原因，应提前做好应急准备，将疾病风险降至最低。

二、河北省蛋肉鸡产业竞争力分析

河北省是我国蛋肉鸡养殖大省，蛋肉鸡产业在优化农业结构、增加农户收入、促进就业等方面发挥着不可或缺的作用。在农业供给侧改革和乡村振兴背景下，为适应国家发展战略和河北省产业经济发展需要，蛋肉鸡产业需要由传统发展模式向内涵式、可持续发展转型。产业竞争力对推动产业可持续发展和高质量增长具有重要意义。

（一）自然资源竞争力

河北省地貌类型齐全，自然要素组合类型完备，为蛋肉鸡产业开展多种经营、发展区域特色经济提供了有利的先天条件。河北省中南部地势平坦、土壤肥沃、光照条件好、饲料资源丰富，适合组建大型养宰加工龙头企业发展标准化蛋肉鸡养殖基地。河北省山区面积占比较大，有广阔的林地、草山、草坡等资源，加上山区的天然屏障作用可减少传染病发生，适合发展绿色无公害地方优质蛋鸡养殖。实现立体种养，将成为农林牧结合的新型生态产业，具有广阔的发展前景。

（二）技术竞争力

一是养殖方式的进步。近年来采用层叠式笼具结构的养殖场增加较快，结合全封闭环境控制模式，可实现高效益管理模式；标准化、规模化、机械化水平不断提高，部分养殖场利用物联网技术实现了智能化养殖。二是粪污处理技术的提高。河北省加快构建种养结合、科技引领、农牧循环的长效机制。据调查，到2020年底，全省禽类规模养殖场粪污处理设施装备配套率达100%，禽粪污综合利用率达75%以上，基本解决规模养殖污染问题。目前省内机械清粪养殖场户约占50%以上，部分县（市）已实现全部机械化清粪。

（三）品种竞争力

对蛋鸡品种而言，河北省自主培育蛋鸡品种在全国市场上具有一定的市场竞争力。依托河北大午成功培育的大午金凤、京白939、大午粉1号等自主培育的蛋鸡配套系，对于保证河北省蛋种鸡种质资源安全供给具有重大意义。

对地方品种而言，太行鸡和坝上长尾鸡通过保种和闭锁繁育，生产性能逐年升高，市场占有量逐年增加，产品深受消费者喜爱，品牌化程度逐年增强。育、繁、推和养殖、加工、销售产业链已现雏形。太行鸡高原地区养殖适应性研究与推广已表明太行鸡在南疆适应性较强，对太行鸡在新疆推广提供了科技支撑。

对肉鸡品种而言，河北省在白羽肉鸡育种上还是空白，目前养殖品种均为引进品种，受国外断供的风险仍然较大。

（四）生产条件竞争力

据调研所得数据，从生产规模化和集约化程度来看，对于蛋鸡产业而言，存栏量 5 万只以上的中大型养殖企业所占比重进一步增加，具备现代生产技术条件的示范场及养殖场提供了全省 70% 以上的鸡蛋销售量，带动了全省中小型养殖企业实现了规模化经营及标准化管理，提升了河北省蛋鸡产业竞争力水平。对于肉鸡产业而言，全省存栏 5 万只以上养殖场占比达 70% 以上，100 万只以上养殖场年出栏量达全省 10% 以上。以玖兴牧业、中红三融、芳草地牧业、乾信牧业等一批河北省肉鸡产业重点龙头企业为依托，扩建、新建了一批标准化和自动化的孵化场、养殖场、屠宰加工厂。商品肉鸡三化（标准化、规模化、机械自动化）水平、鸡只健康水平、饲料报酬逐步提升，生产效率不断提高。

从产业链发展来看，河北大午等部分大型养殖企业已实现全产业链发展。饲料加工、粪污处理副产品生产、产品深加工等配套行业相关企业随着养殖规模的不断扩大，逐步实现产业链条的完整化，有利于促进产业的转型升级，提高产业整体竞争力水平。

然而，目前全省通过深加工延长产业链条的效果尚不显著。在蛋鸡方面，鸡蛋仍以鲜蛋消费为主，有影响力的深加工企业少，据调研所得数据，年产蛋加工率尚不到 5%，深加工蛋品产值低，多元化深加工链条尚未建立，缺乏相应的加工技术。在肉鸡方面，目前具备加工能力的有唐山中红三融集团、玖兴牧业、滦平华都食品、沧州大成食品等少数企业，主要开展白条鸡和分割鸡肉业务。具备熟食加工能力的有玖兴牧业、河北大午、美客多食品、刘美实业、弘爱禽业、兰宝牧业等，但数量有限。

三、河北省蛋肉鸡产业存在问题及原因分析

（一）产能过剩导致市场低迷

消费需求不足、产能供给过剩是本年度的典型特征。鸡蛋和活鸡全年市场行情处于较弱态势。新冠疫情是主要影响因素，蛋肉鸡存栏高位、产能供给过剩是根本原因。2020年蛋鸡存栏量和鸡蛋产量与上年度相比略有增长，肉鸡供给也处于充足状态。上半年疫情防控导致消费需求大幅缩水，下半年防控常态化、非洲猪瘟疫情缓解带来的替代效应逐步减弱致使消费需求反弹乏力，诸多因素造成市场需求不足。加上饲料价格、防疫等费用上涨，养殖成本不断增加，致使许多养殖户、养殖企业遭受不同程度的损失。如何准确掌握供需两端的阶段性平衡，是蛋肉鸡企业盈利的关键。

（二）自主良种开发不足

蛋鸡自主培育品种市场占有率偏低，地方优良品种开发不足。目前河北省蛋鸡品种比较丰富，其中自主品牌市场占有率偏低，引进品种占主流。太行鸡、坝上长尾鸡等地方鸡

品种生产缺乏长远的开发利用规划，开发力度不够，繁育与推广体系不健全，在产业发展上没有起到应有的推动作用。

肉鸡种源进口依赖度高，供给紧张。河北省肉种鸡品种依然是对国外品种过度依赖的局面。祖代短缺和市场雏鸡需求量大的供求矛盾导致商品代鸡苗质量参差不齐。产能波动大、产业风险大，自主育种亟待突破与推广。

（三）减药禁抗形势下疫病防控任务严峻

2020 年，河北省基本无重大疫情出现，蛋肉鸡疫病防控呈现季节性。减药禁抗的全面实施，会出现如下问题：一是疫病防控能力不足，生产中操作较为混乱，缺乏统一认识和权威操作指南；二是用药行为不规范，疫苗选用和免疫程序不科学，抗生素等药品使用不规范；三是疫病防治科技普及率有待提高。如何实施科学应对措施转变养殖方式、提高防疫技术水平，成为产业持续发展亟须解决的重要问题。

（四）废弃物处理能力欠缺

河北省蛋肉鸡产业粪污无害化处理和资源化利用仍存在部分问题。一是小规模养殖场户治污意识不强；二是有机肥市场认可度和附加值低；三是部分养殖场设施落后，缺少配套设施；四是粪肥利用市场化运营机制不完善，粪肥在大田作物利用方面缺少政策引导。

（五）养殖模式亟须创新

从产业整体来看，标准化、专业化、机械化、信息化水平依然存在差距，在养殖水平提升上投入不足、技术落后、普及率低，养殖设备体系的标准化、系列化方面不够健全，大多数养殖企业处于半机械化养殖状态。发展观念、投资成本、从业人员素质等是造成此类问题的主要原因。

（六）产业链条融合度低

在河北省蛋肉鸡产业链中育种、加工、市场推广、粪污处理等发展较弱，链条短且不完善。蛋鸡产品以鲜蛋消费为主，深加工企业数量少、规模小、加工方式简单。肉鸡主要集中在养殖，屠宰加工不足，省内屠宰量较低。上下游各环节融合水平比较低。种植业、饲料加工业、蛋肉品加工业、运输业、服务业等结合较松散，社会化服务组织不完善，没有形成区域良性产业集群体系。

（七）品牌战略滞后

龙头企业品牌建设是整个产业链优化、附加值提升的关键。河北省蛋肉鸡产业全国性知名品牌和区域强势品牌数量较少，有"天凯""五谷""桃木疙瘩""五丰""大午""玖兴""美客多""刘美""金凤"等品牌，但这些品牌多集中在区域范围内，消费者对品牌的认知度不高，缺乏有效的品牌策划、营销推广和宣传。

（八）人才供需缺口大

蛋肉鸡行业中由于地点偏僻、工作环境差等因素导致养殖企业存在招工难、招人才更难的问题。工作人员普遍学历不高、年龄偏大、思想保守，缺乏专业技术人员，导致很多养殖场饲养管理、卫生防疫等措施不到位、疾病多、死亡率高、生产水平差。

四、河北省蛋肉鸡产业发展对策建议

（一）强化市场信息监测预警，促进蛋肉鸡消费市场开发

重视市场监测和预警体系建设。通过大数据技术进行价格监测分析和形势研判，科学利用期货价格发现功能准确、及时分析市场动向。建立有效组织，引导生产主体合理调节产能，科学调整生产结构，使生产能力与市场需求相匹配，减少产能过剩带来的折价处理损失。

重视消费引导，拓宽销售渠道。统筹规划，借助各种媒体宣传推广，加强消费市场引导，消除消费者疑虑，培养消费习惯；加大品牌产品促销推广，线上线下销售相结合，探索新媒体营销等渠道；促进产供销对接，扩大市场份额。

（二）完善良种繁育体系，加强国内品种开发力度

建立自有知识产权的白羽肉鸡良种繁育体系。尽快建立白羽肉鸡良种扩繁基地，组织各方机构形成联合攻关，力争培育出生产性能达到国际同期水平、适合我国饲养环境和养殖模式的白羽肉鸡繁育品种。

加快优质地方鸡高产品系培育进程。支持太行鸡、坝上长尾鸡等地方鸡的选种、育种及配套系的研发，组建以育种企业、科研院所及高等院校为主体的一体化产业技术创新战略联盟，通过申报种业项目，加快地方鸡培育进程。

加大政策支持力度。出台对育种企业用地、手续审批等方面的政策；制订蛋肉鸡新品种培育专项支持计划，加大科研经费投入，持续支持企业培育具有市场竞争力的地方品种（配套系）。

（三）实施综合防控方案，科学开展疫病防治

建立疾病监测预警系统。逐步完善防疫大数据，建立生物安全体系，加强饲养过程监管，提高生物安全等级，实现对免疫控制疾病早期预警，逐步推进家禽免疫减负策略的落实。

规范管理活禽市场。严格规范经营行为，落实相关制度，认真执行日常消毒、空栏和休市措施。及时切断禽流感等疫病跨区域传播链条，防止交叉感染风险。

强化动物疫病防控的公益性。加大对免疫接种、育种培养、档案建立、法律法规及防

控知识宣传的经费投入，确保定期培训、集中免疫和集中监测等工作正常运转。

（四）坚持问题导向，逐步实现粪污资源化利用

加大宣传和政策支持力度。加大粪污污染危害性宣传力度，增强养殖主体实施环境污染治理的责任感和自觉性；强化有机肥支持政策，鼓励各地出台支持施用堆肥、沼肥、商品有机肥等粪肥的政策措施，促进粪肥就地就近利用；扩大粪污资源化利用设备补贴范围，提高施肥机械化水平。

配建升级规模养殖场粪污处理设施。加快配建粪污处理设施装备和粪污暂存设施；加强对配建情况的监督管理；根据设施装备水平和资源化利用情况，实行分级管理，引导养殖场粪污处理设施升级。

促进畜禽粪污资源化利用。引导养殖场通过土地流转、合同订单等形式配套种植用地，就地就近消纳养殖粪污；鼓励生产商品有机肥，扩大还田利用半径；开展畜禽粪污土地承载能力评估，保证粪污产生量与土地消纳能力相匹配；加强粪污处理关键技术研究，形成有效治理粪污污染方案。

建立健全粪污利用管理制度。完善标准和技术支撑体系，加快有机肥等相关标准制定，制定臭气减排技术指导意见；建立完善督导机制，加强设施配建、有机肥市场等监管。

（五）优化养殖模式，努力推行机械化、标准化和智能化

加强养殖机械研发。重点解决蛋肉鸡养殖机械化设备功能单一、设备之间信息不共享等问题。集中优势力量，研发一体化养殖设备。

持续推进标准化示范。按照"六化"要求建立标准化养殖基地，加快推进标准化规模养殖，提高标准化养殖水平和生产效益。创建示范典型，引领标准化规模养殖。

加强养殖技术智能化研究。整合各方资源，充分利用大数据、物联网、人工智能等现代信息技术与蛋肉鸡行业深度融合，将养殖过程数据化，提高生产经营效率，实现产业信息化、智能化升级。

（六）优化产业链条，加快推进品牌建设

构建"横向一体化"合作模式，促进产业链融合。建立育种、养殖、生产、加工、营销、消费一体化产业链管理系统，实现产业链节点企业信息共享、平等合作、利益共享，提高资源协调管理水平；建立良性产业集群体系，以一二三产业融合发展为路径，聚集资源要素，突出集群成链，延长产业链，提升价值链；大力支持发展农产品初加工、精深加工和农业产品综合利用；鼓励生产企业向产业链终端延伸，注重市场拉动开展精准生产，形成合作共赢、利益共享、风险共担的蛋肉鸡产业新模式。

加强品牌建设，提升品牌知名度。打造满足市场差异化需求和高质量标准的特色品牌、优势品牌；注重提升品牌的知名度和美誉度，重点扶持技术含量和附加值高、市场潜

力大的产品，充分挖掘品牌文化，提升品牌策划和包装运营水平，努力进入高端市场流通体系；采取扶持政策，利用农业产业化资金给予适当奖励，支持和保护名优特品牌产品发展。

（七）完善人才供给和培养机制，持续强化科技服务

建立激励机制，鼓励大学毕业生进入蛋肉鸡行业。政府应建立农业人才培养和激励机制，鼓励大学毕业生到相关企业就业或创业；企业应提供优厚待遇，对高层次人才进行有效奖励、激励，增强企业创新能力和核心竞争力。

强化科技服务，加大先进养殖技术推广力度。创新技术推广工作机制，培养管理理念，提供典型示范、观摩交流机会，加强科技培训和技术指导，提升成果转化水平，提高从业者科技素质。

提高科技支撑能力，全面促进产业转型升级。依托国家（省）产业技术体系、科研院所、行业协会及农业创新驿站专家科研力量，围绕产业链关键环节开展攻关研究，提高产业科技创新能力，加强自动化育种、精准营养、无抗养殖、智能化监控、废弃物全自动处理、产品质量安全检测及可追溯等关键技术研究，将大数据、云平台、人工智能等现代技术要素向产业链各节点渗透，全面促进产业转型升级。

（八）加大政策支持力度，切实解决养殖主体困难

各级政府应对蛋肉鸡产业制定3~5年长期发展规划，完善政策支撑体系，加大政策支持力度；加大在精准养殖、疾病防控、粪污处理以及智能化监管系统等方面的补贴投入和技术支持；依法依规制定畜禽养殖布局和粪污治理的科学规划，做好被拆迁或关闭养殖场（户）的安置补偿等工作；简化养殖用地审批流程，提高审批效率，监管土地用途；政府协调银行、保险等金融部门，提高贷款信用额度，简化相关手续，降低贷款利息，拓宽养殖抵质押物范围，提供定制保险，切实解决养殖主体的实际困难。

撰稿人员：王彦林　姜　华　李大赛　尹慧君　张　磊　贾丽荣

指　　导：乔　健

参编人员：李佩国　王　斌　王学静　赵国先　刘聚祥　徐　彤
　　　　　李丽华　刘　双　樊宝良　李祥龙　刘华格　刘文科
　　　　　许利军　褚素乔　吕建国　谢建国　马金波　张立永
　　　　　王振芳

第十八章 河北省渔产业发展报告

2020 年新冠肺炎疫情肆虐全球，春季封城期间，对河北省水产品养殖、加工、销售渠道和市场需要等方面产生了一定程度的不利影响，但是，在农业农村厅"四个农业""五大行动"等政策推动下，在水产创新团队的新品种、新技术、新模式、新防疫等科技的支撑下，河北省渔业坚持"提质增收，减量增收，绿色发展，富裕渔民"的总目标，加快转方式、调结构，培育优势特色水产品，实现了全省水产行业发展形势总体平稳。

河北省外邻渤海内环京津，具备发展渔业独特的水文条件和市场区位优势，河豚、泥鳅等特色水产品育种优势突出。水产业在农村生态文明建设、保障养殖业健康发展、解决农民就业、实现渔民增收、保障优质蛋白供给、改善居民饮食结构、实现国家粮食安全等方面发挥着越来越大的作用。

同时，养殖资源趋紧，设施陈旧；养殖模式和结构不尽合理；产业化程度不高，大型龙头企业少，特色、品牌产品总量小，精深加工发展滞后等短板也制约着河北省渔业可持续发展。

一、河北省渔业生产形势

（一）渔业减量增收政策目标的实施已初现成效

在"十三五"期间，渔业投入中，养殖面积和渔业人口分别下降了 26.29%、20.35%；在渔业产出中，尽管养殖产量下降了 23.67%；但渔业产值和渔民人均收入长幅分别达 13.67% 和 42.29%。

1. 养殖面积持续下降

随着京津冀协同发展进程和雄安新区的成立，白洋淀等地养殖滩涂水域用途被改变；水库网箱网围等传统养殖方式取缔、尾水排放标准提升、地下水禁止超采等一系列绿色环保政策的实施，河北省渔业养殖面积大幅度下降。

2020 年全省渔业养殖面积 14.30 万公顷，同比下降了 5.86%，居全国第 16 位，占全国渔业养殖面积的 2.01%，如表 18 - 1 所示。其中，海水养殖面积 10.70 万公顷，同比下降了 3.92%，全国占比为 5.37%；淡水养殖面积 3.60 万公顷，同比下降了 11.19%，全国占比仅为 0.70%。

表 18 - 1　"十三五"期间渔业养殖面积　　　　　　　单位：万公顷，%

年份	河北总面积	全国占比	河北海水	全国占比	河北淡水	全国占比
2016	19.40	2.29	11.75	5.07	7.64	1.24
2017	19.05	2.28	11.54	5.33	7.51	1.22
2018	15.35	2.06	10.76	5.16	4.59	0.86
2019	15.19	2.11	11.14	5.45	4.05	0.79
2020	14.30	2.01	10.70	5.37	3.60	0.70

资料来源：《全国渔业统计年鉴》（2016~2020）。

在"十三五"期间，河北省渔业养殖面积从 2016 年的 19.4 万公顷下降为 2020 年的 14.30 万公顷，降幅达 26.29%，如图 18 - 1 所示，其中，海水养殖面积从 2016 年的 11.75 万公顷下降为 2020 年的 10.7 万公顷，降幅 8.94%；淡水养殖面积从 2016 年的 7.64 万公顷下降为 2020 年的 3.6 万公顷，降幅高达 52.88%。

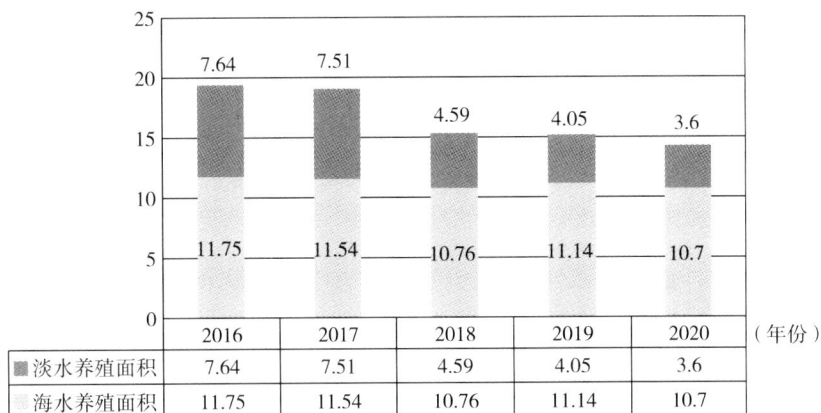

图 18 - 1　"十三五"期间河北省渔业养殖面积

资料来源：《全国渔业统计年鉴》（2016~2020）。

2. 渔业人力投入持续下降

随着渔业机械和设施化养殖模式的逐步普及，渔业人力要素逐年下降。2020 年河北省渔业人口为 223290 人，较上一年下降了 15.15%；渔业从业人员为 183285 人，较上一年下降了 10.58%。如表 18 - 2、图 18 - 2 所示。

在整个"十三五"期间，渔业人口由 2016 年的 280330 人下降为 2020 年的 223290 人，降幅为 20.35%；渔业从业人员由 2016 年的 221682 人下降为 2020 年的 183285 人，降幅达 17.32%。

表 18 − 2　"十三五"期间河北省渔业人力要素投入情况　　单位：人，%

年份	渔业人口	降幅	渔业从业人员	降幅
2016	280330	5.67	221682	7.39
2017	279097	0.44	222989	− 0.59
2018	270042	3.24	217703	2.37
2019	263146	2.55	204974	5.85
2020	223290	15.15	183285	10.58

资料来源：《全国渔业统计年鉴》（2016～2020）。

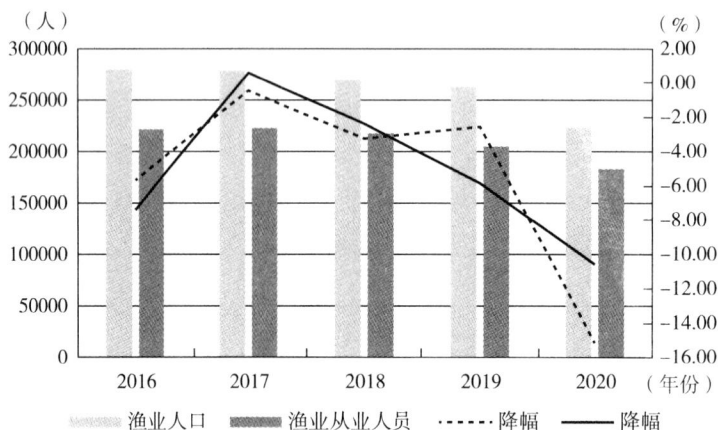

图 18 − 2　"十三五"期间河北省渔业人力要素投入变动趋势

资料来源：《全国渔业统计年鉴》（2016～2020）。

3. 养殖产量持续下降

由于养殖面积的大幅下降，河北省渔业养殖产量也随之连年下滑。2020 年全省渔业产量 99.01 万吨，同比下降了 9.68%。其中，海水产量 69.56 万吨，较上个年度下降了 9.39%；淡水产量 29.45 万吨，较上个年度下降了 10.35%。

从生产方式来看，2020 年，河北省捕养比为 39.90%，捕捞和养殖产量均下降。渔业捕捞产量 28.24 万吨，同比下降 11.75%；渔业养殖产量 70.78 万吨，同比下降 8.81%。捕捞产量中，海水捕捞产量 19.09 万吨，同比下降了 10.12%，远洋渔业产量 5.59 万吨，同比下降了 14.66%，淡水捕捞产量 3.55 万吨，同比下降了 15.68%。养殖产量中，海水养殖产量 44.88 万吨，比上年度下降了 8.38%；淡水养殖产量分别 25.90 万吨，比上年度下降了 9.57%，如表 18 − 3 所示。

在"十三五"期间，河北省渔业产量除 2017 年略有提升外，其余年份均处于下降趋势，由 2016 年的 129.71 万吨下降为 2020 年的 99.01 万吨，降幅达 23.67%。其中，海水产量、淡水产量分别从 2016 年的 76.10 万吨、53.61 万吨下降到 2020 年的 69.56 万吨、29.45 万吨，降幅分别为 8.59%、10.56%。

表 18-3 "十三五"期间河北省渔业产量　　　　单位：万吨

年份	总产量			养殖产量			捕捞产量			
	合计	海水产量	淡水产量	合计	海水养殖	淡水养殖	合计	海水捕捞	远洋渔业	淡水捕捞
2016	129.71	76.10	53.61	93.99	50.65	43.34	35.72	25.05	0.40	10.27
2017	136.93	80.68	56.25	97.12	51.14	45.98	39.81	24.78	4.76	10.27
2018	116.46	81.15	35.32	83.34	52.92	30.42	33.13	23.41	4.82	4.90
2019	109.62	76.77	32.85	77.62	48.98	28.64	32.00	21.24	6.55	4.21
2020	99.01	69.56	29.45	70.78	44.88	25.90	28.24	19.09	5.59	3.55

资料来源：《全国渔业统计年鉴》（2016~2020）。

从生产方式来看，河北省渔业养殖产量和捕捞产量分别由 2016 年的 93.99 万吨、35.72 万吨下降为 2020 年的 70.78 万吨、28.24 万吨，降幅分别为 24.70%、20.94%，如图 18-3 所示。

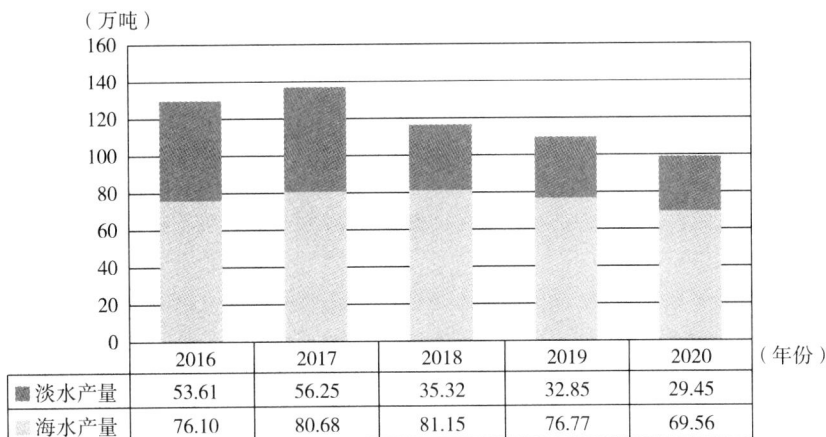

（万吨）

	2016	2017	2018	2019	2020
淡水产量	53.61	56.25	35.32	32.85	29.45
海水产量	76.10	80.68	81.15	76.77	69.56

图 18-3 "十三五"期间河北省渔业养殖产量

资料来源：《全国渔业统计年鉴》（2016~2020）。

4. 渔业产值持续提升，产业结构略有优化

2020 年河北省渔业经济总产值 279.41 亿元，同比增长 5.67%。其中，渔业产值 227.67 亿元，同比增长了 2.51%；渔业工业和建筑业产值 33.55 亿元，同比增长了 30.14%；渔业流通和服务业产值 18.20 亿元；同比增长了 8.85%。渔业三次产业的产值结构为 81:12:7，较之上年度产业结构 84:10:6 有所优化，如表 18-4 所示。

在"十三五"期间，全省渔业经济产值由 2016 年的 245.80 亿元上升为 2020 年的 279.41 亿元，升幅达 13.67%。其中，渔业三次产业产值分别由 2016 年的 210.3 亿元、24.81 亿元、10.66 亿元上升为 2020 年的 227.67 亿元、33.55 亿元、18.20 亿元，增幅分别为 8.29%、35.23%、70.73%。

表 18-4 "十三五"期间河北省渔业产值及构成　　　　单位：亿元，%

年份	渔业产值	第一产业		第二产业		第三产业	
		产值	占比	产值	占比	产值	占比
2016	245.80	210.30	85.56	24.81	10.09	10.66	4.34
2017	259.30	223.90	86.35	22.72	8.76	12.69	4.89
2018	249.70	208.00	83.31	25.40	10.17	16.28	6.52
2019	264.59	222.09	83.94	25.78	9.74	16.72	6.32
2020	279.41	227.67	81.48	33.55	12.01	18.20	6.51

资料来源：《全国渔业统计年鉴》（2016~2020）。

渔业产业结构由 2016 年的 86∶10∶4 变动为 2020 年的 81∶12∶7。尽管渔业第三产业和第二产业均有所提升，渔业产值结构有所优化，但第一产业仍为渔业经济的主要支柱，第二产业和第三产业占比仍然过低。说明渔业转方式调结构政策实施初见成效，但渔业"一养独大"现象未得到根本改观，如图 18-4 所示。

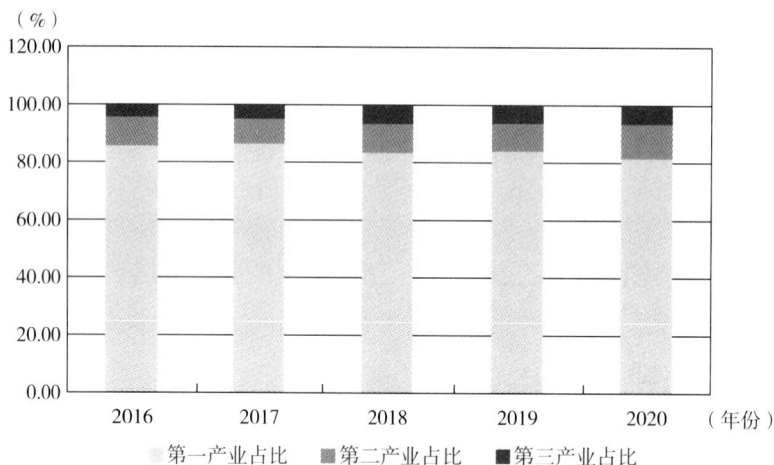

图 18-4 "十三五"期间河北省渔业经济总产值构成

资料来源：《全国渔业统计年鉴》（2016~2020）。

5. 渔民人均纯收入持续提升

据 2020 年对河北省内渔民家庭当年收支情况调查显示，全省渔民人均纯收入 18443 元，比上年增加 1653 元，增长了 9.84%。如表 18-5、图 18-5 所示。

在"十三五"期间，全省渔民平均收入从 2016 年的 12962 元提升为 2020 年的 18443 元，升幅达 42.29%。

表 18-5 "十三五"期间河北省渔民人均收入 单位：元，%

年份	渔业人均收入	增幅
2016	12962	8.72
2017	14025	8.20
2018	15151	8.04
2019	16791	10.82
2020	18443	9.84

资料来源：《全国渔业统计年鉴》（2016~2020）。

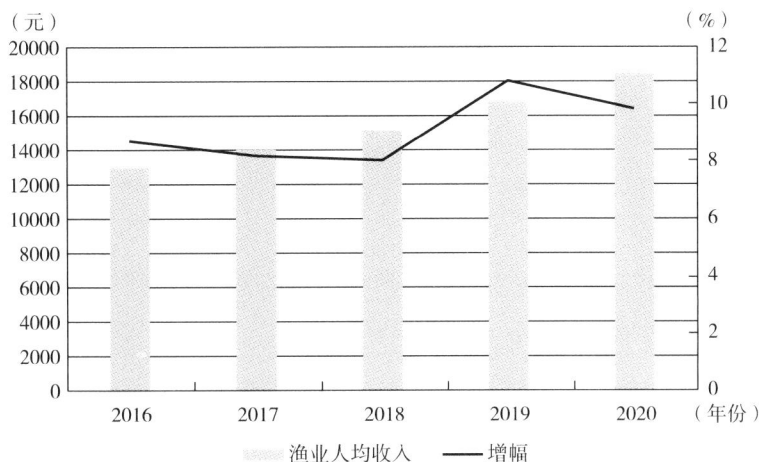

图 18-5 "十三五"期间河北省渔民人均收入趋势

资料来源：《全国渔业统计年鉴》（2016~2020）。

（二）疫情冲击下河北省渔业养殖生产总体形势平稳

根据河北省渔情采集监测系统数据显示，受 2019 年底存塘减少和 2020 年初疫情影响，水产市场需求减弱，水产品出塘量减少，多数出塘产品（鲢、鳙、鲫、鲑鳟、海、淡水南美白对虾、中华鳖、海参）价格同比下行。但由于苗种成本下降，采集点生产性投入也大幅下降，生产形势总体平稳；因没有较大自然灾害，病灾害损失相对减少。

1. 苗种投入费用整体减少

2020 年采集点整体苗种费较 2019 年较大幅度减少，同比下降 38.25%。而且投苗生产较往年有所延后，延续到 6 月。苗种价格下降，致使投苗数量反而有所上升。

其中，大宗淡水鱼投苗数量同比增加 397%，苗种投入费用同比减少 27.45%；鲑鳟投苗数量同比增加 465%，苗种投入费用同比减少 84.12%；南美白对虾投苗数量同比增加 14.28%；中华鳖投苗同比减少 29.70%；海湾扇贝投苗同比减少 6.54%；海参投苗同比减少 43.23%。

2. 生产投入整体减少

2020 年生产投入整体少于 2019 年同期。采集点生产投入同比减少 12.0%。主要投入苗种费、人力投入、固定资产折旧、燃料费、其他，同比分别减少 38.25%、8.44%、

0.80%、45.21%、39.10%；饲料费、塘租费、电费、防疫费、水费，同比分别增加5.26%、1.70%、28.20%、25.54%、141.02%。

从投入数据来看，采集点饲料投放以配合饲料为主。配合饲料费用占总饲料费98.3%（较2019年高3.4%）、原料性饲料费占0.1%（较2019年低3.2%）、其他类饲料费用占1.6%（较2019年低0.2%）。显示2020年绝大多数养殖户使用配合饲料。燃料中柴油费用占总燃料费的97.6%（较2019年低0.5%），其他类燃料费用占总量的2.4%（较去年同期增加0.5%）。生产中多数使用柴油燃料。

3. 渔情监测品种状况及预测

2020年水产养殖总体平稳。2019年底存塘量相对较少，加之2020年春季受疫情影响，销售和运输不畅，市场需求低迷，上半年多数水产品压塘。随着疫情防控形势好转，市场需求逐步恢复，水产品出塘逐渐增加。全省采集点出塘水产品总量、出塘总收入，同比分别减少18.78%、22.88%，由于市场需要疲软，整体看市场价格较为低迷，仍在恢复中。

预计2021年水产养殖总体稳中有升。疫情对河北省水产养殖生产造成了一定影响，春季生产因压塘较多有所延后，多数品种投苗量减少，养殖规模缩减、产量下调。由于环保风暴的后续影响以及新的养殖滩涂使用规划的出台，传统养殖方式将进一步被规范和取缔，预计渔业养殖面积和养殖产量将进一步降低。

随着国内疫情防控形势不断好转，水产品市场需求逐步恢复，目前，养殖形势向好势头明显。水产品价格将会回弹有力，出塘量会相对增加，养殖生产形势恢复加快。预计2021年养殖总体形势会稳中有升。

从出塘区域来看，养殖大县丰南2019年底没有存塘，所以2020年大宗淡水鱼还未出塘，仅有南美对虾出塘。玉田、涞源、阜平三县出塘均环比下降，黄骅、昌黎、乐亭、曹妃甸采集点出塘量均高于上一年。

（1）南美白对虾主要是丰南、曹妃甸区出塘。

2020年养殖稳中有降。养殖规模虽然稳定，投苗量增加，但受疫情影响，市场需求不旺，价格低于上一年，总产量下降。南美白对虾（淡水）出塘、收入同比分别减少33.56%、50.50%；南美白对虾（海水）出塘同比增加1.66%，收入同比减少4.30%。南美白对虾（淡水）9~10月出塘，价格逐月增加；南美白对虾（海水）1~4月出塘是小棚养殖的存塘虾，价格较好。其中，1月是在新冠肺炎疫情发生前出塘，价格较理想（71.02元/千克），4月价格有所回落（56元/千克）。7~10月出塘的是今年养殖的对虾，虽然价格逐月上涨，但整体较2019年下降。近期，国际冷冻水产品阳性检出样品增多，影响百姓购买意愿。

（2）海参出塘集中于昌黎、乐亭、黄骅三县区。

受2019年存塘较多影响，2020年海参出塘量明显增多，价格也稳定在高位，市场恢复良好。出塘、收入同比分别增加77.76%、70.86%。出塘量较2019年大幅增加（2018年、2019年投的苗大部分都达到出池标准，出塘量还含有大规格的苗种）。海参10~11月价格较4~5月出塘的高，显示海参市场回暖。

（3）中华鳖主要为阜平县出塘，玉田也有小量出塘。

养殖生产较低迷，价格下降，产量继续下调。出塘、收入，同比分别减少37.79%、48.13%，中华鳖出塘均价38.38元/千克，同比上涨12.88%；中华鳖价波动较平缓，7月价格超高，是因出塘大规格成鳖，价格达到93.57元/千克。

（4）大宗淡水鱼出塘集中在曹妃甸、玉田县两县区。

大出塘、收入同比分别减少80.64%、80.37%，宗淡水鱼3～5月集中出塘，价格逐月上涨，到5月达到最高，下半年多数品种价格较5月均有所回落，只是7月、10月有出塘。其中，鲤鱼7月出塘价格达到全年最高值（10.8元/千克）。大宗淡水鱼均价较2019年整体微涨1.4%。

（5）鲑鳟鱼2020年受疫情影响，市场需求锐减，出塘量下降。

出塘、收入，同比分别减少41.24%、60.19%，出塘价18.95元/千克，环比跌0.1%；主要集中于涞源、阜平县两县出塘。由于出口贸易受阻，鲑鳟价格一直低位运行，出现大量大规格成鱼压塘，仅保定曲阳满鑫养殖场就压塘达8万斤，很大程度上增长了养殖成本。

（6）扇贝主在集中在昌黎、乐亭两县出塘。

养殖受疫情影响较小，养殖规模稳定，总体投苗量略有减少。扇贝因规格较大，价格较2019年好。整体看，市场需求仍在恢复中。出塘、收入同比分别增加18.41%、26.70%。其中出塘量、收入同比分别增加23.92%、31.90%，2019年因受台风影响，昌黎县扇贝损失较多，2020年没有台风等恶劣天气，出塘量相对增加；乐亭县出塘量同比减少2.40%，收入同比增加8.12%。乐亭县扇贝苗投放减少37.50%，出塘量减少，但扇贝规格好于2019年，价格上涨，收入反而增加。年终总产量增加，价格上扬，生产形势稳定向好。

二、河北省渔业主要品种养殖效益

据调研，73个规模以上养殖户，7类淡水养殖主要品种的投入产出数据，并依据各品种养殖面积及产量占比，加权求得均值。汇总数据如表18-6所示。

表18-6 主养品种效益状况　　　　单位：万元，元/千克，%

养殖方式	品种	亩投入	出塘均价	亩产出	亩利润	投入产出率	利润率
淡水池塘	主养草鱼	1.65	11.0	1.85	0.20	1.12	11.85
	主养鲤鱼	1.67	9.5	1.90	0.23	1.14	13.61
	南美白对虾	0.84	36.5	1.16	0.32	1.38	38.10
	主养泥鳅	2.16	15.6	3.13	0.98	1.46	45.58
设施化养鳖	中华鳖	16.38	45.0	20.20	4.02	1.30	29.92

养殖方式	品种	亩投入	出塘均价	亩产出	亩利润	投入产出率	利润率
集约化	鲟鱼	17.71	25.5	26.32	8.46	1.49	47.76
冷水鱼	主养虹鳟	17.89	30.0	26.84	8.95	1.50	50.00

资料来源：省内 73 家养殖户调研。

（一）养殖效益较好

淡水池塘养殖亩利润在 0.2 万 ~ 0.9 万元，集约化养鳖亩利润超过 4 万元，集约化养殖冷水鱼亩利润在 8.5 万 ~ 9.0 万元，养殖效益较好，属于河北省高效优质农业产业。

如图 18 - 6 所示，草鱼亩利润最低，0.2 万元/亩，鲤鱼、南美白对虾、泥鳅、中华鳖、鲟鱼等亩利润率依次上升，分别为 0.22 万元/亩、0.32 万元/亩、0.98 万元/亩、4.02 万元/亩、8.46 万元/亩，调研品种中，虹鳟养殖利润最高，达到 8.95 万元/亩。

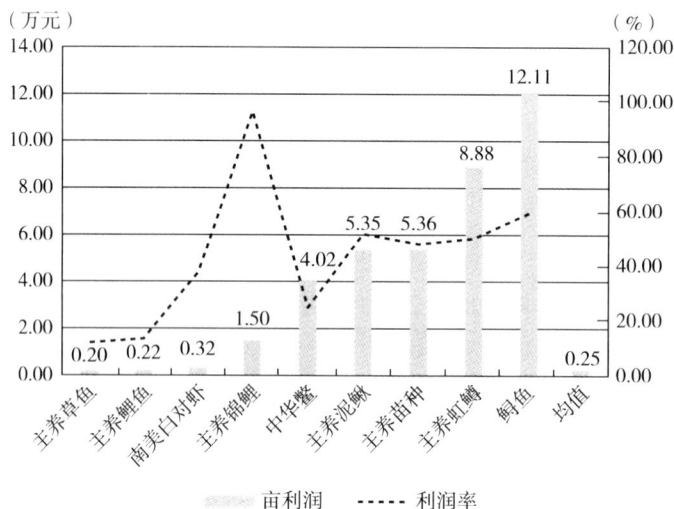

图 18 - 6 亩利润及利润率

资料来源：省内 73 家养殖户调研。

（二）高产出源自于高投入

淡水养殖投入/产出率偏高，属于高投入高产出型产业。淡水养殖亩均投入 2.51 万元，投入/产出率均值为 69.81%。从养殖投入产出模式看，如图 18 - 7 所示，淡水养殖亩产出较高，鲟鱼亩产出最高，32.47 万元/亩，其他依次为虹鳟 26.59 万元/亩、中华鳖 20.20 万元/亩、苗种 16.53 万元/亩、泥鳅 15.70 万元/亩、锦鲤 3.06 万元/亩、鲤鱼 1.90 万元/亩、草鱼 1.85 万元/亩、南美白对虾最低，1.16 万元/亩。锦鲤的投入/产出率最低，也达到了 50.91%，鲟鱼、泥鳅、虹鳟、苗种、南美白对虾、中华鳖、鲤鱼、草鱼的投入/产出率分别为 62.71%、65.91%、66.61%、67.56%、72.71%、80.10%、88.02%、89.34%。投入/产出比率越高，资金使用效率越小，进入行业的门槛也越高，投资收益越差。

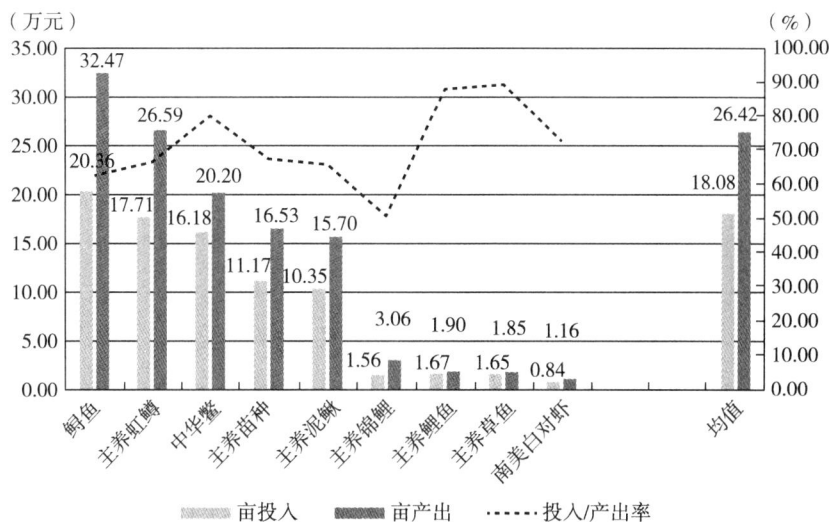

图 18-7 投入产出状况

资料来源：省内 73 家养殖户调研。

三、河北省渔业竞争力

（一）河北省渔业的组织竞争力

在疫情影响下，水产业生产形势总体稳定，复产迅速，首先离不开创新团队的严密组织。疫情发生后，团队迅速行动，组织专家、试验站技术人员等，第一时间投入到抗疫指导渔业生产、销售和疫病防控工作中。在突发疫情的特殊情况下，团队成员不畏艰难逆势前行，研发出了养殖尾水处理突破性技术 5 项、新型饲料及新品种繁育等新技术 7 项、集成示范技术 22 项。培育示范点与基地 50 多个，示范 6000 多亩，带动 10 万亩以上。带动 1700 多户农户（企业），增加效益近亿元，撰写产业发展报告 3 份，研究加工技术 5 项。全年共组织培训和观摩活动 17 期（次），1200 多人次，为养殖者解决问题 300 多项次，编写培训教材及技术指导建议等资料 20 多套。制定标准 8 项，发表论文 21 篇，专利 8 项，获奖 4 项。媒体宣传 30 多次，其中，省级以上宣传 20 次。

全年团队成员共计 97 人，累计做研发与深入基层指导 7000 多天，围绕体系工作的时间均达 60% 以上。通过团队成员奋力拼搏、扎实工作，超额完成了全年工作任务。

（二）创新团队的人才竞争力

创新团队坚持在一线做技术研发与集成工作，提高技术到位率。综合试验站站长身先士卒，率团队成员长期驻点做示范与推广、组织调运苗种、新技术观摩考察与培训等，石家庄站、保定站站长全年下基层 200 天以上，深受当地渔民称赞。专家和站长们的辛勤工作，有效地提高了技术到位率。

岗位专家和试验站站长及团队成员下基层已成常态。全年团队 97 人成员，做研发和下基层 7000 多天，解决问题 300 多个。名优特品种繁育岗位专家，在多个泥鳅繁育场巡回指导，2020 年泥鳅繁育量达 34 亿尾，推广示范泥鳅高效养殖技术 5000 多亩，增效 1000 多万元；饲料岗位专家派出团队成员在驻场开展饲料研发与示范，并对上百家企业进行巡回指导与培训，提高了绿色饲料的使用率，成本显著下降 10%，有效地提高了效益。龟鳖高效养殖岗位专家在养殖关键期驻示范场开展关键技术研发，集成出了温室及日光温室接力养殖技术，成活提高 10% 以上，效益提高 20% 以上。

病害防控岗位长期在主要养殖场指导疫病防控工作，处理唐山等地的突发鱼病和大批死鱼应急事件 10 多起，有效地减少了损失，控制了疫病的蔓延。冷水鱼养殖岗位专家深入冷水鱼养殖场，集成与示范尾水处理技术，多次请国家级专家到场指导，组织相关企业到先进省市参观学习，建立冷水鱼养殖尾水处理新模式三种；加工专家在泥鳅主产地帮助设计建成泥鳅即食产品加工厂，研发产品 2 个，研发出鲟鱼、中华鳖加工产品 3 个。大宗淡水鱼岗位专家指导开展福瑞鲤新品种繁育，繁育苗种 6.5 亿尾，示范 2000 亩以上，新品种养殖效益提高 50% 以上，增加效益 1600 万元，特别是 2019 年鲤鱼浮肿病高发，养殖户对新品种养殖需求更加高涨。

（三）河北省渔业的技术竞争力

研发集成了养殖尾水达标排放技术取得突破性进展，为绿色发展提供了技术支撑。研发出池塘养殖、设施化养殖和循环水养殖 3 种主要养殖方式的 5 种尾水治理技术，养殖尾水综合治理技术研发覆盖了所有的养殖模式，尤其是池塘原位净化技术推广超过 2 万亩，基本实现了零排放或循环利用，对优化产地环境，节省水资源发挥了重要作用。研发中华鳖和冷水鱼等设施养殖尾水净化技术 4 项，创建了冷水鱼"五塘五坝"等异位净化模式，为全面推行尾水综合治理提供了技术支撑，为绿色发展奠定了基础。

综合种养等技术取得显著成效。集成出稻渔立体种养配套田间工程、筛选出适宜稻田养殖的水产苗种、投喂、水质调控及病虫害防控技术等 5 项配套技术。示范点水稻亩产550 千克，亩产水产品 150 千克，亩均效益 3081 元。增效 2000 元/亩以上，推广面积4000 亩，总增效益 800 万元。该项养殖技术不仅拓展了水产养殖空间，在整个种养期间，由于水稻基本不使用农药，从而提高了水稻的品质，水稻售价提高近一倍。同时，也收到了很好的节水效果。

研发集成的疫病和质量控制技术，为水产品质量安全提供保障。一是完善主要疫病监测网络，开展了养殖病害监测和调查，摸清底数，有效防控疫病。水产养殖疫病监测涵盖了 11 个市 50 个县区，测报员 62 名，监测点 142 个，监测 3.7 万亩，占全省淡水养殖总面积的 10%。涵盖主要养殖品种与模式，全年撰写出病害监测和预测预报 9 份，预测及提出的防控措施准确率大幅度提高，对指导养殖生产起到积极作用。二是建立了传染性造血器官坏死病、鲤浮肿病等主要病害防控试验点 13 个，1200 多亩，示范技术 13 项，带动 2.3 万亩，亩均增效 8% 以上，总效益 300 万元以上。建立用药减量示范点 9 个，1072 亩，熟化了多项生态防控技术，试点单位合计抗生素用药减量 14%，消毒剂和杀虫剂用药减量 11%，总用药减量 11%，总减少用药成本 13%。新建无规定疫病苗种示范场 5 个，探索了从源头上控制疫病传播的关键技术。继续开展了鲤鱼、草鱼的主要病原体的耐药性普查，对 14 种药物做了耐药敏试验，为精确用药提供了依据。三是建立淡水养殖水产品全程质量控制试点 22 个共 5058 亩，进一步熟化了养殖全过程质量控制技术，全年产品检测合格率达 98%。为实现"两个确保"做出了突出贡献。

（四）河北省水产种业竞争力

河北省加快建设渔业种业体系，名优新品种规模化繁育技术日臻成熟，解决了养殖苗种短缺和提高养殖效益关键问题，促进了产业发展。苗种产值约占全国苗种总产值的 2%，但是苗种在河北省渔业产值中占比较高，约为 5%，而全国平均水平低于 3%。新批准中国对虾、日本对虾、梭鱼、泥鳅等 7 家省级水产原良种场。

对虾养殖三大品种中已有中国对虾、南美白对虾两个品种在河北省建立起了良种扩繁基地，其中，中国对虾良种自给率 90% 以上，南美白对虾良种自给率接近 10%。良种方面具有一定优势。引进了南美白对虾"科海 1 号""桂海 1 号"，中国对虾"黄海 2 号"等新品种，品种结构、技术模式结构等方面主动调整，进一步推动全省对虾养殖再上台阶。

团队在阜平县景涛甲鱼养殖场开展中华鳖新品种——黄金鳖的选育工作。经过多年的联合攻关，自主培育的"永章 1 号"中华鳖（黄金鳖）新品种通过农业农村部新品种审定，并通过全国水产原种和良种审定委员会审定，品种登记号：GS－01－010－2018。组织制定启用了新版水产苗种生产许可证件，进一步规范许可管理工作。在农业农村部举办的全国渔业扶贫产销对接活动中展出，农业农村部于康震副部长建议充分挖掘其观赏价值，加大生产和销售规模。

2020 年泥鳅育苗量达到 34 亿尾，冷水鱼苗种 600 多万尾，中华鳖 500 万尾，满足了河北省名优种类养殖需求。尤其是泥鳅苗种繁育及高效养殖技术的成熟，使河北省的泥鳅养殖业得到了长足的发展。泥鳅养殖产量达到近万吨，产值达上亿元。黄颡鱼新品种养殖示范 2000 亩，亩产 1500 千克，盈利 1.8 万元/亩，亩增效益 1.6 万元，增效 3200 万元。

（五）河北省特色水产品竞争力

海湾扇贝是河北省渔业的优势主导产业，已经有 38 年的养殖历史，养殖面积仅次于山东省和辽宁省，居全国第三，养殖产量占全国扇贝养殖产量的 20% 以上。目前。秦皇岛已成为我国扇贝养殖的重要基地，形成了完整的产业链，扇贝产业已成为农民增收的重要经济来源。贝类养殖发展的历史契机：为中国实现 2030 "碳到峰"、2060 年 "碳中和"，为实现河北省 "蓝色经济" 高质量发展，河北省即将制定出《河北省推进 "海洋碳汇" 发展的若干措施》，在海洋碳汇渔业方面制定相应措施，大力促进河北省海洋碳汇的发展，其中，贝类碳汇是海洋碳汇最重要的部分，贝类生态养殖将愈显其重要的生态效益和社会效益，发展潜力很大。

目前河北省养殖的海水鱼品种基本可以做到全产业链覆盖，从亲鱼、受精卵到苗种、成鱼，在技术和设施设备上完全可行。河北省所养殖的海水鱼超过 50% 销售到北京，面临巨大的消费市场，发展前景广阔。

1. 鲆鲽类

河北省鲆鲽类海水鱼工厂化养殖面积 124.2 万平方米，约占我国鲆鲽类工厂化养殖总量的约 15%，落后于山东省和辽宁省，处于全国第三位。其中唐山曹妃甸区是集中度最高的地区，养殖面积 60 万平方米。

2. 红鳍东方鲀

河北省红鳍东方鲀养殖开始于 20 世纪 80 年代末期，是全国最早开始进行红鳍东方鲀全人工亲鱼培育、苗种繁育的省份。目前红鳍东方鲀养殖产业在河北省仍占有重要地位，60% 的成鱼产量和几乎全部苗种出自河北省。2016 年农业部有条件放开河豚市场，首批通过 13 家企业可以在国内出售红鳍东方鲀和暗纹东方鲀制品，其中河北省唐山海都食品有限公司上榜。唐山、秦皇岛部分酒店也正在积极尝试进行红鳍东方鲀的餐饮销售。鉴于河北省有着养殖红鳍东方鲀的悠久历史和良好传统，随着国内河豚市场的逐步放开，河北省红鳍东方鲀的养殖产业发展前景会愈发广阔。

四、河北省渔业助力产业扶贫

淡水养殖创新团队继续为贫困地区脱贫致富提供技术支撑。团队先后派 40 多名专家，到阜平、赤城等 8 个贫困县开展产业扶贫，指导中华鳖、冷水鱼等养殖及发展休闲渔业，指导上百户（企业），培训 130 多人次，推广高效养鳖、冷水鱼养殖及休闲渔业等技术 7 项，帮助解决问题 50 多项次。争取资金 500 多万元，帮助设计建设休闲渔业企业 10 个，安排当地农民就业 200 多人，组织开渔节等旅游休闲活动 5 期。

五、河北省渔业产业发展 "瓶颈"

（一）养殖空间持续压缩，生产规模大幅下降

在 "十三五" 期间，河北省渔业养殖面积从 2016 年的 19.4 万公顷下降为 2020 年的

14.30 万公顷，降幅达 26.29%，尤其是淡水养殖面积从 2016 年的 7.64 万公顷下降为 2020 年的 3.6 万公顷，降幅高达 52.88%。渔业产量从 2016 年的 129.71 万吨下降为 2020 年的 99.01 万吨，降幅达 23.67%。随着河北省京津冀协同进程中部分渔用资源改变土地性质以及沿海地区经济建设的快速发展，临港、临海的涉海工程、工业开发等占养殖海用滩面积不断扩大；东武仕水库、白洋淀、潘大水库、陡河水库等大中型内陆湖库养殖网箱逐步清理退出，宜渔土地资源日益紧张，养殖空间日趋萎缩，水产品市场需求与养殖用地资源不足的矛盾日益突出，急需拓展新的发展空间和模式。

（二）河北省渔业基础设施陈旧老化

河北省 20 世纪 80 年代兴建的陈旧设施，保有量达 60%～70%，由于租赁期限较短，多为一年一议，养殖户清塘改造的积极性较差。所以现有渔业基础设施设备老旧、能耗高、科技含量低问题突出，渔船渔港设施落后，养殖池塘老化，苗种生产车间破旧、路电网等配套设施不健全，机械化装备水平低，阻碍了现代渔业快速发展。以南美白对虾为例，河北省对虾池塘多建于 1984～1986 年，至今已 30 余年，单池面积大，池塘基础设施老化。由于个人承包等原因池塘多年未彻底清整，池塘底泥淤积、有机污染严重，缺乏必要的电力和机械增氧配套设施。由于工厂生活污水排入，外海海域无机氮、活性磷酸盐和化学需氧量等超标，增加了养殖难度和病害风险。

渔业设施陈旧致使病疫灾害频发，损失较大。鲤、鲢数量损失、经济损失，同比分别增加 781%、644%；南美白对虾数量损失、经济损失，同比分别增加 253.8%、322.4%；中华鳖数量损失、经济损失，同比分别增加 1302%、862%。

（三）渔业产值结构有待进一步优化

在"十三五"期间，河北省渔业转方式调结构政策实施初见成效，但"一养独大"现象未得到根本改观，渔业发展新动能不足，第二三产业发展滞后，产业链短，附加值低。

1. 渔业加工规模小，且缺少精深加工

河北省渔业加工企业 252 个、冷库 220 个，全国占比约 2.5%，加工能力 43.6 万吨/年，全国占比约 1.5%，加工产量 12.9 万吨，仅约为 0.5%。加工企业和冷库个数少，发展慢，且企业规模小。全国渔业加工产值占比约 17%，河北省仅约为 8%，仅为全国加工总产值的 0.5%。一直以来，河北省的水产品加工大多属于简单化处理，如剥壳、分解包装、冷冻、烘焙以及简单的熟化加工。缺少精深加工，加工效率低下。

2. 休闲渔业发展局限

河北省休闲渔业景区功能单一，质量不高。休闲渔业过于依赖自然资源，过于强调景观资源、自然资源的开发，而忽视了人文资源。具体体现在景区功能单一，要么是单纯的渔业生产，要么是单一的垂钓、观赏、品尝和休闲，忽视了系统的开发民风民俗、渔村文化等人文资源，也没有建立起集生态旅游、娱乐、科普、展览等于一体的多层次、全方

位、多功能的产品结构。例如，休闲渔业可分为生产经营型、休闲垂钓型、渔区生产体验型、水族展示教育型四种模式，而河北省休闲渔业的经营项目主要集中于垂钓、观赏以及美食方面，鲜有其他形成经济规模的优秀创意。此外，渔业物种单一，缺少优良、有名气、特殊的良种。加之景区的基础设施过于陈旧，整体形象欠佳，难以形成品牌效应。

六、河北省渔业发展建议及展望

（一）明确发展重点，打造特色渔业产业集群

立足河北省特色水产品育种优势和环绕京津的市场优势，聚焦产业化程度不高，大型龙头企业少，特色、品牌产品总量小，精深加工发展滞后等短板，大力发展精深加工和冷鲜物流，推动特色水产业聚集发展。

以秦唐沧沿海渔业为重点，兼顾内陆特色渔业，加快发展对虾、海参、扇贝、河鲀、鲆鲽、梭子蟹、中华鳖、冷水鱼等特色优势产品，提高京津高端市场份额。

加大种业科技创新，重点打造黄骅、曹妃甸、昌黎等重要水产苗种生产集散地，建设一批高标准水产种业繁育基地。大力推进绿色健康养殖，加大养殖基础设施升级改造，打造一批产品优质、产地优美、装备先进的养殖生产示范基地。加强水产品精深加工、冷链物流、休闲渔业和电子商务等体系建设，推进全产业链融合发展。大力培育曹妃甸河鲀、黄骅梭子蟹、昌黎扇贝等区域性公用品牌，提高河北省特色优势水产影响力。

（二）稳定渔业生产要素投入，优化养殖模式

确保养殖用地红线。随着河北省渔业湖库大水面传统养殖方式全部取缔以及相应尾水排放标准提高，养殖面积下降必然导致养殖产量大幅下滑。建议相关管理部门尽快出台相应的养殖规范和标准，建立养殖正面清单，即达到何种标准可以养殖，并划出一定范围的适养区域，确保养殖用地红线，以稳定渔民信心，增强产业投入积极性。

增强基础设施投入。当前河北省生态养殖的产量和面积均占比过低。建议在现有财政能力下，逐步提高补贴额度，增强渔业的竞争力。在渔业基础设施改造环节，实施普惠补助。例如对养殖池塘的标准化改造额定统一的补助金额，改善河北省的渔业基础设施，引领渔业生产方式向现代化、生态化、集约化转变。从养殖设施上进行优化，为了达到提升水产养殖的生态水平和成效的目的，进一步推广高效设施渔业，加强渔业设施化、生态化、信息化，推进一二三产业融合发展。

从养殖生产模式上进行优化，大力推进高效设施渔业、池塘工业化生态养殖、渔稻综合种养、健康养殖示范场等现代化生态养殖模式。开展池塘生态集约化养殖示范既能解决稳定产量问题又能解决质量保障问题。贯彻实施《关于加快推进水产养殖业绿色发展的若干意见》，切实推进水产养殖业绿色发展。实施传统池塘升级改造，推进养殖尾水治理，大力推广循环水养殖、内陆生态增养殖、稻渔综合种养、近海多营养层级立体养殖等

生态健康养殖模式，开展集装箱养殖和池塘尾水生态处理技术示范。不断提高养殖设施和装备水平，加大深水抗风浪养殖网箱和深远海大型智能养殖装备探索示范推广力度。深入开展水产健康养殖示范，扩大稻渔综合种养规模，推进水产种业规范发展。大力推进高效设施渔业、池塘工业化生态养殖、渔稻综合种养、健康养殖示范场等现代化生态养殖模式。开展池塘生态集约化养殖示范，既能解决稳定产量问题又能解决质量保障问题。

（三）打造知名品牌，发展特色休闲渔业

明确渔业三产融合的主线，将河北省休闲渔业发展融入乡村振兴战略、建设美丽乡村、精准扶贫，突出区域特色，将发展休闲渔业作为渔民就业增收、产业扶贫和实现乡村振兴的重要途径。休闲渔业的转型升级，要科学化管理和运营，延长休闲渔业经济产业链，增加附加值，促进不同产业之间的协调发展。

提高服务和品牌意识，打造河北省休闲渔业的特色服务。进一步加强基础设施建设和完善配套服务，做大做强休闲渔业：比如延长休闲季节，增加春赏花、夏摸鱼、秋摘果蔬、冬日冰钓等全年候的休闲娱乐体验；扩展游客群体，细分老、中、青、儿童不同年龄层次的群体偏好，创立个性化服务；充分利用优质的渔村渔民文化资源，促进休闲渔业的健康发展；同时力争将全国休闲渔业示范基地、省级休闲渔业基地纳入地方旅游线路，提升名气，扩大游客来源，将有助于满足"吃"的需求之外，更好地满足城乡居民日益多样的文化、旅游、休闲、体验等消费需求，让养殖品种附加值得到进一步提升。

充分挖掘休闲渔业文化内涵，彰显地方渔文化软实力。增加渔业文化长廊，展现特色鱼类资源的基本知识，展示生态渔业发展、特色鱼类美食文化、休闲垂钓赛事精美场景等。再如，将河北省渔业纳入西柏坡红色文化之旅、承德皇家文化之旅、张家口冬奥之旅等特有文化氛围，实现渔业与文化、科技、生态、旅游、教育等领域的有机融合，培育出新的消费热点和经济增长点；结合中国农民丰收节举办休闲渔业推广活动，加大最美渔村、渔业民俗节庆活动、渔业文化遗产等宣传推介力度，开展休闲渔业发展监测，发布休闲渔业产业发展报告。

推动加工业转型升级，开展水产品加工技术供需对接活动，发布主导品种发展报告，加快水产品品牌创建。

积极培训渔业一二三产业融合带头人、创业创新和管理人才，推进以渔业为主导产业的现代产业园建设。加强渔业信息化建设，推动全国渔业管理数据互联互通，积极发展"互联网＋现代渔业"。当前国家倡导渔业三产融合模式，各养殖企业一定要摸清自身的实际特征并把脉要素禀赋、比较优势，并结合当地的市场需求，切忌贪大求洋，或者一窝蜂地转向休闲渔业。

（四）大力发展多元化加工业，延长产业链条

水产品生产具有地域性，且易腐和不耐储运，因此水产品加工业主要在渔业生产基地分布。疫情的全球化和常态化，会进一步导致水产品进口管控。同时也对河北省原本就相

对落后的加工方式提供了新契机，提出了新要求。发展渔业加工，首先要在产品上进行创新。改变现有产品粗加工的低端加工模式，不断向精细加工深化，丰富产品结构，提高产品加工技术含量，生产出具有市场竞争力的明星组合产品。如加强即食（速食）产品研发。即食水产品在我国各地超市均为常见食品，但鲆鲽类和红鳍东方鲀的即食产品却还未出现。实际上河北省对于上述鱼类有些地区存在民间的风味烹饪，可以开发如红鳍东方鲀鱼胶、麻辣鱼块、烟熏泥鳅等多种即食产品。值得注意的是，其他省份有部分不法商家，将进口冰鲜水产冒充国产销售。所以，建议河北省速冻为主营业务的企业，进行明确的品牌和产地表示，必要时进行公证。

调研发现，为克服贸易出口受阻，唐山海都有限公司将成品河豚鱼作为馅料，委托第三方企业加工成河豚馅饺子，上市后销量很好。也为河北省水产品如何摆脱贸易受阻，成鱼大量压塘的困惑，提供了良好的经验。

撰稿人员：张　锦

指　　导：田建中　李怡群

参编人员：张　黎　王钟强　郭金龙　王真真　刘金珂

第十九章 河北省草产业发展报告

2020年，疫情的爆发和常态化，对饲草生产、流通等方面产生了一定程度的不利影响，但在相关政策推动和科技进步的支撑下，河北省草产业形势总体向好，青贮玉米、苜蓿、燕麦等主要饲草的种植面积和产量均有提高，特别是在栽培和加工技术创新的支撑下，河北省草产品品质进步显著，全株玉米青贮品质优于全国平均水平，苜蓿和燕麦的一级品率显著提升，市场竞争力显著提高，在"种好草、养好牛、产好奶（肉）"这一产业链的源头构筑了坚实基础，在促进生态文明建设、保障养殖业健康发展、促进农民增收等方面发挥着越来越重要的作用。2020年河北省草产业发展虽然进步显著，但在某些关键技术、产业的发展规模等方面仍存在不足，种养结合仍需进一步提高，针对上述问题本报告在调研分析的基础上提出了相应的对策和建议。

一、河北省草产业发展现状分析

（一）河北省饲草生产现状分析

通过对河北省2020年度饲草生产情况调查追踪和分析发现，河北省饲草生产处于稳定发展状态，主要饲草苜蓿、燕麦和青贮玉米种植面积和产量均有不同程度的提高，在"种好草、养好牛、产好奶（肉）"这一产业链源头构筑了坚实基础。

1. 青贮玉米

在"粮改饲"政策带动下，河北省青贮玉米种植面积稳步发展，2020年"粮改饲"项目青贮玉米种植面积达到了217.27万亩，各养殖场基本能做到按需收贮，完全可满足草食动物生产需求。各地市"粮改饲"项目青贮玉米种植面积及产量如表19-1所示。

表 19-1　河北省"粮改饲"青贮玉米种植面积、产量　单位：万亩，万吨

地区	面积	产量
承德	27.56	77.66
张家口	10.28	26.94
秦皇岛	4.03	10.87

地区	面积	产量
唐山	40.13	112.36
廊坊	5.64	15.24
保定	29.32	79.93
石家庄	41.04	110.81
沧州	14.77	36.72
邯郸	5.52	15.03
邢台	19.05	50.82
衡水	12.16	32.41
定州	5.25	14.19
辛集	2.52	6.99
合计	217.27	589.97

资料来源："粮改饲"信息统计上报系统。

2. 苜蓿

2020 年河北省苜蓿保留面积约 42.31 万亩，比 2019 年增加 2.22 万亩，折合干草产量为 31.64 万吨（其中，干草产量 20.62 万吨，苜蓿青贮 27.53 万吨），比 2019 年（26.32 万吨）增加 5.32 万吨，如表 19 - 2 所示。

表 19 - 2　河北省苜蓿种植面积、产量及加工情况　　　单位：万亩，万吨

地区	面积	干草产量	青贮产量
张家口	2.00	0.61	—
承德	0.15	0.11	—
秦皇岛	0.05	0.02	—
唐山	0.33	0.19	0.24
廊坊	2.53	0.25	3.18
保定	1.01	0.01	2.08
雄安新区	0.33	—	0.66
石家庄	0.42	0.30	0.20
邢台	4.01	0.18	7.99
衡水	3.00	0.45	5.30
沧州	27.92	18.50	6.63
定州	0.30	—	0.60
邯郸	0.26	—	0.65
合计	42.31	20.62	27.53

资料来源：调研汇总数据。

3. 燕麦

2020 年河北省燕麦种植总面积 33.14 万亩，比 2019 年增加 15.32 万亩，其中张家口、

承德占全省燕麦种植总面积的 93.18%，其他市种植面积基本没有大的变化。全省燕麦折合干草产量为 12.84 万吨，其中，燕麦干草 12.22 万吨，青贮 1.54 万吨，具体情况如表 19-3 所示。

表 19-3　河北省燕麦种植面积、产量及加工情况　　　　单位：万亩，万吨

地区	种植面积	加工干草	加工青贮
张家口	13.12	5.90	—
承德	17.76	5.33	—
唐山	0.12	—	0.84
邢台	1.73	0.87	—
衡水	0.10	—	0.70
沧州	0.31	0.12	—
合计	33.14	12.22	1.54

资料来源：调研汇总数据。

（二）河北省饲草市场供需现状分析

总体来看，疫情对国内饲草流通产生了一定影响，特别是 2020 年上半年，由于运输受阻，在一定程度上影响了饲草的流通。后期随着复产复工全面展开，道路运输畅通，饲草的流通也恢复到正常状态。疫情对进口饲草的流通影响较大，如苜蓿进口主要来源国美国，受疫情影响，集装箱和船期不稳定性增加，加之美国国内产品运输到港口的成本增加，致使苜蓿价格上涨。进口燕麦草全部来自澳大利亚，在疫情期间，澳洲燕麦草港口库存较大、流通相对缓慢。

1. 苜蓿

2020 年河北省苜蓿需求量 67.7 万吨，而全省苜蓿总产按干草计为 31.64 万吨，虽然比 2019 年产量有 5.32 万吨的增幅，但生产量仅为需求量的 46.7%，缺口较大，仍需扩大种植规模。2020 年全省购买进口苜蓿干草达到 25.05 万吨，购买国产（外省）苜蓿干草 11.01 万吨，如表 19-4 所示。此外，河北省苜蓿种植主要集中在沧州地区，该地生产的苜蓿产品除满足当地需求外，还有余量可供应周边地区，但其他地市均存在需求大于供应的不平衡情况。

表 19-4　河北省苜蓿、燕麦进口情况　　　　单位：万吨

地区	进口干草	
	苜蓿	燕麦
张家口	6.00	0.7
承德	0.15	0.2

地区	进口干草	
	苜蓿	燕麦
秦皇岛	0.20	—
唐山	7.95	0.20
廊坊	0.90	0.30
保定	1.70	0.26
石家庄	5.30	0.20
邢台	0.25	0.70
衡水	0.28	0.05
沧州	0.07	0.44
定州	1.20	0.15
邯郸	0.90	—
辛集	0.15	—
合计	25.05	3.20

资料来源：调研汇总数据。

2. 燕麦

2020 年河北省燕麦需求量 33.36 万吨，但燕麦总产仅为 12.84 万吨。从澳大利亚购买进口 3.2 万吨（见表 19 - 4），从其他省份购买 17.32 万吨。上述数据表明，河北省燕麦总产与省内需求仍有较大差距，所需产品大量从国外或省外采购，对降低养殖成本形成隐忧。

3. 青贮玉米

虽然各地牧场均能完成所需青贮量的贮备，但青贮原料的生产存在地区不平衡性。例如，坝上地区种植面积和产量均不能满足当地牧场需求，需要从坝下等地大量调运，对其降低饲养成本及提高青贮品质造成不利影响。此外，奶牛存栏较多的县区和部分牧场比较集中的区域，也存在着供需结构性矛盾问题。

二、河北省主要饲草产品市场走势预测分析

（一）苜蓿价格走势及预测分析

据中国海关获得数据统计，2020 年我国进口苜蓿草总计 135.81 万吨，占干草进口量的 80.17%，同比增长 0.2%；平均到岸价 361.3 美元/吨，同比增长 6.57%。

进口来源以美国为主，数量为 118.52 万吨，同比增长 16.81%，占苜蓿总进口量的 87.27%；平均到岸价 368.54 美元/吨。

2020 年国内苜蓿干草生产量约 360 万吨、燕麦干草产量 70 万吨。部分核心企业调研

数据显示，草产品质量提高明显，一级以上苜蓿干草比例达 60%。国产苜蓿价格比较稳定，苜蓿青贮 1050～1100 元/吨；苜蓿干草价格 1750～2300 元/吨，比进口苜蓿干草价格约低 1000 元/吨。

从国内市场来看，2021 年国内苜蓿草的供给数量会有所下降，进口量会增加，可能导致牧场采购价格上扬。建议规模牧场尽快与规模生产企业建立良好的合作关系，确保牧场的稳定供应。

（二）青贮玉米价格走势及预测分析

河北省青贮玉米收贮主要集中在 9～10 月。调研数据显示，在收贮期间，籽粒玉米收购价格在 2.2～2.4 元/千克，与 2019 年同期 1.6～1.8 元/千克相比上涨 0.4～0.6 元/千克，由此带动了全株青贮玉米价格上升 30～50 元/吨。但和苜蓿、燕麦相比，由于实现了本地化生产，成本相对较低，具有较强的价格优势。

由于玉米进口成本在上涨，国内玉米生产成本亦在上涨。

（三）燕麦价格走势及预测分析

据中国海关进口数据统计，2020 年中国进口燕麦草 33.5 万吨，占干草进口量19.3%，同比增长 38.95%；平均到岸价 346.12 美元/吨。其中 12 月进口 3.78 万吨，均价 332.74 美元/吨，同比降低 7.46%，进口燕麦草价格连续 10 个月小幅回落。

燕麦草进口全部来自澳大利亚，受疫情及中澳形势变化的影响，很多进口商担心未来船期影响，因此近期出现集中到港现象。

国产燕麦草地头价为 1300～1450 元/吨，极少部分质量较差的价格约 1200 元。因2020 年雨水多，质量、产量都比 2019 年高，价格也高于往年，大约高 30～50 元/吨。

从国内燕麦草市场来看，由于我国肉牛肉羊养殖快速增长，对燕麦草的需求增加。对奶牛而言，燕麦也是性价比较高的饲草，需求也在稳步增加。因此，未来燕麦草供应会趋于紧张，价格有继续上涨的动力。如果我国能如期延长澳洲燕麦草进口许可的话，有可能会降低价格上涨的动力。预计我国 2021 年 3～4 月燕麦草种植面积会增加，7～8 月上市季节价格有可能回调。

三、河北省草产业竞争力分析

（一）饲草品质竞争力

近几年，河北省大力推动饲草育种、栽培与加工技术创新，饲草品质已经有显著提升，有效提高了河北省饲草的市场竞争力。以玉米青贮为例，经对 100 家"粮改饲"实施主体的玉米青贮样品检测分析发现，2020 年度河北省全株玉米青贮饲料质量总体情况与 2019 年度相比有了显著提升，多项指标也优于全国平均水平，如表 19－5 所示。

表 19 - 5　2020 年河北省及全国全株玉米青贮饲料质量比较　　单位:%，千克

指标	最大值	最小值	标准差	2020 年河北平均值	2020 年全国平均值	GEAF 计划优质青贮推荐标准
干物质	43.70	21.80	3.9	30.6	29.8	30.0~35.0
淀粉	52.60	8.90	7.1	36.2	28.0	≥30
7 小时淀粉消化率	88.00	4.00	15.4	69.5	—	—
中性洗涤纤维	57.50	28.10	5.0	37.6	42.5	≤45.0
30 小时中性洗涤纤维消化率	65.60	45.50	4.2	57.4	57.5	—
酸性洗涤纤维	40.80	18.10	3.6	24.4	27.6	≤25.0
灰分	11.08	2.53	1.1	5.2	6.4	≤6.0
粗蛋白	11.90	7.30	0.9	8.8	8.3	≥7.0
pH 值	4.70	3.40	0.3	3.9	3.9	≤4.0
乳酸	11.36	0.67	1.8	5.8	4.5	≥4.8
乙酸	6.47	1.20	1.1	3.4	2.3	≤1.6
氨态氮/总氮	11.80	3.60	1.6	8.4	—	≤10.0
每吨干物质产奶当量	1889.00	1004.00	129.2	1768.2	—	≥1500

资料来源：全国均值来源于全国畜牧总站，其他为实测数据。

（二）种质创新竞争力

通过近几年的攻关研究，河北省饲草种质创新工作取得了重要进展。一是通过建立饲草种质资源库，并挖掘抗逆、优质、高产基因，为饲草育种工作的健康发展奠定了良好基础。二是在饲用小黑麦、高丹草种质创新与选育方法上实现了新的突破，已申报国家发明专利 7 项，授权国家发明专利 2 项，居国内领先水平。三是培育出了国审 4 个高丹草和 2 个小黑麦新品种，在高丹草育种，特别是 BMR 饲草高粱新品种选育方面居于国内领先水平；饲用小黑麦育种及生产利用技术也进入国内领先行列。同时还选育出了抗旱、耐盐紫花苜蓿新品系 1 个，选育专用青贮玉米新品系 2 个。这些成就的取得，为提高河北省饲草产业竞争力奠定了良好基础。

（三）市场竞争力

影响饲草产品市场竞争力的主要因素取决于三个方面：一是产品价格，二是产品品质，三是产品供应的稳定性。和国外进口产品相比，河北省生产的苜蓿和燕麦在价格方面有明显优势，其中苜蓿相比于进口产品每吨有约 1000 元的价格优势，国产燕麦比进口燕麦的价格优势每吨约为 900 元。从品质方面来看，河北省饲草产品的竞争力有了明显提升，其中玉米青贮品质优于全国平均水平，苜蓿一级品率由 2019 年的 30% 提高到了 2020

年的59%，品质的提高为市场竞争力提高奠定了坚实基础。但从产品供应的稳定性方面来看，河北省苜蓿和燕麦产品与国外相比还有一定差距，在一定程度上影响了河北省饲草产品的市场竞争力；产品供应的稳定性，包括品质的稳定和数量的稳定两个方面，从目前河北省生产情况看，苜蓿和燕麦产品的数量还远不能实现稳定供应，品质指标虽然有了较大进步，但不同批次间的品质稳定性仍有待提高。

（四）政策利好竞争力

河北省省委、省政府联合出台了《河北省奶业振兴规划纲要（2019－2025年）》，并启动实施了河北省奶业振兴重大专项，其中，提出了要发展优质青贮玉米和苜蓿生产以满足奶业振兴的需求。按照"种好草、养好牛、产好奶"全产业链发展要求，优质牧草生产和安全保障成为河北省奶牛养殖业高质量发展的重要基础，奶业振兴规划的提出和实施对饲草产业发展提出了新的挑战、带来了新的机遇。

此外，作为国家"粮改饲"试点省份和高产优质苜蓿项目示范建设省份，国家政策和资金的支持，也为有力促进河北省青贮玉米种植和苜蓿产业发展提供了良好的政策环境，在上述政策支撑以及河北省畜牧业强劲需求下，河北省以苜蓿、青贮玉米、饲用燕麦等为主体的饲草产业必将实现高质量的快速发展。

四、河北省草产业发展存在的问题及对策建议

（一）存在的问题

1. 种质创新工作有待进一步提高

首先，虽然河北省饲草种质创新和品种选育工作取得了一定成效，但目前生产中使用的苜蓿、燕麦和青贮玉米品种仍以引进品种为主，自有知识产权的品种尚不能有效支撑河北省饲草产业的健康发展。其次，在科研投入方面，饲草育种的经费投入相对于其他作物较少，加之专业队伍力量相对薄弱，在一定程度上阻碍了饲草种质创新的力度。最后，在饲草品种审定方面，河北省尚未建立省级草品种区试审定制度，还不能为河北省牧草新品种的推广提供法律依据。

2. 饲草生产技术研发和推广有待提升

近年来，河北省苜蓿、全株青贮玉米、燕麦等饲草作物种植水平有了较大的提高，但还有一些生产技术问题亟待破解。如坝上地区饲草本地化种植和加工技术、不同气候类型区饲草种植加工技术，平原农区苜蓿低损加工技术等方面还需加大研发力度。在与饲草企业接触中发现，大部分企业缺少技术人员，在一定程度上阻碍了新技术的推广且部分企业只对补贴感兴趣，对新技术接纳程度低，技术的实施和落地存在一定困难。

3. 饲草产业供给侧结构性改革有待加强

据调研，河北省饲草市场运行存在以下问题：第一，市场供需存在结构性矛盾。根据

河北省 2020 年饲草生产及市场情况分析，河北省苜蓿和燕麦总产与省内需求仍有较大差距，所需产品大量从国外或省外采购，对降低养殖成本产生不利影响。另外，全株青贮玉米虽然各地牧场均能完成所需青贮量的贮备，但青贮原料的生产存在地区不平衡性。例如，坝上地区种植面积和产量均不能满足当地牧场需求，需要从坝下及内蒙古等地大量调运，对其降低饲养成本及提高青贮品质造成不利影响。第二，品牌建设。自 2018 年以来，草业创新团队通过与企业合作培树产品品牌，大大提升了河北省饲草市场影响力，但优质品牌数量还相对较少，市场宣传力度还有待加强。

（二）对策建议

1. 完善优质高产品种等"卡脖子"问题的研发机制

优质高产品种短缺依然是困扰河北省草业健康发展的"卡脖子"问题。生产中广泛种植的苜蓿和青贮玉米品种仍然严重依赖进口或国外企业设置于国内的公司提供，对河北省草业健康发展形成了严重制约。为此需要进一步加强抗旱、耐盐、优质苜蓿和抗病、抗倒、专用青贮玉米品种选育研究；此外还应强化饲草品种多元化研究，除苜蓿、青贮玉米等种质创新研究外，还应进一步挖掘饲用小黑麦、饲草高粱等饲草品种，以满足肉牛、肉羊等草食动物的生产需求。

在配套机制上，一方面，应加大饲草品种选育研究经费投入力度，对饲草育种"卡脖子"技术进行攻关研究；另一方面，建立河北省草品种区试审定制度，既能促进种业发展，又能为河北省饲草新品种的推广提供法律依据。

2. 打造饲草种植加工样板基地，提升饲草品质

当前河北省饲草种植面积和产品质量逐年提升，得到了国内牧场的认可，但整体来看，河北省优质产品总量还是比较少，还不能完全满足生产需求。因此，未来应重点打造饲草种植加工标杆企业，形成一批高质量的饲草生产基地，特别是大力发展冀中南灌溉区高质量苜蓿生产基地，采取标准化生产管理技术，提升饲草品质，对标替代进口苜蓿，以降低对国外优质苜蓿的依赖度。

3. 提升机械装备质量和服务水平，促进饲草生产水平提高

饲草生产过程中机械化水平的高低是决定饲草质量的重要因素之一，未来要加大饲草装备研发力度，提高装备质量，扭转目前国产饲草机械装备质量差、故障多、难以保障饲草高质量生产的局面。此外，还应提高机械操作水平，以充分发挥机械装备在生产中的作用，进而提升河北省饲草生产质量和水平。

4. 打造本地品牌，提高饲草产品影响力

对饲草生产优势产区，如坝上燕麦、沧州苜蓿等区域，应积极利用区域优势，围绕全产业链发展、信息化发展和创新驱动发展，研发新技术，推动饲草种植到产品加工生产、研发到市场的有机衔接，推进草产品品牌建设，打造知名品牌，提高本地饲草产品的影响力和市场竞争力。

五、河北省草产业种养一体化经营模式现状及对策建议

2020 年初新冠肺炎疫情暴发，饲草种植及奶牛养殖均受到波及，调研发现在疫情防控的关键时期，采取种养一体化模式经营的优势充分显示，而采取种养分离模式生产的牧场经营困境充分暴露。上述问题的发生再次引发我们对种养一体化经营模式的深入思考，在突发性自然灾害或大范围疫情冲击面前，如何有效应对以保障生产稳定发展，就牧场而言，实现种养结合将是解决问题的有效出路。

（一）疫情对实施种养分离模式牧场的影响分析

疫情发生后，河北省草业创新团队及时组织团队成员对河北省饲草企业和牧场进行了调研，通过对 230 余家牧草种植和奶牛养殖企业的调研分析，疫情的发生对采用种养分离模式的牧场产生了不同程度的影响，具体表现在以下两个方面：

1. 牧草进口价格呈上涨态势，牧场运营成本上升

随着疫情全球蔓延，牧草的主要运输渠道海运受阻，使牧草进口面临的海运成本增加，特别是来自美国和西班牙的苜蓿干草和澳洲的燕麦草进口。由于我国 80% 以上的进口苜蓿和 100% 的进口燕麦草都来自这几个地区，货轮运力下降直接导致进口牧草运费价格上涨，自 4 月 1 日起多个海运公司又将一般费率上调了 50~100 美元，进一步加重了进口牧草价格上涨的态势。同时，受疫情影响，主要牧草出口国出台一系列疫情管控措施，牧草贸易交易成本、人工成本、货币汇率波动造成牧草价格呈上涨态势。如 5 月从美国进口的苜蓿平均到岸价 369.13 美元/吨，同比增加 7.56%。草业创新团队通过对 2020 年主要牧草进口国生产情况分析表明，尽管牧草来源国地头价目前有所下降，但由于上述国家陆路运输成本上升以及海运成本的上调和汇率的影响，本年进口牧草的价格将维持波动性上涨态势，海关统计数据也证明了团队对 2020 年进口饲草价格走势的预测，虽然目前燕麦进口价格有所回落，但仍然维持高位运行。由于进口饲草价格持续高位运行，对于实施种养分离模式进行生产的牧场而言，依赖进口牧草维持生产的成本压力进一步提高。

2. 饲草供应链断裂，牧场的正常生产面临严重挑战

在疫情防控的关键时期，道路、海路运输受阻，一方面是牧草企业库存积压，无法正常履行合同订单；另一方面则是牧场面临无草可用的局面，对种养双方均构成了极大压力。调研表明，2 月河北省约 34% 的牧场因牧草贮备量不足面临着断草风险，如果 3 月不能恢复饲草供给，则有 76% 的牧场面临断草风险。个别牧场特别是部分小型牧场，因饲草贮备能力不足还面临着倒闭风险。幸而国家及时采取有力措施使疫情得到了控制，牧草运输得以有效恢复，否则牧场倒闭将不会是个别现象。此外，因牧草运输受阻，无法按时供货，逼迫牧场不得不通过饲料配方调整进行消极应对，导致奶牛产奶量下降，加之饲草购买成本上升、奶价下降，对牧场正常生产运营造成了严重影响。

（二）种养一体化经营模式的优势分析

近年来，河北省着力推进种养一体化发展模式，但由于受多种因素的制约进展缓慢。根据草业创新团队对各市的调研，实行种养一体化模式经营的奶牛养殖企业仅有 31.8%，肉牛、肉羊企业则不足 10%。通过对相关牧场的调研分析表明，种养一体化经营模式对牧场有着多方面的影响，特别是在以下三个方面优势明显：

1. 实现饲草本地化生产和转化，生产成本显著降低

种养一体化经营模式，集饲草种植和养殖于一体，牧场可根据实际需求，就地种植所需饲草，减少购草环节及长途运草成本，实现饲草就地生产就地转化，进而带动整个生产过程的成本降低。

以草业创新团队示范基地青县福林农业开发有限公司为例。该公司为一家种养一体化经营企业，截至 2019 年 12 月，公司存栏奶牛 925 头，其中，泌乳牛 456 头，年生产鲜奶 4565 吨。为保障饲草供应，公司在周边承包了 4000 亩土地用于种植奶牛饲养需要的苜蓿、燕麦和青贮玉米。其中苜蓿 1000 亩，2019 年加工苜蓿青贮 1185 吨，干草 210 吨；种植燕麦 3000 亩，加工燕麦青贮 2850 吨；青贮玉米 3000 亩（与燕麦进行轮作），年加工玉米全株青贮 7800 吨。由于实行种养一体化经营，饲草供应充足，在本次疫情期间牧场生产完全没有受到影响。不但如此，和购买饲草相比，通过流转土地种植所需饲草不但提高了饲草品质，还显著降低了饲草成本。通过测算，该牧场的青贮玉米和周边牧场购买的青贮玉米相比成本降低 50 元/吨，生产的燕麦和苜蓿与同等级的进口产品相比，每吨成本减少 600 元和 800 元，仅饲草一项，全年共计节约成本 144.8 万元，充分显示了种养结合的优势。

在此次疫情中，青县福林农业开发有限公司通过种养结合模式实现了饲草的充足储备，保证了奶牛场的正常运行，有效抵御了疫情期间的不利影响。该案例表明，实行种养一体化经营模式的牧场，可有效实现饲草的稳定供应，大大降低了经营风险。牧草种植和牧场养殖实现零距离对接，既保证了饲草品质，同时又降低了奶牛养殖的风险和成本，充分体现了种养一体化模式的优势。

2. 牧场粪污资源化利用得到有效保障，化解了牧场环保压力

粪污处理一直是养殖场的一大难题，特别是在种养分离的牧场尤为突出，处理不好不仅会造成环境污染，还面临着环评无法过关的风险。但实施种养一体化经营模式的牧场，用以生产饲草的土地成为消纳粪污的重要场所，粪污不再是牧场面临的污染源，而是成为培肥耕地、提高饲草产量和质量的宝贵资源。种养结合有效解决了畜禽养殖带来的粪污处理难点，不但实现了粪污的资源化利用，同时还为化肥减施提供了解决方案。

3. 饲草品质显著提高，饲喂转化效益显著提升

实行种养一体化经营，种什么、怎么种、如何管、何时收等影响饲草产量和品质的每个环节均由牧场控制，在实现饲草充足供应的同时，也实现了对饲草品质的有效掌控，避免了种养分离条件下不同来源的饲草因品质参差不齐导致的饲喂效果不一致的问题。如望都兄弟牧业，通过流转土地种植所需青贮玉米，实现了品种统一、管理统一，不但保障了

青贮玉米的品质，在留茬高度达到 50 厘米（生产中留茬多为约 15 厘米）的条件下，其到场成本仅有 300 元/吨，每吨低于周边牧场 20~50 元。此外由于实现了高留茬和收获时间的精准管理，制作的玉米青贮饲料品质显著提高，在此前提下通过实施高青贮日粮饲喂技术，进一步降低了养殖环节的成本投入。由此可见，种养一体化经营，由于饲草品质得到了有效保障，饲喂的转化效益也大为提升，为提高牧场的赢利能力奠定了坚实基础。

（三）种养一体化模式发展的限制性因素分析

1. 资金投入压力增加

对于养殖企业来说，发展种养一体化经营面临的首要问题就是土地流转带来的地租投入。目前，河北省基础设施和地力较好的地块租金一般约为 1000 元/亩，黑龙港部分区域由于土地条件较差也在 400~600 元/亩。以一个千头奶牛牧场为例，要实现饲草基本自足，需要流转的土地面积约 3000~4000 亩，其中，约 1/3 用于苜蓿种植，其余土地采用轮作模式种植燕麦（或小黑麦）和青贮玉米。即使按 400 元/亩计算，每年的地租投入就高达 120 万~160 万元，再加上配套机械（上述规模必要的机械设备一次性投入约 300 万元）的投入，无疑给牧场带来极大的资金压力。很多牧场虽然明了种养结合的益处，但由于自有资金量难以支撑上述投入，因而无法有效推动实施。

2. 缺乏有效的技术支撑

实行种养一体化经营，需要牧场对种什么、如何种、怎么管、如何加工等一系列技术问题提出解决方案，方能实现种植效益和养殖效益的叠加，最终实现牧场收益的提高。但多数牧场没有饲草种植管理和加工技术人员，无法对饲草种植加工环节形成有效支撑，因而对种好、管好和加工好所需饲草缺乏信心，即使自身资金实力充足，能够有效支撑土地流转等带来的大量投入，但由于人才和技术支撑不足，同样限制了相关企业从事种养一体化经营的积极性。

3. 种植环节的经营风险增加

种养一体化经营，需要牧场独自承担自然灾害等导致的饲草种植环节的经营风险，对于技术实力和资金实力比较好的牧场而言，可以从多个方面化解此类风险，对牧场的正常经营不会造成大的影响，但若技术力量和资金实力不足，这种风险对牧场的正常经营影响就会加大，从而也增加了牧场在实施种养一体化经营方面的顾虑，限制了种养一体化模式的发展。

（四）加速种养一体化模式发展的对策建议

1. 统筹现有补贴政策，缓解种养一体化经营的资金压力

目前，河北省与饲草种植有关的补贴政策主要有三项，一是高产优质苜蓿示范建设项目，二是"粮改饲"试点项目，三是农机补贴。

就苜蓿项目而言，国家对实施主体一次性补贴 600 元/亩，平均每年只有 120 元/亩，且国家给予的补贴面积低于河北省实际需求，如 2020 年，国家下达河北省补贴面积 4.8

万亩，而实际申报面积高达 9.4 万亩，意味着将近 50% 的生产企业无法享受这一补贴政策。"粮改饲"项目则是依据企业收贮量最高按 60 元/吨的标准予以补贴，但只有申报获批为试点市、县后才能享受该政策，目前也只有 3 个整体推进市和 22 个县区可以享受这一政策。此外上述两项补贴政策均按统一标准发放，没有考虑实施主体的经营模式。为此草业创新团队曾提出了改进上述项目补贴的政策建议，对不同类型的实施主体加以区分，以不同档次进行补贴，建议对从事种养一体化经营模式的牧场按照最高标准进行补贴，这样可以在不增加政府补贴投入的情况下，对种养一体化经营模式予以更多的资金支持，以此鼓励企业流转土地，开展种养一体化经营，从而实现种养循环结合、高效发展。

在饲草收获加工机械方面，国产机械在作业效率、产品质量等方面与国外产品差距十分显著，尚无法对现代化饲草生产形成有效支撑，因此，若想保证饲草产品品质，目前阶段购置国外大型收获加工设备仍是优先选择。虽然现有农机购置补贴目录已经把国外品牌产品列入，但由于国外产品价格十分昂贵，而补贴标准与国产同型号设备相同，因而补贴比例远低于国产同类产品，加大了牧场购置进口饲草机械的资金压力。为此建议如下：一是提高对实行种养一体化经营牧场购置进口饲草收获加工机械的补贴比例，由此提高牧场开展种养一体化经营的积极性；二是借鉴天津市做法，将补贴资金集中在数家专业化农机服务公司，通过资金的集中使用，实现大型饲草收获加工机械的购置，为区域范围内提供专业化的收获加工服务，既可降低牧场资金投入的压力，也可提高机械的使用效率，并为种养一体化经营提供强大的机械装备保障，解决区域内牧场开展种养一体化经营的顾虑，促进种养一体化发展。

2. 强化创新团队的科技支撑，解决企业后顾之忧

种养一体化经营，需要创新团队为相关企业提供强大的技术支撑，以满足其对饲草种植、管理、加工和高效利用技术所需，保障种养效益。为此草业创新团队和奶牛、肉牛、肉羊等创新团队要积极对接合作，完善产业环节衔接，针对种养一体化经营模式中的难点和重点问题提供技术方案，解决企业因技术力量不足而对开展种养一体化经营模式的顾虑。

3. 强化农业金融保险政策支持，提高抵御风险能力

建议政府制定相关扶持政策对种养一体化经营的牧场作为新型经营主体予以重点支持。如在金融政策方面，建议降低贷款抵押标准，提供贴息贷款等支持；在农业保险方面，建议大力发展并完善目前的农业保险体系，针对此类新型经营主体提高保险额度等，以抵御在经营过程中所面临的不可预期的自然灾害等经营风险，为饲草种植提供一道保护屏障，以此提高牧场实施种养一体化生产模式的积极性。

撰稿人员：张　玲　乔　宏　崔玉姝　褚建坤　邵彩玲　白　兰
指　　导：李运起
参编人员：李　源　闫旭东　王丽宏　刘桂霞　郭郁频　董李学
　　　　　王连杰　于清军　徐占云